서해문화재연구원 학술총서 01

京畿地域 住居址遺蹟의 研究(Ⅰ)

兪泰勇 · 方玟奎 編著

서경문화사

　　주거지란 사전적 의미로 "사람이 살고 있거나 살았던 공간 또는 집이 있거나 있었던 자리"로 설명된다. 인류가 지구상에 나타난 이래로 오늘날까지 생활 또는 생존 공간으로서 주거지의 역할은 우리 인류에게 매우 중요한 부분을 차지하여 왔다. 주거지는 시대의 흐름에 따라 또는 지역적 여건에 따라 그 구조나 형태에 다양한 변화가 이루어졌으며, 이러한 변화에는 남녀 간의 성별분업은 물론 친족제도나 사회적 위계 등과 같은 사회적 복합성을 반영하기도 하였다. 오늘날에는 우리 사회에서 이러한 주거지의 역할과 기능이 삶의 공간을 넘어 부의 축적이나 재화의 투기 수단으로까지 확대되고 있다.

　　본서는 선사시대부터 근대까지 경기지역의 발굴현장에서 조사된 주거지 관련 유적을 바탕으로 작성된 논문 12편을 시대별로 모아서 엮은 것이다. 발굴현장에서 매일같이 가족과 떨어져서 생활하는 젊은 고고학자들은 조사과정에서 숱하게 노출되는 생생한 주거지 유구들을 보면서 가족을 한데 묶어주고 또한 울타리 역할을 하는 주거지의 가치에도 새삼 눈을 돌리게 되었다. 그리하여 가족의 관점에서 경기도 지역에서 발굴된 주거지 유적에 새로운 성격을 부여하고, 또한 가족의 가치도 다시 생각하게 되는 계기를 갖고 져 본 논문집을 준비하게 되었다.

　　가족 공동의 생활 공간이라는 관점에서 보면, 인류가 오늘날과 같은 훌륭한 주거지라는 건물 형태를 갖추기까지는 오랜 시간이 소요되었다. 예를 들어, 구석기시대에는 한 곳에 정착하기보다는 대체로 사냥감을 따라 이동하였기 때문에 생활자체가 매우 단순하였다. 따라서 가족의 형태도 핵가족을 구성하고 주거지도 그에 따라 동굴이나 초막 같은 단순한 점유공간으로서 주거를 마련하였다.

　　그러다가 10,000년 전 쯤에 홍적세의 빙하기가 물러가고 해수면이 높아지면서, 인류는 달라진 자연환경에 적응하기 위하여 농경과 정착생활이라는 전혀 새로운 생활방식을 발전시키게 된다. 특히 신석기시대의 사회적 기본단위는 혈연을 중심으로 하는 씨족이며, 이를 바탕으로 씨족공동체라는 사회제도를 발전시키고, 원시농경의 영위에서 여성이 상당한 역할을 담당하게 된다. 이 시기의 사람들은 서울 암사동이나 안산 신길 택지지구에서 발굴된 것과 같이 원형 또는 방형의 수혈주거지에서 생활하였다.

청동기시대에 이르면, 인류는 청동기라고하는 기존과 매우 다른 형태의 금속도구를 제작하여 사용하기 시작하였으며, 생산활동도 잡곡농사에서 벗어나 稻作 같은 집약 농경으로 전환하게 된다. 이리하여 농경의 발달은 잉여생산물의 축적을 가져오게 되고 계층의 분화를 촉진하게 되면서 주거지의 규모도 상당히 확대되며, 그 역할에 있어서도 단순히 생활의 공간만이 아닌 공공의 집회장소나 토기제작소 같은 工房의 건축물이 나타나기도 한다. '양평 공세리 청동기시대 주거지의 一考(유태용)' 와 '안성 마정리 청동기시대 주거지의 再檢討(강아리)' 는 이 시기 주거지의 구조적 성격 문제를 다루었다.

초기철기 또는 역사시대에 이르면, 철제연장이나 도구가 생산활동에 사용되면서 농경이 대규모로 확대되고 경제적 생산량도 급격히 증가하게 된다. 이런 가운데 계급의 분화는 더욱 촉진되어 집약농경에서의 생산에 따른 역할 분담이 주거지역에서의 성별에 따른 공간 기능에 반영된다. '양평 삼성리 圓形粘土帶土器 住居址의 성격 고찰(유태용)' 과 '수원 고색동 三角形粘土帶土器 住居址의 檢討(유태용)' 는 이 시기 주거지의 사회문화적 변화과정을 다루었다.

철제연장의 활용이 생산경제에서 뿐만이 아닌 전쟁과 같은 정치경제의 목적으로 대량 생산되면서 Hobbes가 말한 대로, '국가라는 괴물의 정치체' 즉 Leviathan이 출현하여 인간 개개인의 삶이 하나의 권력자에의해 통제되는 새로운 현상이 발생한다. 그리하여 주거지도 지배자와 피지배자의 권역과 형태로 나뉘고, 지배자의 건축물은 크고 웅장하고 화려하게 축조된다. 반면에 피지배자인 일반 서민은 물론 노예나 빈민 같은 하층민의 거주공간은 자신의 한 몸 또는 한 가족을 추스르기에도 부족한 공간을 점유하게 될 뿐이다. '연천 초성리 凸字形 주거지 발굴조사 개요(박영재)', '화성 감배산유적 장타원형주거지의 성격과 편년의 검토(유태용·강아리)', '하남 춘궁동 조선시대 수혈주거지의 조사연구(양진호)', '오산 청호동 조선시대 수혈주거지의 小考(유태용)', '양주 덕정 은동마을 조선시대 건물지의 검토(방민규)' 등은 이러한 역사시대 民草들의 삶의 주거 문제를 주로 다루었다.

한편 생활을 위한 주거공간이나 사회적 활동을 위해 건축되던 주거지들에서 이제는 상층 엘리트들의 계급구조의 고착화와 그들의 이데올로기를 대변하는 건물들까지 등장하게 된다. 즉, 지배 엘리트들이 그들의 합법적 이익을 도모하기 위한 이데올로기 조작의 일환으로 神殿이나 宗廟 또는 祠堂 등과 같은 의례적 건축물들이 세워지기도 하며, 사회구조에서도 경제적인 영업활동을 통하여 상업적 이득을 취하는 중인계층이 출현하기도 한다. 따라서 주거지역도 생산자와 소비자 사이에 경제적 활동을 위한 시장 또는 상점 같은 중립지대의 건물이 들어서기도 한다. '김포시 통진향교 東·西廡址의 發掘과 文獻資料의 檢討(김도훈)', '김포시 김포향교 東齋

址와 西齋址의 조사 연구(김미희)', 그리고 '오산 원동 近代 建物址의 小考(김동영)' 등은 의례
와 상업적 건물의 구조적 특징을 검토하였다.

경기지역의 주거지라는 특정 지역의 특정 주제를 바탕으로 한 권의 단행본을 세상에 낸다
는 것은 여기에 참여한 저자들 모두 사실 쉽지 않은 결정이었다. 그러나 그럼에도 불구하고 젊
은 고고학자들이 한 번쯤은 도전해 볼만한 주제라고 생각하고 집필 작업에 용기를 더하였다. 본
서의 내용은 기본적으로 저자들이 주도적으로 발굴한 유적들이거나, 그러한 유적들을 분석하여
발표했던 논문들을 모은 것이다.

끝으로 본서가 나올 수 있게 물심양면으로 애써주신 출판사 편집부 여러분과 발굴조사 일
정의 바쁜 시간에도 불구하고 原稿를 내어 준 여러 동료 연구자 여러분들에게 깊은 감사의 말씀
을 드린다. 발굴현장에서 다치지 않고 모두가 건강하게 조사활동에 임하기를 기원하면서, 다시
한번 동료 연구자들의 玉稿에 고마움을 표하고자 한다. 본서의 주제나 내용에 미비한 점은 다음
판에 반영할 것을 기대하면서 독자 제현의 아량있는 질정을 바랄뿐이다.

2009. 10.

필자를 대표하여

俞泰勇 삼가 씀

목차

머리말 … 3

제1부 기획논문

01 楊平 貢稅里 靑銅器時代 住居址의 一考 / 유태용 … 9

02 安城 馬井里 靑銅器時代 竪穴住居址의 再檢討 / 강아리 … 33

03 楊平 三省里 圓形粘土帶土器 住居址의 성격 고찰 / 유태용 … 53

04 水原 古索洞 三角形粘土帶土器 住居址의 檢討 / 유태용 … 73

05 화성 감배산유적 장타원형 住居址의 性格과 編年의 검토 / 유태용 · 강아리 … 103

06 楊州 德亭 은동마을 朝鮮時代 建物址의 檢討 / 방민규 … 131

제2부 조사연구

01 연천 초성리 凸자형 주거지의 발굴조사 개요 / 박영재 … 171

02 하남 춘궁동 朝鮮時代 竪穴住居址의 조사 연구 / 양진호 … 219

03 오산시 청호동 朝鮮時代 竪穴住居址의 小考 / 유태용 … 245

04 金浦市 通津鄕校 東 · 西廡址의 發掘과 文獻資料의 檢討 / 김도훈 … 267

05 김포시 김포향교 東齋址와 西齋址의 조사연구 / 김미희 … 305

06 오산 원동 근대 건물지의 一考 / 김동영 … 323

참고문헌 … 343

찾아보기 … 349

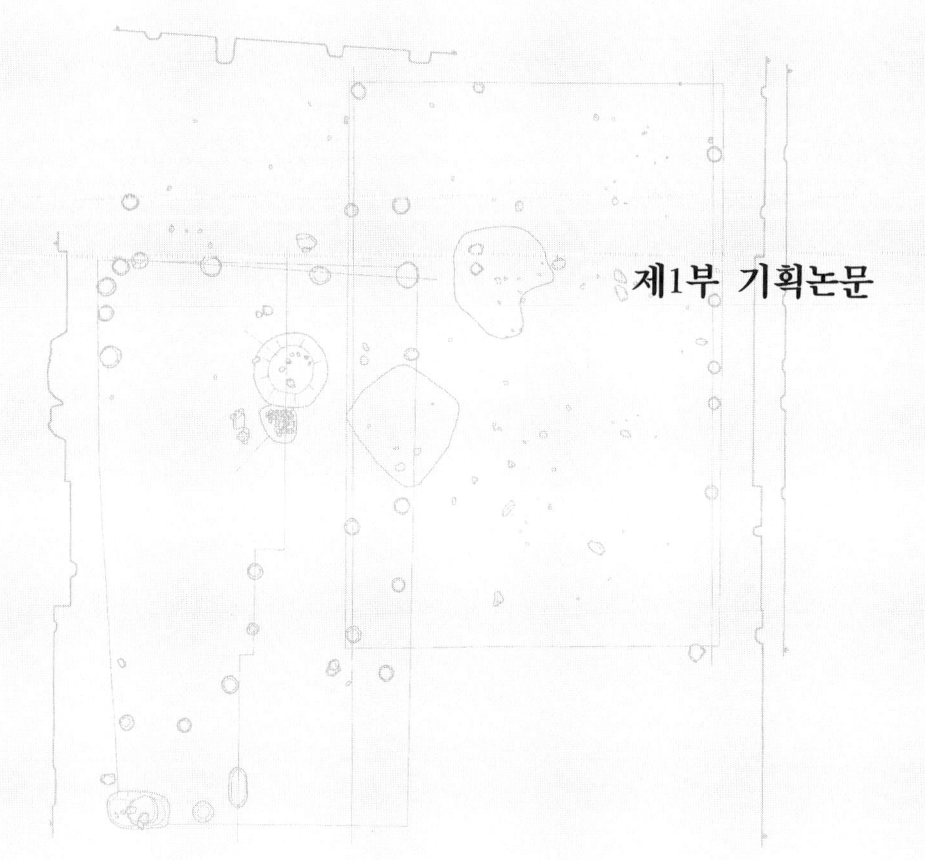

제1부 기획논문

01 楊平 貢稅里 靑銅器時代 住居址의 一考 … 유태용

02 安城 馬井里 靑銅器時代 竪穴住居址의 再檢討 … 강아리

03 楊平 三省里 圓形粘土帶土器 住居址의 성격 고찰 … 유태용

04 水原 古索洞 三角形粘土帶土器 住居址의 檢討 … 유태용

05 화성 감배산유적 장타원형 住居址의 性格과 編年의 검토 … 유태용·강아리

06 楊州 德亭 은동마을 朝鮮時代 建物址의 檢討 … 방민규

01

楊平 貢稅里 青銅器時代 住居址의 一考*

유태용

Ⅰ. 序論

양평 공세리 청동기시대 유적은 경기도 양평군 개군면 공세리 292번지의 마을회관 건립부지에 위치하고 있으며, 마을회관 건립을 위한 공사가 진행되던 도중 지표면에서 無文土器片과 磨製石斧 등이 출토되면서 유적의 존재가 학계에 처음 보고되었다. 이후 경기대학교 박물관에 의해 2004년 11월 17일부터 26일까지 조사지역에 대한 시굴조사가 실시되었고, 2005년 6월 28일부터 7월 25일까지 28일 동안 발굴조사가 진행되었다.[1]

조사결과 이곳에서 青銅器時代 住居址 7基, 溝狀遺溝 4基, 竪穴遺構 3基, 洗骨葬 3基, 朝鮮時代 民墓 12基, 新石器時代 野外爐址 1基 등의 遺構가 확인되었다. 또 유물로는 빗살무늬토기 구연부편 2점과 함께 다량의 無文土器片과 紅陶片 등의 토기편이 출토되었으며,

---

* 本考는 2007, 「楊平 貢稅里 青銅器時代 住居址의 研究」, 『白山學報』 78호에 실린 내용을 수정 補完 한 것임.
1) 경기대학교 박물관, 2006, 『楊平 貢稅里 遺蹟』, 도서출판 주류성.

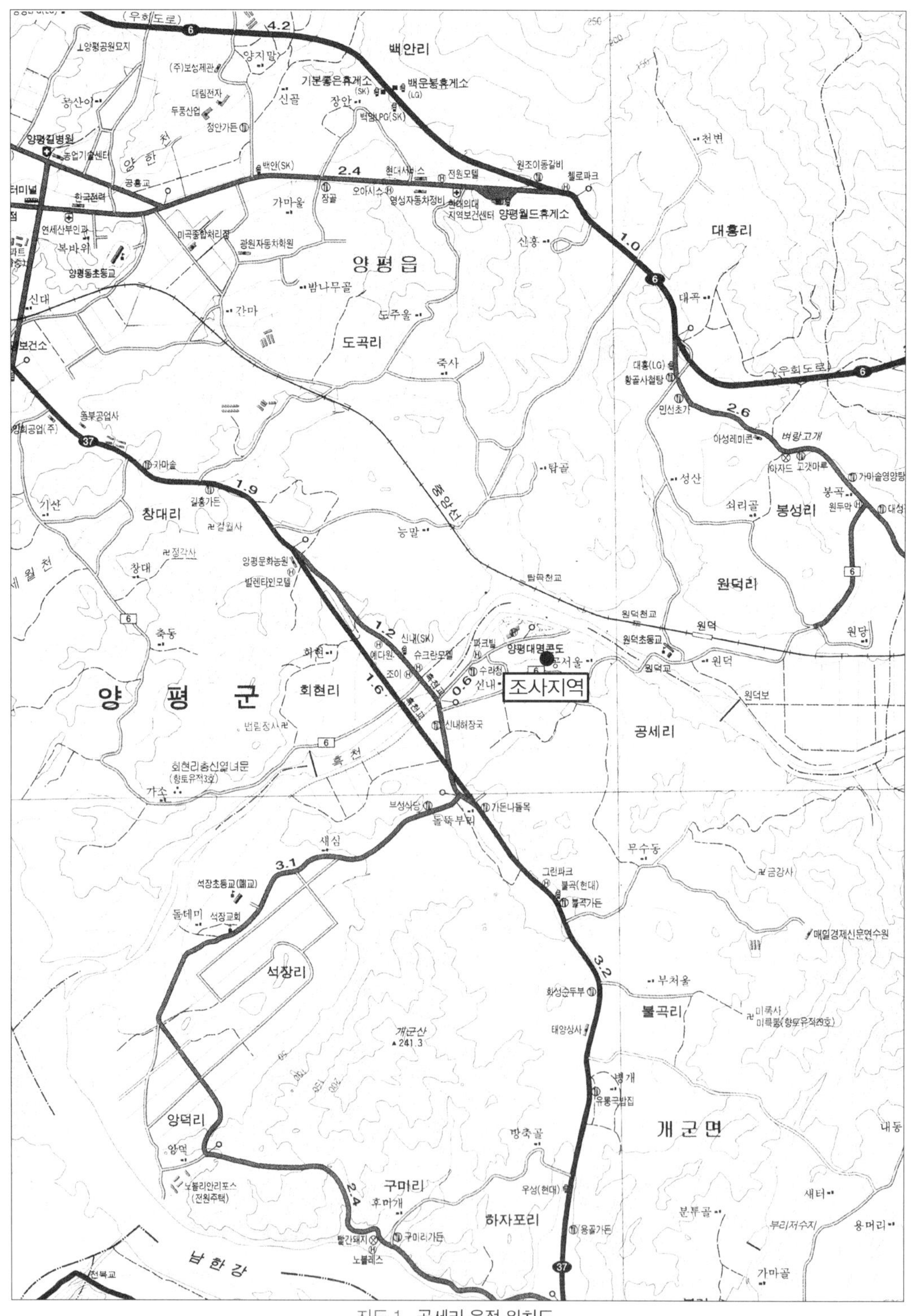

지도 1 공세리 유적 위치도

石器類로는 마제석부, 마제석촉, 마제석착, 반월형석도, 미완성석기 등이 다수 출토되었다.

　　양평 공세리 유적은 용문에서 남한강의 중류로 流入하는 黑川의 하류 南岸에 위치하는 지리적 특징과 함께 동북지방의 춘천 신매리나 철원 와수리 또는 정선 아우라지 등지에서 조사된 청동기시대 주거지들과 한강 중·하류에서 조사된 주거지들이 서로 문화적으로 융합하는 양상을 보여주고 있다. 따라서 본 논문에서는 양평 공세리의 이러한 문화적 융합의 중요성을 고려하여 한반도 서북한이나 동북한의 청동기시대 주거지 등의 성격과 관련하여 검토를 진행하고자 한다.

II. 貢稅里 住居址의 構造와 特徵

1. 立地背景

　　양평군 일대에서의 청동기시대 유적지는 비교적 많은 사례가 학계에 보고되고 있다. 그 중 청동기시대 무덤인 支石墓로는 양평읍 회현리, 강상면 병산리·대석리, 강하면 전수리, 양서면 대심리, 서종면 수릉리, 개군면 앙덕리·상자포리, 양서면 신원리[2] 등지에서 조사되었고, 개군면 상자포리 유물산포지에서는 청동기시대의 지석묘와 孔列土器, 초기 철기시대의 硬質無文土器, 삼국시대의 타날문토기 같은 다양한 유물들이 다수 발굴되었다. 이외에도 양평읍 오빈리에서 경질무문토기가 地表收拾되었고, 양서면 大心里, 강하면 雲沁里, 강상면 交坪里에서는 청동기시대부터 철기시대에 걸친 다양한 유물이 分布되어 있는 것으로 확인되었다.

　　한강유역에서 조사된 靑銅器時代의 유적지는 주로 강변 충적대지를 따라 밀집하여 분포하는데, 청동기시대 유적지의 이러한 立地的 조건은 경기도 여주군 흔암리 주거지에서 炭化米가 출토된 것에서 볼 수 있듯이, 사람들의 농경활동과 매우 관련이 깊은 것으로 해석된다. 특히, 유적지의 분포와 밀집도의 증가는 바로 사회적 복합도(social complexity)의 증가로 이해되기도 한다. 양평 공세리 유적은 이러한 시기에 남한강 중류 유역에 있어서의 청동기시대 생활상을 구체적으로 제공해주고 있을 뿐만 아니라 양평군이 선사시대와 역사시

---

2) 경기대학교 박물관, 2006, 『양평 공세리 유적』, 40~42쪽.

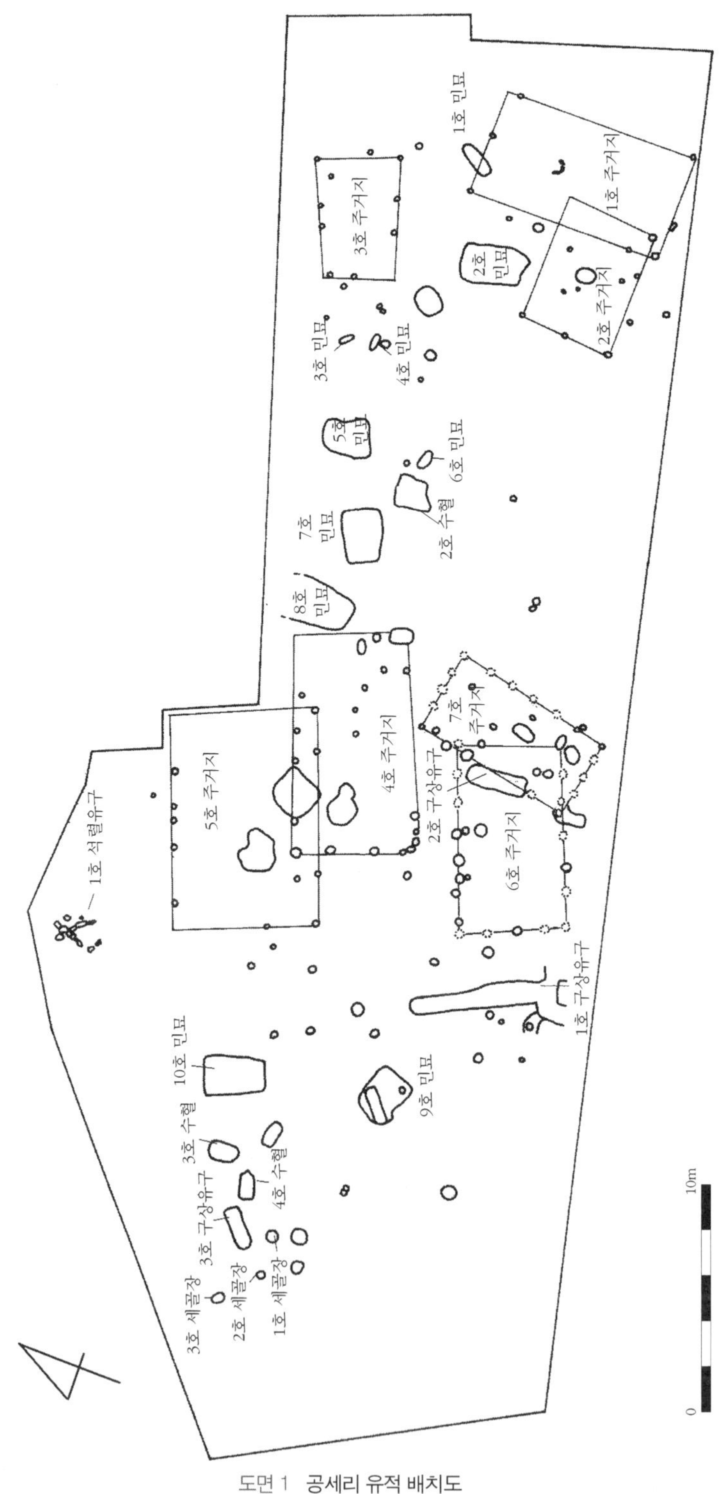

도면 1 공세리 유적 배치도

대 초기에 삶의 중요한 터전이었음을 구체적으로 알 수 있게 해준다.[3]

한편 공세리 유적의 토층을 보면, 시굴조사 과정에서 확인된 토층은 모두 8개의 층위로 나타난다. 제1층은 표토층으로 갈색 사질토층이며, 제2층은 짙은 황갈색 사질층이고, 제3층은 점토가 일부 혼입된 황갈색 사질층이며, 제4층은 점토가 약간 섞인 암갈색 사질층이다. 제5층은 점토가 일부 섞인 흑갈색 사질층이며, 제6층은 굵은 자갈이 섞인 흑갈색 사질토층이다. 제7층은 가는 자갈과 굵은 자갈이 혼합된 자갈층이며, 제8층은 굵은 자갈이 다량 섞인 황갈색 사질토층이다.[4]

2. 靑銅器時代 住居址

1) 1호 住居址

1호 주거지는 조사지역의 동남쪽에서 조사된 지상 건물지이며, 서남쪽에서 2호 주거지와 중첩하고 있고, 북쪽 벽면에서 조선시대 민묘가 중첩되어 발굴되었다. 시굴조사 과정에 Tr2를 除土하던 도중 柱礎石으로 추정되는 방형의 평평한 강돌이 노출되면서 1호 주거지의 존재가 확인되었으며, 柱礎石은 현 표토층을 약 50cm정도 제거한 암갈색 사질토층 위에서 노출되었다. 이후 발굴조사에서 柱礎石이 노출된 암갈색 사질토층으로 이루어진 바닥을 전면 제토하면서 주거지의 윤곽이 완전하게 드러났다. 주거지의 전체 평면의 형태는 장방형이며, 장축방향은 남-북 방향이다. 주거지의 규모는 장축의 길이가 850cm이고, 단축의 길이가 460cm이다.

기둥을 세웠던 柱礎石은 주거지의 가장자리를 따라 일정한 간격을 두고 노출되었다. 조사당시 노출된 柱礎石은 모두 5개이며, 평평한 강돌을 이용하였고, 크기는 직경이 대략 20~30cm이다. 조사지역은 쓰레기의 매립과 民墓 移葬 등으로 문화층이 많이 교란되었으나, 잔존한 柱礎石은 본래의 자리에서 크게 이동하지 않은 것으로 보인다. 柱礎石 사이의 간격은 장축방향이 225cm이며, 단축방향은 230cm이다.

내부시설로는 爐址 1基가 주거지의 중앙에서 약간 북쪽의 위치에 노출되었다. 爐址는

---

3) 한병삼 · 김종철, 1974, 「양평군 상자포리 지석묘(석관묘)발굴보고」, 『팔당 · 소양댐 수몰지구 유적발굴 종합조사보고』, 문화공보부 문화재관리국.
4) 경기대학교 박물관, 2006, 『楊平 貢稅里 遺蹟』, 도서출판 주류성.

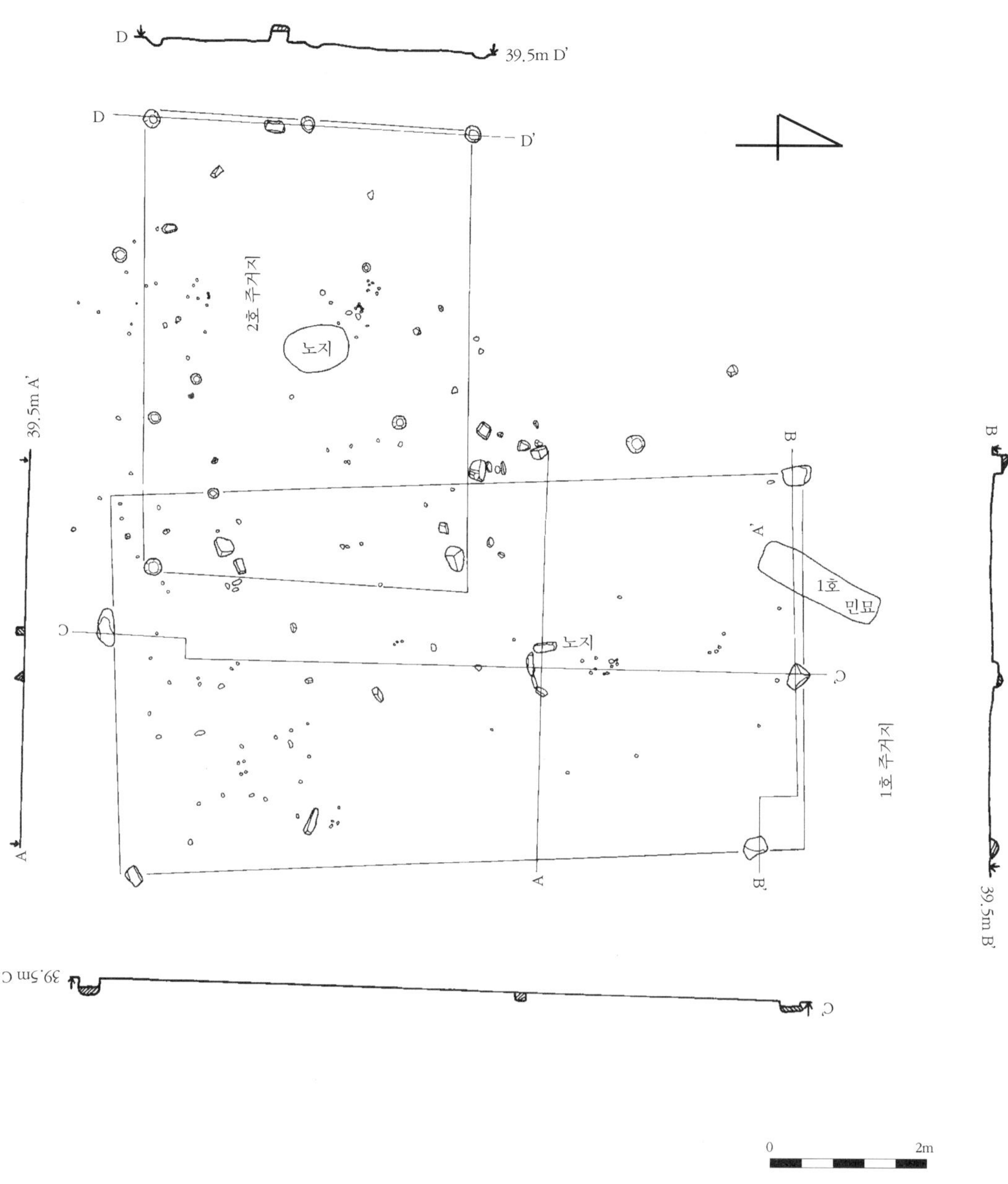

도면 2 1·2호 주거지 평면도

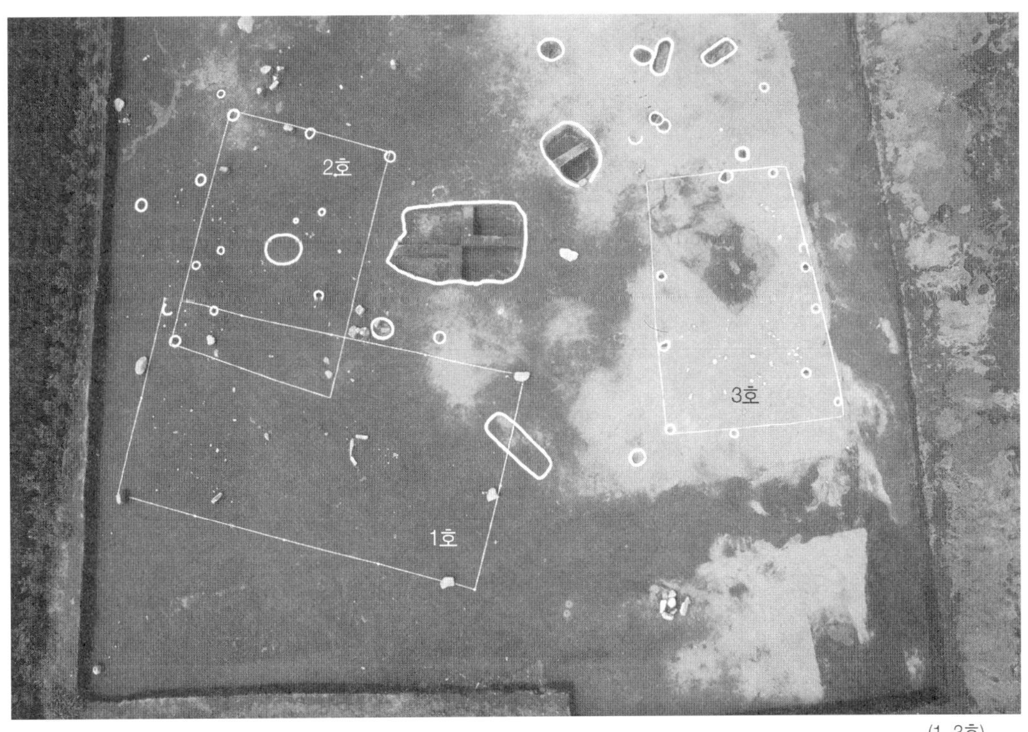

사진 1 공세리 주거지 근경(항공사진)

板石을 東西 방향의 장방형으로 세운 圍石式 爐址이다. 爐址의 규모는 장축이 68cm이고, 단축은 38cm이다. 爐址 바닥면에는 일부 숯을 포함한 적갈색 사질토가 붉게 탄 채 얇게 깔려 있었다.

1호 주거지 내부에서는 孔列土器片, 硬質無文土器片, 紅陶片, 磨製石鏃, 磨製石槍, 漁網錐, 小玉 등이 출토되었다. 이들 유물은 주거지의 남쪽 지역과 爐址 주변에서 집중적으로 분포하여 출토되었다. 즉, 주거지 내부의 남쪽에서는 土器片과 漁網錐 등이 출토되었고, 爐址 주변에서는 磨製石器類와 小玉 등이 출토되었다.

2) 2호 住居址

조사지역의 동쪽에 위치한 掘立柱 住居址로 발굴조사에서 1호 주거지 서쪽에 중첩되면서 발굴되었다. 2호 주거지는 지형의 심한 교란 상태로 인하여 柱穴의 노출이 명확하지 않다. 그러나 전체 평면 형태는 장방형으로 확인되었고, 장축방향은 동-서 방향이다. 주거지의 규모는 장축의 길이가 570cm이고, 단축의 길이는 420cm이다. 주거지의 가장자리에는 5개의 柱穴이 노출되었다. 柱穴의 크기는 직경이 20cm 내외이고, 깊이는 3~10cm이며, 비교적 일정한 간격을 유지하고 있다. 柱穴 사이의 간격은 장축방향이 190cm이고, 단축방향은 210cm의 간격을 유지하고 있다.

내부시설로는 爐址와 柱穴로 추정되는 小形 竪穴 5개가 확인되었다. 無施設式 爐址는 주거지의 중앙에 위치하고 있으며, 타원형의 형태를 하고 있고, 규모는 70×80cm이다. 爐址 내부에서 일부 숯을 포함한 흑갈색 사질토가 얇게 깔려 있었다. 柱穴은 주거지 내부에 5개가 노출되었는데, 크기는 직경이 15cm 내외이고, 깊이는 3~10cm 정도이다.

2호 주거지 내부에서는 土器類로 공렬토기편·경질무문토기편·홍도편 등이 출토되었고, 석기류에는 석촉·石鑿·石鎌 등이 발굴되었으며, 이외에도 漁網錐 등의 유물이 다수 출토되었다.

3) 3호 住居址

조사지역의 동북쪽에 위치한 掘立柱 주거지이다. 3호 주거지의 남쪽에는 1호와 2호 주거지가 위치해 있으며, 서쪽에는 조선시대의 3호와 4호 민묘가 위치해 있다. 3호 주거지는 발굴조사 과정에서 柱穴과 박편석기가 노출되면서 확인되었다. 전체 평면은 장방형이며,

도면 3 3호 주거지 평면도

장축방향은 동-서 방향이다. 장축의 길이는 550cm이고, 단축의 길이는 380cm이다.

柱穴은 주거지의 가장자리를 따라 모두 9개가 노출되었고, 주거지 내부에서도 1개의 柱穴이 노출되었다. 柱穴의 크기는 직경이 15cm 內外이고, 깊이는 3~11cm이다. 柱穴 사이의 간격은 160~180cm이다. 주거지의 내부에서 화덕자리는 발견되지 않았으며, 대신에 강돌의 박편석기 또는 碎石片 등이 다량 노출되었다. 이는 3호 주거지가 주거용보다는 석기제작소 또는 工房의 기능을 하였던 장소로 추정케 한다. 그러나 제작과정에 있는 石製品이 출토되지는 않았다.

3호 주거지의 바닥은 사질이며, 이곳에서 조사된 다른 주거지의 바닥은 점토질이 섞이고, 또한 단단하게 굳힌 상태로 발굴된 것에 비하여 지반이 매우 연약한 편이다. 그리고 주거지 내부에서 출토된 유물도 많지 않다. 즉, 주거지 내부에서 경질무문토기편이 약간 출토되었고, 나머지는 대체로 박편석기나 碎石片 등이다.

4) 4호 住居址

조사지역의 중앙부에서 조사된 掘立柱 住居址이다. 북쪽으로는 5호 주거지와 중첩되어 있으며, 동쪽에는 민묘 8호가 인접해 있다. 그리고 남쪽으로 3m 가량 떨어진 곳에 2호 溝狀遺構가 남-북 방향으로 길게 노출되었다.

시굴조사에서 Tr6을 除土하는 도중 爐址와 柱穴이 노출되면서 4호 주거지의 존재가 확인되었다. 이후 발굴조사 과정에서 柱穴이 추가로 노출되어, 4호 주거지의 전체 윤곽이 확인되었다. 4호 주거지의 평면형태는 동-서 방향의 장방형이며, 장축의 길이는 960cm이고, 단축의 길이는 560cm이다.

주거지의 가장자리를 따라 기둥을 세웠던 것으로 파악되나, 지형의 심한 교란 상태로 인해 柱穴의 노출이 명확하지 않다. 조사당시 주거지의 가장자리에서 노출된 柱穴은 모두 14개이다. 柱穴의 크기는 직경이 30~40cm이고, 깊이는 10~44cm 정도로 일정하지 않다. 柱穴 사이의 간격은 190cm 내외로 대체로 일정한 편이다.

내부시설로는 無施設式 爐址 1기와 敷石施設 1기, 그리고 柱穴 4개가 조사되었다. 爐址는 주거지의 중앙과 서쪽 벽면의 중간 지점에 위치하며, 원형의 형태이며 규모는 직경 188×172cm 정도이다. 爐址는 붉게 탄 燒土로 되어있으며, 爐址 가장자리와 바닥에는 소형 강돌이 놓여 있었다. 爐址의 바로 동쪽에서는 敷石施設이 노출되었으며, 규모는 직경 50cm 정도이다. 敷石施設은 소형 강돌이 집중적으로 積石되어 있는 형태이며, 폭이

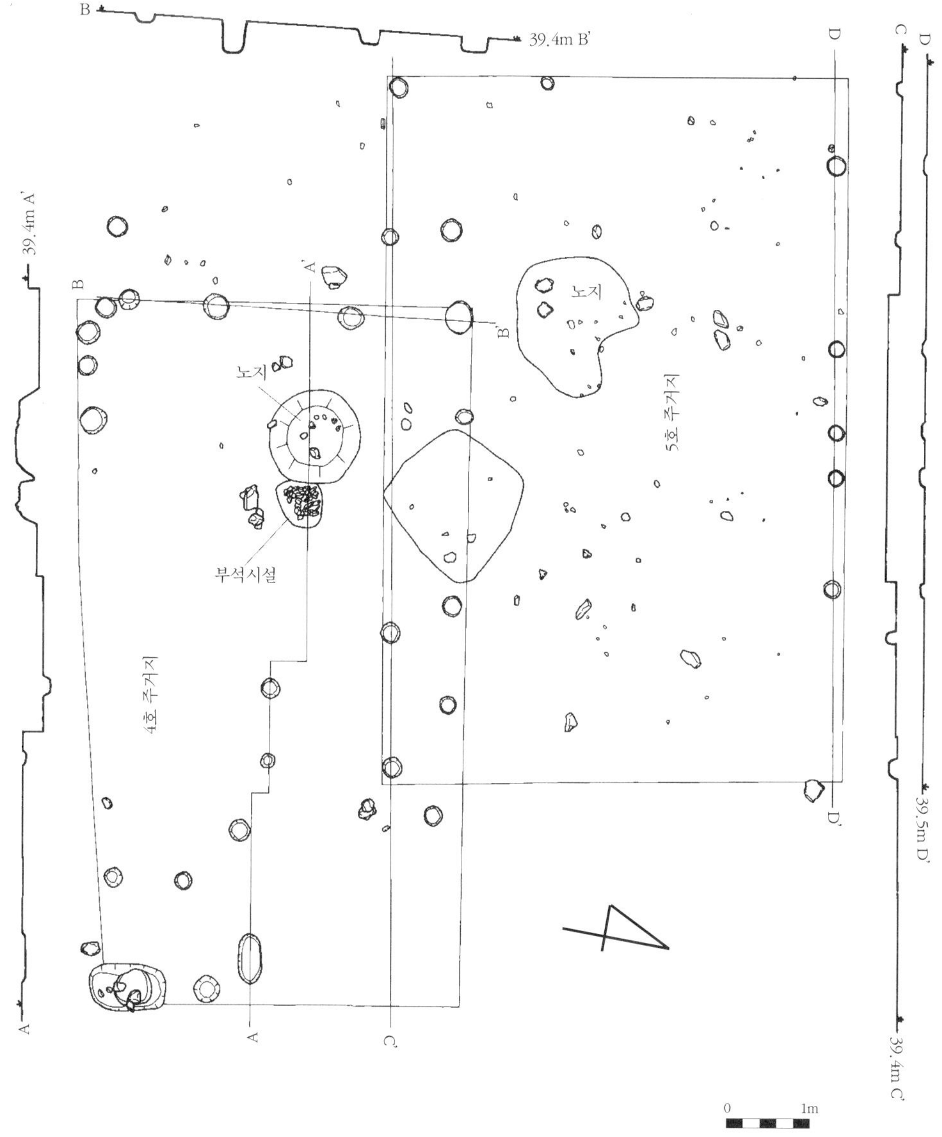

도면 4 4 · 5호 주거지 평면도

6~10cm되는 강돌이 여러 겹으로 겹쳐져 있는 상태로 노출되었다.

4호 주거지 내부에서는 공렬토기편, 경질무문토기편, 홍도편, 磨製石鑿 등이 다수 출토되었다. 이들 유물은 내부를 조사하는 중 주거지 동쪽 지역과 爐址 주변에서 집중적으로 출토되었다.

5) 5호 住居址

조사지역의 중앙에서 약간 북쪽에 위치한 掘立柱 住居址이다. 5호 주거지의 동남쪽에서 4호 주거지와 중첩되어 있으며, 시굴조사에서 Tr6을 除土하는 중에 바닥의 불탄자리 일부가 확인되면서 조사된 주거지이다. 시굴조사 당시에는 4호 주거지와 연관된 불탄자리로 보았으나, 발굴조사 결과 4호 주거지와 중첩된 별개의 5호 주거지 내부의 爐址로 확인되었다. 5호 주거지의 전체 평면은 장방형의 형태이며, 장축방향은 동서 방향이다. 장축의 길이는 960cm이고, 단축의 길이는 660cm이다.

기둥을 세웠던 柱穴은 주거지의 가장자리를 따라 노출되었다. 조사당시 노출된 柱穴은 10개이며, 주거지 내부에도 1개의 柱穴이 확인된다. 柱穴의 크기는 직경이 대개 23~29cm이고, 깊이는 5~8cm 정도로 일정하지 않다. 柱穴 사이의 간격은 150~180cm이다.

불탄자리는 주거지의 중앙에서 약간 서쪽에 위치하며, 규모는 대략 188×172cm 정도이다. 불탄자리 내부 동쪽에는 일부 숯을 포함한 흑갈색 사질토가 깔려 있으며, 서쪽에는 적갈색의 燒土가 확인된다. 따라서 이 불탄자리가 5호 주거지의 無施設式 爐址일 것으로 판단된다.

5호 주거지 내부에서는 공렬토기편, 경질무문토기편, 홍도편 같은 토기편과 함께 石鑿, 半月形石刀, 미완성 유구석부 등과 같은 石器類가 다수 출토되었다.

6) 6호 住居址

조사지역의 중앙에서 약간 남쪽에 위치한 掘立柱 住居址이다. 6호 주거지의 동쪽에 2호 구상유구와 중첩하고 있고, 동북쪽으로 7호 주거지와도 중첩되어 있으며, 북쪽으로는 4호 주거지가 위치하고 있다. 발굴조사 과정에서 柱穴이 일부 노출되면서 6호 주거지의 존재가 확인되었다. 전체 평면은 장방형이며, 장축방향은 동-서 방향이다. 주거지의 규모는 장축의 길이가 810cm이고, 단축의 길이는 440cm이다.

주거지의 가장자리를 따라 기둥을 세웠던 것으로 파악되나 지형의 심한 교란으로 柱穴의 전체 노출 상태는 명확하지 않다. 조사당시 노출된 柱穴은 9개이고, 주거지 내부에도 5개의 柱穴이 노출되었다. 柱穴의 크기는 직경이 40cm 내외이고, 깊이는 8~36cm 정도로 일정하지 않다. 주공 사이의 간격은 장축방향이 120cm이고, 단축방향이 110cm이다.

주거지의 내부에서 爐址와 관련된 특별한 시설이나 흔적은 확인되지 않았다. 이러한 형태로 3호 주거지와 비교되나 3호 주거지는 바닥이 단단하지 못한데 비하여, 6호 주거지는 비록 사질점토층이지만 바닥이 매우 단단하게 다져진 상태로 노출되었다. 이러한 사실은 3호 주거지가 住居用 건물이라기보다는 아마 저장과 관련된 시설이거나 아니면 마을의 모임 장소로 사용되던 공공건물이었을 것으로 추측된다.

6호 주거지의 내부에서는 孔列土器片, 紅陶片, 硬質無文土器片, 磨製石鏃, 달도끼(圓板形石器), 그리고 半月形石刀 등의 유물이 다수 출토되었다. 그러나 토기편보다는 석제품의 출토량이 많은 것이 3호 주거지의 특징이다.

7) 7호 住居址

7호 주거지는 조사지역의 남쪽 중앙부에서 조사되었으며, 서남쪽으로 6호 주거지와 중첩되어 있고, 주거지의 북서쪽 면에는 2호 溝狀遺構가 중첩되어 있다. 북쪽에는 4호 주거지와 인접한다.

시굴조사에서 Tr6을 제토하는 과정에서 柱穴이 일부 노출되면서, 주거지의 존재가 확인되었다. 이후 발굴조사 과정에서 柱穴이 추가로 노출되면서 주거지의 전체 윤곽이 확인되었다. 7호 주거지의 장축방향은 북동-서남이며 전체 평면은 장방형이다. 주거지의 규모는 장축 길이는 710cm이고, 단축 길이는 370cm이다.

기둥을 세웠던 柱穴은 주거지의 가장자리를 따라 노출되었다. 조사당시 노출된 柱穴은 5개이며, 주거지의 내부에도 3개의 柱穴이 확인된다. 柱穴의 크기는 직경이 30cm 내외이고, 깊이는 8~28cm 정도로 일정하지 않다. 柱穴 사이의 간격은 대략 130cm 정도이다.

내부시설로는 無施設式 爐址 1개가 확인되었다. 爐址는 주거지의 중앙에서 동남쪽에 위치하며, 타원형의 형태로 규모는 100×70cm 내외이다. 노지의 내부에는 일부 숯을 포함한 흑갈색 사질토가 얇게 깔려 있다.

III. 貢稅里 住居址의 性格과 編年

1. 住居址의 構造와 形式

개군면 공세리 유적지에서 모두 7基의 청동기시대 주거지가 발굴되었다. 물론 이곳에는 원래 이보다 더 많은 주거지가 존재하였을 것으로 판단된다. 그러나 이곳에 들어선 공동묘지가 移葬되는 과정에서 청동기시대의 문화층이 극심하게 파괴되었으며, 무덤이 비교적 덜 들어섰던 동남부와 서북부에서만 掘立柱 住居址가 겨우 잔존하고 있다.

이들 7基의 주거지 가운데 1호 주거지만 柱礎石 住居址이며, 장축방향도 다른 주거지와 달리 남북 방향이다. 반면에 나머지 주거지는 모두 掘立柱 住居址이며, 장축방향은 동서방향이다. 1호 주거지는 가장자리를 따라서 일정 간격으로 柱礎石을 배치하고 기둥을 세웠으며, 주거지 내부의 중앙에서 야간 북쪽 지점에서 爐址 1개가 조사되었다. 爐址는 바닥을 평평하게 조성하고, 동서방향의 장방형이 되도록 넓적한 판석에 가까운 강돌로 주위에 배치한 圍石式 爐址이다. 1호 주거지는 형태와 노지의 특징에서 정선 아우라지의 소형 주거지에 해당하는 4호와 비교되나 규모나 장축방향에 있어서는 중형의 10호 주거지와 유사성을 보이고 있다.[5] 그러나 공세리 1호 주거지는 기본적으로 柱礎石 주거지이며, 토기의 器種構成에서 口脣刻目文土器나 二重口緣土器는 보이지 않고 있고, 대신에 孔列土器와 함께 경질무문토기와 紅陶片이 함께 출토되고 있다는 점에서 차이가 있다.

2~7호 주거지는 柱礎石을 사용하여 기둥을 세운 것과는 달리 구멍을 파고 기둥을 세운 掘立柱 주거지들이다. 이들 주거지들 가운데 2호, 4호, 5호, 그리고 7호 주거지에서 爐址가 조사되었다. 이 가운데 4호 주거지의 노지는 서쪽 벽에 가깝게 爐址가 설치되었고, 爐址 바로 남쪽에는 소형 강돌이 쌓인 채로 발견되었는데, 이 소형 강돌 무더기는 아마 조리시설과 관련된 것으로 보인다. 그리고 5호와 7호 주거지의 爐址는 중앙에서 약간 서쪽지점에서 조사되었고, 2호 주거지는 중앙에서 확인되었다. 그런데 1호 주거지와 달리 이들 굴립주 주거지에서 확인된 爐址는 바닥에서 붉게 탄 흔적만 확인될 뿐 특별한 시설을 하지 않은 無施設式이다.

---

5) 강원문화재연구소, 2006, 『정선 아우라지 유적-2차 발굴조사 1차 지도위원회 자료』, 19~25쪽.

이곳에서 조사된 7기의 주거지 가운데 3호와 6호 주거지에서는 爐址 施設이 확인되지 않았는데, 6호 주거지의 경우 동쪽 부분은 무덤의 移葬과정에서 심하게 교란되었기 때문에 확인되지 않았을 것으로 추정된다. 반면에 3호 주거지의 경우 주거지 柱穴의 직경이 다른 굴립주 주거지보다 크기가 작으며, 건물의 규모도 장축이 550cm로 이곳에서 발굴된 주거지들 가운데 가장 작은 편에 속한다. 게다가 다른 주거지와 달리 3호 주거지의 내부에서 출토된 유물로는 약간의 硬質無文土器片만 출토되었을 뿐, 주로 석영계와 장석계의 강돌 碎石片만 散布된 상태로 출토되었다. 따라서 생활용품이 출토되지 않는 3호 주거지는 다른 주거지와 달리 석기를 제작하던 工房 또는 作業所였을 것으로 추정된다.

2. 遺物의 種類와 性格

이곳 주거지에서 출토된 청동기시대 유물은 土器類에는 경질무문토기, 紅陶片, 孔列土器片 등이며, 石器類에는 磨製石斧, 磨製石鑿, 磨製石鏃, 半月形石刀, 磨製石鎌, 磨製石槍, 달도끼(環狀石器) 등이 출토되었다. 이외에도 玉製品으로 小玉 1점이 1호 주거지에서 발굴되었고, 土製 漁網錘 1점도 출토되었다.

硬質無文土器는 7기의 주거지 모두에서 전반적으로 출토되고 있다. 이 유적지에서 출토된 경질무문토기는 구연부가 直立이고, 底部는 대체로 平底이며, 동체부의 두께는 0.7~1.3cm 사이로 비교적 얇은 편이다. 孔列土器는 구연부의 口脣에서 0.6cm 아래에 半透孔의 孔列이 일정한 간격으로 돌아가고 있다. 透孔은 안에서 밖으로 한 것과 밖에서 안으로 한 것 등 두 가지 형태 모두 나타나고 있다. 紅陶片은 다른 주거지에 비하여 1호 주거지에서 집중적으로 출토되고 있다. 즉 1호 주거지의 내부에서 경질무문토기편과 함께 다량 출토되었는데, 이러한 현상은 紅陶가 지석묘에 副葬되기 위한 목적에서 일상 생활용의 목적으로 용도가 轉化되는 시기에 사용되었던 것을 의미하며, 따라서 이곳 청동기시대 주거지들의 성격을 파악하는데 있어서 약간의 실마리를 제공하는 유물로 평가된다.

출토된 石器類 가운데 磨製石斧와 대패 등의 刃部는 蛤刃이나 표면의 마연상태가 매끄럽게 마무리되지는 않았다. 磨製石鏃은 모두 有莖式이며, 단면은 菱形이다. 10점의 石鏃 가운데 가장 큰 것은 몸체의 길이가 6cm로 길고, 작은 것은 2~2.5cm로 짧은 독사머리 형태를 하고 있다. 달도끼는 6호 주거지에서 출토되었으며, 전체 평면형태는 圓板形이다. 가운데에 지름 1.0cm 정도의 구멍이 뚫려 있고, 가장자리의 刃部는 蛤刃이나 과도한 사용으로 마모상태가 매우 심하다.

한편 2호 주거지에서 柄部와 刀部가 일부 남아있는 石鎌片 1점이 출토되었으며, 半月
形石刀는 모두 6個體分이 출토되었다. 그리고 2호 주거지에서 역시 土製 漁網錐 2점이 출
토되었다. 따라서 이러한 農耕 수확도구와 漁撈道具들은 공세리 유적지를 점유한 청동기
시대 거주자들의 생계전략이 주로 農耕과 漁撈에 있었음을 가리키는 것으로 생각된다.

3. 遺蹟의 性格과 編年

양평 공세리 유적의 성격은 한반도 중서부 내륙지방의 청동기시대를 이해하는데 중요
한 의미를 지닌다. 이곳 공세리 유적지에서 조사된 7기의 주거지 가운데 1기는 柱礎石으로
건축된 것이고, 나머지는 모두 掘立柱 주거지의 형태를 띠고 있다. 이들 주거지 가운데 1호
와 2호 주거지는 주거지의 중첩관계로 볼 때, 2호 주거지를 파괴하면서 1호 주거지가 건축
된 것으로 판단된다. 그리고 3호~7호 주거지는 규모나 형태 그리고 장축방향 등에서 매우
유사하며, 출토된 유물 구성에서도 모두 같은 성격을 나타내고 있다. 따라서 2~7호 주거지
의 건축 시기는 그리 크지 않으며, 1호 주거지만 약간 나중에 건축된 것으로 판단된다. 그
러나 그 시기 차는 그리 크지 않을 것으로 보인다.

한편 이들 주거지와 비교할 때, 無施設式 爐址와 掘立柱 柱穴로 이루어진 주거지인 공
세리 2호와 4~7호 주거지는 황해북도 봉산군 마산리 유적의 14호 주거지[6]나 평양시 남경
유적[7] 청동기시대 제2기 문화층 등지에서 조사된 주거지의 爐址나 柱穴의 배치 등에서 유
사한 모습을 나타내고 있다. 그리고 이러한 형태의 주거지는 강원도 철원군 와수리 유적의
주거지,[8] 춘천시 신매리 유적[9] 등지에서도 확인된 바 있다.

한편, 이와는 달리 柱穴 대신에 柱礎石으로 건축된 1호 주거지는 중앙에서 약간 북쪽
지점에 圍石式 爐址가 설치되어 있다. 이런 양식의 주거지는 평안남도 북창군 대평리 14호
주거지[10]와 경기도 가평 달전리 33호 주거지[11]에서도 나타나고 있다. 특히 달전리 33호 주
거지의 장축방향은 남북방향이며, 2×5열로 柱礎石이 배치되어 있고, 중앙에서 약간 북쪽

---

6) 김동일, 2002, 「마산리유적의 청동기시대 집자리에 대하여」, 『마산리, 반궁리, 표대유적 발굴보고』, 94쪽.
7) 김용간 외, 1984, 『남경유적에 관한 연구』, 과학백과사전출판사.
8) 강원문화재연구소, 2004, 『철원 와수리 신벌 경지정리사업지구내 유적 시굴조사 결과약보고서』.
9) 한림대학교 박물관, 2003, 『춘천 신매대교부지 문화유적 발굴조사 보고서』.
10) 정찬영, 1974, 「북창 대평리유적 발굴보고」, 『고고학 자료집』 4.
11) 한림대학교 박물관, 2003, 『경춘선 복선전철 제6공구 가평역사부지내 문화유적발굴조사 지도위원회 자료집』.

에 圍石式 爐址가 위치하고 있다. 따라서 공세리 유적은 가평 달전리의 청동시대 유적과 매우 밀접한 문화적 전통을 가졌을 것으로 판단된다.

공세리 유적에서 조사된 주거지 가운데 掘立柱 주거지는 황해도 봉산 마산리나 평양 남경유적의 주거지들과 비슷하며, 柱礎石이 있는 주거지는 북창 대평리나 가평 달전리 유적 같은 한반도 서북부에서 조사된 주거지들의 건축기법과 매우 유사하다. 반면에 유물의 공반관계에서 보면, 紅陶나 孔列土器의 출토 양상은 한반도 중동부나 동북부의 주거지들에서 출토된 것들과 비슷한 양상을 보여주고 있다. 특히 주초석이 없는 반면에 위석식 노지를 갖고 있으며, 유물 구성에서도 홍도와 공렬토기보다는 口脣刻目文土器·刻目突帶文·二重口緣土器 등으로 구성된 강원도 정선 아우라지 유적의 주거지와도 문화적 연계성을 추측할 수 있다.

따라서 공세리 유적의 지리적 위치를 감안하면, 공세리에서 조사된 주거지는 한반도 서북부와 동북부의 문화적 교차지점에서 두 문화가 서로 융합된 양상을 나타내고 있다고 하겠다. 그리고 위에서 언급된 이들 주거지의 編年이 청동기시대의 제2기나 제3기에 해당하고, 공세리 유적에서 조사된 토기나 석기들의 공반관계를 감안하면, 공세리 주거지는 대략 청동기시대 중기 후반 정도로 편년할 수 있을 것이며, 강원도 정선 아우라지 유적보다는 시기적으로 다소 늦을 것으로 판단된다. 주거지에서 채취된 목탄시료의 방사선연대측정 결과는 1호 주거지가 2620±50, 2호 주거지는 2600±50, 4호 주거지가 2450±50으로 측정되었다. 따라서 양평 공세리 주거지는 대략 기원전 9세기에서 7세기 사이에 사용되었던 생활유적으로 판단된다.

표 1 공세리 청동기시대 주거지 일람표

번호	형태	규 모(cm)		장축 방향	화덕	출토 유물	비고
		장축	단축				
1호	장방형	850	460	남-북	위석식	공렬토기, 홍도, 石槍, 石鑿, 小玉	柱礎石
2호	장방형	570	420	동-서	무시설식	공렬토기, 홍도, 石鏃, 石鑿, 漁網錘	掘立柱
3호	장방형	550	380	동-서		경질무문토기, 碎石片	掘立柱
4호	장방형	960	560	동-서	무시설식	공렬토기, 홍도, 石鏃, 石鑿	掘立柱
5호	장방형	960	660	동-서	무시설식	공렬토기, 홍도, 石鏃, 石鑿, 石斧, 石刀	掘立柱
6호	장방형	810	440	동-서		공렬토기, 홍도, 石鏃, 달도끼, 石刀	掘立柱
7호	장방형	710	370	남-북	?	경질무문토기,	掘立柱

사진 2 홍도

사진 3 공렬토기편

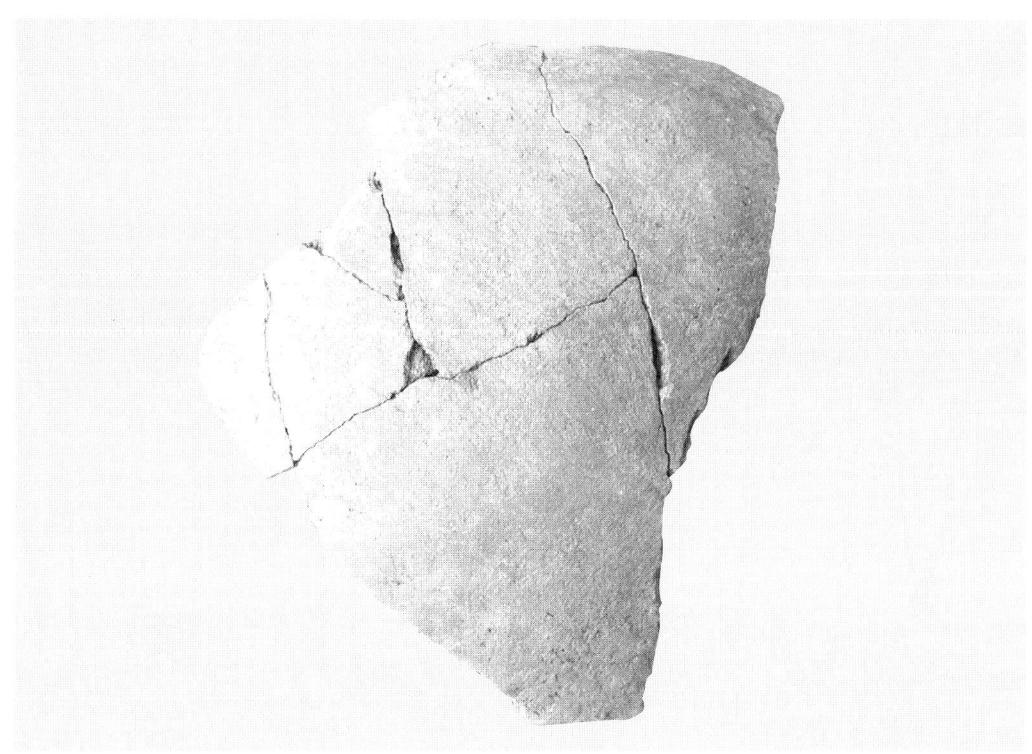

사진 4 홍도 동체부편

사진 5 공세리 출토 각종 석촉

사진 6　달도끼

사진 7　석창과 석겸편

사진 8 미완성 반월형석도

사진 9 소옥과 어망추

Ⅳ. 結論

양평 공세리 유적은 남한강 中流로 流入하는 黑川의 하류 南岸에 위치한 선사시대 유적지로 신석기시대 野外爐址 1基와 청동기시대 주거지 7基가 발굴되었다. 그러나 이곳에서 발굴된 청동기시대의 주거지는 조선시대 말기에 이르러 공동묘지로 전용되면서 많은 파괴를 경험하였고, 현재 잔존한 청동기시대 주거지는 그 가운데 극히 일부분일 것이라고 생각된다. 본 논문에서는 청동기시대 주거지의 성격에 대하여 집중적으로 검토하였다. 그 결과를 요약하면 다음과 같다.

첫째, 공세리 청동기시대 주거지의 평면형태는 모두 장방형이다. 그러나 세부적인 구조는 건물마다 약간씩의 차이가 있다. 예를 들어, 1호 주거지는 柱礎石의 地上式 建物址이나 2호~7호 주거지는 掘立柱 住居址이며, 1호 주거지의 爐址는 위석식인 반면 3호와 6호를 제외한 나머지는 무시설식 노지이다. 이들 주거지의 건축시기는 출토유물의 분포로 볼 때, 홍도와 경질무문토기의 출토량이 많으며, 건축 기술이 좀 더 발달된 모습을 보이는 1호 주거지가 다소 늦을 것으로 판단된다. 그러나 전체적인 유물 공반상태를 고려하면, 그 시기 차는 크지 않을 것이다.

둘째, 3호와 6호 건물지 내부에서 노지시설이 확인되지 않고 있으며, 특히 3호 주거지 내부에서는 겨우 수 점의 경질무문토기편과 함께 다량의 강돌의 剝片石器와 碎石片이 출토되었다. 따라서 3호 건물지는 주거지 용도의 건물지보다는 석기제작소나 工房으로 사용되었을 가능성이 있다. 그러나 내부에서 제작과정에 있는 석제품은 전혀 출토되지 않았다. 6호 건물지에서도 노지가 확인되지 않고 있으며, 출토유물도 다른 주거지에 비해 石器類의 출토빈도가 높아 주거지보다는 어떤 저장시설이나 또는 集會所 같은 公共建物址로 사용되었을 것으로 추정할 수 있다.

셋째, 출토된 유물 가운데 穀物類가 출토되지 않아 공세리 점유자의 경제적 기반을 자세히 파악하기 어려우나, 출토된 석기류에 農耕과 漁撈에 관련된 유물이 포함되어 있다. 즉, 半月形石刀나 石鎌은 穀物收穫과 관련된 도구이며, 土製 漁網錘는 漁撈 활동에 사용되는 유물이다. 따라서 이곳에 거주하던 청동기시대 사람들은 農耕과 漁撈로 생계경제(subsistence economy)를 영위하였던 것을 알 수 있다.

넷째, 공세리 2호와 4호~7호 주거지는 봉산 마산리 14호 주거지나 평양 남경유적의 청동기시대 제2기 문화층 주거지의 爐址나 柱穴의 배치 등에서 유사하며, 이러한 형태는 철원 외수리 주거지와 춘천 신매리 주거지 에서도 확인되었다. 반면에 1호 주초석 주거지는 북창 대평리 14호 주거지와 가평 달전리 33호 주거지에서도 나타나고 있다. 공세리 주거지는 한반도 서북부에서 조사된 이들 주거지의 건축기법과 유사한 반면, 紅陶나 孔列土器의 출토 양상은 한반도 중동부나 동북부의 주거지들에서 출토된 것들과 유사한 문화적 양상을 보여주고 있다.

　　마지막으로 공세리 유적의 편년은 출토된 토기나 석기들의 공반관계 그리고 방사성 탄소연대의 측정 결과들을 고려하면, 대략 청동기시대 중기 후반 정도로 編年되며, 강원도 정선 아우라지 유적보다는 다소 늦을 것으로 판단된다. 그리고 문화적인 측면에서는 유적의 주거지 구조와 유물의 조합상(assemblages), 그리고 방사성 탄소연대의 측정결과들을 볼 때, 한반도 서북부와 동북부의 문화가 교차하는 지리적 위치를 점하면서 대략 紀元前 9~7世紀 경에 두 지역의 문화가 어떤 형태의 문화적 접촉을 갖고 서로 융합하는 과정을 거쳤던 것으로 판단된다.

02

安城 馬井里
靑銅器時代 竪穴住居址의 再檢討

강아리

I. 서론

안성 마정리 청동기시대 주거지는 2005년 3월 경기대학교 박물관에 의해 발굴조사가 이루어진 안성시 공도읍 마정리 62번지 일대의 임광 아파트 건축부지에서 조선시대의 수혈주거지 등과 함께 확인된 遺構들 가운데 하나이다. 그동안 안성시 일대에서의 청동기시대 유적은 많이 알려져 있다. 예를 들어, 청동기시대의 주거지와 수혈유구 등이 조사된 곳은 만정리 택지 개발지구,[1] 반제리 유적,[2] 방신리 유적,[3] 승두리 유적[4] 등이 있고, 지석묘에는 쌍지리 지석묘,[5] 명목리 지석묘,[6] 반제리 지석묘,[7] 승두리 지석묘,[8] 현수동 지석묘,[9]

---

1) 기전문화재연구원, 2003, 『안성 공도 택지개발 지구 시 · 발굴조사 지도위원회 자료』; 기전문화재연구원, 2004, 『안성 공도 택지개발 지구 발굴조사 1차 지도위원회 자료(5 · 6지점)』.
2) 중원문화재연구원, 2004, 『안성 반제리 유적 발굴조사』.
3) 단국대학교 중앙박물관, 2004, 『안성시의 역사와 문화유적』, 99쪽.
4) 단국대학교 중앙박물관, 2004, 『안성시의 역사와 문화유적』, 101쪽.

만정리 지석묘,[10] 미장리 지석묘,[11] 장계리 지석묘[12] 등이 있으며, 이외에 내우리 선돌 유적[13] 이 있다. 이들 청동기시대 유적 가운데 만정리 유적[14]과 반제리 유적[15]에서 청동기시대의 주거지가 다수 발굴되었다.

안성시는 경기도의 최남단에 위치하고 있다. 안성시의 경계는 북쪽으로는 용인시, 북동쪽 이천시, 서쪽 평택시, 남쪽 충청남도 천안시, 남동쪽은 충청북도 진천군 · 음성군과 접하고 있으며, 인접도시인 평택 · 용인 · 장호원 · 음성 · 진천 · 천안 등과의 왕래가 빈번하여 예로부터 내륙의 교통과 상권의 중심지 역할을 하였다.[16]

안성시를 관통하는 하천에는 안성천 · 한천 · 청룡천 등이 있다. 안성천은 용인시에서 발원하여 공도면을 南流하다가 평택시를 거쳐 아산만으로 유입한다. 하천 주변의 지형은 고지대가 적고 비교적 평탄지가 많다. 또한 유역 주변에는 경사가 완만하여 농경지가 발달하였다.

조사지역인 마정리 일대의 지리적 환경을 보면, 서북쪽의 무안산(207.5m)에서 동남쪽으로 길게 이어지는 능선의 끝자락에 위치한다. 특히 조사지역은 해발 30m 정도의 남북방향으로 뻗은 낮은 능선의 북사면의 곡간부에 자리잡고 있다. 주거지의 동쪽으로는 한천이 북에서 南流하며, 한천을 건너서는 안성천변에 형성된 저평한 평야지대와 연접하고 있다.

안성 마정리에서 조사된 청동기시대 주거지 유적지는 임광아파트 신축부지로서 2004년 7월 14일부터 9월 13일까지 고려문화재연구원에 의해 지표조사가 실시되었다. 조사결과 건축부지에서 軟質土器와 硬質陶器 등의 유물 산포지가 확인되었다. 경기대학교 박물관은 고려문화재연구원의 지표조사 결과를 토대로 2005년 3월 16부터 4월 14일까지 試掘

---

5) 경기도 박물관, 2007, 『경기도 고인돌』, 414쪽.
6) 경기도 박물관, 2007, 『경기도 고인돌』, 415쪽.
7) 경기도 박물관, 2007, 『경기도 고인돌』, 416쪽.
8) 경기도 박물관, 2007, 『경기도 고인돌』, 417쪽.
9) 경기도 박물관, 2007, 『경기도 고인돌』, 420쪽.
10) 단국대학교 중앙박물관, 2004, 『안성시의 역사와 문화유적』, 97쪽.
11) 경기도 박물관, 2007, 『경기도 고인돌』, 420쪽.
12) 경기도 박물관, 2007, 『경기도 고인돌』, 420쪽.
13) 단국대학교 중앙박물관, 2004, 『안성시의 역사와 문화유적』, 97쪽.
14) 기전문화재연구원, 2003, 『안성 공도 택지개발 지구 시 · 발굴조사 지도위원회 자료』; 기전문화재연구원, 2004, 『안성 공도택지개발 지구 발굴조사 1차 지도위원회 자료(5 · 6지점)』.
15) 중앙문화재연구원, 2003, 『안성-음성간 고속도로(5공구) 반제리 지역 외 3지역 시굴조사 현장설 회 자료집』.
16) 安城郡誌 編纂委員會, 1990, 『安城郡誌』.
　　단국대학교 중앙박물관 · 안성시, 1999, 『안성시의 역사와 문화유적』.

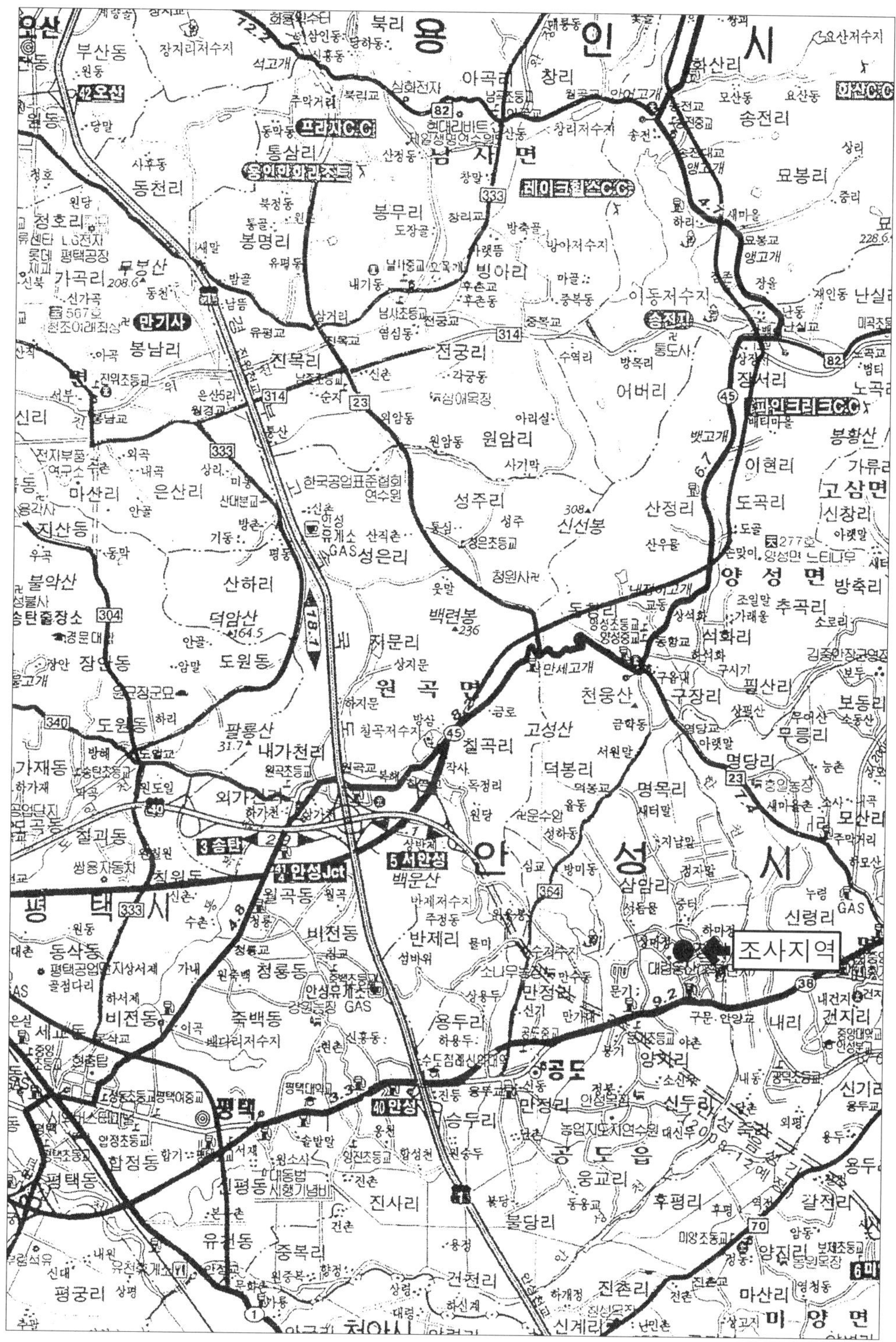

지도 1 안성 마정리 유적 위치도

사진 1 안성 마정리 유적(원경)

사진 2 안성 마정리 유적(전경, 항공사진)

調査를 실시하였다.

안성 마정리 유적은 경기도 남부지역에 있어서의 청동기시대 중·후기 주거지의 構造와 立地的 條件을 살펴볼 수 있는 중요한 자료라고 생각된다. 따라서 本考에서는 안성 마정리 유적에서 조사된 청동기시대의 주거지를 만정리와 반제리의 주거지들과 비교 검토하고자 한다.[17)]

II. 주거지의 구조와 성격

1. 주거지의 구조적 성격

마정리 청동기시대 주거지는 능선의 북쪽 경사면에서 등고선과 평행한 방향으로 2기가 발굴되었으며, 이 가운데 1호 주거지는 비교적 양호한 상태로 노출되었다. 그러나 2호 주거지의 잔존상태가 좋지 않아 1호 주거지와 직접적으로 비교하기는 어렵지만, 2호 주거지도 1호 주거지와 구조적 측면에서 서로 비슷하거나 거의 같은 양식으로 건축되었던 것으로 보인다.

1호 주거지의 평면형태는 장방형이며, 고토양층을 수직으로 얇게 'ㄴ'자로 굴착하고 조성한 竪穴住居址이다. 주거지의 장축방향은 등고선과 평행한 동-서 방향이며, 장축 길이는 900cm이다. 주거지 내부의 생활면 공간 구조를 보면, 가장자리에서 안쪽으로 약 58cm 정도의 폭이 되도록 단을 조성하고, 여기에서 약 22cm 가량 낮은 깊이로 내부 안쪽에 생활면을 조성하였다. 주거지의 내부 바닥은 단단하게 다진 것으로 판단되나 바닥에 특별한 시설을 한 흔적은 확인되지 않았다.

1호 주거지는 가장자리를 따라 기둥을 세웠던 것으로 보인다. 그러나 조사 과정에서 노출된 柱穴은 단지 3개뿐이다. 가장자리에서 노출된 柱穴의 크기는 직경이 약 20~25cm이고, 깊이는 약 2~5.5cm를 유지하고 있다. 내부에서 노지시설은 특별히 보이지 않았다. 다

---

17) 마정리 주거지는 2005년에 보고서가 간행되었으며, 筆者의 보고서를 토대로 김현준에 의해 간략히 재정리된 바 있다.
유태용·강아리, 2005, 『安城 馬井里 遺蹟』, 경기대학교 박물관 ; 김현준, 2007, 「안성 마정리 청동기시대 주거지의 연구」, 『경기도의 고고학』, 73~95쪽.

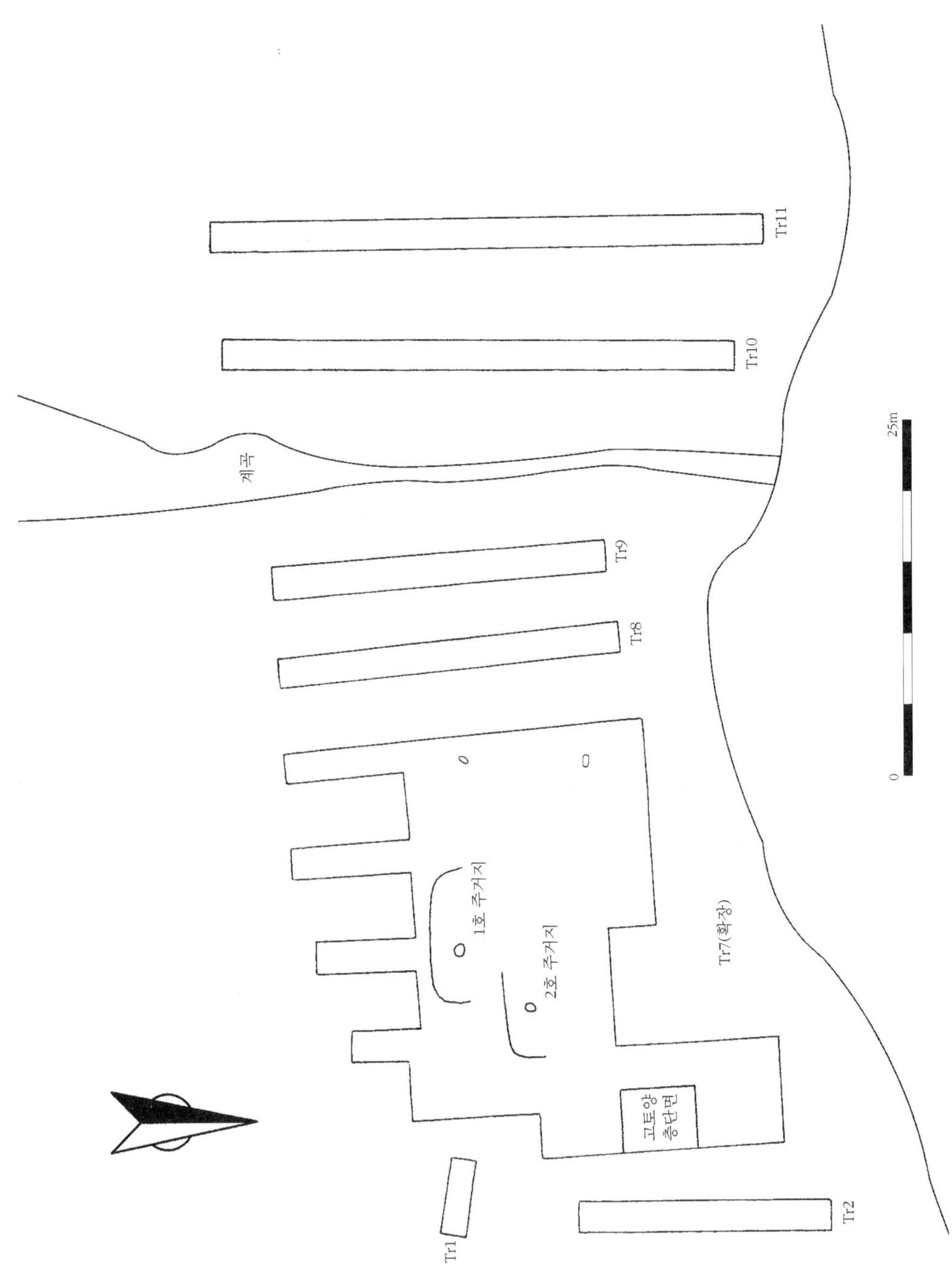

도면 1 마정리 유적 트렌치 배치도

만, 주거지의 중앙에서 동쪽으로 약간 떨어진 지점에서 직경 약 60cm 정도의 크기로 불탄 자리가 확인되었는데, 이 불탄자리가 無施設 爐址로 판단된다. 紅陶片과 無文土器片 등이 주거지 바닥에서 다수 출토되었다.

2호 주거지는 1호 주거지와 인접하여 발굴되었으며, 1호 주거지와 마찬가지로 평면형 태는 장방형으로 판단된다. 2호 주거지는 등고선상으로 1호 주거지의 아래에 해당되는 북 쪽의 동남부 하단부에서 확인되었다. 조사 당시 2호 주거지의 서쪽부분이 심하게 교란되었 는데, 아마 1호 주거지와 서로 중첩되어 건축되면서 파괴되었던 것으로 판단된다.

2호 주거지는 동남부 가장자리와 안쪽 중앙에서 약간 동쪽으로 판단되는 지점에서 직 경 약 50cm 크기의 불탄자리가 확인되었다. 따라서 2호 주거지의 정확한 평면 형태는 알 수 없다. 다만 殘存狀態를 감안 할 때, 2호 주거지는 1호 주거지와 평면 형태나 수혈 조성 등의 방법 등에서 같은 성격을 띠었던 것으로 판단된다. 주거지의 동쪽에서 안쪽으로 약 310cm 지점에서 확인된 불탄자리는 2호 주거지의 爐址였을 것으로 판단된다. 출토된 유물 에는 孔列土器 口緣部片과 함께 無文土器片이 있는데, 특히 무문토기편이 주거지 내부에 서 부서진 채로 다량 출토되었다.

안성 일대에서 조사된 청동기시대 주거지 가운데 유사한 성격을 가진 주거지에는 공 도읍 만정리 유적 5지점에서 조사된 1호와 2호 주거지가 있다. 만정리 주거지는 모두 장방 형 수혈주거지이며, 내부에 화덕자리가 있다. 두 주거지 가운데 특히 2호 주거지에 4개의 柱穴과 화덕자리의 배치 상태에서 마정리 주거지와 구조적으로 유사한 면을 보여주고 있 다. 다만 만정리 2호 주거지의 가장자리에 排水路로 추정되는 구상유구가 돌아가고 있다는 점에서 다소 차이를 보여준다.

마정리나 만정리 주거지의 노지 시설은 무시설 노지인데, 주거지의 중앙에서 약간 북 쪽 지점에 圍石式 爐址가 설치되는 평안남도 북창군 대평리 14호 주거지,[18] 경기도 가평 달 전리 33호 주거지,[19] 강원도 정선 아우라지 주거지, 또는 양평 공세리 1호 주거지[20] 등과는 매우 다른 특징을 보여준다. 따라서 竪穴住居址에 무시설 노지 양상을 보여주는 안성 일대 의 청동기시대 주거지는 양평 공세리나 강원도 정선 아우라지 같은 남한강이나 북한 강 유 역의 유적들과는 문화적 전통이 매우 다른 것으로 생각된다.

---

18) 정찬영, 1974, 「북창 대평리유적 발굴보고」, 『고고학 자료집』 4.
19) 한림대학교 박물관, 2003, 『경춘선 복선전철 제6공구 가평역사부지내 문화유적발굴조사 지도위원회 자료집』.
20) 유태용, 2007, 「양평 공세리 청동기시대 주거지의 연구」, 『백산학보』 78.

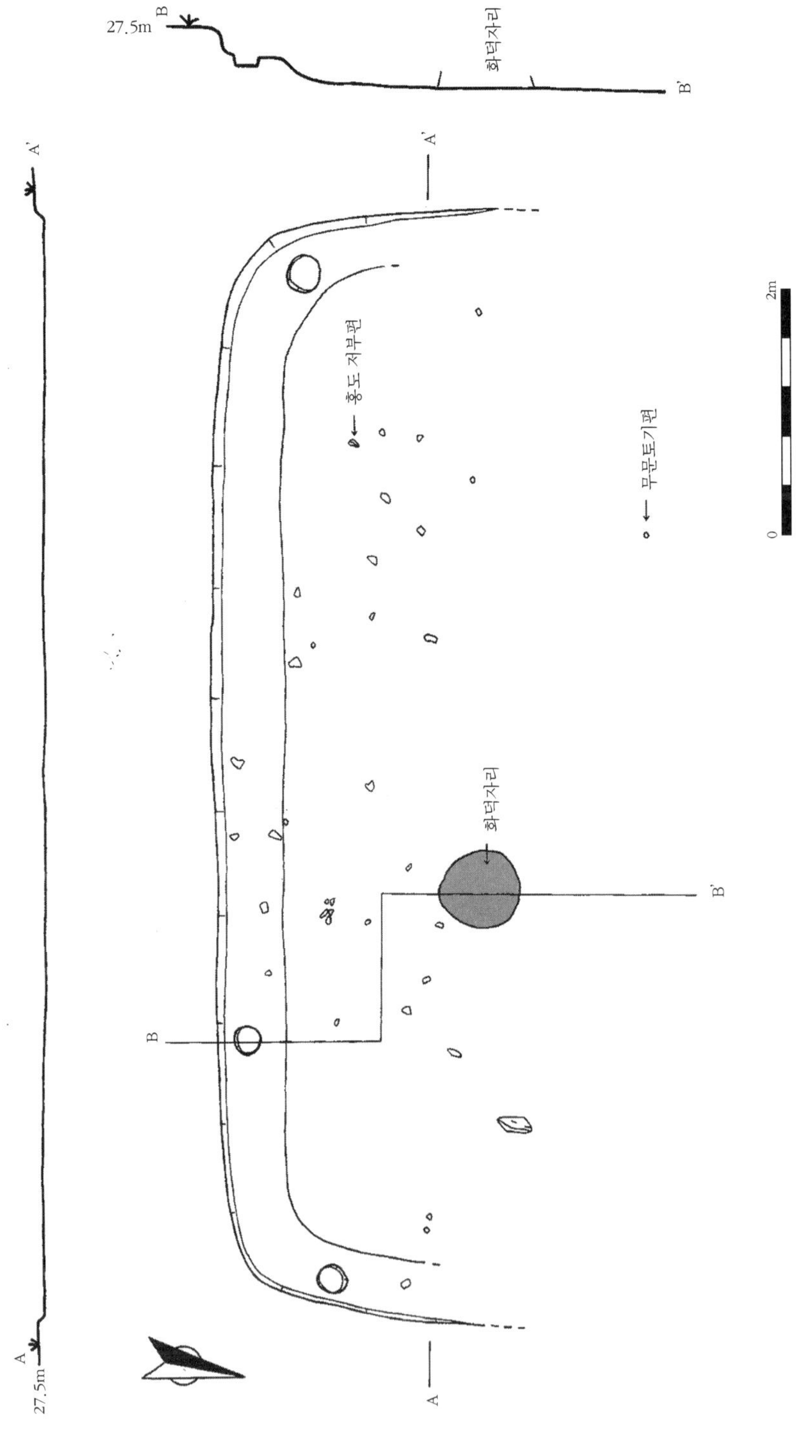

도면 2 1호 주거지

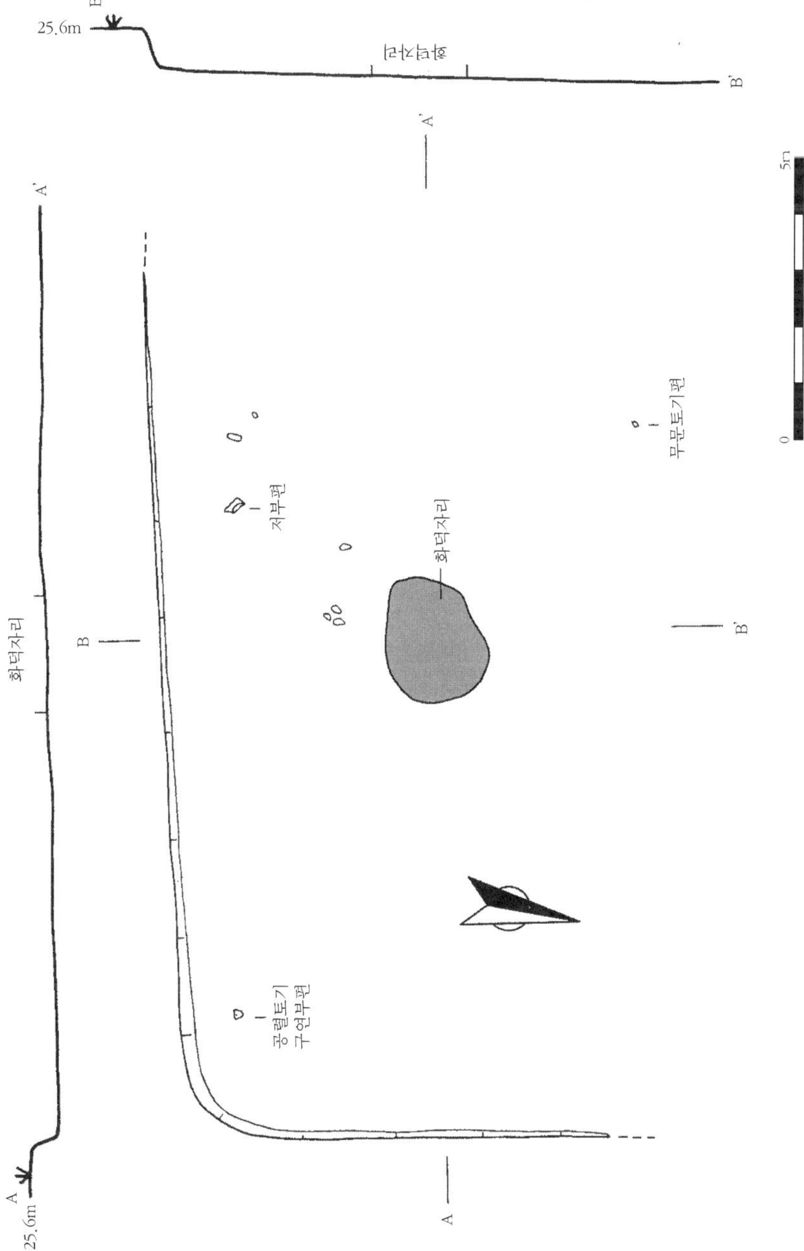

도면 3 2호 주거지

반면에 장방형 수혈주거지 형태에 1호 주거지의 에에서 보듯 벽면의 가장자리를 따라 柱穴이 발견될 뿐, 안쪽에서는 주혈이 발견되지 않으며, 爐址의 경우에도 특별한 시설이 없다. 비록 주거지 내부에서 출토된 유물은 종류가 빈약하나, 출토된 토기류 중에 무문토기들과 함께 紅陶片과 孔列土器片이 보이고 있으며, 특히 주거지의 구조나 출토유물의 성격에서 유사한 양상을 보여주는 공도읍 만정리 유적 5지점에서 확인된 청동기시대 주거지가 역삼동 유형으로 분류[21]된다는 점에서 마정리 주거지도 역시 역삼동 유형의 주거지 형식으로 판단된다.

2. 주거지의 입지적 성격

마정리 주거지가 위치한 지역은 지형적으로 동남쪽에 漢川이 북쪽에서 남쪽으로 흐르고 있으며, 동북쪽에서 위치한 해발 35m의 야산 능선이 한 갈래는 동북쪽에서 동남쪽으로 이어져 있고, 다른 한 갈래는 서북쪽에서 서남쪽으로 길게 자리잡고 있다. 이들 두 능선의 가운데 서남쪽으로 이어진 능선의 북쪽에 조사지역이 위치하며, 그 북쪽 谷間部에는 한천과 연결된 늪지대가 넓게 형성되어 있다.

이들 두 능선 가운데 주거지는 서남쪽 능선의 동북쪽 한천에 인접한 북쪽의 급경사 지형을 이루고 있다. 특히 주거지가 위치한 서남쪽 능선의 북사면은 경사도가 가파른 지형에 立地하고 있다. 이곳을 관통하는 서남부 능선부는 동쪽 한천에서 서쪽으로 가면서 높이가 불규칙한 소규모 곡간 계곡을 형성하고 있다.

이렇듯 마정리 주거지는 한천 서쪽의 완만한 야산에 입지하고 있다. 다만 완만한 야산에 입지한다고 하나 능선의 북쪽 사면은 매우 급경사를 이루는 능선의 중턱에 수혈주거지를 건축한 특징이 있다. 이러한 입지적 조건은 안성시 만정리 · 반제리, 평택시 소사동 · 현화리 · 토진리, 화성시 동학산 · 泉川里, 안양시 관양동 등지의 청동기시대 주거지에도 그대로 적용되고 있다. 즉, 이들 유적에서 조사된 청동기시대 수혈주거지는 구릉의 능선이나 斜面에 위치하고 있다. 따라서 마정리 청동기시대 주거지도 안성 일대의 다른 청동기시대 취락의 일반적인 입지조건을 갖춘 곳에 건축된 특징을 보인다.

마정리 주거지의 토층은 트렌치 단면에 모두 5개의 층위로 나타나고 있다. 제1층은 암

---

21) 기전문화재연구원, 2004, 『안성 공도 택지개발 지구 발굴조사 1차 지도위원회 자료(1 · 3 · 5지점)』, 33쪽.

갈색 표토층이며, 제2층은 적갈색 점토층이고, 제3층은 암갈색의 점토층으로 청동기시대 토기 포함층이다. 제4층은 짙은 암갈색 점토질의 古土壤層이며, 제5층은 옅은 적황색의 풍화암반층이다. 그런데 청동기 문화층에서 조사된 주거지는 제4층에 형성된 古土壤層을 굴착하고 수혈주거지를 조성하였다.

조사지역(A지구)에서는 청동기시대의 수혈주거지 2基 이외에도 수혈유구 1基가 발굴되었고, 수혈주거지 내부에서는 無文土器片 · 紅陶 底部片 · 磨製石斧 등이 출토되었다. 그리고 구석기시대 유물도 동북쪽 傾斜面의 고토양층에서 多面石器와 剝片石器 같은 것들이 다수 출토되었고, 또한 청동기시대 문화층에서 빗살무늬토기편과 함께 구석기시대의 剝片石器 등이 소량 收拾되었다.

따라서 마정리 유적지는 구석기시대나 신석기시대의 유물 출토 사례를 고려하면, 간헐적이기는 하지만 청동기시대뿐만이 아닌 구석기시대부터 인간이 거주해왔던 장소였을 것으로 판단된다. 이는 바로 동쪽에 위치한 한천의 역할이 크게 작용하였을 것이다.

Ⅲ. 출토유물의 성격과 편년

1. 출토유물의 성격

마정리 주거지에서 출토된 유물에는 土器類에 無文土器片 · 紅陶片 · 孔列土器片 등이 있고, 이외에 石器類로 마제석부가 1점 출토되었다. 따라서 마정리 주거지에 대한 編年을 세우거나 사회적 성격을 복원하기에는 출토유물의 수량이 매우 희소하다고 할 수 있다.

먼저 홍도편은 1호 주거지 내부에서 底部片 단 1점(1.7%)만 출토되었다. 홍도편은 1호 주거지의 서남쪽 모서리 부분에서 무문토기편들과 함께 출토되었다. 전체 출토비율로 볼 때, 홍도가 차지하는 비율은 매우 낮은 편이다. 그러나 청동기시대 중기에는 홍도가 지석묘의 부장품으로 사용되고 있는 점을 고려하면, 1호 주거지에서 출토되는 生活容器로서의 홍도의 성격은 매우 이례적인 것이라 하겠다.

1호 주거지에서 출토된 홍도의 저부편은 정선된 태토를 사용하여 토기를 제작하였고, 표면에는 磨研된 후 붉은 색 슬립이 입혀 마무리 작업을 하였다. 토기의 底部는 平底이고, 底部의 접합부에는 약간 축약된 후 동체부와 연결된 흔적이 나타나 있다. 크기를 보면, 底部의 殘高는 1.5cm이고, 폭은 4.9cm이며, 두께는 0.6cm이다.

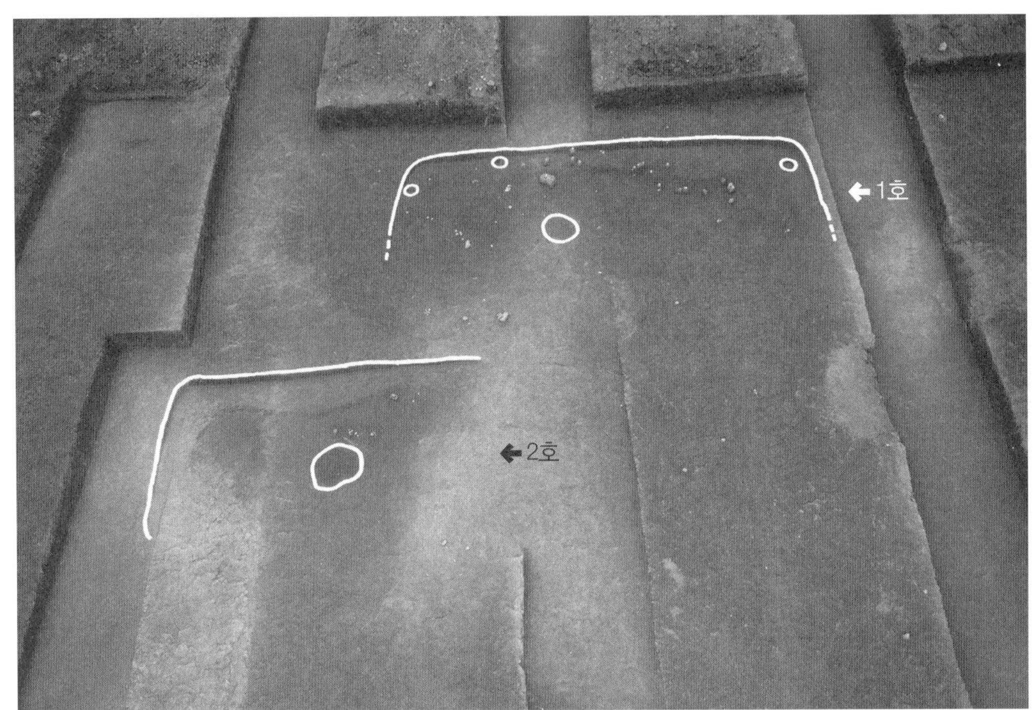

사진 3 주거지 노출상태

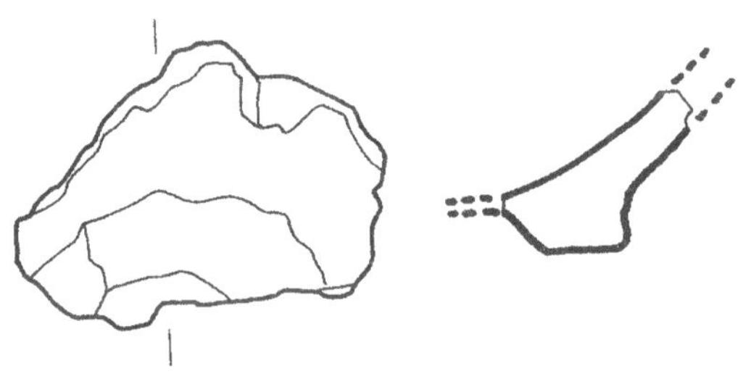

도면 4 1호 주거지 출토 홍도 저부편

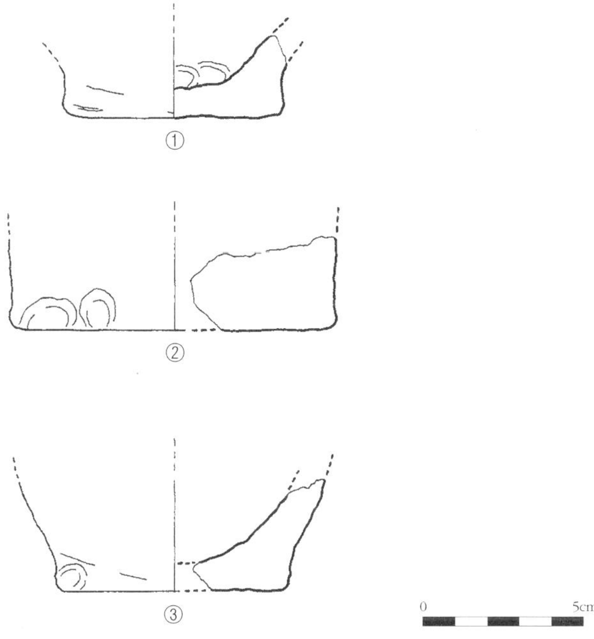

도면 5   1호 주거지 출토 무문토기 저부편

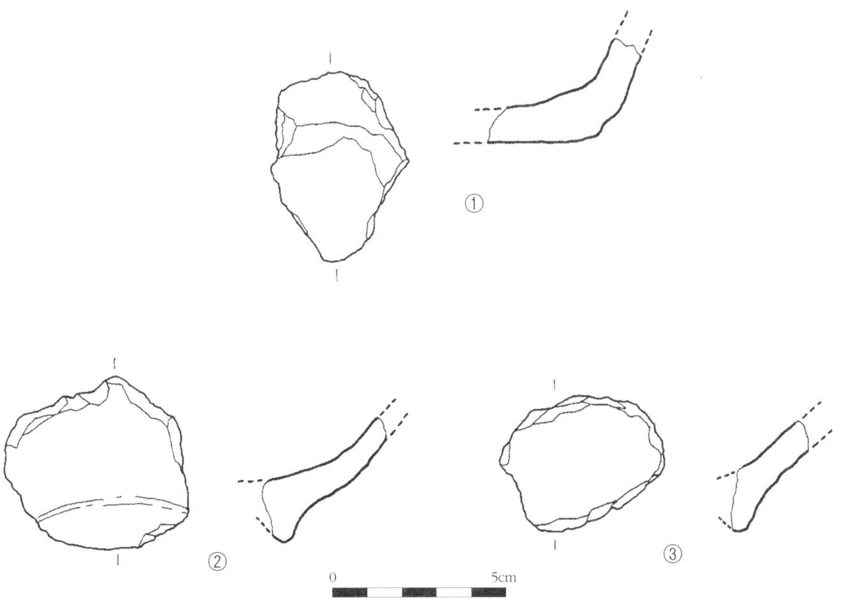

도면 6   1호 주거지 출토 무문토기 저부편

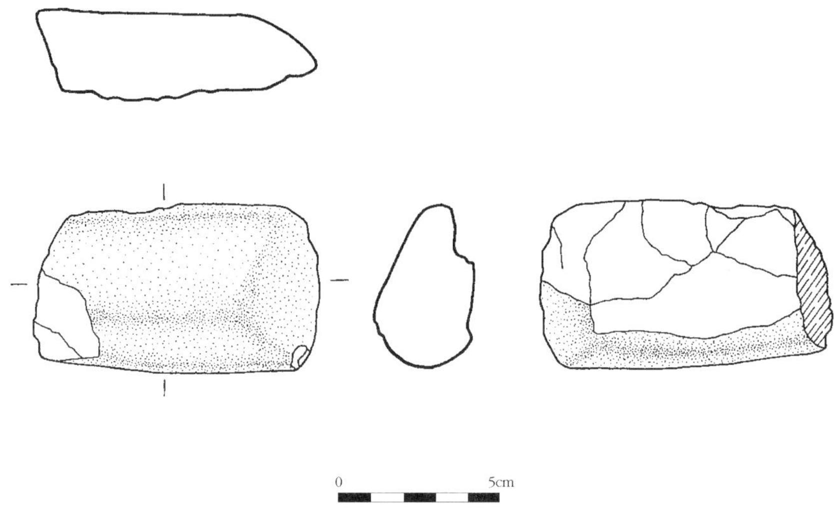

도면 7   1호 주거지 출토 마제석부편

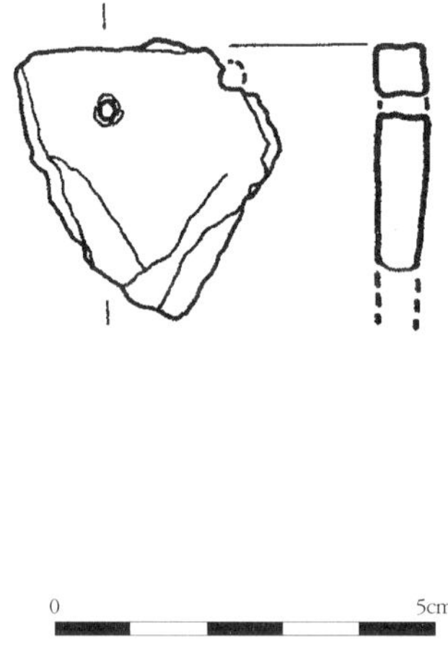

도면 8   2호 주거지 출토 공렬토기편

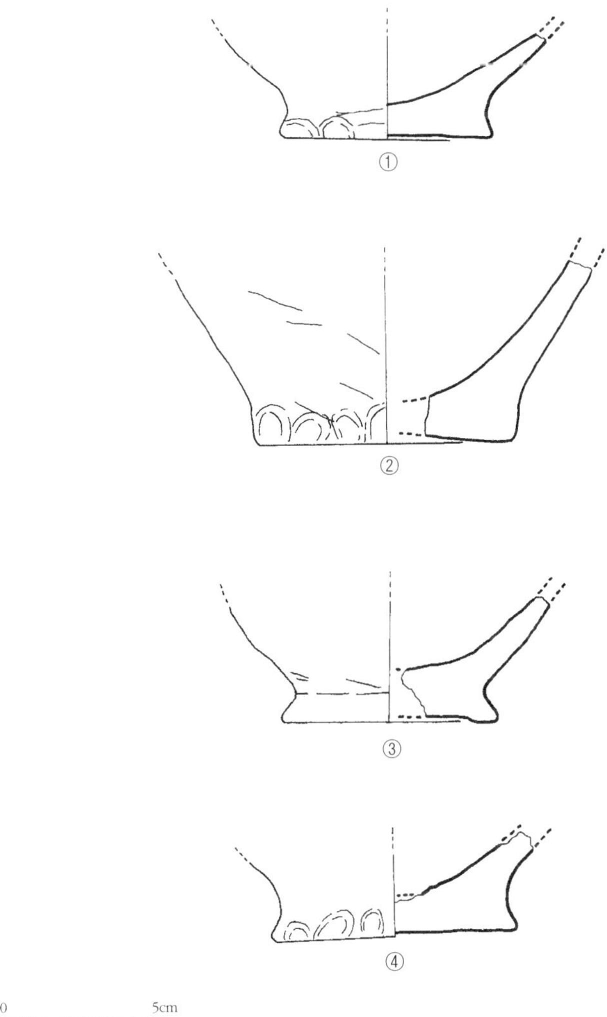

0   5cm

도면 9　2호 주거지 출토 무문토기 저부편

孔列土器는 2호 주거지에서 1점(1.7%)이 출토되었으며, 현재 토기의 口緣部 일부만 남아있다. 공렬토기도 홍도와 마찬가지로 출토 수량에 있어서 매우 미미한 편이다. 이렇듯 비록 공렬토기의 출토량은 稀少하나 홍도와 더불어 이곳에서 발굴된 주거지의 시대적 편년이나 성격을 이해하는데 있어서 매우 중요한 자료로 활용될 수 있다.

공렬토기의 外面은 적갈색의 색조를 띠고 있고, 內面은 황갈색의 색조를 띠고 있으며, 속심은 흑갈색의 색조를 띠고 있다. 태토는 사립과 가는 石砬이 다량 함유된 점토질이다. 현존 구연부에 2개의 透孔이 있으며, 투공은 안에서 밖으로 뚫었다. 구멍의 지름은 0.3cm이며, 구멍과 구멍 사이의 간격은 1.3cm이다. 내면에는 물손질흔이 확인된다. 殘存 길이는 3.5cm이고, 폭은 3.3cm이며, 두께는 0.5~0.7cm이다.

두 기의 주거지에서 출토된 無文土器片은 모두 57점(96.6%)이며, 이 가운데 42점(71.2%)은 1호 주거지에서 출토되었고, 15점(25.4%)은 2호 주거지에서 출토되었다. 따라서 이들 두 주거지에서 차지하는 무문토기의 비율은 절대적이라 하겠다. 그런데, 이들 주거지에서 출토된 무문토기는 대부분이 동체부와 저부뿐이며, 구연부는 전혀 수습되지 않았다.

무문토기의 동체부를 보면, 토기의 외면은 적갈색이나 암갈색의 색조를 띠고 있으며, 내면은 주로 황갈색의 색조를 띠고 있고, 속심은 흑갈색의 색조를 띠고 있다. 태토는 사립과 石英系 石砬이 다량 함유된 점토질이다. 저부편의 내외면은 적갈색의 색조를 띠고 있으며, 태토는 사립과 석영계 석립이 다량 함유된 점토질이다. 底部는 平底이고, 접합부는 약간 축약된 후 동체부와 연결되었다. 내면에는 指頭痕이 확인되며, 외면에는 물손질흔과 목리흔이 확인된다.

磨製石斧는 A지구 1호 주거지에서 유일하게 1점이 출토되었다. 돌을 세밀하게 磨研하여 석부를 제작하였다. 그러나 석부의 한쪽 측면은 완전히 파손되어 缺失되었다. 석부의 刃部 형태는 蛤刃이며, 莖部는 파손으로 缺失되어 알 수 없다. 刃部의 반대쪽에는 다시 마연한 흔적이 있는데, 잔존 상태를 보면, 1차 사용 후 다시 마연하여 재사용한 것으로 추정된다. 殘存 길이는 9.1cm이고, 폭은 5.0cm이며, 두께는 3.0cm이다.

2. 출토유물의 편년

마정리 청동기시대 주거지에서 출토된 유물은 극히 소량이어서 주거지의 시대적 성격을 규명하기에는 매우 어려움이 따른다. 그러나 다행하게도 출토된 토기류에 홍도 저부편과 공렬토기 구연부편이 포함되어 있어서 주거지 유적의 편년작업에 실마리로 이용될 수 있다.

먼저 紅陶는 丹塗磨研土器 또는 赤色磨研土器로도 불리는 것으로 청동기시대의 주거지나 지석묘의 부장품으로 널리 발견되는 유물이다. 홍도의 태토는 고운 태토로 만들어졌고, 器形은 短頸의 바닥이 둥근 단지이다. 홍도는 함경북도 회령읍 五洞 유적과 무산의 호곡동 유적 같은 두만강 유역의 주거지에서 이른 시기부터 출토된다. 그리고 공렬토기는 무문토기의 구연부를 따라서 小孔이 列을 지어 뚫려있는 토기로 透孔의 상태나 방향에 따라 속성을 규정짓는다. 즉, 투공의 상태에 따라 透孔과 半透孔으로 나누며, 방향에 따라 내→외의 형태와 그리고 외→내의 형태로 분류된다.

홍도는 그동안 한강이남에서는 지석묘 부장품으로 주로 출토되는 것으로만 알려져 왔었다. 그런데 한강 이남의 주거지에서도 홍도의 출토되기 시작하였다. 예를 들면, 서울시 역삼동 유적, 경기도 여주군 흔암리 유적, 안양시 관양동 유적, 화성시 동학산 유적·천전리 유적, 평택시 현화리 유적, 충청남도 서산군 휴암리, 부여군 송국리, 전라북도 부안군 소산리 등을 들 수 있다.

이들 주거지 가운데 역삼동유적의 주거지에서는 홍도·공렬토기·심발형토기·壺形土器의 토기류와 합인석부·마제석촉·반월형석도·갈돌·갈판 같은 석기 등 다양한 유물이 홍도와 함께 출토되었다. 반면에 화성 동학산 유적의 주거지와 환호에서 구순각목문 공렬토기와 홍도가 공반하여 출토되었으며, 안양 관양동 유적에서는 8호 주거지에서 碗形의 紅陶가 출토되었으며, 방사성탄소연대는 2440±60 B.P.로 측정되었다.

평택 현화리 유적의 주거지에서는 홍도·공렬토기 등과 함께 마제석부와 마제석촉이 출토되었다. 2호 주거지에서 收拾된 목탄의 방사성탄소연대는 3110±130 B.P.이며, 4호 주거지는 2910±130 B.P.로 측정되었다. 화성 천천리 유적의 7호 주거지는 세장방형인데, 주거지 내부에서 홍도와 공렬토기가 공반하여 출토되었다. 유적의 방사성탄소연대는 2900± 40 B.P., 2850±60 B.P., 그리고 2800±60 B.P. 등으로 측정되었다. 마정리 주거지의 편년은 출토된 유물이 적고 주거지의 구조적 성격도 정확하게 파악하기는 어렵다. 다만 주거지 내부에서 출토된 홍도와 공렬토기의 속성을 통하여 마정리 주거지의 시기를 대략적으로 가늠해볼 뿐인데, 김현준은 공렬토기와 홍도의 공반관계와 주거지의 평면형태 같은 구조를 고려하여 마정리 주거지의 연대를 화성 천천리나 평택 현화리 유적과 비슷한 기원전 10世紀 경으로 편년하였다.[22]

그런데 비록 마정리 주거지에서는 방사성탄소연대가 산출되지는 않았지만, 공렬토기 투공의 형태나 방향 그리고 홍도의 器形을 통하여 주변의 편년이 보고된 주거지들과 비교하여 상대년대를 좀 더 세밀하게 추정할 수 있다. 예를 들어, 마정리 주거지에서 출토된 공렬토기의 透孔 방향이 내→외의 형태이며, 홍도 저부도 殘片이기는 하나 器形이 단지보다는 碗으로 추정된다. 이러한 점으로 미루어보아 마정리 주거지는 기원전 10世紀 전후로 편년된 평택 현화리 유적이나 화성 동학산 유적의 주거지들보다는 시기적으로 7世紀 전후로 편년되는 안양 관양동의 주거지에 더 가까울 것으로 생각된다.

IV. 결론

마정리 유적은 주거지의 입지적 조건 등에서 청동기시대의 전형적인 주거형태를 보여주고 있다. 즉, 마정리 주거지는 해발 35m의 야산 북쪽 능선에 위치하고 있으며, 동쪽은 한천에 인접하여 급경사의 지형을 이루고 있다. 그리고 주거지가 위치한 북쪽 능선도 경사도가 매우 가파른 지형에 立地하고 있다. 이렇듯 마정리 주거지는 한천 서쪽의 완만한 야산의 북쪽 사면에 입지하고 있다.

주거지의 평면형태는 장방형이며, 고토양층을 'ㄴ'자로 굴착하고 조성한 竪穴住居址이다. 주거지의 장축방향은 등고선과 평행한 동-서 방향이며, 1호 주거지는 가장자리를 따라 3개의 柱穴이 확인되었다. 그리고 주거지의 중앙에서 동쪽으로 약간 떨어진 지점에서 無施設式 爐址가 확인되었다.

주거지 내부에서는 無文土器片·紅陶 底部片·磨製石斧 등이 출토되었고, 동북쪽 傾斜面의 고토양층에서 多面石器와 剝片石器 같은 구석기시대 유물도 다수 출토되었다. 그리고 청동기시대 문화층에서 신석기시대의 빗살무늬토기편도 출토되었다. 따라서 마정리 유적지는 간헐적이기는 하지만 구석기시대부터 신석기시대를 거쳐 청동기시대에 이르기까지 인간이 거주해왔던 장소였을 것으로 생각된다.

그리고 주거지의 평면형태나 토기의 器種 構成 등에서는 한강 하류에서 안성천에 이르는 경기도 서남부 지역의 청동기시대 문화적 전통을 보여주고 있다. 그런데, 마정리 주거

---

22) 김현준, 2007, 「안성 마정리 청동기시대 주거지의 연구」, 『경기도의 고고학』, 89쪽.

지에서 출토된 공렬토기의 특징은 透孔의 방향이 내→외로 透孔되었으며, 홍도의 器形은 殘片의 상태로 보아 碗의 형태로 추정된다. 이런 점들을 감안한다면, 마정리 주거지의 조성 시기는 口脣刻目文土器나 二重口緣短斜線文土器 등이 출토되는 기원전 10世紀 경의 평택 현화리 유적이나 화성 동학산 유적보다는 碗形 紅陶가 출토되는 기원전 7世紀 경의 안양 관양동의 주거지와 같은 시기로 편년할 수 있을 것이다.

03

楊平 三省里
圓形粘土帶土器 住居址의 성격 고찰*

유태용

Ⅰ. 序論

점토대토기는 구연부에 점토띠를 붙여 만든 토기로 전체적인 器形은 深鉢形이나 壺形을 하고 있으며, 1930년 경 서울 응봉동에서 처음 학계에 보고되었고,[1] 1961년 남양주시 미금읍 수석리의 주거지에서 粘土帶土器가 정식 발굴되면서 학계의 주목을 받기 시작했다.[2] 그러다가 1967년 대전시 괴정동의 土壙石槨墓에 대한 발굴조사에서 細形銅劍·黑陶長頸壺 등과 함께 원형 점토대토기가 공반 출토되면서, 한국 초기철기시대의 구체적인 문화적 성격이 파악되기 시작했다.[3] 한편 요녕지방에서 출토된 粘土帶土器의 문화적 성격도 한반

---

* 本考는 2004, 「楊平 龍門面 三星里 出土 粘土帶土器 一考」, 『북방사논총』 2호에 실린 내용을 수정 補完 한 것임.
1) 橫山將三郞, 1930, 「京城府外鷹峯遺蹟報告」, 『史前學雜誌』 2卷5號 史前學會.
2) 김원룡, 1966, 「수석리 선사시대 취락주거지 조사보고」, 『美術資料』 11.
3) 李殷昌, 1972, 「대전 괴정동 청동기문화의 연구」, 『아세아연구』 XI.

도의 그것과 같은 양상을 나타내고 있음이 점차 밝혀지면서, 한반도에서 출토되는 점토대토기의 문화는 한반도 초기철기시대 문화의 전개과정을 이해하는 데 있어서 중요한 연구주제로 부각되었다.

그동안 한국의 고고학계는 한반도에서 출토된 점토대토기의 문화는 공반토기의 構成器種이나 점토대토기가 출토되는 주거지의 爐址 등을 토대로 요녕지방의 점토대토기를 보유한 주민들의 집단 이주에 의한 것으로 파악하는 견해가 제시되었다.[4] 그리고 이들이 한반도에 들어온 후, 평야지대 보다는 주로 외곽의 산지에 산발적으로 거주하였던 것으로 파악하였다. 이는 그동안 점토대토기가 출토된 곳이 주로 낮은 야산의 구릉지대 주거지였기 때문이었다.

그런데 2004년에 실시된 경기도 양평군 용문면 삼성리 黑川의 江岸 충적대지에 대한 발굴조사에서 黑陶長頸壺 口緣部片 · 硬質無文土器片 · 半月形石刀 등의 유물과 함께 장방형 주거지 1基가 露出되었다.[5] 이곳 주거지에서 출토된 원형 점토대토기의 유물 조합상은 요녕지방의 점토대토기 유물 조합상과 상당히 유사하며, 특히 평양의 남경유적에서 출토된 점토대토기와 같은 성질의 토기임이 밝혀졌다. 게다가 양평 삼성리 점토대토기 주거지가 지리적으로 야산이 아닌 강안 충적대지인 낮은 평야지대에 위치하고 있다는 점에서 기존 한반도 점토대토기문화가 고지성 취락의 방어적 성격일 것이라는 통념을 再考할수 있는 기회가 되었다. 비록 유적의 성격에 차이가 있기는 하지만, 이는 최근 단면원형의 점토대토기가 출토된 요녕성 건창현 동대장자 木棺積石墓群이 대릉하 남쪽 상류 北岸의 충적대지에 위치하고 있다는 점에서도 대비되고 있다.[6]

따라서 본고에서는 양평 용문면 삼성리에서 출토된 점토대토기의 주거지와 출토유물을 자세히 소개하고, 이와 관련하여 한강유역에서 점토대토기가 출토된 다른 유적의 성격을 검토하였다. 이는 그동안 한반도에서 전개된 점토대토기 문화가 고지성의 방어적 취락을 중심으로 전개되었고, 이러한 문화는 요녕지역의 점토대토기 문화를 보유한 사람들의 집단적 이주에 의한 결과일 것이라는 견해에 의문을 갖고 있었기 때문이다.

---

4) 朴淳發, 2004, 「遼寧 粘土帶土器文化의 韓半島 定着過程」, 『錦江考古』 창간호.
5) 경기대학교 박물관, 2004, 『양평 남부지역 문화유적』, 도서출판 주류성.
6) 吳江原, 2004, 「遼寧省 建昌縣 東大杖子 積石木棺槨墓群 出土 琵琶形銅劍과 土器」, 『北方史論叢』 1.

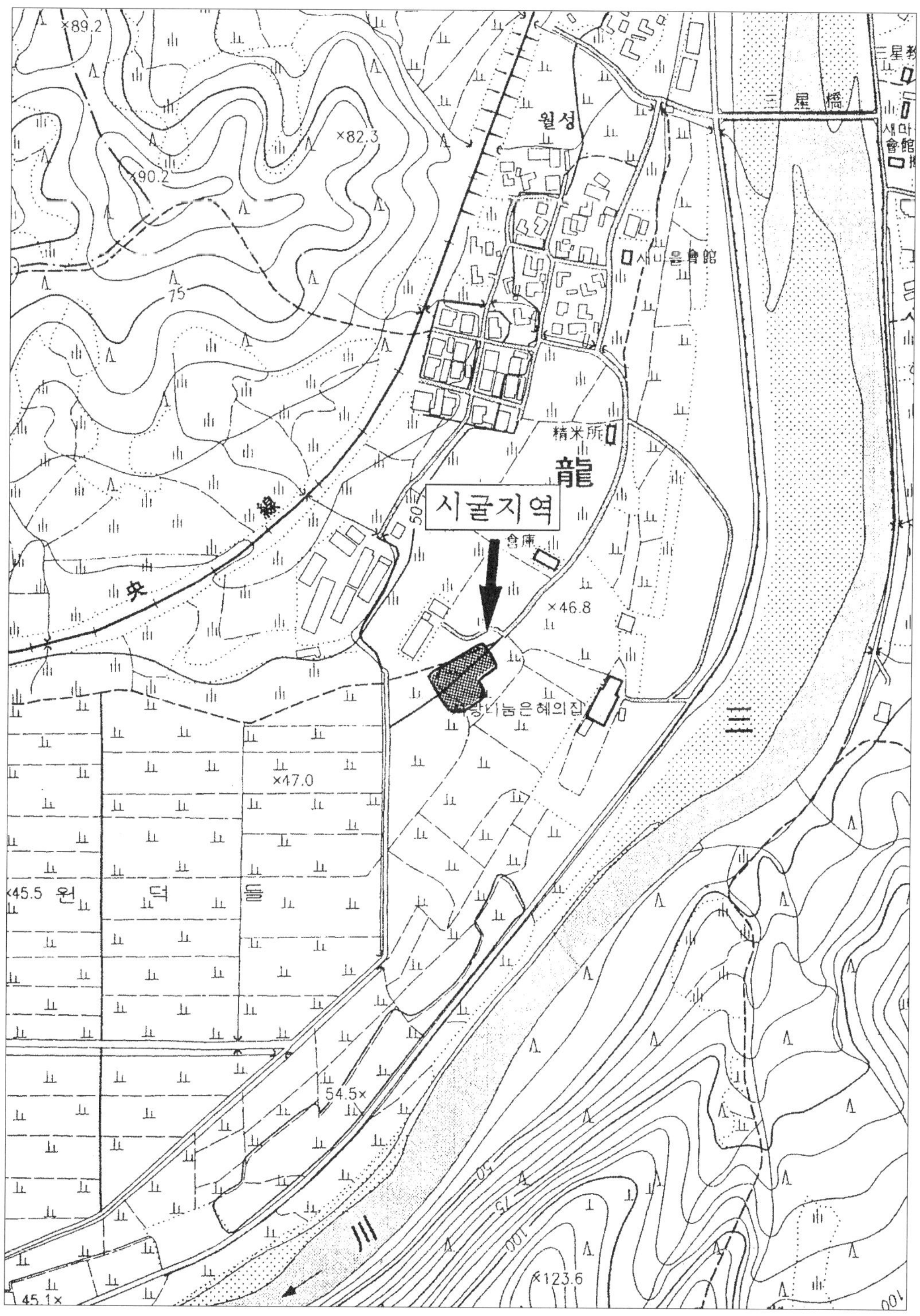

지도 1 삼성리 유적 위치도

II. 住居址의 調査槪要

1. 調査地域의 地形

粘土帶土器가 출토된 初期鐵器時代 住居址는 중앙선 元德驛에서 龍門驛 쪽으로 약 1.2km 떨어진 원덕들 동쪽의 沖積臺地上에 위치한다. 주변지형을 보면, 조사지역의 약 4.5km 서북쪽에는 삿갓봉(473.7m)이 위치하고 있고, 조사지역의 동쪽에 흐르는 黑川은 龍門面 多文里 쪽에서 조사지점의 남쪽을 거쳐 서남부의 介軍面 仰德里에 이르러 남한강과 합류한다. 그리고 남쪽의 黑川을 건너 동남부 약 3km 지점에 趨揖山(583.0m)이 위치하고 있다. 조사지역에서 서남쪽으로 3.7km 지점에 介軍山이 자리하고 있다.

조사지역의 북쪽은 삿갓봉에서 동남쪽으로 支脈이 길게 이어지고 있다. 따라서 조사 지역의 북쪽지역은 대체로 낮은 산지를 이루고 있다. 조사지역에서 약 650m 남쪽에는 동쪽 龍門驛에서 조사지역 남쪽을 거쳐 서북쪽 개군면 원덕초등학교 쪽으로 흐르고 있다. 따라서 조사지점을 중심으로 남쪽 黑川까지는 동서방향으로 긴 半月形 平野地帶를 이루고 있다. 조사지역은 이 반월형 평야지대의 동쪽 江岸 모래톱에서 약간 안쪽에 위치하고 있다.

2. 調査內容

1) 트렌치

조사지역은 남쪽의 도로와 평행하게 기본축 트렌치(Tr1)를 1.6×13.5m로 설정하고, Tr1과 직교방향으로 가장 서쪽에 Tr2를 1.6×5m로 설정하였고, Tr3은 4.5m 동쪽에 1.6× 6.5mdml 크기로 설정하고 除土하였으며, Tr4는 Tr3과 마찬가지 방법으로 Tr3의 4.5m 동쪽에 다시 1.6×6.5m 크기로 트렌치를 설정하였다. Tr5는 Tr4의 남쪽에서 1.6m 안쪽에서 동서 방향으로 1.6×4.5m 크기로 트렌치를 설정하고 除土하였으며, 이 과정에서 바닥층에서 溝狀遺構가 노출되자 이를 확인하기 위해 Tr6을 Tr5를 남북으로 가로지르도록 1.6×6.5m 크기로 설정하였다.

한편 Tr7은 Tr6에서 Tr1과 같은 방향으로 1.6×10.5m 크기로 설정하고 除土하자 2호 주거지의 윤곽선이 확인되었다. 따라서 2호 주거지의 규모를 확대하기 위해 북쪽에 水路가 근처까지 트렌치를 대폭 확대하고 除土작업을 실시하였다. Tr8은 Tr1의 남쪽에 강돌이 일부 露出되고 있어 이의 성격을 파악하기 위해 지표면서 흙을 거둬내고, Tr1에서 남쪽으로 13m 지점에 1×4m 크기로 설정하고 적석유구의 토층 성격을 파악하고자 하였다. 조사지역의 토층은 모두 5개의 층위로 나타나고 있다. 제1층은 경작지로 사용되던 沙質이 약간 섞인 약 5cm 두께의 흑갈색 점토층이고, 제2층은 사질이 약간 혼합된 점토질의 짙은 암갈색 토층이며, 두께는 약 30cm 정도이다. 제3층은 옅은 암갈색의 사질토층으로 38cm 두께이다. 제4층은 두께 9cm의 황갈색 고운 사질토층이며, 제5층은 30cm 두께의 짙은 암갈색 사질토층으로 점토대토기 주거지가 조사된 문화층이다.

2) 調査遺構

(1) 1號 住居址

1호 주거지는 Tr7을 북쪽으로 확장하는 과정에서 노출되었다. Tr7의 除土作業을 地表下 140m까지 진척되었을 때, 住居址의 윤곽선이 처음 나타나기 시작했으며, 이 주거지는 북쪽의 水路施設까지 이어지고 있었다. 전체 평면 형태는 말각장방형이나, 서쪽 부분은 서북쪽 방향으로 약간 확대되는 양상을 보이고 있다. 1호 주거지의 장축 길이는 670cm이고, 단축은 380cm이며, 깊이는 27cm이다. 주거지 중앙의 약간 서북쪽 위치에서 검게 그을린 燒土와 함께 대략 10×8×25cm 크기의 石材 2가 燒土의 분포범위 가장자리 쪽에 놓여져 있다. 따라서 이 石材와 燒土遺構가 爐址施設로 판단된다.

한편 동쪽에서 40cm 안쪽에서 직경 약 10cm 크기의 柱穴이 확인되고 있고, 이 柱穴에서 서남쪽으로 약 100cm 거리에 같은 크기의 주혈이 있고, 이 주혈에서 다시 서쪽으로 64cm 거리에 앞의 주혈보다 약간 작은 직경 10cm의 주혈이 노출되었다. 그러나 이들 柱穴 이외에 더 이상의 柱穴은 확인되지 않고 있다. 1호 주거지에서 硬質無文土器·圓形粘土帶土器·黑色磨硏土器 胴體部片·半月形石刀 등이 출토되었다.

(2) 2號 住居址

2호 주거지는 1호 주거지의 바로 남쪽에 약 30cm 거리를 두고 노출되었다. 전체 평면은 원형에 가깝다. 직경은 372cm이고, 깊이는 1호 주거지보다 16cm 깊은 43cm이다. 주거지 내부로 들어가는 출입 시설이나 내부의 爐址施設 같은 특정한 시설 등은 전혀 확인되지 않고 있다. 내부 바닥도 특별히 바닥 다짐을 하거나 하는 증거는 보이지 않았다.

유물도 1호 주거지에 비하여 매우 빈약하여 단지 硬質無文土器片 1점만 출토되었고, 1호 주거지와 2호 주거지의 중간 지점에서 硬質無文土器편이 일부 收拾되었을 뿐이다. 2호 주거지에서 출토된 경질무문토기는 1호 주거지에서 출토된 것과 같은 성격을 나타내고 있다.

(3) 環狀列石

Tr1의 도로 건너편에 지대가 약간 낮은 밭이 위치하고 있으며, 이곳은 조사 당시 雜草 등이 무성하게 우거져 있었는데, 이들 잡초를 제거하자 강돌 등이 약간 노출되어 있었다. 따라서 이들 강돌의 積石狀態를 확인하기 위해, 강돌이 노출되는 부분까지 沙質土로 이루어진 土砂를 제거하자 積石遺構가 완전히 노출되었다.

積石遺構의 전체 규모는 5×13m이며, 장축 방향은 黑川쪽을 향하고 있다. 적석유구는 모두 세 부분으로 나누어진다. 첫째 남쪽에는 직경 150cm 크기로 小形 割石과 작은 강자갈이 혼합된 圓形 積石遺構가 위치하고 있으며, 둘째 이곳에서 바로 서북쪽에 環狀列石이 위치하고 있다. 셋째 環狀列石 서쪽에는 Tr1과 직교방향으로 소형 割石이 길게 積石되어 있고, 그 사이에 약 40×30×90cm 규모의 대형 강돌이 놓여있다.

環狀列石은 가운데에 약 54×38×32cm 크기의 강돌 2개 놓여 있고, 이를 중심으로 50cm와 100cm 거리를 두고 2중으로 강돌이 놓여져 있으나 강돌의 배치상태는 교란상태가 심하여 정확하지 않다. 그러나 현재의 노출상태로 볼 때, 안쪽의 평균 배치간격은 40cm이고, 바깥쪽은 70cm인 것으로 보인다.

(4) 溝狀遺構

溝狀遺構는 Tr4의 남쪽에서 Tr5를 거쳐 Tr6으로 이어지면서 길게 노출되고 있다. 이 遺構는 2호 住居址의 서남쪽으로 이어지고 있다. 遺構의 폭은 30cm이고, 깊이는 14cm이다. 遺構 안에 있는 흙은 가는 모래가 다량 섞인 황갈색의 점토질이다. 구상유구 안에서 경질무문토기편 1점이 출토되었다.

3) 出土遺物

(1) 遺物의 種類

삼성리유적에서 출토된 유물에는 土器類와 石器類가 있다. 1호 주거지에서는 硬質無文土器·斷面圓形粘土帶土器·黑色磨硏土器片·半月形石刀 등이 출토되었고, 2호 주거

사진 1 점토대토기 주거지

사진 2 환상열석 유구

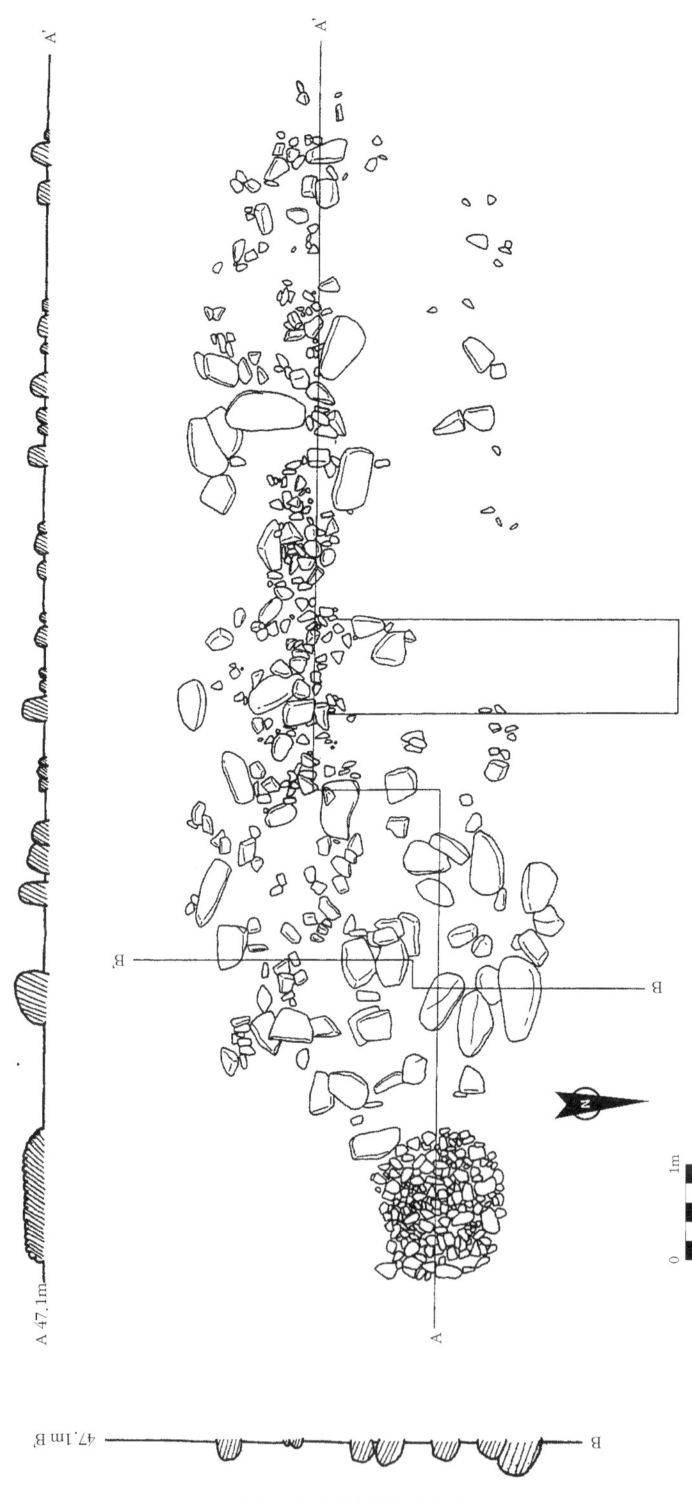

도면 1 환상열석 유구 평면도

지에서는 硬質無文土器만 출토되었다. 이 가운데 주목되는 것이 粘土帶土器이다. 점토대
토기는 1호 주거지에서 출토된 것으로 斷面 圓形의 粘土帶土器로 주로 야산 능선에서 출토
되는 것으로 알려져 있다. 금번 조사에서 처음으로 평지의 주거지에서 黑色磨硏土器와 함
께 출토되었다.

경질무문토기는 주로 Tr1과 1호 주거지에서 출토되었는데, 적갈색이나 암갈색의 색조
를 띠고 있다. 黑色磨硏土器는 1호 주거지에서 점토대토기 등과 공반하여 출토되었는데,
바깥 표면에는 磨硏하여 광택이 날 정도로 반질반질하다.

삼성리 점토대토기 출토 주거지에서 石製品으로서는 유일하게 半月形石刀 1점이 1호
주거지에서 출토되었다. 直背弧刃形이나 구멍은 없고, 한쪽 끝은 과도한 사용으로 磨耗狀
態가 상당히 심하다. 이외에도 주거지와 트렌치에서 깨진 강돌이 다수 收拾되었는데, 이들
강돌들에는 불에 구운 것도 일부 포함되어 있다. 아마 주거지에서 일시적으로 사용된 것으
로 보인다.

(2) 土器類

이곳에서 출토된 토기에는 斷面圓形粘土帶土器・硬質無文土器・黑陶長頸壺片 등이
있는데, 먼저 圓形粘土帶土器는 1호 주거지의 가운데 지점에서 1個體分이 출토되었다. 동
체부 최대경에 중앙 아래에 있으며, 이러한 동체부가 口緣部 쪽으로 올라오다가 斷面圓形
의 粘土帶와 口緣部에서 接合한다. 단면상에 粘土帶의 接合痕이 관찰되고 있다. 동체부의
어깨 부분에 4~5개의 陰刻 斜線이 있다. 粘土帶土器는 정선된 粘土에 石粒과 가는 운모가
混入되었다. 色調는 바깥 표면은 흑갈색이나 전체적인 태토는 적갈색이고, 내면에 일부 흑
반이 관찰된다. 점토대 구연부의 직경은 13.8cm이고, 동체부 두께는 0.65cm이며, 粘土帶
斷面의 직경은 1.0cm이다.

硬質無文土器는 모두 13個片이며, 이 가운데 1호 주거지에서 口緣部片 2個와 底部片 1
개 등 3個體分, 2호 주거지에서 底部片 1개, 그리고 1호와 2호 주거지의 사이에서 胴體部片
1個가 출토되었다. 硬質無文土器片의 색조는 적갈색이며, 가는 雲母와 石英系 石粒이 다수
혼합된 粘土質 胎土로 제작되었다. 소성강도는 상당히 높은 편이며, 안쪽 표면에는 指頭痕
壓이 약간 나타나 있다. 외면에는 물손질로 정연하게 마무리하였다. 경질무문토기의 특징
을 구체적으로 살펴보면, 1호 주거지 내부에서 출토된 경질무문토기는 구연부의 두께가
0.7cm 내외이고, 동체부 두께는 0.5~0.7cm이다. 그리고 底部는 平底이고, 두께는 2.0cm이
다. 2호 주거지에서 출토된 경질무문토기 底部의 두께는 1.35cm이며, 표면에 볍씨 자국(稻
壓痕)이 남아있다.

黑陶長頸壺는 1호 주거지에서 출토되었으며, 가는 운모와 약간의 石英系 砂粒이 섞인 정선된 태토로 만들었다. 口緣部片과 頸部片 그리고 胴體部片이 각각 1점씩 출토되었다. 구연부의 경우에는 각이 져 있다. 바깥 표면에는 磨研하여 광택이 날 정도로 반질반질하다. 안쪽에는 물손질한 흔적이 있다. 구연부의 두께는 0.5~0.6cm이고, 頸部片의 두께는 0.63cm이며, 胴體部片의 두께는 0.65cm이다.

(3) 石器類

이곳에서 출토된 石器類는 半月形石刀와 주거지 內外에서 흩어진 채로 收拾된 강돌편들이다. 이 가운데 半月形石刀는 1호 주거지의 서북부 모서리 부분에서 출토되었고, 강돌편은 1호 주거지내부에서 6점이 출토되었고, 트렌치에서 7점이 출토되었다.

半月形石刀의 刃部는 蛤刃이며, 형태는 直背弧刃形이나 한쪽 끝은 과도한 사용으로 마모되자 再磨研하여 사용하였던 것으로 보인다. 또한 刃部에 확인되는 非磨研部分는 1차 가공 시 타격된 石材의 自然面으로 판단된다. 일반적으로 등 쪽에 있어야 할 두 개의 구멍이 없고, 좌우 대칭의 전체적인 균형도 맞지 않는다. 따라서 여기에서 출토된 半月形石刀는 전통적인 제작수법에서 벗어난 퇴화형 半月形石刀로 생각된다. 길이는 12.9cm이고, 폭은 3.8~4.8cm이며, 두께는 0.7cm이다.

III. 粘土帶土器 住居址의 性格과 編年

1. 粘土帶土器 住居址의 性格

점토대토기 주거지는 670×380×27cm 크기의 말각 장방형이다. 그러나 주거지의 장축방향의 서쪽에서 서북쪽 방향으로 약간 확대되는 양상을 보이고 있다. 중앙에서 서북쪽으로 약간 떨어진 곳에서 10×8×25cm 크기의 石材 2개로 구성된 爐址施設이 발견되었고, 동북쪽에서 직경 10cm의 柱穴이 약 64cm 거리를 두고 3개가 확인되었다. 주거지에서 硬質 無文土器·粘土帶土器·黑色磨研土器 胴體部片·半月形石刀 등이 출토되었다.

1호 주거지에서 출토된 점토대토기는 앞에서 설명한 바와 같이 口緣部 斷面이 圓形이며, 동체부의 最大 胴徑이 동체부 중앙에서 약간 아래쪽에 위치하고 있다. 그리고 동체부의 바깥 어깨 부분 표면에 4~5개의 陰刻線이 斜線으로 그어져 있다. 粘土帶土器의 圖面上 復元된 器高는 17.5cm이다. 이러한 토기는 계통은 비록 다르지만 경질무문토기·흑색마연

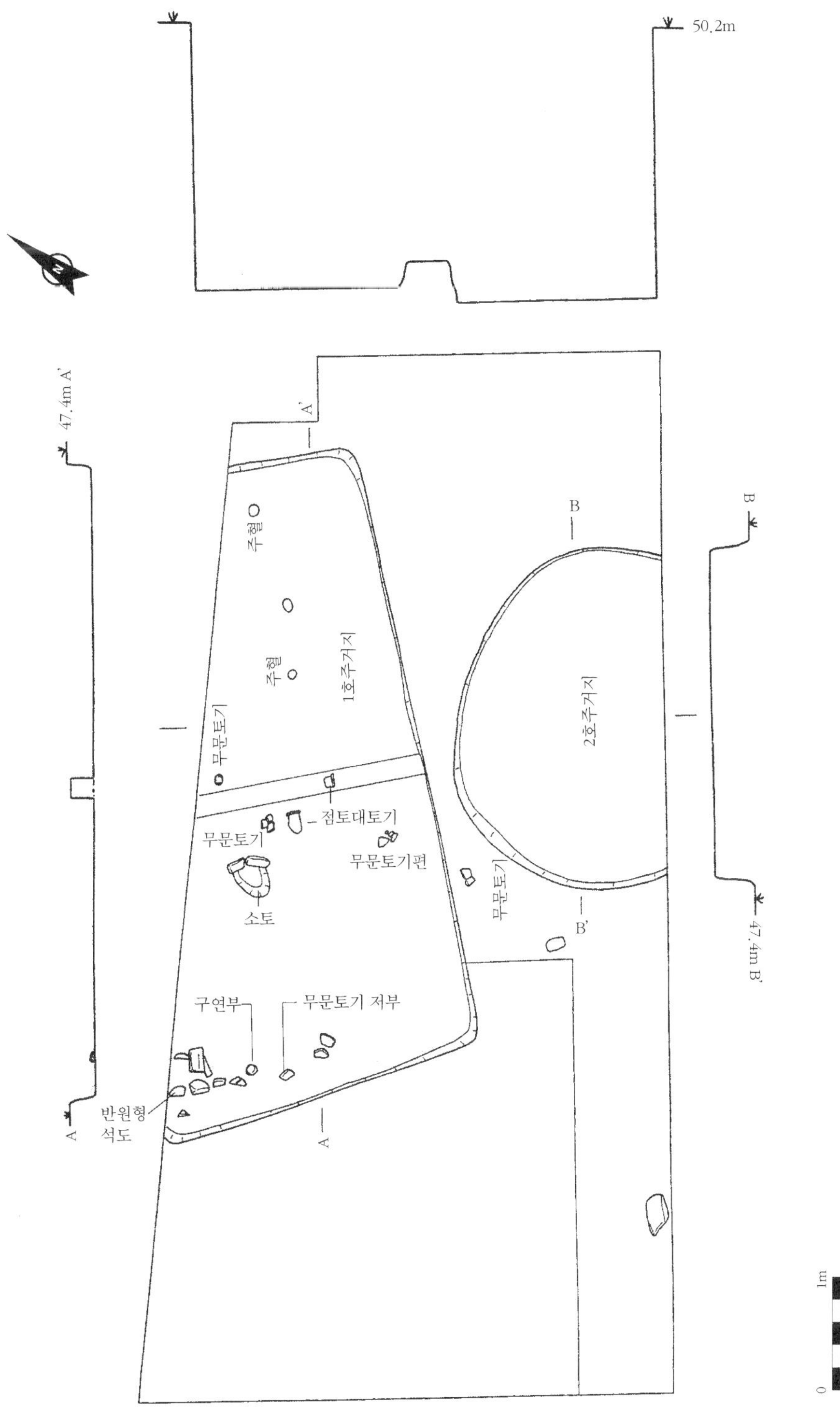

도면 2 삼성리 유적 배치도

토기 등과 함께 초기철기시대의 대표적인 토기로 알려져 있다.

용문면 삼성리 출토 점토대토기는 한강유역에서 출토된 다른 점토대토기의 문화와 깊은 연관성을 보여주고 있다. 현재까지 한강유역에서 점토대토기가 출토된 곳은 모두 12곳이다. 즉, 남양주시 수석리,[7] 여주군 멱곡리,[8] 서울시 응봉동,[9] 서울시 망우동, 구리시 阿且山, 양주시 도곡리, 춘천시 칠전동,[10] 춘천시 온의동,[11] 춘천시 중도,[12] 화성시 오산리 甘杯山,[13] 화성시 태안읍 기안리 古琴山,[14] 부천시 고강동[15] 등지에서 단면 원형의 점토대토기들이 출토되었다. 이들 粘土帶土器는 黑陶長頸壺·磨製石器·硬質無文土器 등과 공반하는 경우가 많으며, 경우에 따라 牛角形把手가 달린 壺나 豆形土器 또는 紅陶 등과 공반하는 곳도 있다. 이런 점에서 볼 때, 용문면 삼성리 출토 粘土帶土器도 한강유역의 다른 점토대토기 문화와 같은 성격을 나타낸다고 하겠다.

그런데 용문면 삼성리의 점토대토기는 한강유역의 다른 점토대토기 출토 유적지와는 地形的 위치로 볼 때, 입지적인 측면에서 상당한 차이를 나타내고 있다. 물론 斷面三角形粘土帶土器가 출토된 황성동 11호 주거지처럼 낙동강유역의 江岸 沖積臺地에 위치하고 있는 경우도 있다. 그러나 한강유역의 斷面圓形粘土帶土器 遺蹟地는 대체로 야산 구릉지대에 위치하고 있다. 예를 들어, 남양주 수석리 점토대토기 출토 주거지는 한강변에서 높이 40m의 남북으로 긴 丘陵에 위치하고 있으며, 화성시 오산리의 감배산 유적지는 해발 55.9m의 구릉성 야산이며, 춘천 칠전동의 粘土帶土器가 출토되는 주거지도 높지 않은 丘陵의 斜面에서 조사되었다.

이러한 점토대토기는 한반도 북부지역이나 요녕지역에서도 자주 발견되고 있다. 예를 들어, 평양시 남경유적,[16] 遼寧省 建昌縣 東大杖子 積石木棺槨墓,[17] 遼寧省 喀左縣 市政園

---

7) 김원룡, 1966, 「수석리 선사시대 취락주거지 조사보고」, 『美術資料』 11.

8) 노미선, 1998, 「금강유역 점토대토기의 연구」, 전북대학교 석사학위논문.

9) 李白圭, 1974, 「京畿道 無文土器·磨製石器」, 『考古學』 3집.

10) 翰林大學校 博物館, 1996, 『漆田洞 粘土帶土器 遺蹟 發掘報告書』.

11) 任世權, 1977, 「춘천시 온의동 무문토기유적」, 『史叢』 21.

12) 노혁진·최은주, 1982, 「중도 지석묘 발굴보고」, 『중도 발굴조사 보고서』.

13) 兪泰勇, 2004, 『화성 동탄면 풍성주택 신미주아파트 건축부지 문화유적 발굴조사 현장설명회 자료』.

14) 서울대학교 박물관, 2002, 『華城 古琴山遺蹟』.

15) 한양대학교 박물관, 2000, 『부천 고강동 선사유적 제4차 발굴조사 보고서』.

16) 김용간·석광준, 1984, 『남경유적에 관한 연구』.

17) 吳江原, 2004, 「遼寧省 建昌縣 東大杖子 積石木棺槨墓群 出土 琵琶形銅劍과 土器」, 『北方史論叢』 1.

林處 石槨墓,[18] 鐵嶺 邱台遺蹟,[19] 本溪縣 上堡村 靑銅短劍墓,[20] 沈陽市 鄭家窪子 유적[21] 등 지에서 점토대토기가 출토된 바 있다. 이 가운데 평양시 남경유적의 청동기시대 2기 문화 층에서 출토된 점토대토기는 용문면 삼성리에서 출토된 것과 거의 동일하다. 그러나 만주 지역에서 출토된 粘土帶土器는 전체적인 器形만 유사할 뿐 구연부의 斷面形態나 底部의 마무리 상태 또는 동체부의 胴徑 등에서는 다양한 모습을 보여주고 있다. 따라서 요녕지역 에서 출토된 粘土帶土器는 한반도에서 출토된 것들과는 이 같은 세부적인 형태에서 다소 간의 차이를 보여주고 있어, 앞으로 좀더 깊이 있는 연구가 진행되어야 할 것으로 생각된다.

앞에서 언급했듯이 용문면 삼성리에서 출토된 단면 원형의 粘土帶土器는 대동강유역 이나 금강유역에서 출토된 것들과 비교적 비슷한 양상을 보이고 있다. 특히 동체부의 胴徑 이나 구연부의 斷面 상태 등에서 평양시 남경유적, 남양주시 수석리, 보령시 교성리, 김해 시 대청유적 등지에서 출토된 것들과 같은 器形을 보이고 있다. 그러나 용문면 삼성리에서 출토된 粘土帶土器의 경우 토기의 구연부에 斜線이 없다는 점에서는 남경 유적이나 보령 교성리에서 출토된 것과 차이가 있고, 그보다는 남양주 수석리나 춘천시 칠전동에서 출토 된 것과 더 近似하다고 하겠다.

한편, 점토대토기는 요녕지역의 경우 주로 무덤에서 副葬品의 일부로 출토되고 있고, 한반도에서는 주로 住居址에서 출토되는 경향이 있으며, 간간이 貝塚이나 무덤에서 출토 되기도 한다. 예를 들어, 평양시 남경유적, 남양주시 수석리, 춘천시 칠전동, 보령시 교성리 등은 주거지 유적이고, 아산시 남성리나 동서리 등은 石棺墓이며, 보령시 관창리는 周溝墓 이다. 또한 요녕지역의 점토대토기 문화와 한반도의 점토대토기 문화는 흑도장경호가 포 함되는 것 이외에는, 유물 조합이나 유구의 세부에 차이를 나타내고 있다. 예를 들어, 鐵嶺 市 邱台遺蹟의 주거지는 평면이 말각방형의 형태이며, 점토대토기와 공반되는 유물에 鬲 과 鼎 등이 포함되어 있다. 또한 시정원림처 석곽묘에서는 兩耳付壺가 점토대토기와 함께 공반되고 있다. 물론 이러한 토기들은 한반도에서는 점토대토기들과 공반되어 출토되지는 않는다. 반면에 평양시 남경유적의 점토대토기가 출토된 3호 주거지는 장방형이며, 爐址는 동북쪽과 서쪽 중간 부분에 나타나고 있다. 점토대토기가 출토되지는 않았지만 청동기시

---

18) 傅宗德·陳莉, 1988, 「遼寧喀左縣出土戰國文物」, 『考古』 1988-2.
19) 周向永, 1996, 「遼寧鐵嶺市邱台遺址試掘簡報」, 『考古』 1996-2.
20) 魏海波·梁志龍, 1998, 「遼寧本溪縣上堡靑銅短劍墓」, 『文物』 1998-6.
　　李淸圭, 2000, 「요녕 본계현 상보촌 출토 동검과 토기에 대하여」, 『考古歷史學誌』 16.
21) 安志敏·鄭乃武, 1989, 「沈陽肇工街和鄭家窪子遺址的發掘」, 『考古』 1989-10.

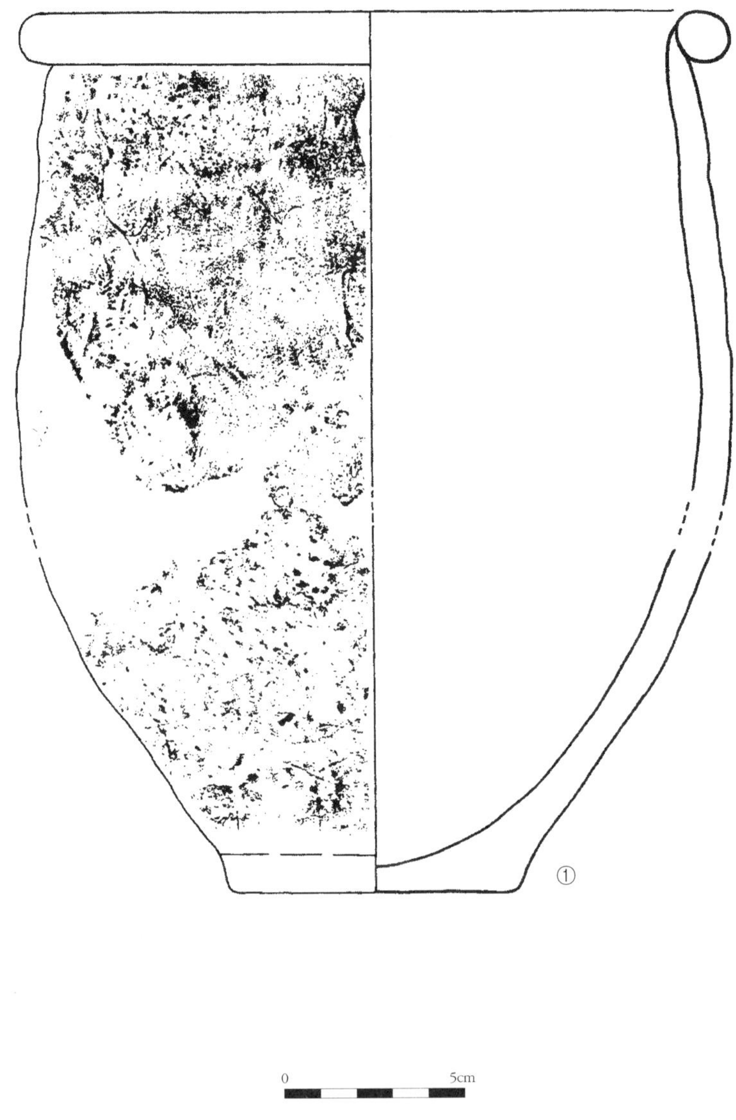

도면 3 1호 주거지 출토 점토대토기

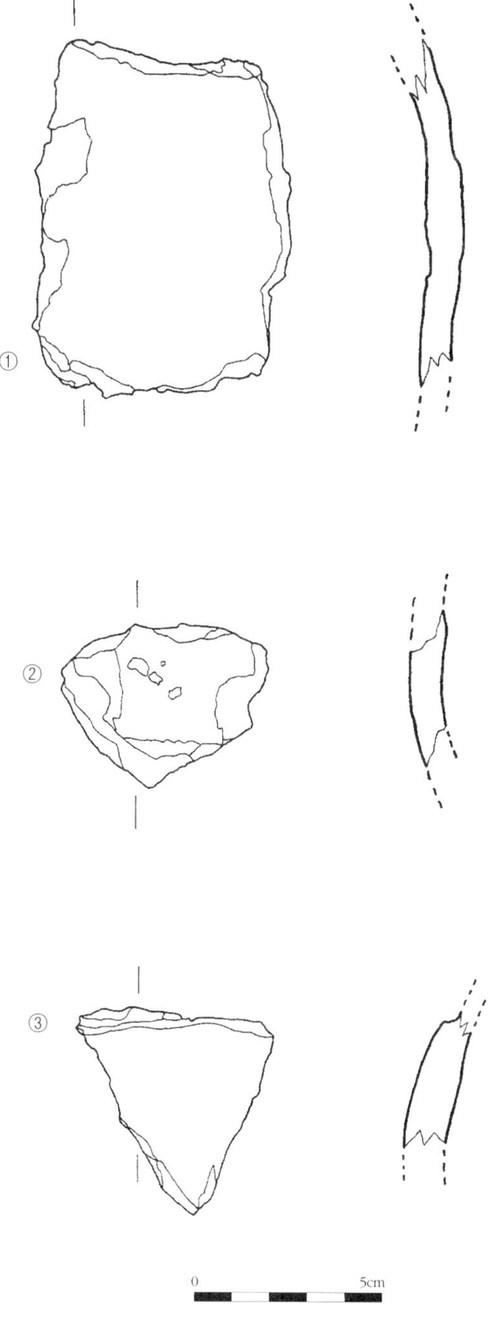

도면 4   1호 주거지 출토 흑도편

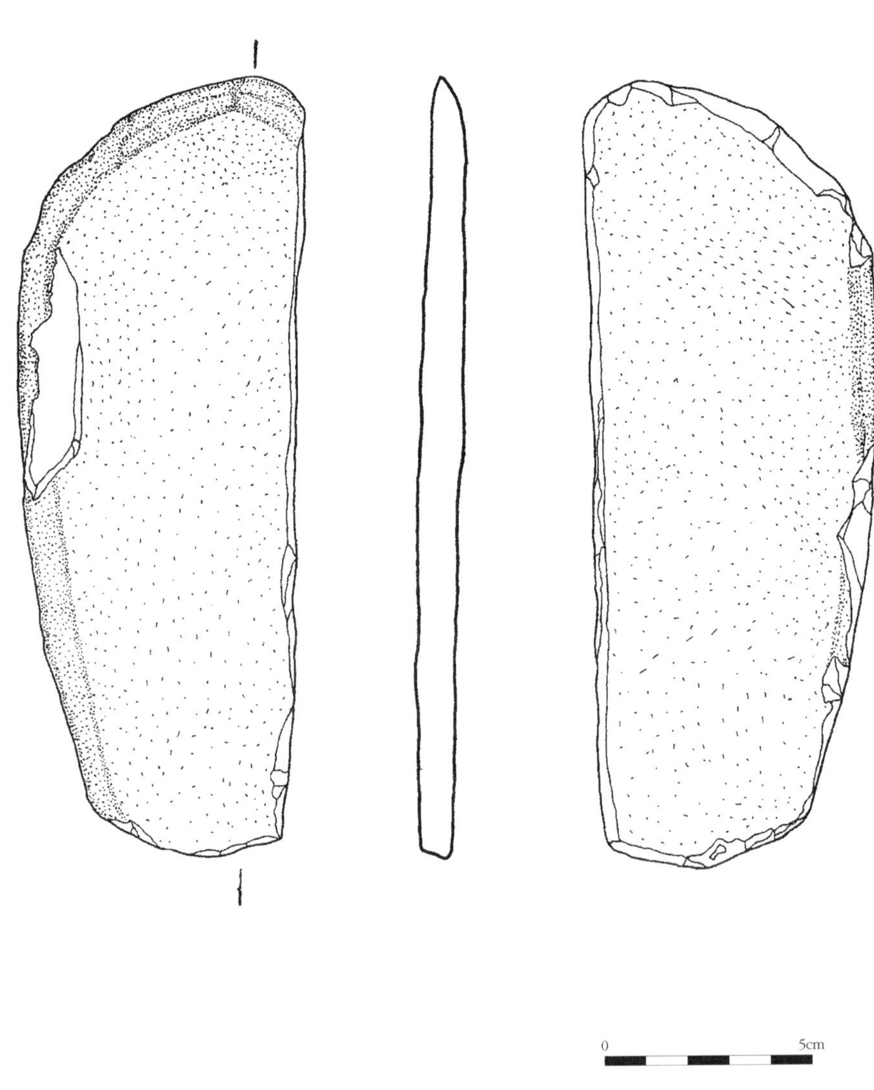

도면 5 1호 주거지 출토 반월형석도

대 2기의 다른 주거지에 나타난 爐址는 북쪽 중앙에 위치하고 있다. 남양주시 수석리 주거지의 경우 일부가 파괴되어 자세한 성격은 알 수 없으나 전체적인 평면형태는 말각장방형으로 보이며, 爐址는 동북쪽 모서리 부분에 위치하고 있다. 또한 용문면 삼성리에서 조사된 주거지는 장방형이며, 爐址는 남쪽 중앙에서 약간 서쪽에 위치하고 있다.[22]

한반도에서 점토대토기가 출토되는 주거지에서는 이 직끼지 요녕지방에서와 같은 鬲이나 鼎이 출토된 바는 없다. 따라서 이러한 점을 감안하면, 한반두 점토대토기는 요녕지방으로부터의 住民移住보다는 새로운 토기제작기법이라는 문화적 요소가 한반도에 流入된 것으로 보이며, 중간 경유지인 평양의 남경유적을 거쳐 그러한 문화요소가 한강유역을 따라 한반도 전지역으로 전해진 듯하다. 특히 용문면 삼성리 유적지는 평양 남경유적에 유입된 粘土帶土器가 한반도 동남부로 전해지는 중간 점유지대의 역할을 하였던 것으로 판단된다.

2. 粘土帶土器 住居址의 編年

지금까지 점토대토기는 주로 낮은 야산의 구릉지대에서 출토되는 것으로 알려졌으나, 용문면 삼성리에서 漢江水系의 강변 충적대지에 위치한 곳으로는 처음으로 조사되었다. 점토대토기가 출토된 주거지의 형태는 抹角長方形이며, 이곳에서 黑陶長頸壺의 口緣部와 頸部片이 硬質無文土器 등과 함께 출토되었다.

삼성리에서 출토된 점토대토기는 단면이 원형으로 동체부의 최대 동경이 복부 중앙에서 약간 아래쪽에 위치하고 있다. 이러한 형태는 평양시 남경유적의 청동기시대 2기 문화층, 남양주 미금읍 수석리 주거지, 영남지방의 김해 대청유적 3호주거지 등서 출토된 斷面圓形의 粘土帶土器와 가장 가까운 형태이다. 또한 점토대토기와 공반 출토된 黑陶 長頸壺의 구연부가 직립이고 頸部와 胴體部 연결지점 등의 특징을 고려하면, 박진일[23]의 형식분류에서 I식에 해당한다. 그리고 韓相仁[24]의 연구에 따르면, 斷面이 圓形인 粘土帶土器가 斷面이 三角形인 것보다는 古形으로 알려져 있다.

---

22) 경기대학교 박물관, 2004, 『양평 남부지역 문화유적』, 도서출판 주류성.
23) 朴辰一, 2001, 「嶺南地方 粘土帶土器文化 試論」, 『한국상고사학보』 35號.
24) 韓相仁, 1981, 「粘土帶土器文化의 一考察」, 서울대학교 석사학위논문.

朴辰一[25)의 型式分類와 編年案에 의하면, 대청 3호 주거지에서 출토된 점토대토기는
B.C.4C 말에서 3C 초에 해당한다고 한다. 또한 한강하류의 부천 고강동에서 출토된 점토대
토기는 斷面이 圓形·타원형·方形 등 다양하게 나타나고 있으며, 구연부 상부에 刻目이
새겨져 있는 경우도 있다. 발굴 보고자는 고강동 출토 점토대토기는 단면 원형에서 단면 삼
각형 점토대토기로 변화하는 중간 단계의 것으로 보고 있다.[26) 박순발은 요녕지방의 점토
대토기문화를 전체 3단계로 나누고,[27) 한반도 점토대토기 문화는 燕將 秦開의 東侵 시점인
B.C.300년을 기준으로 東侵以前을 I단계로, 그리고 東侵以後를 II단계로 설정하면서 평양
시 남경유적에서 출토된 점토대토기를 I단계로 파악하였다.[28) 이외에도 오강원의 편년안
에 따르면, 삼성리 점토대토기류는 '요녕지역 청동기문화 V단계(기원전 4~3世紀)'에 그
존재가 분명해지고,[29) 요녕지역에서 이와 같은 토기류의 발생시점은 요동이나 한반도보다
다소 이른 기원전 5~4世紀 경이 된다고 한다.[30)

따라서 용문면 삼성리에서 출토된 점토대토기는 경상남도 김해시 대청유적 3호 주거
지의 연대보다는 다소 이를 것이며, 평양시 남경유적 청동기시대 2기 주거지에서 출토된
점토대토기보다는 다소 늦을 것으로 판단된다. 만일 그렇다고 한다면, 용문면 삼성리에서
출토된 粘土帶土器는 B.C.4C 末에서 3C 初로 編年될 수 있을 것이다. 이곳 주거지 내부에
서 出土된 木炭의 C¹⁴는 2200±50 B.P.이고 樹輪 校正年代는 270 B.C.의 결과를 나타내고
있다.[31)

IV. 맺음말

한반도의 初期鐵器時代를 나타내는 標識的 遺物 가운데 하나가 粘土帶土器이며, 그동
안 점토대토기는 주로 야산 구릉지에서 조사되었다. 그런데 양평군 용문면 삼성리 黑川의

---

25) 朴辰一, 2001,「嶺南地方 粘土帶土器文化 試論」,『한국상고사학보』35號.
26) 한양대학교 박물관, 2000,『부천 고강동 선사유적 제4차 발굴조사 보고서』.
27) 朴淳發, 2004,「遼寧 粘土帶土器文化의 韓半島 定着過程」,『錦江考古』창간호, 47쪽.
28) 朴淳發, 2004,「遼寧 粘土帶土器文化의 韓半島 定着過程」,『錦江考古』창간호, 56쪽.
29) 吳江原, 2003,『琵琶形銅劍文化의 成立과 展開過程 研究』, 韓國精神文化研究院 博士學位論文, 표29-5
30) 吳江原, 2004,「遼寧省 建昌縣 東大杖子 積石木棺槨墓群 出土 琵琶形銅劍과 土器」,『江原考古學報』4, 141쪽.
31) 경기대학교 박물관, 2004,『양평 남부지역 문화유적』, 도서출판 주류성, 619쪽.

江岸 沖積臺地에 대한 試掘調査에서 장방형 주거지가 노출되었고, 여기에서 黑陶長頸壺 片·硬質無文土器片·半月形石刀 등과 함께 斷面 圓形의 粘土帶土器가 공반 출토되었다.

　　이곳에서 양평 삼성리에서 출토된 유물 가운데 점토대토기의 특징을 보면, 점토대토기의 전체적인 器形이나 口緣部의 형태 등에 있어서 평양 남경유적이나 남양주 수석리에서 출토된 것과 같은 성격의 토기이며, 경남의 김해시 대청유적에서 출토된 것과도 器形에서 서로 맥락이 연결되고 있다. 삼성리 출토 점토대토기는 박진일의 분류에 따르면 I식에 해당되고, 박순발의 단계에 따르면 한반도 점토대문화 정착과정의 I단계에 있는 것으로 판단되며, 오강원의 요녕지역 청동기문화 공반단계에 의하면 요녕지역 청동기문화 IV단계 말에서 발생하여 V단계에 유행한 것으로 보이며,[32] 한상인의 분류에 따르면 단면 삼각형(II식)보다 앞서는 단면원형의 점토대토기(I식)에 속한다.[33] 또한 평양시 남경유적의 청동기시대 2기 문화층 유물들과도 고려하면 용문면 삼성리 출토 점토대토기는 4C 말에서 3C 초로 編年될 수 있을 것으로 보이며, C[14]의 樹輪 校正年代는 270 B.C.로 나타나고 있다.

　　그동안 한반도 粘土帶土器文化의 형성과 전개는 요녕지방에서 점토대토기 문화를 보유한 住民들의 集團的 移住에 의한 것이라는 것이 지배적인 견해였다. 이들은 한반도에 이주한 후 낮은 야산에 高地性의 防禦的 聚落을 형성하고 살면서 점차 토착문화에 흡수된 것으로 판단하여 왔다. 그런데 용문면 삼성리 출토 점토대토기를 평양 남경유적이나 남양주 수석리 유적에서 출토된 것과 비교해 볼 때, 주거지 형태나 입지적 조건 등에서 큰 차이가 없으며, 한반도의 점토대토기 주거지에서는 아직까지 요녕지방에서 출토되는 鬲이나 鼎 같은 토기들이 출토된 바는 없다. 따라서 한반도 점토대토기문화의 형성에는 요녕지방으로부터의 주민의 이주라는 측면 보다는 점토대토기라는 文化的 要素의 한반도 流入이라는 측면에서 再考되어야할 것으로 판단된다.

---

32) 吳江原, 2003, 『琵琶形銅劍文化의 成立과 展開過程 硏究』, 韓國精神文化硏究院 博士論文 ; 吳江原, 2004, 「遼寧省 建昌縣 東大杖子 積石木棺槨墓群 出土 琵琶形銅劍과 土器」, 『江原考古學報』 4, 141쪽.
33) 韓相仁, 1981, 「粘土帶土器文化의 一考察」, 서울대학교 석사학위논문.

04

水原 古索洞
三角形粘土帶土器 住居址의 檢討*

유태용

Ⅰ. 序論

한국의 초기철기시대를 대표하는 토기 가운데 하나가 점토대토기이며, 점토대토기는
구연부의 단면 형태에 따라 원형점토대토기와 삼각형점토대토기로 나누어진다. 원형점토
대토기는 B.C.5~4세기에 출현하여 B.C.2세기까지 사용된 초기의 형태이고, 삼각형점토대
토기는 B.C.2세기에서 A.D.2세기 사이에 유행한 원형점토대토기의 後行 양식이다.

삼각형점토대토기는 광주시 신창동 유적,[1] 전라남도 나주시 동강면 수문마을 패총,[2]
해남 군곡리 패총,[3] 경상남도 사천시 늑도 패총,[4] 김해시 대성동 燒成遺蹟,[5] 고성시 고성읍

---

* 本考는 2008, 「水原 古索洞 三角形粘土帶土器 住居址의 검토」, 『고조선 연구』 1호에 실린 내용을 수정 補完 한
  것임
1) 한국고고미술연구소, 1998, 『광주 신창동유적 발굴조사 개요』.
2) 국립광주박물관, 2008, 『나주 동강면 수문패총 발굴조사 현장설명회 자료』.
3) 최성락, 1987, 『海南郡谷里貝塚』 I.

동외동 고성패총[6] 등과 같이 전라남도와 경상남도의 남해안 지방에서 다수 발굴되었다. 그리고 한반도 동남부 지역으로는 경상북도 경주시 사라리 130호 목관묘,[7] 울산시 북구 천곡동 달천 철장유적[8]이 있으며, 이외에도 제주시 구좌읍 김녕리 묘산봉 동굴유적과 김녕리 궤내기 동굴유적 등지에서 삼각형 점토대토기가 조사되었다. 따라서 삼각형점토대토기는 이러한 이유로 '영남지방을 중심으로 발전한 초기철기시대 또는 삼한전기의 토기양식'[9]으로 간주되어 왔다.

그런데 최근 삼각형 점토대토기가 경기도 시흥시 정왕동 오이도 패총,[10] 이천시 이치리 유적,[11] 수원시 고색동 유적,[12] 화성시 반송리 유적,[13] 평택시 원정리 유적,[14] 고양시 일산 가와지 유적[15] 등지에서 조사되었다. 삼각형점토대토기는 기존의 견해와는 다르게 한반도 중부지방에서도 발굴 조사되는 사례가 점차 증가하고 있으며, 따라서 이러한 삼각형점토대토기의 문화적 현상은 영남이나 호남지방의 국지적 현상이 아닌 한반도 초기철기시대 원형점토대토기 문화가 삼각형점토대토기 문화로의 발전적 계승과 전개라는 측면에서 再考되어야 할 것이다. 본 논문은 이들 유적 가운데 수원시 고색동 유적[16]의 삼각형점토대토기와 주거지를 검토한 것이며, 이를 통하여 한반도 중부지방에서 진행된 삼각형점토대토기 문화의 기초적 이해를 얻고자 하였다.

---

4) 부산대학교 박물관, 1989, 『勒島住居址』; 경남고고학연구소, 2003, 『勒島貝塚-A地區・住居群』.

5) 부산대학교 박물관, 1998, 『金海大成洞燒成遺構』.

6) 국립중앙박물관, 1992, 『固城貝塚』.

7) 영남문화재연구원, 2001, 『慶州 舍羅里遺蹟 II-木棺墓・住居址』.

8) 울산문화재연구원, 2006, 『울산 달천 철장유적 발굴조사 현장설명회 자료집』.

9) 이재현, 2004, 「영남지역 三角形粘土帶土器의 성격」, 『신라문화』 23, 3쪽

10) 서울대학교 박물관, 2001, 『오이도 추가단지내 주거 밀집지역 발굴조사』, 2쪽.

11) 한국국방문화재연구원, 2008, 『이천 이치리 피엘디덕평 이차유한회사 물류창고 부지내 유적발굴 현장설명회 자료』, 6~9쪽.

12) 경기대학교 박물관, 2006, 『수원시 고색동 유적』, 도서출판 주류성.

13) 기전문화재연구원, 2004, 『화성 동탄지구(20지점) 반송리 행장골유적 발굴조사』.

14) 아주대학교 박물관, 1997, 「평택 원정리 유적발굴 조사개보」, 『科技考古研究』 2.

15) 한국선사문화연구소, 1992, 『일산 새도시 개발지역 학술조사보고』 1.

16) 고색동 유적은 경기도 수원시 고색동 7-3번지 일대에 위치하고 있으며, 이곳에 수원유통상가를 신축하게 되면서 발굴조사가 2005년 5월 25일부터 6월 21일까지 실시하게 되었다.
경기대학교 박물관, 2006, 『수원시 고색동 유적』, 도서출판 주류성.

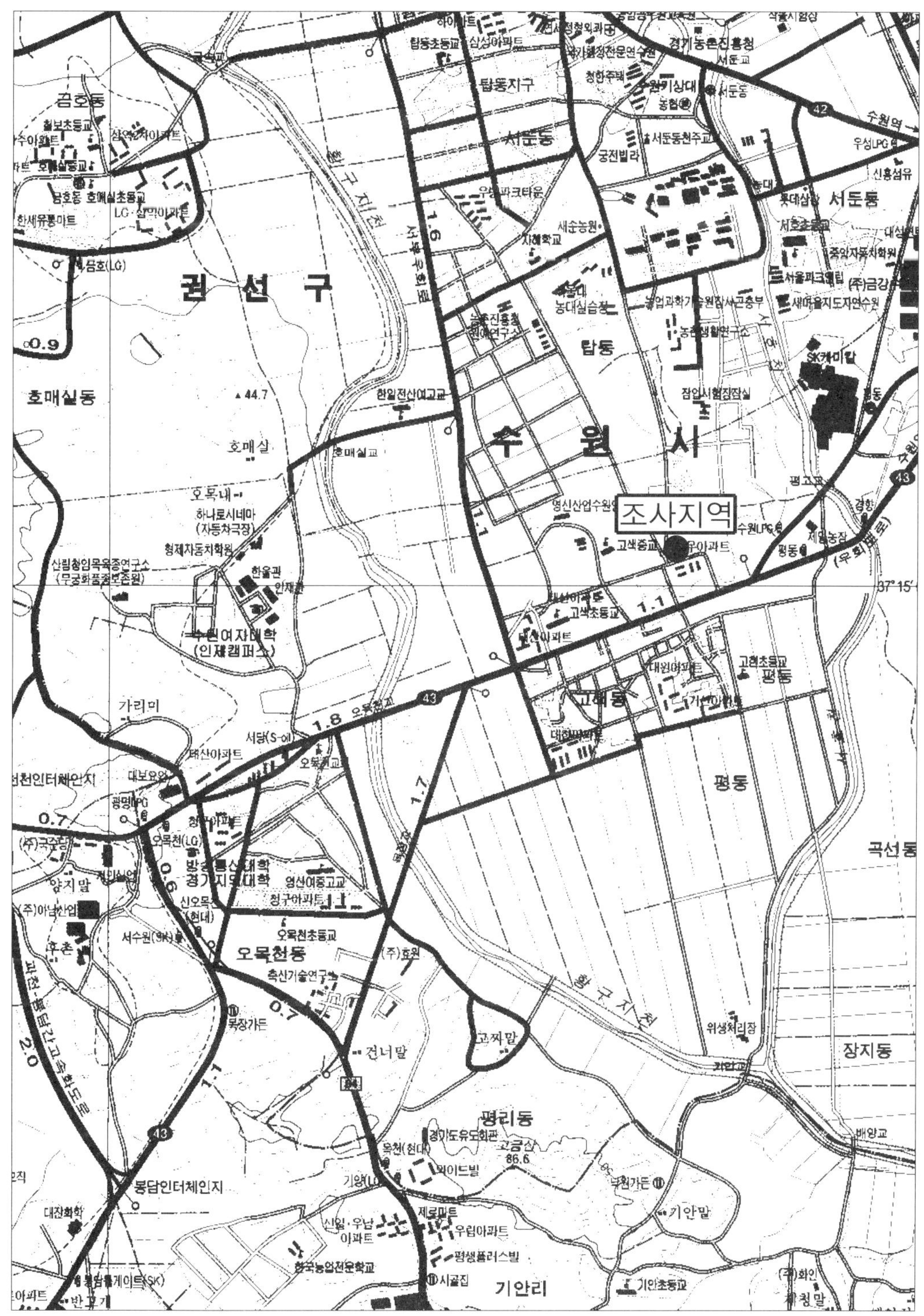

지도 1 고색동 유적 위치도

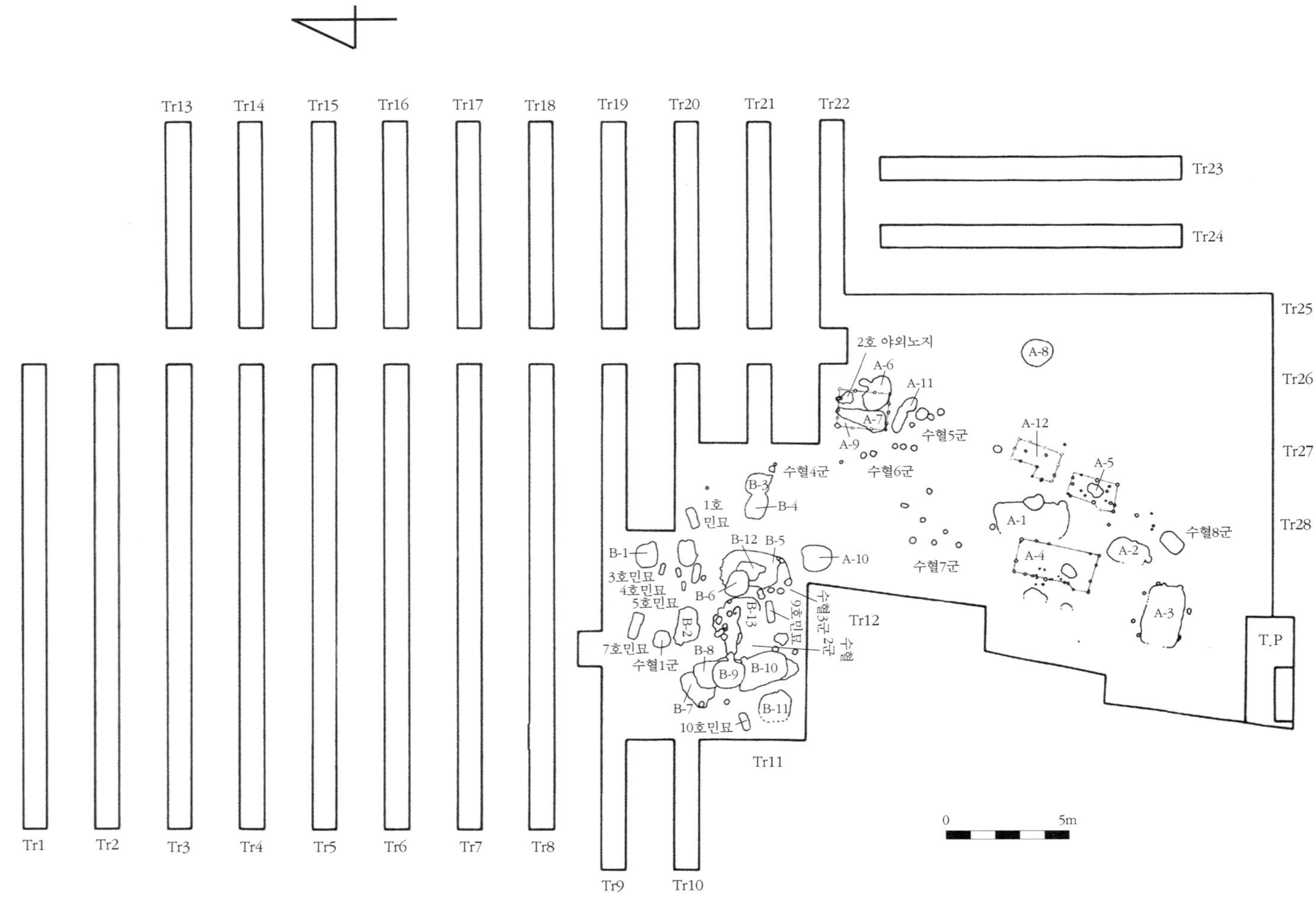

도면 1 고색동 유적 배치도

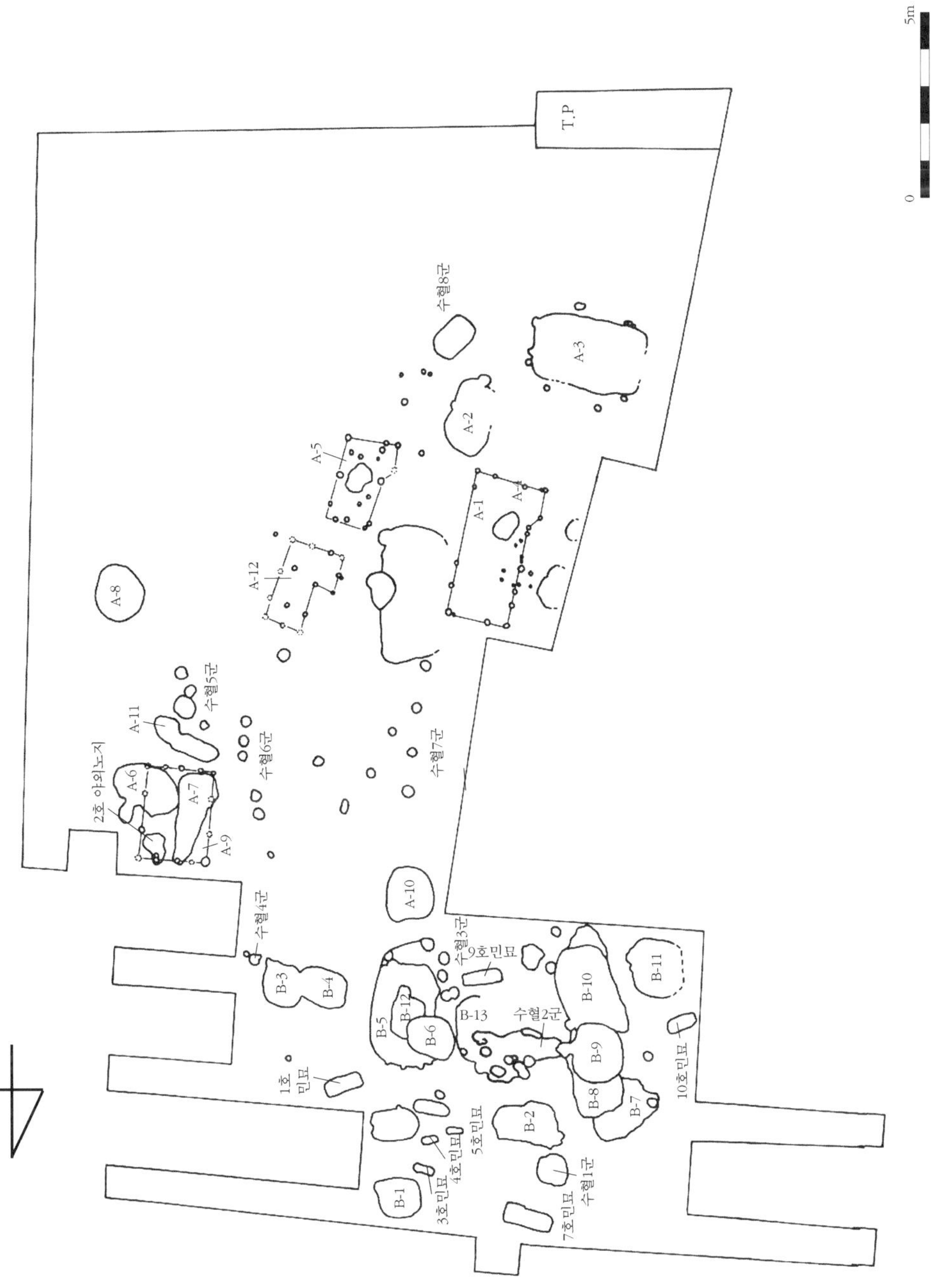

도면 2 A지구 · B지구 유구평면도

II. 古索洞 三角形粘土帶土器 住居址의 構造와 特徵

1. 立地背景

점토대토기 주거지가 발굴된 지역은 경기도 수원시 고색동 7-3번지 일대의 수원유통 상가 신축부지이다. 이곳은 수원시 중서부에 위치한 西湖에서 남쪽으로 약 2.2km 떨어져 있으며, 서호에서 남류하는 西湖川과는 약 700m 서쪽에 위치하고 있다. 조사지역의 주변 위치를 보면, 西湖의 서북쪽에 인접하여 麗妓山이 자리 잡고 있고, 서호에서 1.2km 동쪽에 八達山이 자리 잡고 있다. 그리고 조사지역에서 남쪽으로 2km 지점에 古琴山이 위치하고 있다.

조사지역은 해발 40.5m의 낮은 구릉지대의 남쪽 경사면 해당하며, 조사지점은 일우농 원의 서남부 안쪽에 위치하고 있고, 조사지역의 남쪽은 고색동의 市街를 이루고 있으나 동 쪽·서쪽·북쪽은 모두 평야지대로 논이나 밭으로 경작되고 있다. 지형은 남북으로 이어 진 낮은 능선지대로 동쪽이 높고 서쪽이 낮은 경사 지형을 이루고 있다.

조사지역은 경작지의 조성으로 원래의 토층이 削土되어 토층의 층위상태는 비교적 단 순하다. 구석기 문화층이 노출된 서남쪽 하단부를 제외하면, 이곳의 토층은 모두 2개의 층 위로 이루어졌다. 제1층은 암갈색 점토질의 표토층으로서 경작층으로 이용되던 토층이다. 그리고 제2층은 적갈색 점토층으로 구성된 생토층이다.

2. 粘土帶土器 住居址

1) A-1호 주거지

A-1호 주거지는 A구역의 서쪽 경사면에 위치하고 있다. 이보다 지대가 약간 낮은 서쪽 으로는 A-4호 주거지가 인접해 있고, 지대가 약간 높은 동쪽으로는 A-12호 주거지가 위치 하고 있으며, 동남쪽으로는 A-5호 주거지가 위치해 있다. Tr28의 제토과정에서 주거지의 윤곽선이 일부 확인되었고, 따라서 트렌치를 확장하는 과정에서 전체 윤곽선이 노출되었 다.

A-1호 주거지의 동쪽 중앙 벽면은 나중에 조성된 토기폐기장이 중첩되어 조사되었고,

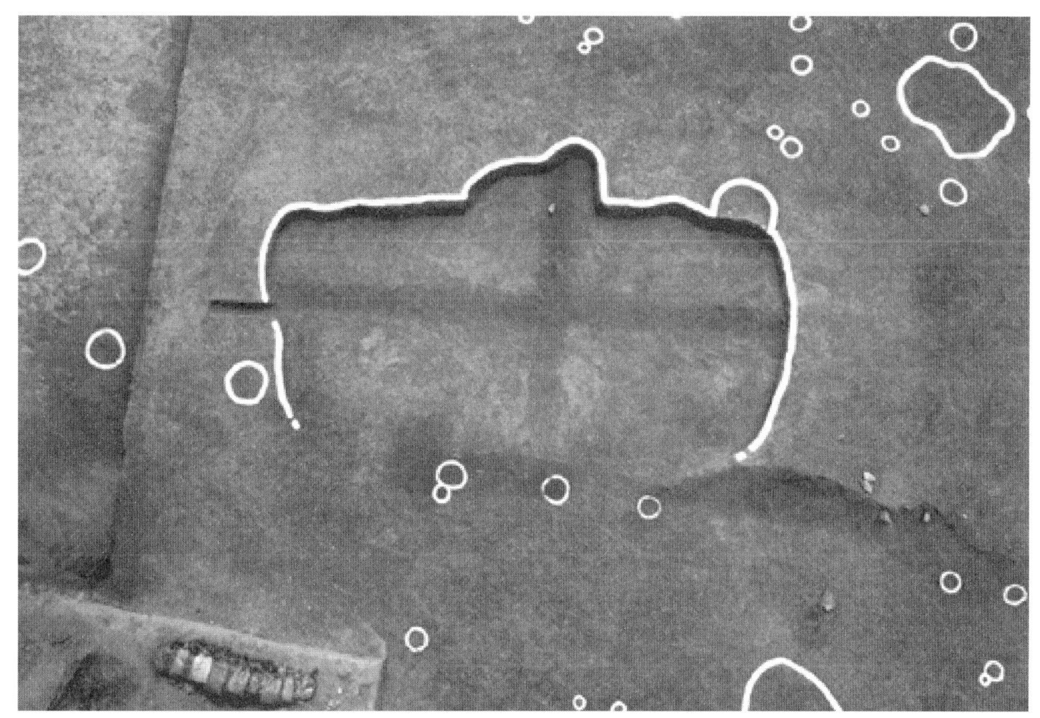

사진 1 A-1호 주거지

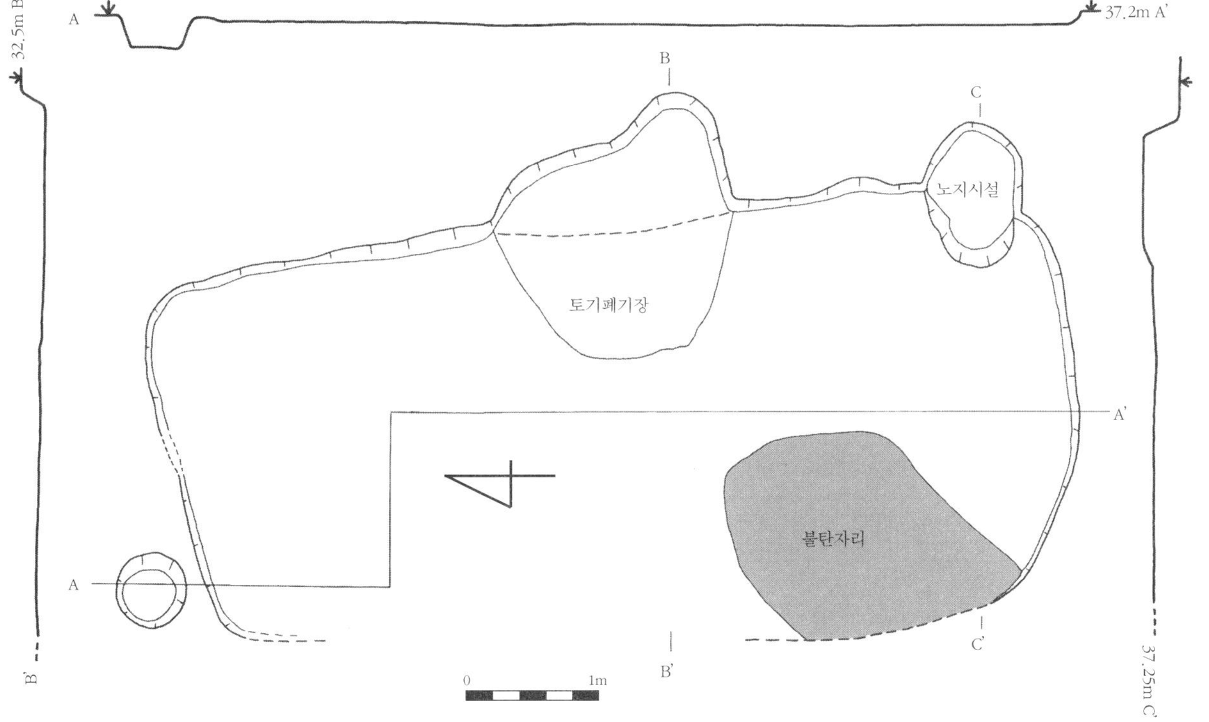

도면 3 A-1호 주거지 평면도

서쪽은 A-4호 주거지가 건축되면서 심하게 교란되었다. 그러나 잔존형태를 고려하면, 전체적인 평면형태는 抹角長方形의 수혈주거지로 판단된다. A-1호 주거지는 등고선 위쪽인 동쪽 벽면을 수직으로 15cm 가량 굴착하였고, 주거지 바닥을 평탄하게 처리하여 생활공간을 造成하였다. 주거지의 장축길이는 680cm이고, 단축길이는 정확하게 알 수는 없으나 대략 350cm 내외가 될 것으로 추정된다. 주거지의 장축방향은 대략 등고선의 방향과 일치한다.

주거지의 바닥은 별다른 바닥처리 없이 생토층을 그대로 생활면으로 활용한 것으로 판단되며, 내부에서 특별한 柱穴 등은 확인되지 않았다. 다만 爐址로 추정되는 불탄자리 1基가 조사되었는데, 이 불탄자리는 주거지의 동남쪽 모서리에서 주거지의 바깥으로 돌출된 형태를 취하고 있다. 불탄자리의 형태는 원형이며, 규모는 직경 110×80cm 정도이다. 불탄자리의 내부는 목탄을 포함하여 흑색 사질토로 채워져 있었다.

주거지 내부에서는 豆形土器와 粘土帶土器片 등이 출토되었다. 두형토기는 저부가 원주형과 나팔형 두 종류가 출토되었고, 점토대토기는 斷面 三角形粘土帶土器 口緣部片이다.

2) A-2호 住居址

A-2호 주거지는 A-4호 주거지에서 동남쪽으로 약 1m의 간격을 두고 발굴되었다. A구역의 확장트렌치에 대한 除土作業 과정에 주거지의 윤곽선이 확인되었다. A-2호 주거지는 서쪽의 일부가 파괴되어 정확한 형태는 알 수 없지만, 殘存 형태를 고려하면 전체적인 평면형태는 장타원형의 주거지로 판단된다. 주거지의 장축방향은 등고선의 방향과 일치하는 남북 방향이다.

A-2호 주거지도 A-1호 주거지와 같이 등고선의 위쪽에 해당하는 동쪽 벽면을 약 20cm 가량 수직으로 굴착하고 주거지를 조성한 'ㄴ'자형 주거지이다. 주거지의 장축 길이는 350cm이고, 단축 길이는 220cm이다. 주거지의 남쪽 벽면에 1개의 柱穴이 확인되었다. 柱穴의 규모는 직경 40cm 내외이고, 깊이는 9cm이다.

주거지의 중앙에는 동서 방향으로 溫突 施設로 보이는 흔적이 일부 확인되었다. 그러나 주거지 내부의 파괴가 심하여 정확한 형태는 파악할 수 없지만, 이 시설은 흙을 사용하여 고래둑을 造成하고 동벽 중앙에서 밖으로 연기가 나가도록 만든 구조물이었을 것으로 보인다. 주거지의 내부에서 경질무문토기편이 다수 출토되었다.

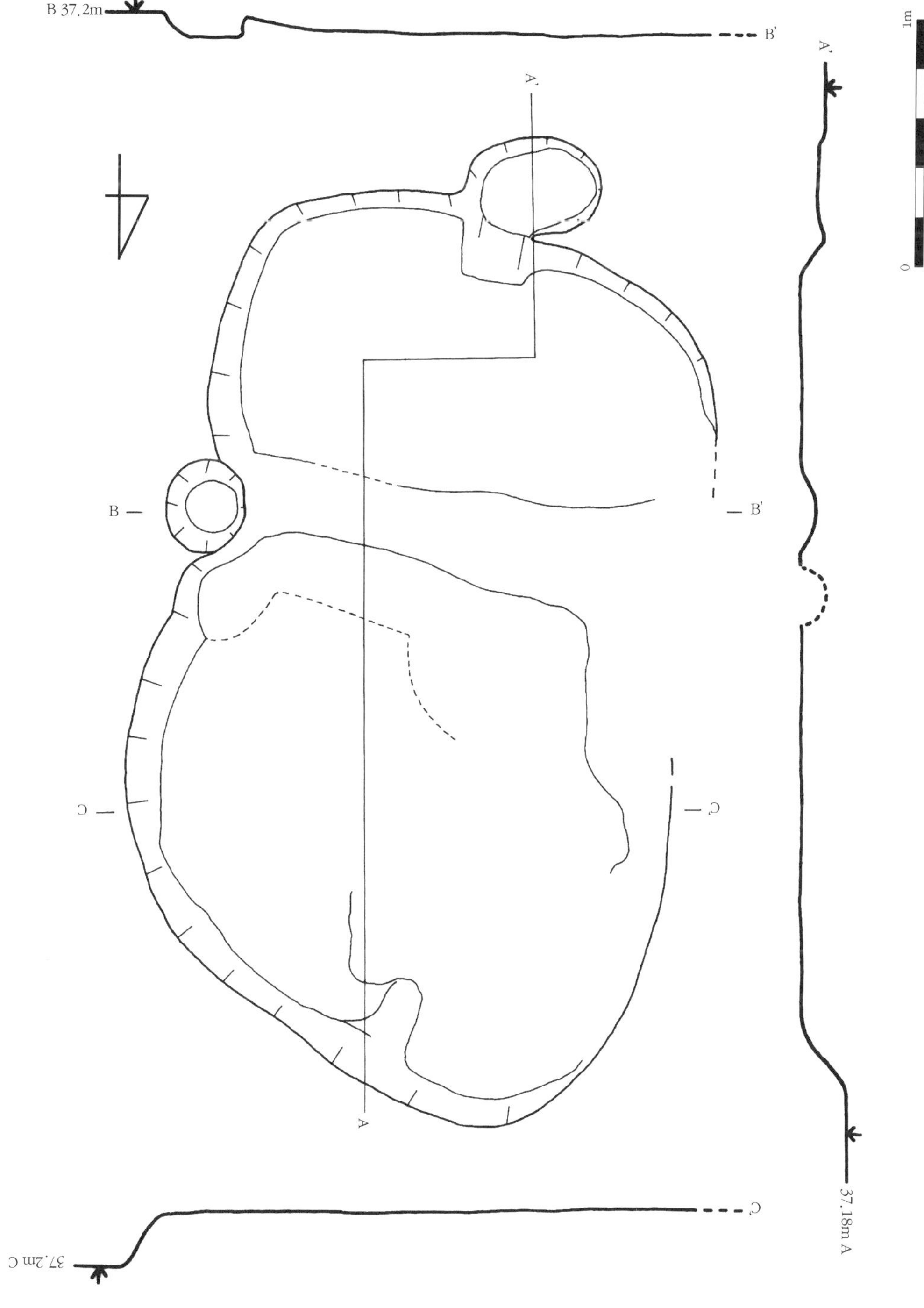

도면 4 A-2호 주거지

사진 2 A-2호 주거지(서북→동남)

사진 3 A-2호 주거지(세부)

3) A-3호 住居址

A-3호 주거지는 A구역의 서남쪽에서 조사된 竪穴住居址이다. A구역의 확장트렌치에 대한 除土 중에 주거지의 윤곽선이 확인되었다. 이 주거지는 A-4호 주거지에서 남쪽으로 650cm 떨어진 곳에 위치하고 있으며, 수혈유구 8群에서 서쪽에서 약 300cm 정도 떨어져 있다.

주거지의 장축 길이는 주거지의 서쪽 벽이 파괴되어 정확히 알 수는 없지만, 현재 노출된 상태로 보아 대략 570cm 정도일 것으로 판단되며, 단축 길이는 남북으로 330cm이다. 전체 평면은 말각장방형이며, 장축방향은 다른 주거지와는 다르게 등고선과 직교하는 동서방향이다. 주거지 북쪽 벽의 일부는 교란 구덩이의 조성으로 1m 가량 파괴되었다. 벽면에서 기둥구멍으로 사용한 것으로 보이는 柱穴이 5개 확인되었고, 주거지 외부에 이 주거지와 인접하여 6개의 柱穴이 더 노출되었다. 柱穴의 규모는 직경 30cm 내외이고, 깊이는 8~12cm이다.

사진 4 A-3호 주거지(서→동)

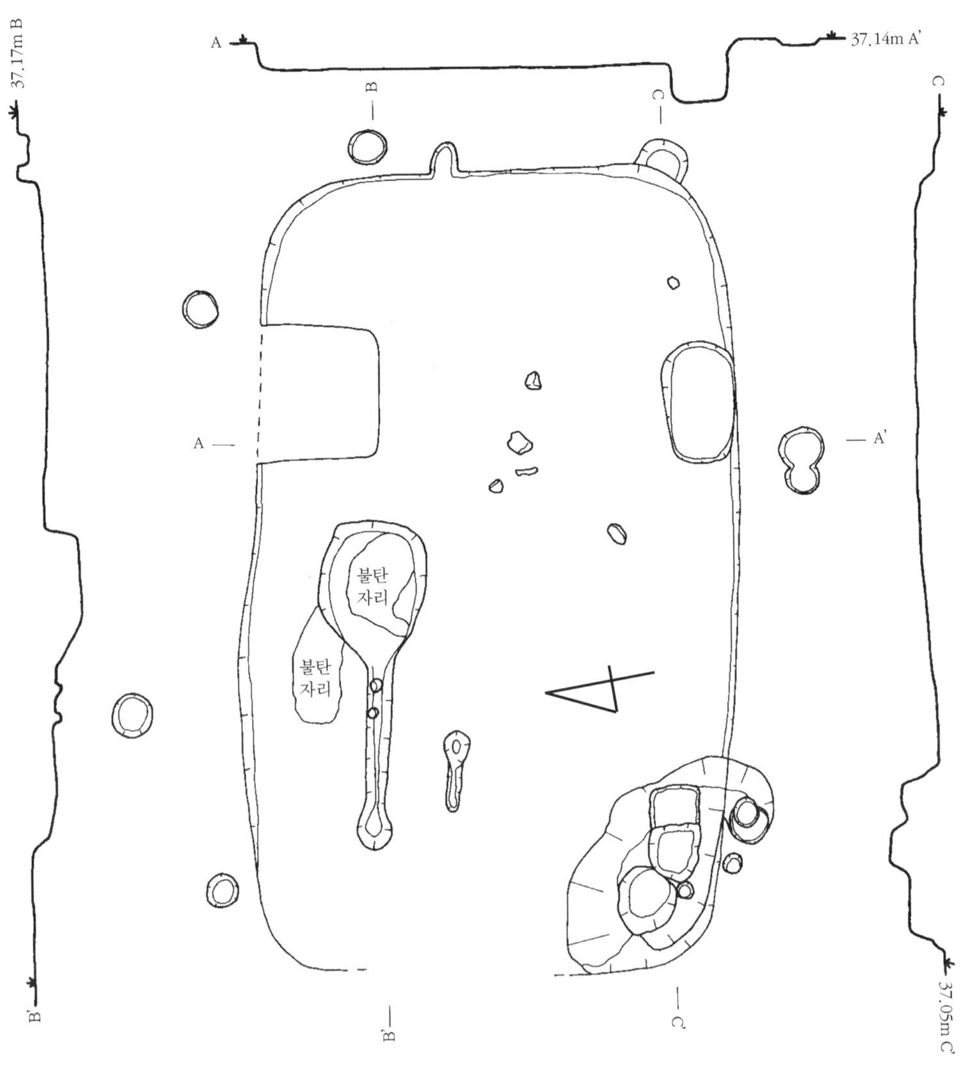

도면 5 A-3호 주거지

A-3호 주거지는 깊이 약 20cm 가량으로 수직 굴착하여 건축하였으며, 주거지 바닥은 특별한 시설이 없이 평탄하게 조성하였다. 주거지의 내부에는 爐址 1기와 竪穴遺構 2개가 노출되었다.

爐址는 주거지의 중앙에서 약간 북쪽(좌측)으로 떨어진 지점에서 조사되었다. 규모는 장축이 100cm이고, 단축이 80cm이다. 爐址의 서북쪽으로는 연기가 나가기 위한 개자리가 조성되어 있다. 爐址의 내부에서는 숯을 포함하는 흑색 사질토가 덮여 있었고, 제토과정에서 다량의 炭素와 함께 鐵鎌과 鐵滓(slag) 같은 철제품 등이 출토되기도 하였다. 그리고 주거지의 서남쪽 모서리에서 조사된 竪穴遺構는 장축이 130cm이고, 단축은 106cm이며, 깊이는 40cm이다. 전체 평면 형태는 不定形 장타원이나 굴착의 깊이는 매우 불규칙한 상태로 노출되었다. 이곳에서 특별히 출토된 유물은 없다. 그러나 유구의 노출 상태를 감안하면, 이는 아마 저장용 토기의 크기나 형태에 맞게 유구를 조성한 것이 아닌가 판단된다.

동남쪽 壁面 바로 안쪽에 벽면과 붙어서 露出된 竪穴遺構는 동서방향의 타원형이다. 크기는 장축의 길이는 83cm이고, 단축의 길이는 60cm이며, 깊이는 42cm이다. 이곳에서도 특별히 출토된 유물은 없다. A-3호 주거지에서 유물로는 硬質無文土器片, 軟質土器片, 打捺文土器片, 그리고 鐵鎌 등이 출토되었다. 타날문토기는 外面에 平行線文과 格子文이 타날되어 있다.

4) A-4호 住居址

A구역의 서쪽에 위치한 長方形 掘立柱 住居址이다. A-4호 주거지의 동북쪽에는 A-1호 주거지와 인접해있다. 시굴조사에서 Tr28을 확장하는 과정에 柱穴이 일부 노출되면서 A-4호 주거지가 확인되었다.

전체평면의 형태는 등고선과 평행한 남북방향의 장방형이다. 주거지의 규모는 장축의 길이가 710cm이고, 단축의 길이는 390cm이다. 기둥을 세웠던 柱穴은 주거지의 가장자리를 따라 노출되었다. 조사당시 노출된 柱穴은 18개이나, 발굴당시 주거지 바닥의 교란상태로 인해 柱穴의 노출 상태는 명확하지 않다. 柱穴의 크기는 직경이 26cm 내외이고, 깊이는 2~17cm로 일정하지 않다. 柱穴 사이의 간격은 60~80cm이다.

내부시설로는 爐址 1기가 주거지의 중앙에서 약간 남쪽에 위치하며, 노지의 형태는 타원형이며, 규모는 직경 130×100cm 정도이다. 爐址의 내부에는 흑갈색 사질토가 얇게 깔려 있다. 주거지의 내부에서 柱穴로 추정되는 소형 구멍 8개가 조사되었다. 이들 소형 구멍

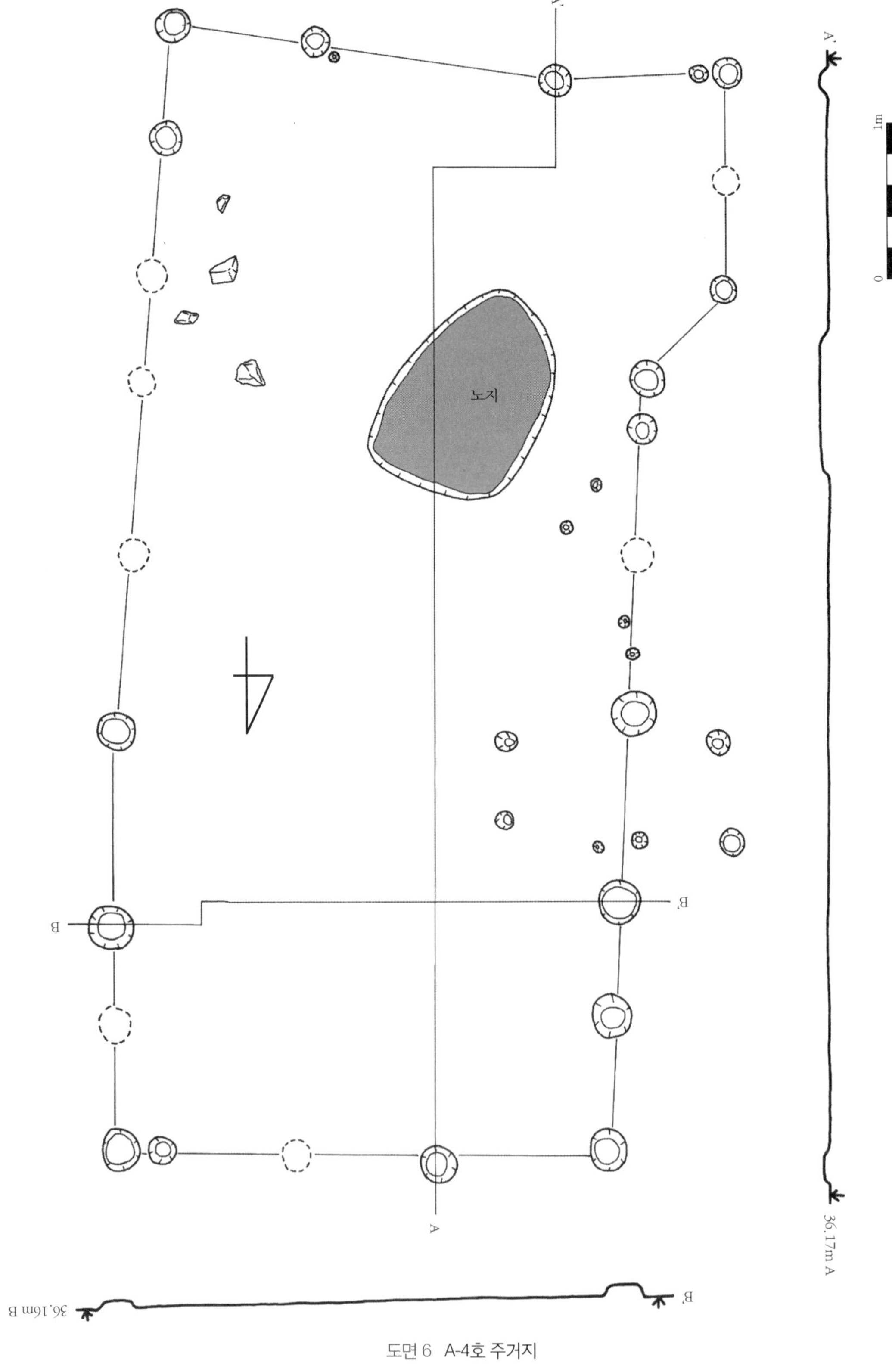

도면 6　A-4호 주거지

사진 5 A-4호 주거지(조사 중, 북→남)

의 규모는 직경이 대략 10cm 내외이고, 깊이는 2~6cm로 일정하지 않다.

A-4호 주거지의 내부에서는 豆形土器片, 硬質無文土器片, 軟質 打捺文土器片 등이 다수 출토되었다. 豆形土器片은 圓柱形 臺脚이며, 연질타날문토기는 外面에 주로 平行線文이 타날되어 있다.

5) A-5호 住居址

A-5호 주거지는 A구역의 중앙에 위치한 掘立柱 주거지이다. 북서쪽으로 A-1호 주거지와 인접해 있고 북쪽으로는 A-12호 주거지가 위치해 있다. Tr28의 제토작업에서 일부 주혈이 노출되어 주거지의 존재가 확인되었으며, 트렌치 확장 과정에서 A-5호 주거지의 전체 형태가 노출되었다.

A-5호 주거지의 전체평면은 장방형이며, 장축방향은 남-북 방향이다. 주거지의 규모는 장축의 길이가 430cm이고, 단축의 길이가 240cm이다. 주거지의 가장자리를 따라 기둥을

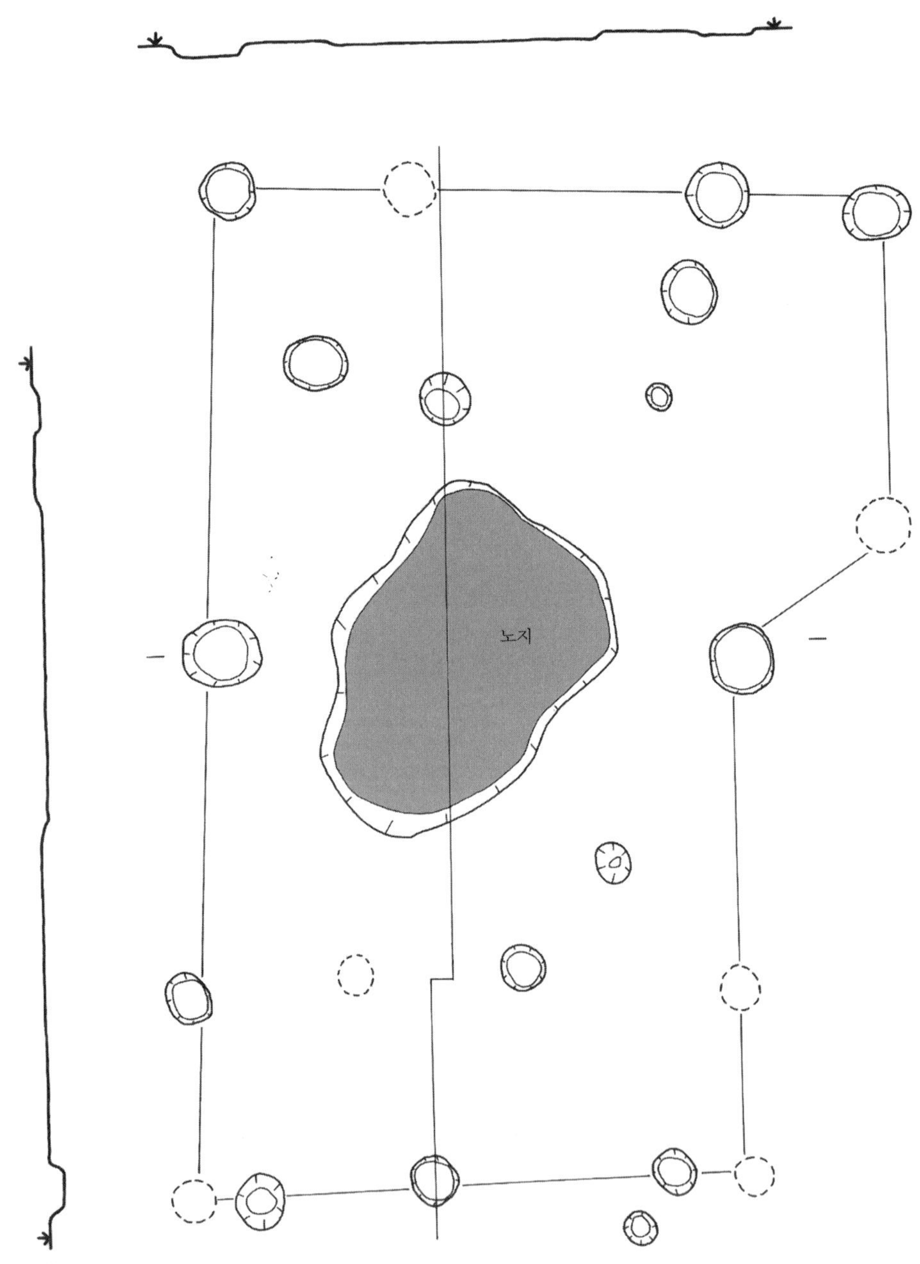

도면 7 A-5호 주거지

세웠던 것으로 파악되나, 지형의 교란으로 인하여 柱穴의 노출이 명확하지 않다. 조사당시 주거지의 가장자리에서 노출된 주혈은 모두 9개이다. 주혈의 크기는 직경이 15~30cm이고, 깊이는 4~10cm이다. 주혈 사이의 간격은 190cm 내외이다.

주거지의 내부에서는 불탄자리 1개와 柱穴로 추정되는 遺構 7개가 노출되었다. 爐址로 추정되는 불탄자리는 주거지의 중앙에 위치하고 있으며, 규모는 140×120cm 정도이다. 내부에는 흑색 사질토가 5cm 가량 깔려있다. 수혈유구의 규모는 직경 20cm 내외이고, 깊이는 3~8cm 가량으로 일정하지 않다.

6) A-12호 住居址

A-12호 주거지는 A구역의 중앙에 위치한 굴립주 주거지이다. 서남쪽으로 A-5호 주거지와 인접해있고, 서쪽으로는 A-1호 주거지가 위치하고 있다. 트렌치의 제토작업에서 일부 주혈이 노출되어 주거지의 존재가 확인되었으며, 트렌치 확장과정에서 A-12호 주거지의 전체 형태가 노출되었다.

A-12호 주거지의 전체 평면은 장방형이며, 장축방향은 동북-서남 방향이다. 주거지의 장축길이는 약 430cm이고, 단축의 길이는 222cm이다. 주거지의 가장자리를 따라 기둥을 세웠던 것으로 보인다. 그러나 지형의 교란으로 인하여 柱穴의 노출은 명확하지 않다. 조사당시 주거지의 가장자리에서 노출된 주혈은 모두 7개이다. 주혈의 크기는 직경이 12~15cm이고, 깊이는 6~12cm이다. 주혈 사이의 간격은 장축방향은 160cm이고, 단축 방향은 120cm 내외의 간격을 유지하고 있다.

주거지 내부에서 柱穴로 추정되는 유구는 2개가 노출되었다. 그러나 추정되는 흔적은 나타나지 않았다. 다만, A-12호 주거지 북쪽으로 약 130cm 떨어진 곳에 직경이 66cm되고, 깊이가 29cm되는 竪穴遺構 2기가 조사되었는데, 발굴상황을 보면, A-12호 주거지와 관련된 貯藏穴로 판단된다. A-12호 주거지에서 출토된 유물은 없다.

7) B-7호 住居址

B-7호 주거지는 B-2호 주거지에서 서쪽으로 약 2m 떨어진 곳에 위치하고 있다. 주거지는 B-8호 주거지의 조성으로 동남쪽 부분이 파괴되어 정확한 형태를 알 수 없다. 다만 殘存形態를 감안하면 전체적인 평면형태는 장타원형이며, 주거지의 서쪽 벽에 130×70cm 규

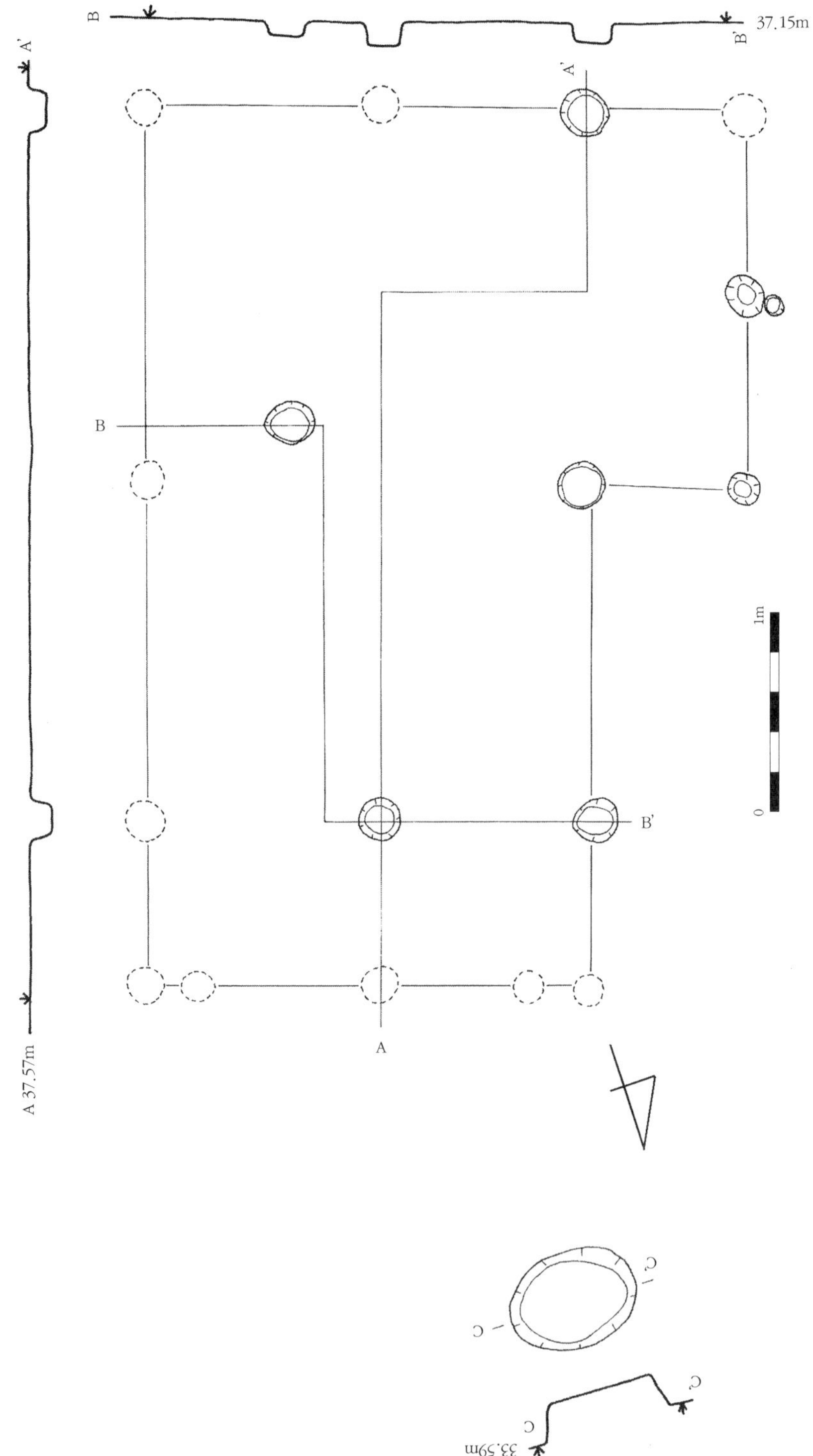

도면 8 A-12호 주거지

D'
G' — G
G' — G
1호 야외노지
F
E
F'
F'
E'
E'
E
B-10
1m
0
D' — D
C — C
B-9
B-8
B-7
B'
A
A'
34.90m A'
34.98m C
34.92m B'

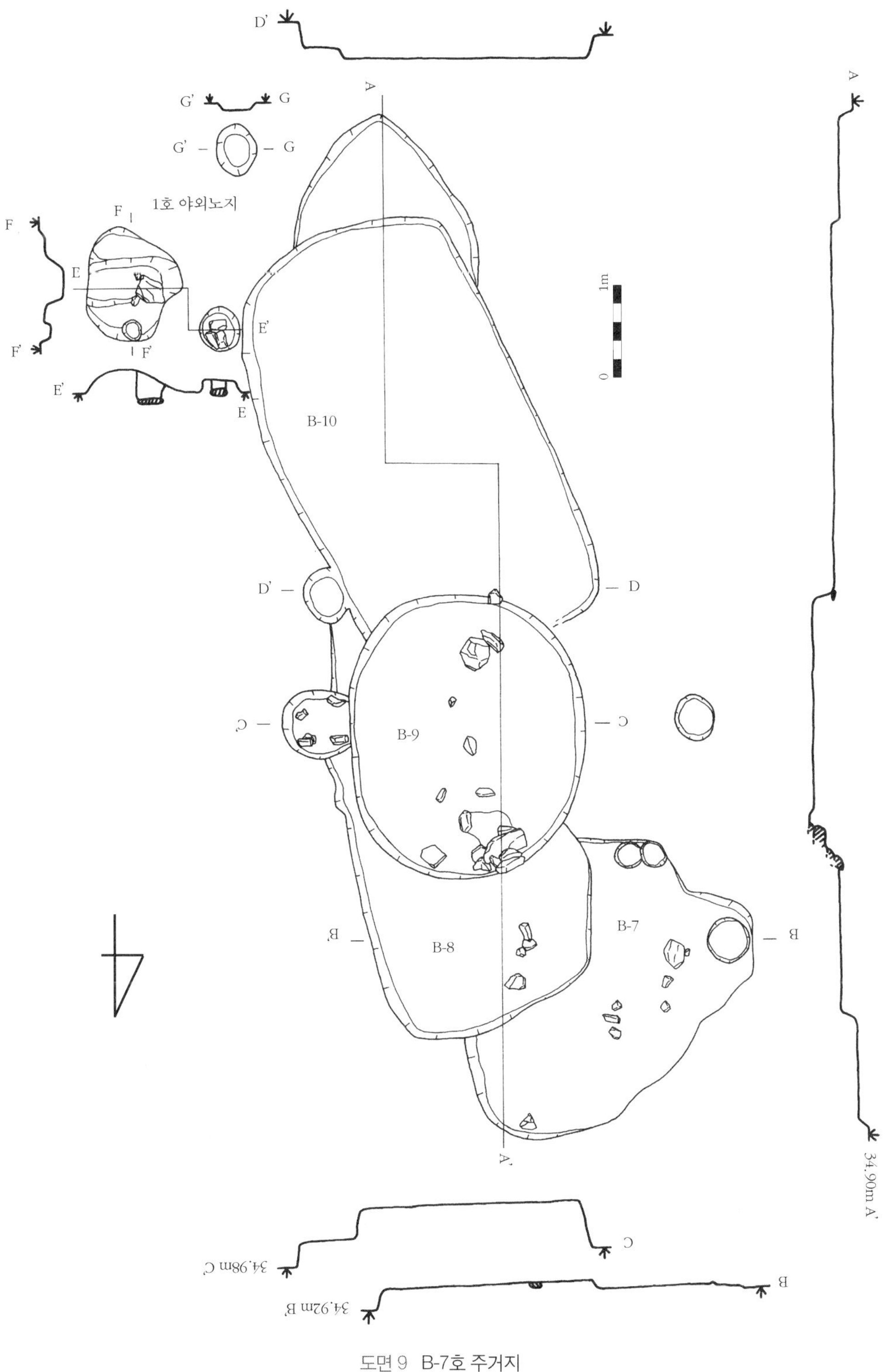

도면 9 B-7호 주거지

모의 타원형 돌출부가 포함되어 있는 형태로 추정된다. 주거지의 규모는 장축이 350cm이고, 단축이 320cm이다.

B-7호 주거지의 내부에는 출입시설이나 화덕시설로 추정될 수 있는 특별한 시설이나 흔적이 확인되지 않았고, 다만 柱穴으로 추정되는 직경이 약 30cm 내외이고, 깊이는 대략 20cm의 소형 柱穴遺構 2개가 남쪽 벽면에 붙어서 확인되었고, 서쪽 벽면에서는 직경이 46cm가 되고, 깊이가 약 4cm인 원형유구가 1기 노출되었으며, 이곳에서 남쪽으로 200cm 지점에 같은 크기의 원형유구 1기가 역시 확인되었다. B-7호 주거지의 내부 바닥에서 豆形土器 臺脚片 1점이 출토되었다.

III. 古索洞 三角形粘土帶土器 住居址의 性格과 編年

1. 住居址의 構造와 形式

고색동 삼각형점토대토기 주거지는 A구역에서 6基 그리고 B구역에서 1基 등 모두 7基가 조사되었다. 이들 주거지는 입지적 성격에서 모두 능선 중간 지점을 따라 위치하는 특징을 보여주고 있다. 조사당시 밭으로 경작되면서 주거지의 상층부가 파손되고 掘立柱나 竪穴의 底部만 잔존하고 있으나 평면형태의 윤곽은 비교적 잘 남아있다.

주거지의 축조형태를 보면, 半竪穴 住居址는 A-1호, A-2호, A-3호, 그리고 B-7호 등 4基가 조사되었고, 掘立柱 형태의 주거지는 A-4호, A-5호, 그리고 A-12호 등 모두 3기가 발굴되었다. 반수혈 주거지는 지표면을 굴착하고 주거지를 축조하였다는 공통점은 있으나, 각기 주거지들 간에 세부적으로는 많은 차이를 보이고 있다. 예를 들어, A-1호와 A-3호 주거지는 평면형태가 말각장방형이나 A-1호 주거지의 노지시설은 우측 상부에 외부로 돌출된 형태로 설치되어 있다. A지구의 서북쪽(B지구 서남쪽)에서 확인된 점토대토기 출토 주거지는 노출상태로 보아 등고선과 직교 방향으로 축조된 것으로 판단된다. 그러나 주거지 아래 부분이 심하게 교란되어 전체적인 평면형태의 정확한 모습은 알기 어려우나 대체로 말각장방형으로 판단된다.

掘立柱 주거지는 A구역에서만 조사되었으며, 이들 주거지는 크기에서는 다소 차이가 있을 지라도 전체적인 형태는 모두 우측 하단부가 외부로 돌출된 凸자형 형태의 장방형을 유지하고 있다. 凸자형 구조의 주혈은 A-4호와 A-12호는 주혈이 3개로 배치되어 2등분 되

어 있으나, A-5호의 경우 2개의 주혈로만 구성되어 있다. 이들 우측 하단부에 나타나는 凸자형 형태의 돌출된 구조는 전체 평면형태나 등고선의 방향 등을 고려하면, 아마도 출입 시설을 설치했던 柱穴들의 일부로 여겨진다.

굴립주 주거지의 爐址는 A-4호와 A-5호 주거지 내부에서 조사되었는데, 특별한 시설이 없이 바닥면을 약 3~8cm의 깊이로 얇게 파인 형태로 조성되었고, A-12호 주거지에서는 爐址 시설의 흔적이 전혀 확인되지 않았다. 이들 굴립주 주거지의 장축방향은 등고선과 비교적 평행한 남북방향이며, 노지는 A-5호의 경우 주거지 중앙에 불규칙한 타원형으로 비교적 넓게 퍼진 형태이며, A-4호 주거지의 노지는 중앙에서 약간 남쪽에 A-5호 주거지보다는 비교적 작은 형태로 조사되었다.

따라서 고색동 삼각형점토대토기 주거지는 수혈주거지와 굴립주 주거지의 두 가지 형태로 나타나고 있다. 수혈 장방형 주거지는 慶南 泗川市 勒島遺蹟의 말각장방형 주거지와 매우 유사하다. 다만 늑도식 주거지에는 수혈주거지 내부에 4柱式 柱穴이 배치되어 있으나 고색동 주거지에는 A-3호 주거지의 경우 외부에 불규칙적으로 배치되어 있을 뿐, 나머지 수혈주거지에는 柱穴이 나타나지 않는 차이점이 나타난다.

고색동 주거지에서의 특이점은 A-3호 주거지의 용도 문제인데, A-3호 주거지는 노지로 추정되는 구조물이 주거지 내의 좌측 아래에 장축방향으로 설치되어 있으며, 우측 하단부에는 직경 약 20cm의 수혈 구덩이 2기가 주거지 안쪽에서 조사되었다. 보고서 작성과정에서는 내부의 구상유구 등과 관련된 구조물이나 爐址의 일종으로 파악하였다. 그런데 주거지 내부에서 경질무문토기편과 타날문토기편이 출토되었을 뿐, 다른 주거지에 보이는 두형토기나 삼각형점토대토기 등의 유물이 보이지 않으며, 특히 내부 구조물에서도 일상생활과 관련된 구조나 유물 등이 확인되거나 출토되지 않았다. 게다가 서남부 모서리에서 확인된 수혈 구덩이의 성격이 불분명하고, 건물지 외부에서 노출된 9基의 柱穴 가운데 북쪽 주혈은 수혈 주거지의 외곽선이나 내부의 노지 추정지로부터 약 180cm 정도 멀리 떨어진 곳에 위치하고 있다. 그리고 노지로 추정되는 구조물 내에서 다량의 목탄과 함께 鐵滓(slag)가 발굴되었다.

원래 製鐵 또는 冶鐵과정을 보면, 철은 용융온도가 1,537℃ 이지만 炭素와 함께 가열하면 용융온도가 1,146℃로 낮아지기 때문에 冶鐵에는 반드시 숯을 필요로 하게 된다. 그리고 철광석을 炭素와 함께 섞어 높은 온도에서 가열하면 용융온도의 차이에 의해 철과 불순물(slag)이 분리되는 製錬 과정을 거치게 된다. 따라서 A-3호 주거지에서 조사된 추정 노지는 製錬 시설 등과 관련된 어떤 小形 炭窯의 일종이 아닌가 여겨지기도 한다. 만일 A-3호 주거지가 제련 등과 관련된 건물지라면, 당초 A-2호 주거지로 보고된 건물지도 아마 A-3호 주거지의 제련 건물지와 관련된 부속시설 가운데 하나일 것이다. 특히 A-2호 주거지의 평면 형태가 등고선 방향으로 부정 장타원형이며, 주거지의 중앙에는 동서 단축 방향으로 길게 고래뚝 같은 형태가 2열로 평행하게 노출되었는데, 이는 일반적인 주거 형태의 유구와 매우 다른 극히 이례적인 건물 형태라고 할 수 있다.

따라서 고색동 수혈 주거지 형태의 유구는 제련 같은 어떤 작업을 위한 장소로 이용되던 시설물로 생각되며, 만일 그렇다면 굴립주 주거지는 이들 수혈 건물지에서 작업하던 사람들의 생활공간이나 주거지 등으로 사용되었을 것으로 판단된다. 그런데 고색동 점토대토기 주거지 유구에서 나타나는 가장 큰 특징은 바로 이들 3기의 굴립주 주거지들인데, 초기철기시대의 주거지들 가운데 평탄지를 조성하고 건축된 순수 굴립주 주거지는 아직까지 학계에 보고된 바 없다. 굴립주 주거지의 축조방식을 보면, 지표면에 대한 削土 형태의 평탄작업을 진행하고 건물의 가장자리를 따라 柱穴을 일정한 간격으로 배치하여 架構方式으로 주거지를 건축한 것이다. 청동기시대의 순수 굴립주 주거지로는 양평 공세리 주거지가 있다. 그리고 순수 굴립주 주거지는 아니지만, 보령 관산리, 천안 백석동, 화성 천전리 등의 장방형 또는 세장방형 주거지 내부에도 柱穴이 나타나고 있다.

표 1 주거지의 규모와 출토유물 일람표

번호	형태	규모(cm)		장축 방향	爐址	출토 유물	비고
		장축	단축				
A-1호	말각장방형	680	350	남북	외부돌출	두형토기, 점토대토기	반수혈
A-2호	말각장방형	350	220	남북		경질무문토기	반수혈
A-3호	말각장방형	570	330	남북	溝狀炭窯?	경질무문토기, 타날문토기, 鐵滓, 鐵鎌片	반수혈
A-4호	장방형	710	390	남북	淺竪穴	두형토기, 경질무문토기, 타날문토기	掘立柱
A-5호	장방형	430	240	남북	淺竪穴		掘立柱
A-12호	장방형	430	222	동북-서남		경질무문토기, 타날문토기	掘立柱
B-7호	말각장방형	350?	320	동-서?		두형토기	반수혈

2. 出土遺物의 種類와 性格

고색동 삼각형 점토대토기 주거지에서 출토된 유물에는 豆形土器, 삼각형점토대토기, 경질무문토기, 연질토기, 타날문토기 등의 토기류와 함께 鐵鎌 같은 鐵製品이 출토되었다. 이외에도 A-3호 주거지에서 異形土製品이 출토되었다.

豆形土器는 完形으로 출토된 것은 없으며, 대개 臺脚 일부와 杯部 일부가 殘存한 형태로 출토되고 있다. 두형토기의 外面은 황갈색의 색조를 띠고 있으며, 속심은 암회색의 색조를 띠고 있다. 토기의 內壁은 슬립을 입힌 후 磨硏처리를 했으며, 흑갈색의 색조를 띤다. 臺脚은 상하 폭이 거의 같은 원통형이고, 杯部는 臺脚에 半球形 杯의 底部가 부착되어 있다. 대각의 안쪽에는 폭 0.6cm가량의 원이 한쪽에 치우쳐 뚫려 있는데, 杯部 바로 아래까지 이어진 것으로 보인다. 臺脚과 杯部의 연결부위는 접합흔적이 관찰되며, 내면에는 물손질흔이 확인된다. 태토는 가는 석영계 砂砬이 다량 함유된 점토질이다.

粘土帶土器는 斷面 三角形粘土帶土器로 토기의 형태는 동체부에서 수직에 가깝게 구연부 쪽으로 올라오다가 粘土帶와 口脣에서 접합한다. 따라서 斷面上으로 삼각형 粘土帶의 접합 흔적이 확인되며, 점토대와 동체부의 연결부분에 指頭痕이 관찰되고 있다. 表面은 황갈색의 색조를 띠고 있으며, 정선된 점토에 가는 운모와 석영계 사립이 일부 함유된 태토로 제작되었다. 內面에는 指頭痕과 물손질흔이 확인된다.

경질무문토기는 주로 동체부편이 출토되고 있으며, 토기의 外面은 적갈색의 색조를 띠고 있고, 내면은 흑색의 색조를 띠고 있다. 가는 砂砬과 石英系 石砬이 일부 함유된 정선된 점토질의 태토로 제작되었다. 토기 內面에는 指頭壓痕과 물손질흔이 확인된다. 打捺文土器片들과 섞여서 출토되고 있다.

타날문토기도 경질무문토기와 마찬가지로 주로 동체부편이 출토되고 있다. 구연부는 頸部에서 둥글게 외반하면서 감아 올라가는 형태이다. 토기의 강도는 연질이며, 내외 표면은 회갈색의 색조를 띠고 있고, 속심은 흑갈색의 색조를 띠고 있다. 태토는 가는 운모와 사립이 일부 함유된 점토질이다. 토기 외면에는 平行線紋이나 格子文 또는 斜格子文이 打捺되어 있으며, 이들 線文 사이의 간격은 약 0.15cm이다.

유구별 출토상황을 보면, A-1호 주거지에서는 豆形土器와 三角形粘土帶土器가 공반되었고, A-2호 주거지에서는 硬質無文土器만 출토되었다. 그리고 A-3호 주거지에서는 硬質無文土器·軟質打捺文土器·軟質土器 등과 함께 鐵滓(slag)와 鐵鎌片이 발굴되었다. 굴립주 주거지인 4호 주거지에서는 두형토기·경질무문토기·타날문토기 등이 출토되었다. 그러나 같은 굴립주 주거지인 A-5호나 A-12호에서 유물은 출토되지 않았다. 이는 등고선상 A-4호 주거지보다는 높은 곳에 위치하고 있어 경작과정 중에 지표면의 削土가 심하여 조사 당시엔 주거지 바닥이 거의 드러날 정도로 파괴되었기 때문일 것이다. B지구에서 유일하게 확인된 점토대토기 주거지인 B-7호 주거지에서는 豆形土器 臺脚片 1점이 발굴되었다.

수원 고색동 삼각형점토대토기 주거지의 토기 조합상은 두형토기·단면삼각형점토대

사진 6 A-1호 주거지 출토 점토대토기

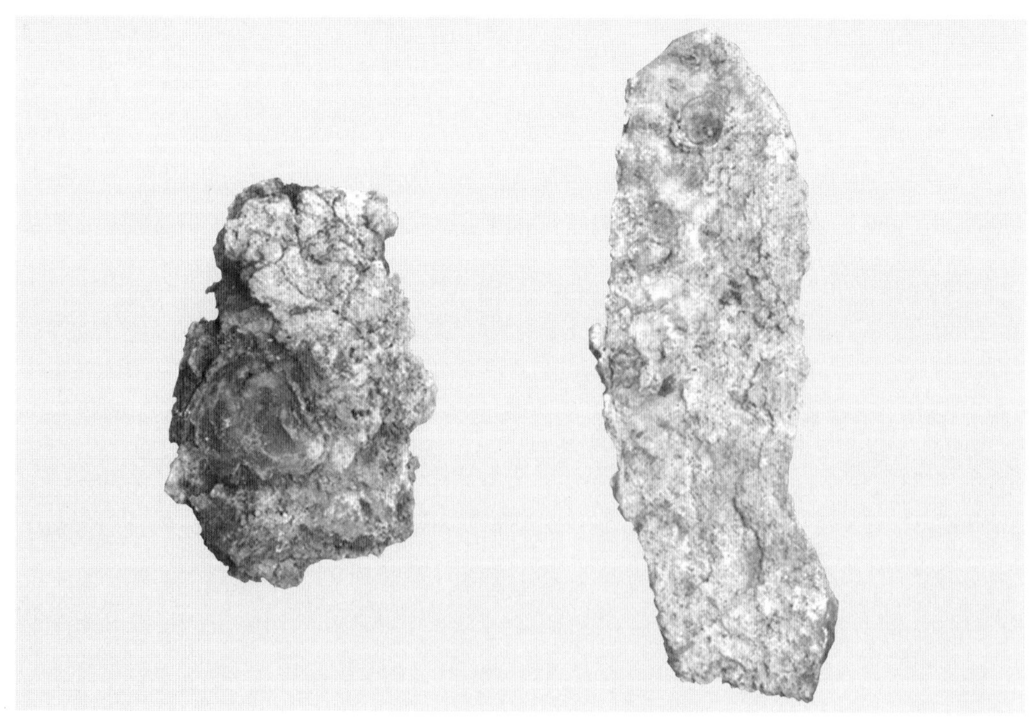

사진 7 A-3호 주거지 출토 철제품

토기·연질타날문토기·경질무문토기로 이루어졌다. 그런데 삼각형 점토대토기의 태토성분을 살펴보면, 삼각형 점토대토기의 성분은 정선된 태토에 가는 雲母와 砂砬이 약간 혼합되어 있다. 그러나 이들 삼각형점토대토기는 타날문토기나 경질무문토기와 공반하여 출토되고 있음에도 불구하고 경질무문토기에 보이는 굵은 석립 등은 태토에 함유되어 있지 않고, 단면 원형점토대토기의 태토 성분의 속성을 비교적 잘 유지하고 있다. 이러한 현상은 삼각형 점토대토기와 공반하여 출토된 豆形土器의 태토성분에서도 같은 현상을 나타내고 있다. 따라서 고색동 삼각형점토대토기는 초기철기시대의 경질무문토기 제작 전통보다는 원형점토대토기의 제작방식을 계승하고 있다고 할 수 있다.

표 2 주거지 출토 토기의 器種과 數量

유구	두형토기	점토대토기	경질무문토기	타날문토기	연질토기	철제품	비고
A-1호	4	7					
A-2호			4				
A-3호			4	2	1	2	
A-4호	1		9	3	1		
A-5호							
A-12호							
B-7호	1						

3. 古索洞 遺蹟의 性格과 編年

고색동 주거지의 성격은 한국 초기철기시대의 전개과정에서 호남지방과 영남지방의 삼각형 점토대토기의 起源과 형성과정을 이해하는데 있어서 중요한 지리적 위치를 차지한다. 삼각형 점토대토기는 호남지방이나 영남지방에서 많은 출토사례를 보이고 있으나 한강유역의 하류에 해당하는 경기도 일대에서 삼각형 점토대토기가 출토된 것은 수원 고색동 유적 이외에도 경기도 이천 이치리 유적[17]과 시흥시 정왕동 오이도 패총유적[18] 등이 있다. 특히 이천 이치리 유적에서는 삼각형 점토대토기 주거지 1기가 조사되었다.

---

17) 한국국방문화재연구원, 2008, 『이천 이치리 피엘디덕평 이차유한회사 물류창고 부지내 유적발굴 현장설명회 자료』, 6~9쪽.
18) 서울대학교 박물관, 2001, 『오이도 추가단지내 주거 밀집지역 발굴조사』, 2쪽.

고색동 삼각형점토대토기 주거지의 구조적 성격을 보면, 조사된 7基 주거지 가운데 4기는 竪穴 주거지이며, 나머지 3기는 평탄지를 조성하고 건축한 굴립주 주거지이다. 그런데 앞에서 살펴본 바와 같이, A-2호와 A-3호는 遺構의 구조나 출토유물 등의 특징에서 주거지로 활용된 것으로 보이지 않는다. 특히 A-2호는 주거지 단축의 중앙을 가로지르는 둑이 2列로 평행하게 조성되어 있고, 주거지로서 기능을 할 수 있는 爐址 등의 시설 흔적이 전혀 나타나지 않고 있으며, 출토유물도 유구의 양호한 잔존상태에 비하여 경질무문토기편 4점으로 매우 빈약하다.

고색동 유적 중에서 특이한 주거지로 A-3호 주거지 유구인데, 이 유구는 당초 조사보고서에서 필자들은 주거지로 분류하였다. 그러나 주거지 용도보다는 다른 용도로 사용되었을 가능성이 있다. 즉, 유구 내부에서 爐址로 분류된 구조물은 평면 형태가 수저와 비슷한 모습의 溝狀遺構로 되어 있는데, 이는 일반적인 爐址의 형태와는 확연한 차이를 보이는 것이며, 특히 수저의 손잡이에 해당하는 부분의 溝狀遺構 위쪽에 조성된 둥근형태의 수혈부분 안쪽에서 다량의 炭素와 함께 鐵滓(slag)가 출토되었다. 柱穴의 배치에 있어서도 일반적인 주거지의 주혈배치와는 매우 다른 구조적 특징을 보여주고 있다. 즉, A-3호에 나타나는 柱穴은 수혈유구의 가장자리를 따라서 일정간격을 두고 배치되어야 함에도 불구하고, 건물지 좌측의 추정 爐址施設과 인접한 곳에서는 유구의 가장자리에서 상당히 멀리 떨어진 바깥쪽에 배치되어 있다. 이는 추정 爐址의 화재 등과 같은 상황을 고려하여 주혈을 설치하였기 때문일 것이며, 아마도 이러한 柱穴의 배치나 爐址의 구조적 형태는 고색동 주거유적 가운데 수혈 형태의 A-3호 주거지는 製鍊이나 製鐵 같은 다른 목적으로 건축되었을 가능성도 제기된다.

한반도 중부 내륙지방에서 조사된 삼각형점토대토기 유적으로는 최근 이천시 마장면 이치리 피엘디 덕평이차 유한회사 물류창고 부지에 대한 조사에서 보고된 바 있다. 즉 이 유적에서는 삼각형점토대토기가 주거지와 함께 조사되었고, 원형 수혈유구 2기도 발굴되었다.[19) 주거지는 서북-동남의 등고선과 평행방향이며, 평면형태는 말각장방형의 竪穴住居址로 판단되나 동남부가 상당부분 流失되었다. 현재의 잔존 크기는 $426 \times 386 \times 18 cm$이며, 내부 중앙에 竪穴圓形爐址 1基가 있고, 유구의 잔존 상태가 양호한 노지 북쪽에 柱穴 1

---

19) 한국국방문화재연구원, 2008, 『이천 이치리 피엘디덕평 이차유한회사 물류창고 부지내 유적발굴 현장설명회 자료』, 6~9쪽.

사진 8 　이천 이치리 출토 삼각형점토대토기와 우각형파수편

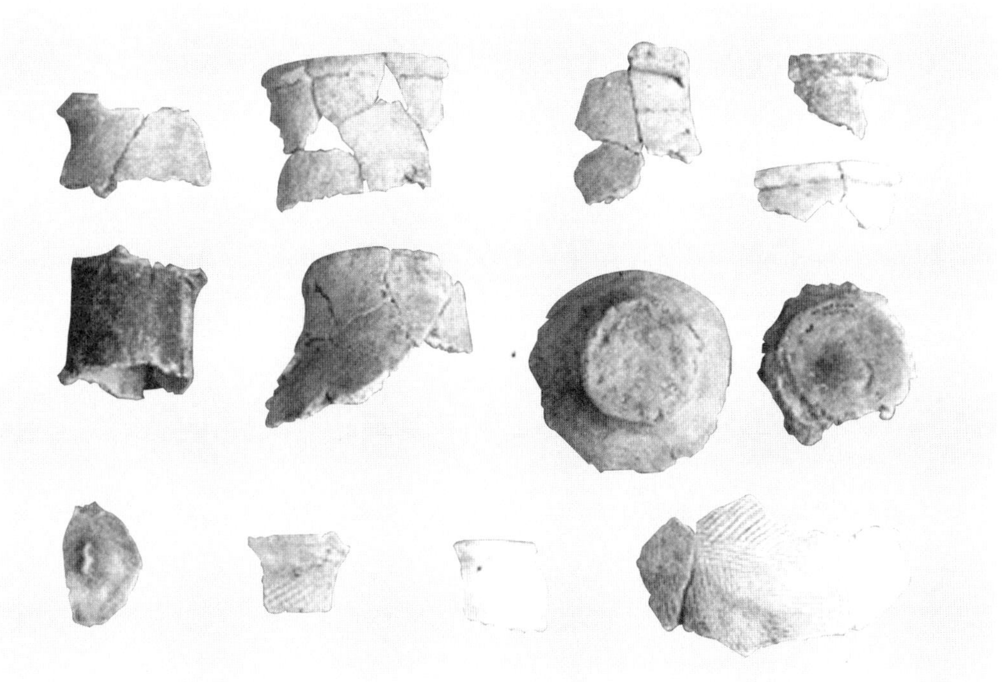

사진 9 　오이도 패총유적 출토 토기편

곳이 노출되었다. 파손된 노지 남쪽에도 원래 주혈 2곳이 있었던 것으로 생각된다.

이천 이치리 유적의 토기 구성은 斷面 三角形粘土帶土器片 · 牛角形把手片 · 豆形土器 底部片 등으로 구성되어 있다. 그런데 이들 토기의 태토 성분을 보면, 황갈색 점토질에 석영계의 가는 石砬이 다량 함유된 硬質無文土器의 태토성분을 나타내고 있다. 그리고 유물 조합상에서도 삼각형점토대토기 · 두형토기 · 우각형파수로 구성되어 있고, 반면에 고색동 유적과는 다르게 타날문토기 같은 초기백제의 土器 器種이 포함되어 있지 않다.

한편 서해연안 쪽에서 조사된 삼각형점토대토기 유적으로는 시흥시 정왕동 오이도 패총유적[20]이 있다. 오이도 유적은 2001년에 서울대학교 박물관에서 발굴한 바 있으며, B지역의 지표 하 10cm 부근에서 타날문계통의 백제토기와 함께 점토대토기가 출토되었다. 즉, 백제문화층 아래에서 원형과 삼각형점토대토기가 공반되는 점토대토기 단일 문화층이 확인되었던 것이다. 삼각형 점토대토기 문화층에서는 점토대토기 이외에도 경질무문토기 동체부편과 굽 달린 저부편, 양면 또는 삼면에 홈이 파인 석기, 동물 뼈 등이 다량 출토되었다. 삼각형점토대토기 문화층의 토기 조합상은 외반구연무문토기, 紅陶, 黑陶長頸壺, 소형 잔, 牛角形把手 등으로 구성되었다.

시흥시 정왕동 점토대토기 문화층에서는 원형과 삼각형점토대토기와 함께 紅陶 · 黑 陶長頸壺 · 牛角形把手 등이 공반하여 출토되었다. 특히 홍도와 흑도 등이 공반하여 출토 되고 있는데, 이는 원형점토대토기가 홍도시기까지 상향될 것으로 보이며, 또한 원형과 삼 각형점토대토기가 상당기간 공존하였던 것으로 미루어 원형점토대토기 문화가 삼각형점 토대토기로 발전적인 계승과정을 거쳤을 것으로 판단된다. 반면에 이치리 삼각형점토대토 기는 두형토기 · 우각형파수와 공존하고 있으며, 토기의 태토성분에 굵은 石砬이 섞여있는 등의 경질무문토기 제작기법이 완전히 점토대토기의 제작방법에 스며든 것으로 보인다.

고양시 일산 가와지 유적에서는 圓形粘土帶土器 口緣部片과 함께 棒狀把手片 · 三角 形粘土帶土器 · 豆形土器 底部片 등이 출토되었다. 가와지 유적에서는 명사리식 옹관에 부 착된 것으로 알려진 봉상파수가 공반하여 출토되었는데, 봉상파수는 한반도 남부지방에서 삼각형점토대토기와 함께 출현하는 것으로 알려져 있다.[21]

수원 고색동 유적의 삼각형점토대토기는 타날문토기와 공반되어 출토되고 있으며, 삼

---

20) 서울대학교 박물관, 2001, 『오이도 추가단지내 주거 밀집지역 발굴조사』, 2쪽.
21) 이재현, 2004, 「영남지역 三角形粘土帶土器의 성격」, 『신라문화』 23.

각형점토대토기의 제작수법은 점토대토기의 제작기법 고유의 속성이 잘 남아있기는 하나 태토에 석립의 혼입이 사라지고 있다. 특히 이치리 유적의 삼각형점토대토기와는 다르게 고색동 점토대토기는 태토를 정선하여 토기를 제작하고 있으며, 공반유물 가운데 이러한 태토로 만든 軟質土器가 포함되어 있다. 따라서 고색동 삼각형점토대토기는 시흥시 오이동 패총이나 이치리 유적에서 출토된 삼각형점토대토기보다는 시기가 상당히 늦은 기원 2세기 중후반 경에 編年될 수 있을 것이다. 최근 서울대학교 기초과학 공동기기원에서 측정한 C[14]는 1810±50 B.P.(1호 주거지), 1880±50 B.P.(3호 주거지), 그리고 1850±50 B.P.(3호 주거지) 등으로 산출되었다. 따라서 C14의 측정치를 고려하면, 고색동 유적의 삼각형점토대토기 주거지는 대략 2세기 중반에서 3세기 초반에 조성되었을 것으로 판단할 수 있다.

Ⅴ. 結論

한반도 중부지방에서의 삼각형점토대토기 문화의 전개과정을 이해하기 위한 조사사례의 하나로서 수원 고색동 유적의 삼각형점토대토기에 대한 검토를 중점적으로 진행하였다. 수원 고색동 유통상가 조성부지에서 발굴된 삼각형점토대 주거지는 모두 7基이다. 그런데 이들 주거지는 건축 구조에서 掘立柱 住居址와 竪穴住居址 등 2가지 형태로 나타나고 있다.

掘立柱 住居址는 평면이 대체로 장방형이며, 생토층을 평탄하게 조성한 후, 주거지 가장자리를 따라 일정한 간격으로 기둥을 세워 건물을 조성하였다. 굴립주 주거지의 출입구는 발굴 당시 바닥에서 명확하게 노출되지는 않았다. 그런데 柱穴의 노출된 구조를 보면, 서남쪽에서 노출된 주혈은 원래의 벽체를 구성했을 것으로 판단되는 것보다 약간 밖에서 '凸'자 형태로 조사되었다. 따라서 이러한 형태의 柱穴이 노출된 것은 결국 이곳이 바로 굴립주 건물지의 出入口였음을 나타내는 것으로 판단된다.

竪穴住居址는 공통적으로 지표면을 낮게 굴착하고 주거지를 구성하였다. 그러나 이들 반수혈 주거지는 각기 주거지들 간에 세부적으로는 차이점이 발견되기도 한다. 예를 들어, A-1호와 A-3호 주거지는 평면형태가 말각장방형이나 A-1호 주거지의 노지시설은 우측 상부에 외부로 돌출된 형태로 설치되어 있고, A-3호는 주거지 내부의 서북부의 등고선 남쪽에서 동서방향으로 구상유구형태로 조성되어 있다. A-2호 주거지는 중앙에 동서의 등고선 직교방향으로 2열의 고래뚝 형태 시설이 나타난다. 반면에 A지구의 서북쪽(B지구 서남쪽)

에서 확인된 B-7호 주거지는 노출상태로 보아 등고선과 직교 방향으로 축조된 것으로 판단된다. 그러나 주거지 아래 부분이 심하게 교란되어 전체적인 평면형태의 정확한 모습은 알기 어려우나 말각장방형으로 판단된다. 따라서 반수혈 주거지는 주거용 시설이라기보다는 작업실 같은 다른 용도로 건축되었을 것으로 생각된다.

고색동 유적에서는 硬質無文土器片, 豆形土器片, 단면 삼각형 점토대토기편, 연질 타날문토기편 같은 토기류와 함께 철제품 등이 공반되어 출토되었다. 예를 들어, 말각장방형 주거지인 A-1호에서는 豆形土器와 斷面三角形粘土帶土器片이 출토되었고, 장타원형 주거지인 B-7호에서는 豆形土器 臺脚片이 출토되었으며, 장방형 굴립주 주거지인 A-4호 주거지에서는 豆形土器片과 연질타날문토기편이 출토되었다. 그리고 장타원형의 A-2호 주거지에서는 경질무문토기편이 다수 출토되었다.

따라서 이들 유물의 출토상황과 제작수법을 살펴보면, 비록 점토대토기의 일반적인 제작기법의 고유한 속성이 잘 남아있기는 하나 수원 고색동 유적의 삼각형점토대토기는 태토를 정선하여 제작하는 등 경질무문토기에서와 같이 태토에 石砬이 混入하는 전통은 이미 사라진 상태이다. 그리고 공반 출토된 유물 가운데 삼각형점토대토기의 태토와 같은 성격으로 만들어진 軟質土器가 포함되어 있다. 이러한 점들을 고려하면, 고색동 삼각형점토대토기의 시기는 기존에 중부지방에서 알려진 시흥시 오이동 패총의 점토대토기 문화층이나 이치리 유적의 三角形粘土帶土器보다는 다소 늦을 것이며, 반면에 타날문토기의 공반관계 등을 감안하면 오이도 상층의 백제토기 문화층과 거의 동시기로 編年할 수 있을 것이다. 고색동 유적의 방사성탄소년대는 2세기 중반에서 3세기 초반으로 측정되었다.

05

화성 감배산유적
장타원형 住居址의 性格과 編年의 검토

유태용 · 강아리

I. 序論

華城 甘杯山 住居址는 경기도 화성시 동탄면 오산리 7287-3번지 일대에 위치한 감배산 일대에서 조사된 遺蹟이다. 이곳은 풍성주택 신미주 아파트 신축부지에 해당하며, 2003년 4월 10일부터 5월 10일까지 수원대학교 박물관에 의해 지표조사가 이루어졌고, 2003년 10월 17일부터 2004년 4월 4일까지 경기대학교 박물관에 의해 試·發掘 調査가 실시되었다.

조사결과 감배산에서 初期 鐵器時代부터 百濟時代 中期에 이르는 竪穴住居址와 掘立柱 주거지 등과 함께 土器·鐵製品·玉製品 같은 유물들이 다수 출토되었고, 조선시대의 民墓와 주거지 등이 확인되기도 하였으며, 또한 감배산 동북쪽 사면 하단부에서 舊石器時代의 각종 타제석기 등이 다수 출토되었다.

그런데 감배산에서 조사된 遺構들 가운데 주목되는 점은 장타원형 계통의 竪穴住居址들인데, 이러한 형태의 주거지가 초기철기시대에서 한성백제 중기에 걸쳐 장기간에 감배산이라는 특정지점에서 집중적으로 조성된 점이 조사 당시 크게 주목을 받았다. 이는 풍화

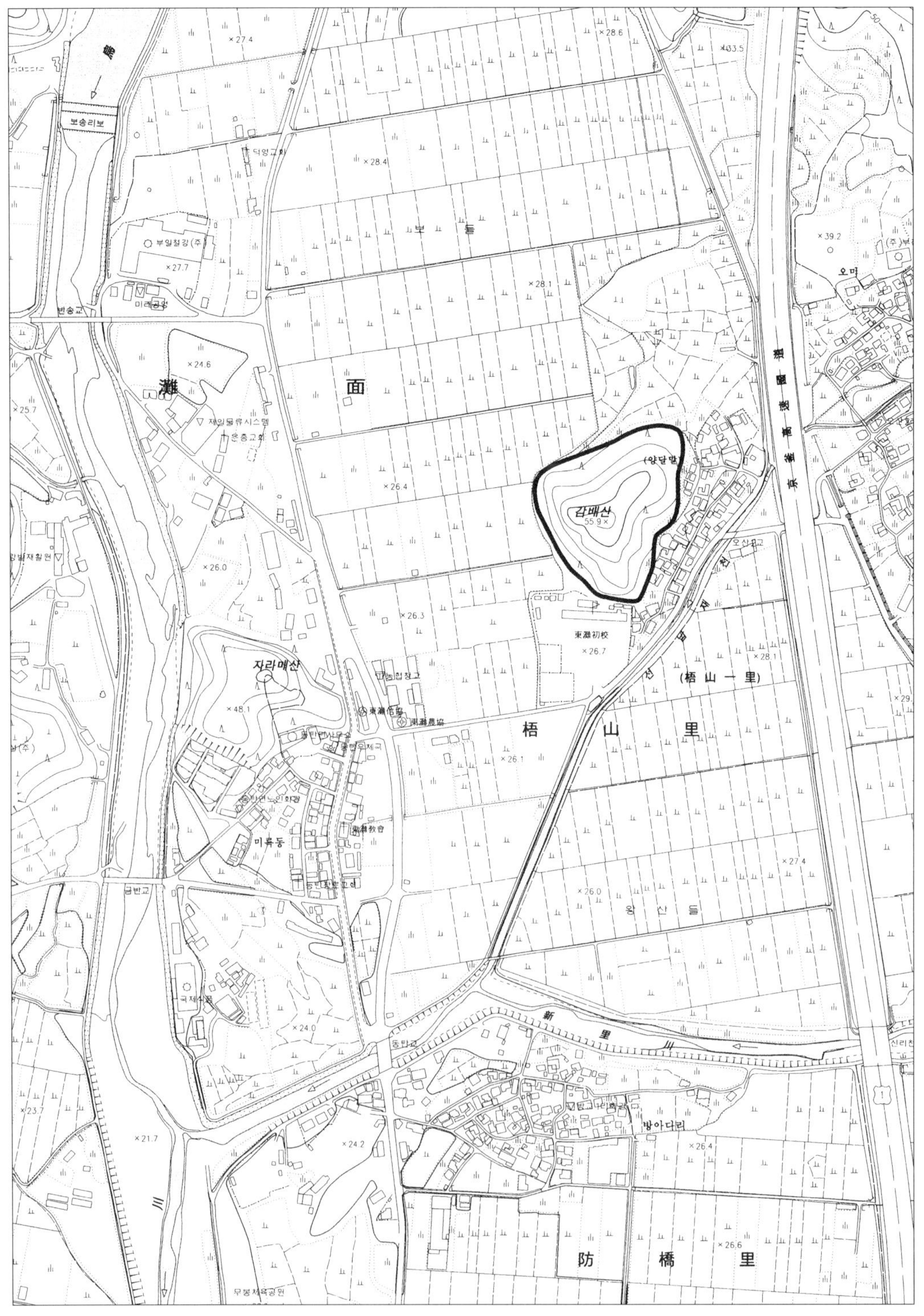

지도 1 조사지역 지형도

암반층을 垂直으로 掘鑿하고 'ㄴ'字形으로 조성한 이들 감배산 유형의 장타원형 수혈주거지는 그동안 한강유역을 포함한 경기도 일대에서는 전혀 확인된 바 없는 새로운 형태의 住居樣式이기 때문이었다.

그런데 이러한 감배산 유형의 장타원형 주거지는 전라남도 순천시 망북유적,[1] 여수시 화장동유적,[2] 대전시 신대동유적,[3] 구성동유적[4] 등지에서 다수 발굴된 바 있다. 따라서 감배산 주거지는 한반도 중서부 지역보다는 중남부 남해안 지역에 더 가까운 문화적 양상을 보여준다고 하겠다. 따라서 본 논문에서는 이러한 점들을 염두에 두고 감배산 주거지에 대한 구조적 특징을 검토하고, 이를 토대로 한반도 남부지역의 장타원형 수혈주거지들과 비교하여 감배산 주거지의 성격을 규명하고자 한다.

II. 甘杯山 住居址의 構造와 特徵

1. 甘杯山 住居址의 構造

甘杯山에서 발굴된 주거지는 모두 66基이다. 그러나 이들 주거지는 형태나 입지조건 등에서 많은 차이를 보이고 있으며, 시기적으로도 백제초기에서 조선시대 후기까지 조사되고 있다. 평면형태에서도 圓形에서 抹角長方形까지 다양하게 나타나고 있으며, 竪穴住居址 뿐만이 아닌 掘立柱 住居址도 5基나 조사되었다.

本考에서는 전체 66기의 주거지 가운데 시기적으로 초기철기시대에서 백제 중기에 이르는 52기를 대상으로 검토하고자 한다. 백제초기 주거지는 건축 형태에 따라 크게 竪穴住居址와 굴립주 주거지로 나누어지며, 또한 竪穴住居址는 평면형태에 따라 다시 여러 가지로 분류된다. 이들 주거지를 구체적으로 살펴보면 다음과 같다.

먼저 수혈주거지는 掘鑿의 깊이와 형태에 따라 'ㄴ'字形 竪穴住居址와 플라스크형 竪穴住居址로 구분된다. 'ㄴ'字形 竪穴住居址는 等高線上 위쪽의 풍화암반층을 약 50~90cm

---

1) 순천대학교 박물관, 2001,『順天 龍堂洞 望北 遺蹟』.
2) 순천대학교 박물관, 2002,『麗水 禾長洞 遺蹟』II.
3) 한남대학교 중앙박물관, 2004,『대전 신대동 유적』.
4) 한남대학교 중앙박물관, 1997,『大田 九城洞 遺蹟』.

C구역
215전
729-3전
729-2전
561도
565구
613답
쓰레기 매립으로 지형이
파괴된 지역
B구역
A구역
217-4전
217-7대
B9
토7
656-5대
B 지구
47
C 지구
50
89
655대
656-12대
C8
B1
B2
B3
43
656-13대
C6
C7
B4
B6
656-3대
원3
C9
C5
원4
B5
원2
인2
B7
B8
토1
A21
원6
A22
A23
653-3대
A41
원5
A20
원7
A34
C3
C4
A35
A16
A17
A36
A42
A31
A28
43
폐기유구
원8
A46
A19
A24
A33
C2
A43
A39
C1
원1
A45
A18
657전
658-1대
인1
A28
토1
A26
A40
A27
A1
토6
A44
구
A37
A 지구
652-10디
55
A15
A2
A11
A47
658-2대
토4
651-11답
A12
토5
A32
토2
A5
A3
인3
A38
659대
660-1대
A4
인5
660-6답
A6
659-1대
50
A9
A10
A29
662-1대
660-7대
토3
A8
A14
A30
A7
A13
45
40

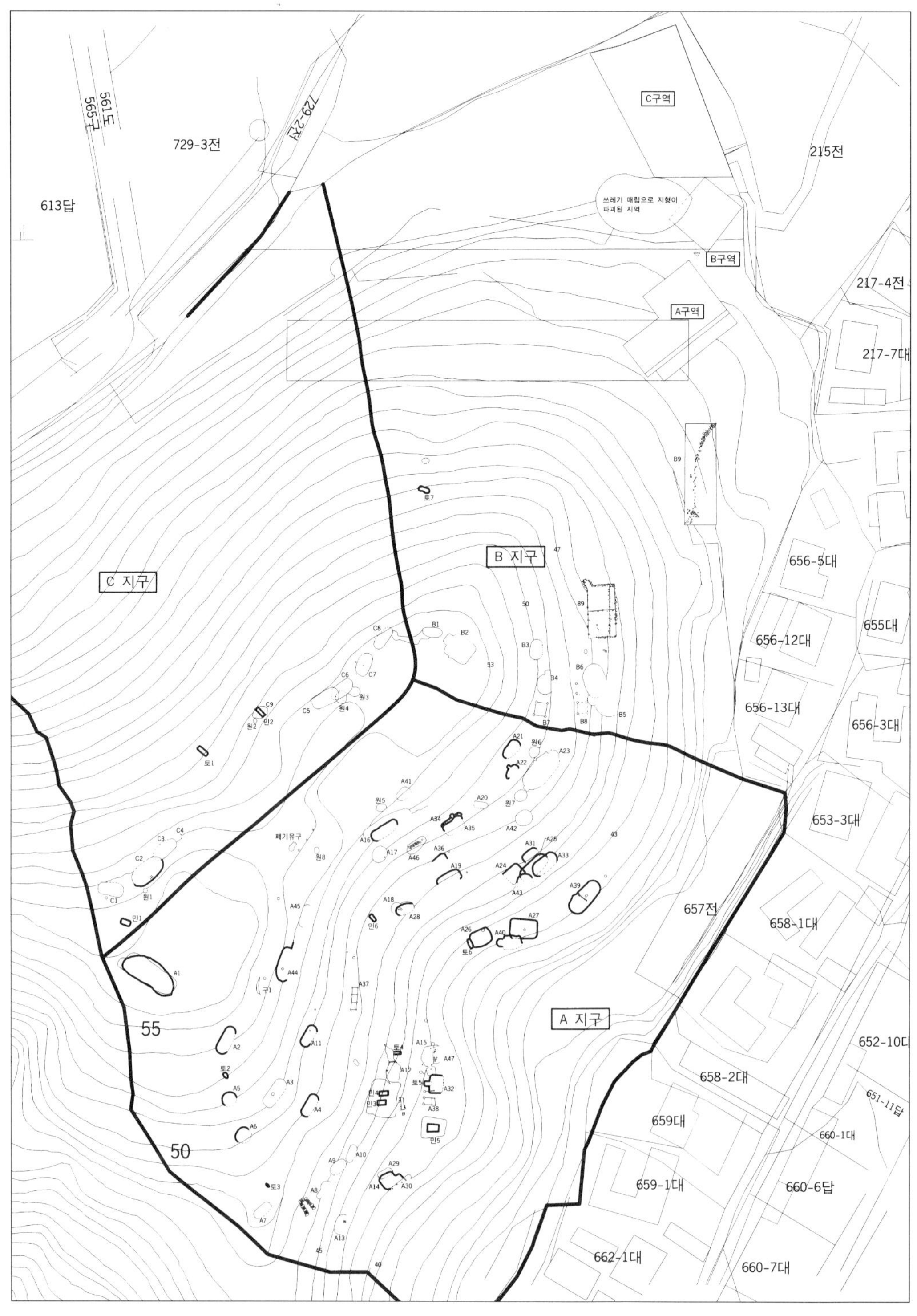

도면 1 유구배치도

정도 垂直으로 掘鑿하고, 내부 바닥을 수평으로 평탄하게 造成하였다. 따라서 주거지의 장축방향은 등고선과 평행하다. 'ㄴ' 字形 竪穴住居址의 평면형태는 圓形·장타원형·方形·凸字形 등이 있는데, 이들 가운데 장타원형이 감배산 주거지의 主流 형태를 이루고 있다. 장타원형 주거지는 주거지의 안쪽 벽면의 바로 아래에 壁溝施設이 있는 경우와 없는 경우가 있다. 壁溝施設의 경우 'ㄴ' 字形으로 굴착하고 조성한 생활면보다 약 6cm 내외의 깊이에 대략 14~25cm의 폭으로 좁고 길게 벽면을 따라 壁溝가 돌아가도록 단면을 'U' 자형으로 굴착하였다.

주거지의 바닥은 풍화암반층의 생토면을 그대로 생활면으로 사용하였고, 주거지의 내부나 외부 등에서 柱穴이 발견되는 경우가 극히 드물다. 따라서 'ㄴ' 字形 竪穴住居址는 대체로 柱穴없이 풍화암반층 벽면을 최대한 활용하여 주거지의 벽면 구성을 하였던 것으로 보인다. 그리고 대부분의 장타원형 수혈주거지에는 중앙에서 약간 서쪽으로 치우친 지점에서 燒土層이 노출되었다. 주거지 내부에 특별한 화덕시설이 없이 燒土層이 노출되는 점으로 보아 이 燒土層이 바로 화덕시설이었을 것으로 판단된다. 다만 A-39호 주거지에는 중앙에서 등고선 위쪽으로 이어지는 외줄 온돌 시설이 확인되었다.

플라스크형 竪穴住居址는 평면형태가 圓形系인 竪穴住居址 가운데 단면형태가 플라스크형을 이루는 것으로 A-17호와 A-42호 주거지가 있다. 예를 들어, A-17호 주거지는 평면형태가 원형이나 서쪽 능선 방향으로 약간 더 파여진 형태이며, 斷面은 竪穴住居址의 上部에서 안쪽으로 20cm까지 내경이 넓어지도록 굴착하여 내려가면서 最大徑으로 넓어지다가 주거지 바닥면까지는 다시 점차적으로 좁아지면서 내려간다. 바닥면에는 특별한 처리없이 암반층 생토면을 그대로 생활면으로 사용하였고, 바닥의 가장자리 부분에는 약 90cm 간격을 두고 14×6~8×5~7cm 되는 割石이 2~4개씩 놓여져 있는데, 아마 柱礎石으로 사용되었던 것으로 추정된다. 그럴 경우 A-17호 竪穴住居址는 벽면에 8개의 기둥을 설치하고 지붕을 結構한 형태의 주거지였던 것으로 판단된다.

A-17호 주거지의 내부에는 柱礎石 이외에도 동쪽 벽면의 가장자리에 부엌시설을 조성하였는데, 부엌시설은 割石을 벽면과 직각방향으로 26cm 간격을 두고 나란히 세우고 또한 부엌시설 앞부분에도 割石을 세워 전체 형태가 '凵' 字形이 되도록 하였다. 煙筒部는 동쪽 벽면을 타고 외부로 배출될 수 있도록 고안하였다. 부엌시설 주변의 바닥에는 검은 목탄이 얇게 깔려 있었다.

掘立柱 住居址는 모두 7기가 조사되었는데, 이 가운데 온전한 형태로 발굴된 것은 A-37호, A-38호, 그리고 B-7호 주거지뿐이다. B-7호 주거지는 북쪽 능선에서 발굴된 것으로

평면형태가 방형이며, A-37호와 A-38호는 장방형이며, 동남부 능선에서 조사되었다. 굴립주 주거지의 구조를 보면, A-37호 주거지는 장축이 등고선을 따라 남북방향으로 평행한 장방형이다. 풍화암반층을 평탄하게 조성하고, 3칸 정도의 규모로 柱穴을 파고 掘立柱 住居址의 벽면을 結構한 것으로 보인다. 柱穴의 크기는 대략 직경이 22~30cm이고 깊이는 14~26cm이다. 그런데 동남쪽의 柱穴은 약간 커서 직경이 44cm이고, 깊이가 14cm이다. 柱穴의 간격은 장축방향인 남북은 200cm이고, 동서 간 간격은 260~280cm이다.

바닥은 풍화암반층으로 대체로 평탄하나 오랜 시일에 걸친 풍화작용으로 말미암아 정확한 바닥의 처리상태는 알 수 없고, 柱穴 사이의 벽면 흔적도 남아 있지 않다. 주거지의 내부에서 특별한 시설은 노출되지 않았고, 다만 중앙에서 남서쪽으로 약간 치우친 지점에 얇은 판석을 깔아서 만든 화덕 시설이 노출되었다.

方形 掘立柱 주거지인 B-7호 주거지는 등고선과 평행한 방향이며, 풍화암반층을 수평으로 평평하게 평탄작업을 하고, 이곳에 柱穴을 파고 세운 掘立柱 住居址이다. 柱穴의 크기는 약간 씩 다른데, 대략 직경이 상부는 42cm 내외이고, 하부 직경은 23~38cm이며, 깊이는 38~44cm이다. 柱穴의 등고선 방향인 남북의 간격은 대략 200cm이고, 동서 방향의 간격은 176cm이다.

B-7호 주거지의 柱穴은 나무기둥을 고정시키기 위한 割石 등의 구조물이 원상태로 잘 보존되어 있다. 이를 근거로 기둥의 설치과정을 검토해볼 수 있다. 즉, 먼저 미리 판 柱穴에 木製 기둥을 안치하고, 기둥과 柱穴 사이의 빈 공간에는 점토질 흙을 넣고 기둥을 단단하게 고정시킨 후, 그 위에 다시 割石을 넣어 기둥을 二重으로 고정시켰다. 주거지 내부 바닥에서는 爐址 같은 특별한 시설이 조사되지는 않았다.

표 1 華城 甘杯山 遺蹟 住居址 一覽表

A구역 주거지

번호	형태	규모(cm)			화덕	출토 유물	비고
		장축	단축	둘레			
A-1호	말각장방형	1,440	620			瓦片, 경질무문토기, 회청색 경질 타날문토기	掘立柱
A-2호	장타원형	490	400	1440	중앙	경질무문토기, 연질·경질 타날문토기	壁溝
A-3호	장타원형	678	360	1770	중앙	경질무문토기, 연질·경질 타날문토기	
A-4호	장타원형	460	330	1345	중앙	경질무문토기, 연질 타날문토기	壁溝
A-5호	원형	323	320	970			
A-6호	원형	380				경질무문토기 底部, 흑색마연토기	

A-7호	장타원형	410	320	1230	중앙	연질 타날문토기	
A-8호	∞자형	390				경질무문토기, 牛角形把手, 연질 타날문토기	
A-9호	장타원형	380	290	1115		적갈색 연질, 회청색 경질 타날문토기	
A-10호	장타원형	380	250				
A-11호	장타원형	636	340		중앙	瑪瑙4, 경질무문, 연질타날문, 磨研土器	壁溝
A-12호	不明		330			松葉文瓦片, 陶器, 굴뚝시설	朝鮮時代
A-13호	상타원형	486	340			언질토기	
A-14호	말각방형	302	286	1020		회갈색 연질타날문토기	
A-15호	凸자형?	450		1900		연질토기, 철촉	
A-16호	장타원형	594			중앙	경질무문토기	壁溝
A-17호	원형	264				연질 토기/ 백자, 청동수저	土室/儀禮
A-18호	∞형	485					
A-19호	장타원형	540	360			경질무문토기, 연질타날문토기	壁溝
A-20호	장타원형						
A-21호	장타원형	425		1180			壁溝
A-22호	小장타원형	300	210	850		경질무문토기,	
A-23호	장타원형	1,006	600			경질무문토기, 연질토기	
A-24호	장방형		265			경질무문토기,	
A-25호	장타원형	520				경질무문토기, 연질타날문토기	壁溝
A-26호	말각방형	388	385	1145		경질무문토기, 연질타날문토기	
A-27호	말각장방형	520				경질무문토기, 연질토기	
A-28호	원형	380				石製片	
A-29호	小장타원형	266	217	870			
A-30호	不明					陶器, 磁器, 온돌시설	朝鮮時代
A-31호	원형	303				연질 타날문토기	
A-32호	말각방형	354	340	1220		陶器片	
A-33호	말각장방형	322	240				
A-34호	말각장방형	630				연질토기, 瓦片	
A-35호	말각장방형	486				적갈색·회갈색 연질 타날문토기	
A-36호	말각장방형						
A-37호	장방형						掘立柱
A-38호	장방형						掘立柱
A-39호	타원형	670	460		온돌	경질타날문토기, 炭化穀物, 온돌시설	貯藏施設

번호	형태	규모(cm)			화덕	출토 유물	비 고
A-40호	말각장방형	392					
A-41호	장타원형	330					
A-42호	원형	284					
A-43호	원형	307				경질무문토기, 연질토기	
A-44호	장타원형	720			중앙	瑪瑙, 경질무문토기, 연질타날문토기	壁溝
A-45호	장타원형				중앙		
A-46호	不明					온돌시설, 陶器, 瓦片	朝鮮時代
A-47호	不明					온돌시설, 陶器, 磁器, 瓦片	朝鮮時代
A-48호							掘立柱

B구역 주거지

번호	형태	규모(cm)			화덕	출토 유물	비 고
		장축	단축	둘레			
B-1호	장타원형	400	188				
B-2호	凸字形?	634	?		중앙	경질무문토기	柱穴
B-3호	장타원형	488				타날문토기	
B-4호	∞형	460				경질무문토기, 연질 타날문토기	
B-5호	∞형					연질토기, 石製片	
B-6호	장타원형	622	530			연질타날문토기	
B-7호	방형						掘立柱
B-8호	방형						掘立柱
B-9호	장방형					기와편, 백자편	壁體構造

C구역 주거지

번호	형태	규모(cm)			화덕	출토 유물	비 고
		장축	단축	둘레			
C-1호	장타원형	496	210		燒土	경질무문토기, 타날문토기,	
C-2호	장타원형	665	390		벽쪽에 爐址	경질무문토기, 연질·경질토기, 鐵製刀子	壁溝
C-3호	장타원형					타날문토기	
C-4호	원형	300				木炭	
C-5호	장타원형	580				경질무문토기, 연질타날문토기	溝狀遺構
C-6호	장타원형	480				경질무문토기, 연질·경질타날문토기	
C-7호	장타원형	420	260		모서리	경질무문토기, 연질타날문토기	柱穴

| C-8호 | 장타원형 | 518 | | | 경질무문토기, 연질타날문토기 | |
| C-9호 | 타원형 | 320 | 262 | | 연질타날문토기 | |

2. 甘杯山 住居址의 特徵

甘杯山 遺蹟址에서 발굴된 주거지는 建築年代・立地條件・平面形態・築造方式 등에서 다양하게 나타나고 있다. 그러나 이러한 다양성에도 불구하고 감배산에서 조사된 주거지의 주된 형식은 역시 장타원형 竪穴住居址라고 할 수 있을 것이며, 이외에 몇 기의 掘立柱 住居址가 추가적으로 발굴되었다. 따라서 여기에서는 백제초기의 장타원형 竪穴住居址와 掘立柱 住居址를 중심으로 감배산 주거지의 특징을 살펴보고자 한다.

감배산 주거지의 立地條件을 보면, 감배산에서 조사된 주거지는 주로 A구역에 해당하는 동남쪽에서 48기(72.7%)나 조사되었으며, 능선의 위쪽과 아랫부분에 걸쳐 폭넓게 立地하고 있다. 그러나 서북쪽 능선(C구역)과 동북쪽 능선(B구역)의 경우에는 정상부 주변에만 주거지가 立地하는 경향을 보이고 있다. 이는 C구역과 B구역이 감배산의 지형상 매우 가파른 경사도를 나타내고 있을 뿐만 아니라, 서북쪽의 벌판에서 불어오는 바람을 차단하기 어려운 立地的 惡條件 때문일 것이다. 이러한 이유때문인지 C구역에서는 정상부와 그 주변을 제외하고는 특별한 遺構가 전혀 노출되지 않았다.

한편, C구역의 능선 중간에 형성된 계곡의 중간 지점에 우물이 위치하고 있어, 이 우물 지역을 중심으로 정밀한 조사를 실시하였다. 그러나 이곳에서도 주거지가 건축된 흔적은 나타나지 않았다. 따라서 동남쪽 경사면은 감배산에서 지형상 가장 완만한 능선을 이루고 있고, 또한 추운 겨울철에 바람을 등지는 유리한 지형적 조건을 갖추고 있기 때문에, 이곳 동남쪽 경사면에 주로 주거지를 건축하였던 것으로 판단된다.

감배산에서 조사된 주거지 가운데 7기(10.6%)의 掘立柱 건축양식을 제외하고 깊이의 정도에 차이는 있을지라도 기본적으로는 'ㄴ'자형으로 풍화암반층을 掘鑿하고 조성한 竪穴住居址 형태이다. 이 가운데 硬質無文土器가 출토되는 원형 주거지나 硬質 打捺文土器의 비중이 높은 한성백제 중기에 속하는 주거지는 竪穴의 깊이가 비교적 낮은 편이며, 반면에 漢城百濟의 초기에 해당하는 29기(43.9%)의 장타원형 주거지는 등고선의 위쪽 벽면을 깊게 굴착하고 주거지를 조성하였다. 특히 장타원형 주거지의 경우, 等高線上 위쪽의 암반 굴착 벽면 아래에 壁溝 施設이 있는 곳도 있으며, 爐址 시설은 내부 중앙에서 발견된다.

이외에도 감배산에서 조사된 掘立柱 주거지는 柱礎石을 놓기보다는 풍화암반층을 일

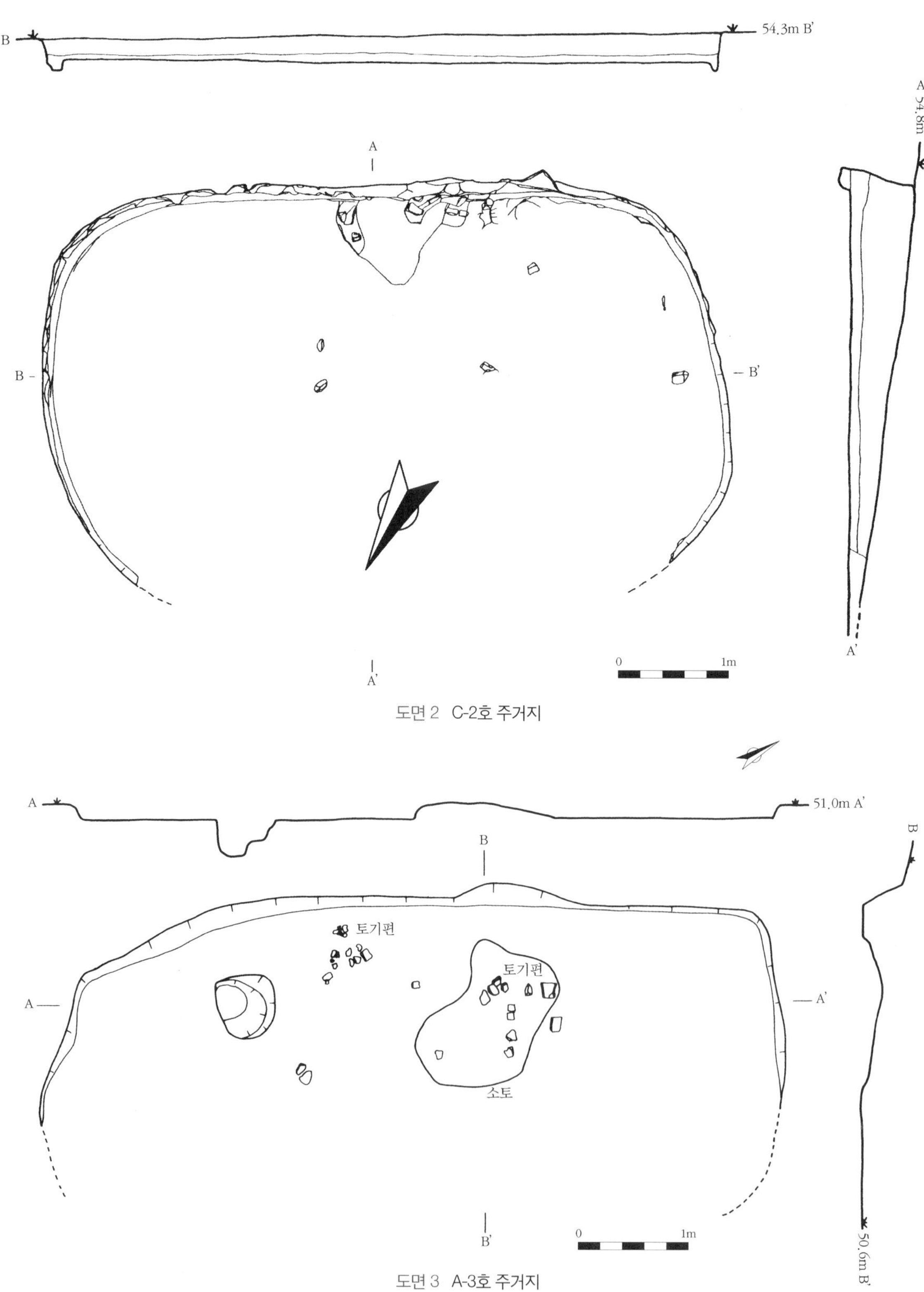

도면 2 C-2호 주거지

도면 3 A-3호 주거지

사진 1 C-2호 주거지

사진 2 A-3호 주거지

정한 간격으로 굴착하고, 이곳에 기둥을 세운 다음 기둥 주변에 돌이나 흙으로 기둥이 흔들리지 않도록 보강한 것으로 조사되었다. 이는 감배산의 암반이 비교적 풍화상태가 심한 암반구조의 특성을 건축에 공학적으로 잘 응용하였던 것으로 판단된다. 굴립주 주거지는 감배산 동남쪽 능선과 동북쪽 능선의 중간 지점에 평탄지를 조성하고 건축된 것으로 조사되었다. 이는 북서쪽의 거센 바람을 차단하기 위해 감배산을 등지는 입지적 조건을 고려했기 때문일 것이다.

감배산에서 조사된 주거지들 가운데 각각 서로 다른 시기에 축조된 특별한 구조나 용도를 가진 것들이 조사되고 있다. 예를 들어, 감배산에서 가장 높은 곳인 서남쪽 정상부에서 조사된 A-1호 建物址가 대표적인 경우인데, 이 건물지는 抹角長方形 建物址로 풍화암반층을 주변의 지표면 보다 약 65~80cm 정도 높이로 평평하게 削土하여 대지를 조성하고 건축물을 축조하였다. 건축물은 柱穴을 3列로 굴착하고 기둥을 세웠으며, 建物址의 서북쪽 끝 부분에는 土壇을 조성하였고, 동쪽 아랫부분에 가는 강돌을 얇게 깔았다. 이 건물지는 감배산에서 조사된 주거지들 가운데 立地와 構造的인 측면에서 매우 異例적인 것으로 儀禮的 建物址로 활용하기 위해 건축된 것으로 판단된다.

또한 감배산의 동남쪽 능선의 급경사면 중간 지점에서 조사된 A-17호 주거지는 암반을 굴착하고 만든 竪穴住居址로 동시기의 다른 주거지들과는 다른 형태이다. 즉, 앞에서 설명하였듯이 이 주거지의 斷面은 竪穴住居址의 上部에서 안쪽으로 20cm까지 내려가면서 最大徑으로 넓어지다가 주거지 바닥까지 거의 점차적으로 좁아지도록 하였는데, 바닥은 특별한 施設이 없이 암반의 生土層을 그대로 생활면으로 사용하였다. 이 주거지는 『三國志』東夷傳에 언급된 土室의 한 형태로 간주되고 있다.

감배산 유적지에서 한성백제 중기의 온돌시설을 잘 보여주는 주거지도 1基가 조사되었다. 즉, A-39호의 온돌 주거지는 외줄온돌이며, 풍화암반층을 14cm 정도 掘鑿하고 가운데에 온돌시설을 한 타원형 住居址이다. 온돌은 주거지 중앙의 약간 서남쪽 지점에서 등고선 위쪽 벽면까지 외줄의 온돌시설이 설치되어 있고, 타원형의 부뚜막 시설 부근에서 목탄이 다수 출토되었다. 온돌은 장축방향의 부뚜막 시설에서 등고선 위쪽을 향하여 'ㄱ'자형으로 굽어지면서 설치되어 있다.

한편 온돌의 오른편에서 上部 직경이 80cm이고, 下部 직경은 23cm이며, 높이가 60cm되는 圓形의 竪穴遺構가 노출되었는데, 이곳에서 炭化米와 炭化麥 등 多種의 穀物이 收拾되었다. 따라서 A-39號 주거지는 당시의 온돌구조와 저장시설 그리고 食料品의 종류를 알 수 있는 고고학적 자료를 제공해 주고 있다. 이 주거지의 온돌 부뚜막 아궁이에서 수습된 목탄으로 측정된 방사성탄소연대의 교정연대는 A.D.470년으로 算出되었다.

감배산 유적에서 조사된 장타원형 주거지들은 지금까지 한강의 하류 유역에서는 전혀 조사되지 않은 주거지의 특징을 보여주고 있다. 토기의 경우도 풍납토성에서 출토되는 토기들과는 형태나 문양 등에서 다소 차이가 있다. 그리고 소위 한성기 백제토기로 분류되는 器種들은 전혀 출토되지 않았다. 따라서 감배산에서 발굴된 것과 같은 성격의 주거지가 서울·경기 일대에서 발견된 마땅한 비교 사례가 없어, 이들 장타원형 주거지의 정확한 時·空間的 性格이나 특징을 파악하는데 어려움이 있다.

III. 出土遺物의 種類와 性格

1. 出土遺物의 種類

감배산 일대에 대한 주거지 조사에서 출토된 유물은 土器에서 瑪瑙까지 비교적 다양하다. 그러나 土器의 경우 완전하게 보존된 유물은 별로 없고, 대체로 半破된 것들이 많다. 따라서 이곳에서 출토된 土器의 정확한 器形을 파악하기 어려운 편이다. 출토된 유물에는 토기류에 원형점토대토기 구연부편, 경질무문토기, 軟質打捺文土器, 黑色磨研土器, 硬質打捺文土器, 軟質土器 등이 있고, 철체품에는 鐵錐, 鐵鏃, 鐵刀子, 鐵釘 등이 출토되었다. 玉製品에는 瑪瑙玉이 있으며, 이외에도 조선시대의 陶器片과 기와편 등이 다수 발굴되었다. 한편 A-39호 주거지에서는 저장구덩이에서 여러 종류의 穀物이 출토되었다.

경질무문토기는 원형 수혈주거지와 장타원형 수혈주거지에서 출토되는 비율이 높게 나타난다. 黑色磨研土器는 A-6호의 원형 수혈주거지에서 경질무문토기편들과 함께 출토되었고, A-11호의 벽구 시설이 있는 장타원형 수혈주거지에서 경질무문토기·연질타날문토기 등과 함께 발굴되었다. 타날문토기는 연질과 경질 두 가지 형태가 있으며, 軟質打捺文土器는 壁溝施設이 없는 장타원형 수혈주거지에서 다수 출토되는 반면, 벽구 시설이 없는 장타원형 수혈주거지에서는 硬質打捺文土器의 출토비율이 매우 높게 나타난다.

鐵製品은 A-15호 주거지에서 鐵鏃 4점, 鐵刀子 1점, 鐵釘 2점, 鐵片 2점, 鐵製 문고리 1점 등이 출토되었다. 鐵鏃은 평면이 三角形과 菱形이 있고, 斷面은 대체로 타원형이다. C-2호 주거지에서도 鐵刀子 1점이 타날문토기 등과 함께 출토되었다. C-2호 출토품은 刀身의 尖部와 슴베부분은 缺失되었고 身部만 남았는데, 身部의 斷面은 역이등변삼각형을 하고 있다.

玉製品으로 瑪瑙 5점이 출토되었는데, 4점은 A-11호 주거지에서 출토되었고, 1점은 A-44호 주거지에서 출토되었다. 색깔은 분홍색과 적색을 띠고 있으며, 세결무늬가 나타난다. 표면은 마연상태가 양호하여 매우 매끄럽다. 크기는 직경이 1.44~1.64cm이고, 구멍의 직경은 0.14~0.2cm이며, 높이는 1.12~1.26cm이다.

穀物類는 A-39호 주거지의 저장구덩이에서 탄화된 벼, 팥, 보리, 콩, 밀 등이 집중적으로 출토되었다.[5] 炭化米(벼, Oryza sativa L.)의 평균 길이는 4.43mm와 평균길이 2.78mm, 평균두께 2.14mm였고, 장폭비는 1.59로 단립종에 속한다.

炭化麥類에는 炭化大麥(보리, barley, *Hordeum vulgare L. emend.* Lamark)과 炭化小麥(밀, wheat, *Triticum aestivum L.*)이 있다. 炭化大麥에 속하는 보리에는 껍질보리와 쌀보리로 추정되는 2종이 출토되었다. 껍질보리(皮麥, covered barley)는 출토된 상태로 보아 방아를 찧지 않은 상태에서 탄화된 것으로 보이며, 크기는 평균 길이가 5.50mm이고, 평균 너비는 2.87mm이며, 평균두께 2.36mm이다. 장폭비는 1.91이다. 쌀보리(稞麥, naked barley)는 평균 길이가 4.52mm이고, 평균 너비는 2.41mm이며, 평균 두께는 1.99mm이다. 장폭비는 1.88이다.

炭化小麥(밀, wheat, *Triticum aestivum* L.) 2점과 炭化胡麥(호밀, rye, *Secale cereals* L.)으로 추정되는 샘플 2알이 출토되었는데, 검게 탄화되었고, 껍질은 없는 상태이다. 평균 길이는 5.42mm이고, 평균 너비는 1.82mm이며, 평균 두께는 1.75mm이다. 장폭비는 2.98이다. 국내에서 이른 시기에 호밀이 출토된 것은 아주 드문 일인데, 크기로 보아 감배산에서 출토된 호밀은 후대 출토물인 부여 부소산성의 탄화 호밀과 같은 범주에 속하는 것으로 박태식[6]은 추정하고 있다.

炭化豆類에는 炭化大豆(콩, soybean, *Glycine max* (L.) Merrill)와 炭化小豆(팥, azuki bean, *Vigna angularis* W.F. Wight), 그리고 炭化野生小豆(야생팥, wild azuki bean, *Vigna angularis* var. nipponensis)가 있다. 炭化大豆는 길이가 7.11mm이고, 너비는 4.28mm이며, 두께는 3.89mm이다. 장폭비는 1.66이다. 炭化小豆는 2종류가 출토되었는데, 그 중 조금 큰 종류(팥 ①)는 평균 길이가 5.42mm이고, 평균 너비는 3.55mm이며, 평균 두께는 3.34mm

---

5) 박태식, 2006, 「화성 감배산유적 출토 곡물분석」, 『華城 甘杯山 遺蹟』, 949~961쪽.
6) 박태식, 2006, 「화성 감배산유적 출토 곡물분석」, 『華城 甘杯山 遺蹟』, 951쪽.

이다. 장폭비는 1.53이다. 약간 작아 보이는 종류(팥 ②)는 평균길이가 4.60mm이고, 평균 너비는 3.25mm이며, 평균 두께는 2.68mm로 장폭비는 1.41이다. 약간 큰 종류(팥 ①)는 대구칠곡 3택지(2구역) 출토 팥과 비슷한 크기와 모양이었고, 약간 작은 종류(팥 ②)는 철원 와수리에서 출토된 탄화소두, 부여 부소산성 출토 탄화소두 등과 크기와 모양이 비슷하다. 炭化 野生小豆는 모두 3알이 출토되었다.

감배산 유적지에서 출토된 유물 가운데, 舊石器時代의 타제석기를 제외하면 가장 연대가 오래된 것은 斷面圓形粘土帶土器 口緣部片이다. 그러나 이 점토대토기편은 주거지의 내부에서 출토된 것이 아니고, 주거지 밖의 遺物散布址에서 收拾된 것이다. 따라서 이를 논외로 하면, 한성백제시기 주거지에서 출토된 유물 가운데 가장 연대가 오래된 것은 硬質無文土器와 黑色磨硏土器이며, 연대가 가장 늦은 것은 灰靑色 硬質打捺文土器 系統의 土器類일 것이다.

2. 出土遺物의 性格

1) 硬質無文土器

硬質無文土器는 감배산에서 조사된 주거지에서 가장 일반적으로 출토되는 유물이다. 이곳에서 출토된 경질무문토기는 胎土에 굵은 석영계 石粒이 다량 함유된 점토질로 만들었다. 구연부는 주로 외반하였고, 색조는 기본적으로 적갈색을 띠고 있다. 그런데 표면이 불에 심하게 그을렸거나 아니면 器壁이 붉게 탄 것도 상당수 보이고 있다. 제작할 때 표면은 木理 整面을 하였으며, 胴體部와 底部의 접합부에는 손으로 눌러서 접합한 指頭壓痕이 선명하게 나타나 있다.

감배산에서 조사된 경질무문토기의 출토 양상에는 몇 가지 특징이 있다. 첫째, 직경이 300cm 이상이 되고, 깊이가 비교적 낮은 원형 주거지에서는 경질무문토기만 출토되는 경향이 있다. 둘째, 장타원형 주거지에서 타날문토기편들과 함께 경질무문토기가 공반하여 출토되지만, 그러나 壁溝施設 없는 장타원형 주거지보다 壁溝施設이 있는 주거지에서 경질무문토기가 출토되는 비율이 현저히 높게 나타난다. 셋째, 원형이나 장타원형 주거지를 제외한 다른 類型의 주거지에서는 경질무문토기가 거의 출토되지 않고 있으며, 출토된다고 하여도 외부로부터 混入된 것으로 해석될 수 있는 것들이다. 넷째, 감배산에서 출토된 경질무문토기는 器種이 碗이나 시루 등이며, 底部는 平底나 안쪽에 굽처럼 약간 올라가 있다.

2) 打捺文土器

(1) 出土樣相

打捺文土器는 경질무문토기와 더불어 감배산에서 頻出하는 토기로 연질과 경질 두 종류 다 출토된다. 감배산에서 출토된 타날문토기의 문양은 출토된 器種의 단순함에 비하여 매우 다양하게 나타난다. 감배산에서 출토된 타날문토기의 몇 가지 특징을 살펴볼 수 있다.

첫째, 감배산에서 조사된 주거지의 숫자에 비하여 타날문토기는 器種을 판단할 수 없을 정도로 토기 胴體의 일부분만 잔존하는 경우가 대부분이다. 따라서 토기의 문양이나 口緣部의 제작형태 정도만 간단하게 파악할 수 있고, 器形이나 器種은 거의 판별하기 어려운 편이다.

둘째, 타날문토기는 주거지간 출토양상에서 미묘한 차이점이 있다. 즉, 장타원형 주거지 가운데 壁溝시설이 있는 장타원형 주거지보다 壁溝시설이 없는 장타원형 주거지에서 회청색 경질 타날문토기의 출토비율이 매우 높게 나타나고 있다. 그리고 감배산 남사면 아래쪽에서 조사된 A-39호의 온돌주거지나 장방형 계통의 주거지에서는 거의 회청색 경질토기만 출토되는 양상을 보여주고 있다.

셋째, 감배산에서 출토된 토기들의 특징은 소위 전형적인 한성백제의 토기들로 불리는 토기류가 전혀 출토되지 않고 있다는 점이다. 예를 들어, 三足器나 수직 드림새를 갖는 蓋, 高杯나 直口廣肩壺, 또는 陰刻線文이나 波狀文이 있는 한성양식의 黑色磨硏土器 등은 전혀 출토되지 않았다. 따라서 감배산 주거지에서 출토되는 토기의 성격으로 볼 때, 감배산에서 건축된 주거지들은 본격적인 한성양식의 토기들이 流入되기 이전에 조성된 것이거나, 아니면 漢城百濟時代의 地方樣式으로 파악될 수 있을 것이다.

(2) 文樣

동탄 감배산 유적에서 출토된 타날문토기는 대략 370점 정도이다. 그러나 위에서 언급했듯이 동탄 감배산 유적에서는 출토된 타날문토기는 연질 타날문토기가 경질 타날문토기보다 더 많은 출토 비율을 보여주고 있다. 감배산에서 출토된 토기들은 일부 口緣部片과 底部片을 제외하고는 대체로 胴體部片이어서 器種의 파악이 어려우며, 특히 口緣部에서 底部에 걸친 문양의 施紋 樣相을 파악하기는 더욱 어렵다.

따라서 감배산 출토 토기의 각 문양은 개체 수량을 기초로 하여 검토하고, 전체적인 양상을 파악하는데 주안점을 두는 방향으로 분석하였다. 문양의 시문양상은 대개 〈표 2〉와 같이 정리될 수 있는데, 감배산 유적지의 전체 遺構들에서 출토되는 토기 문양의 양상이 아래에 설정한 세부 문양의 범주에서 크게 벗어나지 않을 것이다.

　감배산 유적지에서 출토된 타날문토기 문양의 양상은 크게 격자문 계열과 승문 또는 유사승문 계열로 나눌 수 있다. 그러나 승문은 새끼줄을 꼰 문양이 壓印되어 있는 것을 말하는데, 본 유적에서 출토된 승문의 비율은 아주 적으며, 대부분이 유사승문 계통의 문양에 속한다.

　격자문계는 격자문, 사격자문, 능형격자문, 격자문+횡침선, 격자문+사격자문 등으로 구분할 수 있다. 격자문은 가로×세로의 너비가 같은 것을 수평으로 打捺된 것이고, 사격자문은 정격자문을 경사지게 打捺된 것이며, 능형격자문은 능형의 문양이 打捺되어 장축과 단축으로 중심선의 크기가 다른 것이다.

　유사승문계는 유사승문이 기본 문양으로 사용된 것인데, 세부적으로는 유사승문, 유사승문+횡침선, 유사승문+격자문, 교차유사승문, 유사승문+교차유사승문, 유사승문+횡침선+교차유사승문 등으로 구분된다. 유사승문계는 유사승문 문양 사이의 너비가 좁은 것과 넓은 것으로 세분되며, 여기에서는 이를 각각 細分하였다.

　전체 문양의 속성은 총 16개로 구분할 수 있는데, 이를 살펴보면, 표3과 같다. 감배산 유적에서는 유사승문계 타날문토기가 격자문계 타날문토기보다 더 많은 비율을 차지하고 있다. 그러나 개별 문양 속성의 측면에서는 格子文이 차지하는 비율이 가장 높게 나타나고 있으며, 그 다음이 유사승문+횡침선 문양과 유사승문 문양이다. 교차승문이 타날된 토기는 주로 底部片에 많이 보이며, 유사승문과 횡침선, 그리고 교차승문이 함께 타날되어 있는 토기는 구연부 아래의 견부에서 저부까지 모두 殘存하는 土器片들에서 나타나고 있다.

　타날문토기의 문양 속성을 정리한 결과, 표면의 문양처리 양상에 따른 감배산 유적의 타날문토기 문양은 다음과 같이 분류된다.

표 2　동탄 감배산 출토 타날문토기의 문양속성

형식	하부형식	내 용
A형	1형	口緣部 아래의 肩部에서 底部까지 모두 격자문으로 타날
	2형	肩部와 胴體部는 격자문+횡침선으로 타날되었고, 底部는 격자문으로 타날
B형	1형	肩部와 동체부는 승문 또는 유사승문으로 타날되었고, 底部는 격자문으로 타날
	2형	肩部와 동체부는 승문 또는 유사승문+횡침선으로 타날되었고, 底部는 격자문으로 타날
C형	1형	肩部와 동체부는 유사승문으로 타날되었고, 底部는 교차유사승문으로 타날
	2형	肩部와 동체부는 유사승문+횡침선이 타날되었고, 底部는 유사교차승문으로 타날

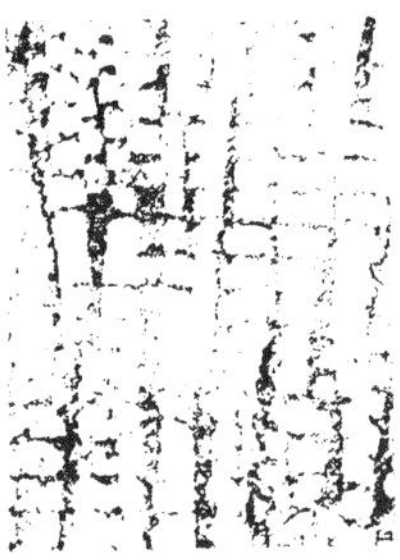

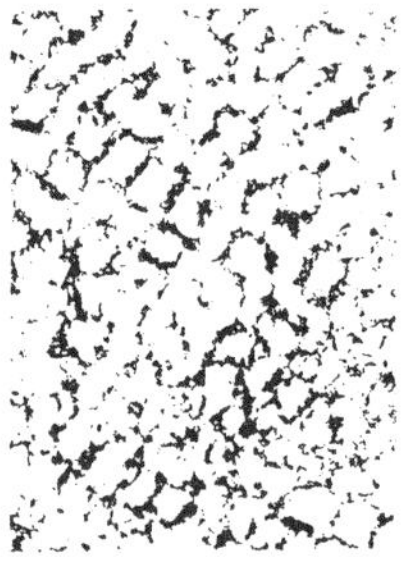

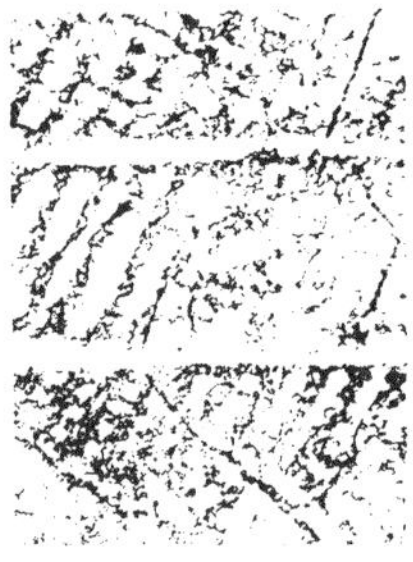

1) 격자문	2) 사격자문	3) 능형격자문	4) 격자문+횡선
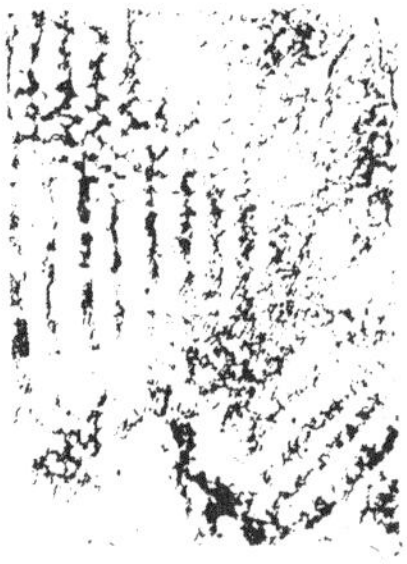 5) 격자문+사격자문	6) 승문	7) 유사승문-1	8) 유사승문-2
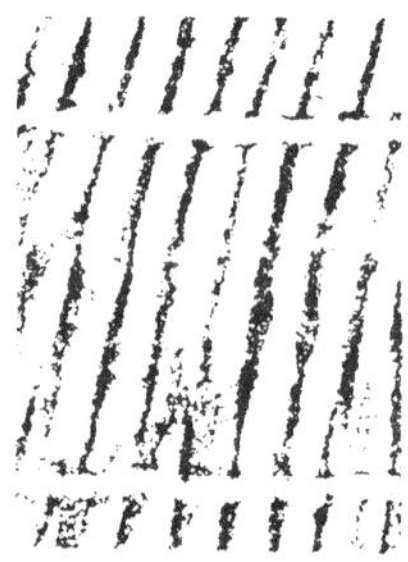 9) 유사승문+횡침선-1	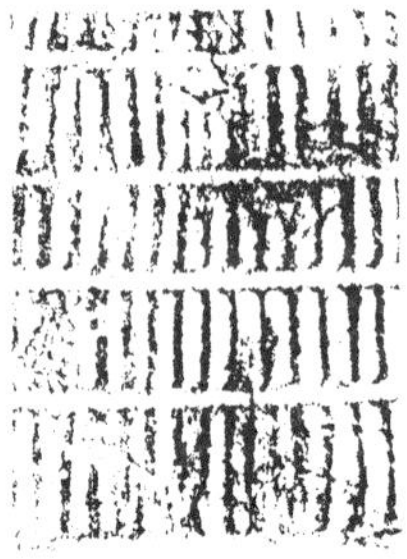 10) 유사승문+횡침선-2	11) 유사승문+횡침선-3	12) 유사승문+격자문
13) 교차유사승문-1	14) 교차유사승문-2	15) 유사승문 +교차유사승문	16) 유사승문+횡선 +교차유사승문

표 4 동탄 감배산 출토 타날문토기 문양 양식

番號	打捺文 文樣	出土遺構	特　徵
1	격자문	A-2	각 변의 길이가 3mm 내외로 격자문계 타날문토기의 다수를 차지하고 있다. 타날문토기의 동체부와 저부 등에 고루 나타나고 있다.
2	사격자문	A-46	각 변의 길이가 3mm 내외로 본 유적에서는 아주 적은 수가 출토되었다.
3	능형격자문	A-3	장축 4mm, 단축 2mm 길이의 마름모꼴로 타날되었으며 이주 적은 수가 출토되었다.
4	격자문+횡침선	A-19	각 횡침선 사이에 각 변의 길이가 2mm 내외인 격자문이 타날된 형태로, 각 횡침선 사이의 폭은 1.4cm 내외이다.
5	격자문+사격자문	A-19	각 변의 길이가 2mm 내외인 격자문과 사격자문이 타날되었으며, 토기 표면에 정확한 구분없이 나타난다.
6	승문	C-2	승문 사이의 간격 2mm 내외, 횡침선이 돌아감, 동탄 감배산 유적에서 소량 출토되었다.
7	유사승문-1	원형유구-6	유사승문 사이의 폭이 3mm 내외로 타날된 토기 문양 양식으로 유사승문계 타날문토기에서 대부분 나타나는 유사승문 양식이다.
8	유사승문-2	A-11	유사승문 사이의 폭이 1mm 내외로 타날된 토기 문양 양식으로 유사승문계 타날문토기에서 일부 나타나는 형태이다.
9	유사승문 +횡침선-1	A-1	7번의 문양양식에 횡침선이 돌아간 형태이다. 각 횡침선 사이의 폭은 2.5cm 내외이고 횡침선의 너비는 2mm이다. 유사승문+횡침선 문양 양식 중에서 가장 많이 나타나는 형태이다.
10	유사승문 +횡침선-2	A-25	8번의 문양양식에 횡침선이 돌아간 형태이다. 각 횡침선 사이의 폭은 8mm 내외이고, 횡침선의 너비는 1mm이다.
11	유사승문 +횡침선-3	A-2	각 횡침선 사이의 폭이 4mm로 매우 좁은 형태로 횡침선의 너비는 2mm 내외이다.
12	유사승문+격자문	A-정상	유사승문은 7의 형식을 띠고 있으며, 격자문은 사격자문이다. 동체부에는 유사승문이, 저부에는 격자문이 시문된 형태로 나타난다.
13	교차유사승문-1	A-2	7번의 형식을 띠고 있는 유사승문이 엇갈려 나타나는 형태로 저부에서 많이 나타난다.
14	교차유사승문-2	A-4	8번의 형식을 띠고 있는 유사승문이 엇갈려 나타나는 형태로 저부에서 많이 나타난다.
15	유사승문 +교차유사승문	A-7	7번과 13번의 문양양식이 함께 나타나는 형태로 동체부에서 저부로 이어지는 부분에서 확인된다.
16	유사승문+횡침선 +교차유사승문	A-3	구연부와 동체가 이어지는 부분은 유사승문과 횡침선이 나타나며 저부가 시작되는 지점에서부터는 교차유사승문이 나타난다.

IV. 甘杯山 住居址의 性格과 編年

1. 甘杯山 住居址의 性格

앞에서 언급했듯이 감배산 주거지에서 발굴된 장타원형 주거지들은 한강하류의 한반도 중서부 지역에서는 지금까지 전혀 조사되지 않은 住居樣式이다. 반면에 감배산 유형과 비교적 유사한 주거지는 주로 한반도의 남부지방에서 발굴된 바 있다. 예를 들어, 全羅南道에서는 順天市 龍堂洞 望北遺蹟과[7] 麗水市 禾長洞 遺蹟[8]에서 감배산과 같은 형태의 주거지가 조사되었고, 慶尙南道에서는 晉州市 內村里遺蹟[9]에서 다수의 장타원형 주거지가 발굴되었다.

이러한 주거지는 전라북도와 대전시에서도 조사된 바 있는데, 南原市 細田里遺蹟[10]의 경우는 주거지의 형태나 출토유물의 속성에서 감배산 주거지와 매우 유사하다. 다만 세전리 주거지의 장축 길이가 감배산의 주거지에 비하여 비교적 짧은 短楕圓形系 住居址로 판단된다. 한편 최근에 大田市 新垈洞遺蹟[11]과 九城洞遺蹟[12]에서도 타원형계 주거지가 조사되었는데, 세전리 주거지와 같이 감배산 주거지에 비하여 장축 길이가 비교적 짧은 단타원형계 주거지이다. 신대동 주거지에서는 壁溝施設이 조사되지 않았으나 구성동 유적에서는 일부 주거지에서 壁溝施設이 露出되었다.

이들 주거지의 연대를 보면, 화장동 유적은 가-2호가 1690±40 B.P.이고, 나-1호는 1640±60 B.P.이며, 나-13-1호는 1810±100 B.P.로 측정되었다. 그리고 화장동 유적은 4단계로 시기를 구분하였는데,[13] 제1단계는 硬質無文土器 單純期이거나 경질무문토기의 출토 비율이 높고 일부 타날된 적갈색 연질토기나 회청색 경질토기가 등장하는 단계이며, 주거

---

7) 순천대학교 박물관, 2001,『順天 龍堂洞 望北 遺蹟』.

8) 순천대학교 박물관, 2002,『麗水 禾長洞 遺蹟』Ⅱ.

9) 한양대학교 박물관, 1999,『晉州 內村里 住居址 및 舊石器遺蹟』, 65~135쪽 ; 동아대학교 박물관, 2001,『晉州 內村里 遺蹟』.

10) 전북대학교 박물관, 1989,『細田里』, 圖面·圖版 Ⅰ ; 전북대학교 박물관, 1990,『細田里』, 圖面·圖版 Ⅱ.

11) 한남대학교 중앙박물관, 2004,『대전 신대동 유적』.

12) 한남대학교 중앙박물관, 1997,『大田 九城洞 遺蹟』.

13) 순천대학교 박물관, 2002,『麗水 禾長洞 遺蹟』Ⅱ, 252~256쪽.

지의 평면형태는 타원형이다. 제2단계는 경질토기가 일부 殘存하나 주요 토기는 역시 적갈색 연질토기나 회청색 경질토기의 출토비율이 높아지는 단계이며, 대략 4C 前半으로 編年되는 시기이다. 방형계의 주거지가 일부 출현하나 다수의 주거지는 역시 평면이 타원형이다. 제3단계는 주로 회청색 경질토기가 출토되는 시기로 평행타날문(유사승석문)이 등장하는 시기이다. 4柱式의 방형계 주거지가 등장하는 제3단계는 4C 후반에서 5C 전반으로 편년하고 있다. 제4단계는 주거지가 소형이며 평면형태가 타원형이거나 말각방형이고, 가야계 토기가 搬出되는 5C 중·후반으로 편년하고 있다.

용당동 망북유적은 방사성탄소연대가 제시되지는 않았지만, 조사자는 출토유물을 토대로 전체 시기를 모두 4期로 구분하였다.[14] 즉, 경질무문토기가 출토되는 제1기는 B.C.2C 말에서 A.D.1C 中葉으로 編年되며, 평면형태는 타원형이다. 제2기는 경질무문토기와 연질타날문토기가 공반되는 단계로서 대략 A.D.1C 後半에서 2C 中葉으로 編年되는 時期이다. 이 시기의 주거지 평면형태는 타원형이나 규모가 제1기보다 약간 커지고 있으며, 주거지에서 선반시설이나 壁溝施設이 확인된다. 제3기는 타날문토기가 일반화하고 회청색 경질토기가 등장하는 2C 後半에서 3C 中葉으로 편년되고 있으며, 주거지의 평면형태는 타원형이다. 그리고 제4기는 주거지의 평면이 타원형과 방형계가 나타나며, 토기의 구성에서 회청색 경질토기의 출토 비율이 높아지는 시기로 대략 3C 후반에서 4C로 編年하고 있다.

진주 내촌리 유적의 경우 동아대학교 박물관의 보고서[15]에서는 토기의 특징을 토대로 주거지를 전체 3期로 시기를 구분하였다. 즉, 제1기는 주거지 내부에서 爐址만 나타나는 초기단계로 編年하였고, 제2기는 주거지 내부에서 壁溝施設이 발견되고 있는 단계이며, 제3기는 주거지 내부에서 壁溝施設이 없어지는 단계로 編年하였다. 한편 한양대학교 박물관에서는 내촌리 주거지에 대하여 특별한 시기구분은 하지 않고, 주거지 내부에서 출토된 유물을 토대로 대략 A.D. 3C에서 4C로 時期 設定을 하였다.[16]

한편 대전 신대동 유적은 특별한 시기구분 없이 방사성탄소연대 측정을 토대로 연대를 설정하였다.[17] 즉, 2호 주거지는 1760±40 B.P.로 측정되었고, 7호 주거지는 1740±40

---

14) 순천대학교 박물관, 2001, 『順天 龍堂洞 望北 遺蹟』, 100~105쪽.
15) 동아대학교 박물관, 2001, 『晋州 內村里 遺蹟』, 168~170쪽.
16) 한양대학교 박물관, 1999, 『晋州 內村里 住居址 및 舊石器遺蹟』, 135쪽.
17) 한남대학교 중앙박물관, 2004, 『대전 신대동 유적』, 102~103쪽.

B.P.로 측정되었다. 그리고 8호 주거지는 1760±80 B.P.로 측정되었으며, 9호 주거지는 약간 빠른 1830±40 B.P.로 측정되었다. 이러한 방사성탄소연대를 토대로 신대동 주거지를 편년하면, 대략 2C 末에서 4C 末로 설정할 수 있을 것이다.

구성동 유적은 土器의 共伴關係와 爐址의 形態變化를 토대로 3단계로 시기를 구분하였다.[18] 제1단계는 경질무문토기와 打捺文土器가 共伴되나, 硬質無文土器의 출토 비율이 상대적으로 높은 단계이다. 제2단계는 打捺文 短頸壺의 口緣部 안쪽에서 指頭壓痕이 강하게 나타나고 外反角이 크게 벌어지는 단계이다. 제3단계는 타날문 短頸壺의 口緣部가 급하게 外反되었고, 胴體部에 三角鋸齒文이 빈번하게 施紋되는 시기이다.

이러한 한반도 남부지역에서 조사된 주거지들은 대략 다섯 가지의 屬性(attributes)으로 모아진다. 첫째, 주거지 가운데 가장 앞선 시기는 경질무문토기만 출토되는 경질무문토기 단순기이며, 시기는 대략 B.C.2C 말에서 紀元 前後가 될 것이다. 둘째, 회청색 경질토기보다 경질무문토기와 연질 타날문토기 출토 비율이 높은 주거지가 앞선 시기로 編年된다. 셋째, 壁溝施設이 없는 타원형 주거지보다 壁溝施設이 있는 타원형 주거지가 시기적으로 앞서고 있다. 넷째, 시기적으로 가장 늦은 시기에 건축된 주거지는 方形이나 抹角方形이며, 회청색 경질토기의 출토비율이 급격히 높게 나타난다. 마지막으로 토기는 연질에서 경질로, 그리고 문양에서는 격자문→격자문＋승문→유사승문(평행선문) 등의 순서로 변화하고 있다.

이를 토대로 감배산에서 발굴된 주거지의 성격을 정리하면, 圓形系 주거지는 竪穴 깊이가 낮고, 평면형태가 원형이며, 주로 경질무문토기만 출토되는 특징이 있다. 장타원형 주거지는 벽구 시설이 있는 경우와 없는 경우가 있는데, 壁溝施設이 있는 장타원형 주거지는 打捺文土器보다 硬質無文土器의 출토 비율에서 높게 나타나며, 반대로 벽구 시설이 없는 장타원형 주거지는 경질무문토기의 출토비율이 낮은 대신 타날문토기의 출토비율이 급격히 높아지며, 또한 회청색 경질토기가 새로이 추가된다. 그리고 方形系나 長方形系 또는 圓形系의 주거지는 灰靑色 硬質打捺文 系統의 토기들만 출토되고 경질무문토기는 출토되지 않고 있다.

---

18) 한남대학교 중앙박물관, 1997, 『大田 九城洞 遺蹟』, 243~246쪽.

2. 甘杯山 住居址의 編年

감배산 유적지는 인간의 점유가 장기간에 걸쳐 이루어진 반면에 출토된 유물은 매우 단편적이다. 따라서 이곳에서 조사된 주거지에 대한 편년을 하기에는 많은 어려움이 존재한다. 따라서 이러한 이유로 감배산 유적지에서 조사된 주거지의 編年은 주거지의 평면형태나 주거지 내부에서 출토된 유물의 조합상(assemblage) 등을 최대한 고려하여 이루어졌고, 또한 감배산 주변 지역에서 기존에 조사된 유물 편년의 작업에 대한 결과들도 많은 참고를 하였다. 다만 감배산에서 조사된 주거지는 삼국시대 초기의 장타원형 주거지가 주요 문제가 되므로, 本 考에서는 조선시대의 주거지에 대한 편년이나 성격 등의 고찰은 논의에서 제외하였다.

1) 제1단계

제1단계에 속한 주거지는 평면형태가 圓形系 住居址로 전체 66기의 주거지 가운데 모두 6기(9.1%)를 차지한다. 이 圓形系 주거지는 서남-동북방향으로 형성된 감배산 지형에서 주로 동남쪽 경사면에서 조사되었다. 이 단계에 속한 주거지는 A-5호, A-6호, A-28호, A-31호, A-43호, 그리고 C-4호 주거지 등이다. 그리고 A-24호 주거지의 경우 평면형태는 方形이나 크기나 출토유물 등에 있어서 제1단계의 住居址群에 속할 가능성이 있다. 반면에 A-17호와 A-42호 주거지는 평면형태에서 원형계로 분류될 수 있으나, 제1단계 주거지와 비교하여 건축방식이나 출토유물 등에서 시기적인 차이가 존재한다. 따라서 이들 주거지는 제1단계 住居址群에서 제외하였다.

제1단계 주거지의 특징은 대체로 'ㄴ'자형으로 풍화암반층을 굴착하고 조성하였으나, 깊이가 약 30cm 내외로 얇게 굴착한 주거지이며, 직경은 대략 300~380cm에 이른다. 이들 주거지에서는 주로 硬質無文土器만 출토되는 특징이 있다. 출토된 유물에는 硬質無文土器와 黑色磨硏土器片이 있고, 바닥에서 불먹은 석영계 石製片들이 다수 출토되기도 한다. 그리고 이들 주거지와 직접 관련되어 출토된 것은 아니지만, A-19호 주거지의 서남쪽에서 收拾된 斷面圓形粘土帶土器 口緣部片이 제1단계 주거지들의 編年에 참고될 수 있을 것이다.

따라서 이러한 점들을 고려한다면, 제1단계는 경질무문토기 · 黑色磨硏土器 · 斷面圓形粘土帶土器를 標識遺物로 하는 硬質無文土器 單純期로 단계를 설정할 수 있다. 구체적인 실 연대는 B.C.3C~紀元前後가 될 것이다.

2) 제2단계

제2단계는 29기(43.9%)의 장타원형 주거지들 가운데 壁溝施設이 있으며, 경질무문토기가 打捺文土器보다 출토비율에서 현저히 높게 나타나는 주거지들이다. 또한 이들 주거지에서 출토된 타날문토기 가운데에서도 연질 타날문토기가 경질에 가까운 타날문토기보다 압도적으로 높은 출토비율을 나타낸다. 특히 A-11호 주거지에서는 暗褐色 磨硏土器가 출토되었고, A-11호와 A-44호 주거지에서는 瑪瑙가 출토되었던 점들을 고려할 수 있다.

제2단계 장타원형에 속하는 주거지는 A-2호, A-4호, A-11호, A-16호, A-19호, A-21호, A-25호, A-44호, 그리고 C-2호 등 모두 9기(13.6%)이다. 이들 제2단계에 속한 주거지는 대체로 해발 45~54m 사이에 위치하고 있으며, 장축이 425~720cm이고, 중앙에서 약간 오른쪽에 붉은색 燒土의 불탄자리가 있다. 이 불탄자리가 爐址施設이었을 것이다. C-2호 주거지의 경우에는 풍화암반층으로 이루어진 벽 쪽의 중앙에 割石을 쌓아서 만든 부엌시설이 露出되기도 하였다.

한편, 감배산에서 조사된 주거지들 가운데 '凸' 자형에 가까운 주거지들이 6기(9.1%)가 조사되었다. 즉, '凸' 자형 계통의 주거지에는 A-8호, A-15호, A-18호, B-2호, B-4호, 그리고 B-5호 등이 있는데, 이들 주거지에서 출토되는 유물의 양상이 제2단계 장타원형 주거지에서 출토되는 유물들과 거의 같게 나타나고 있다. 따라서 여기에서는 잠정적으로 '凸' 자형 계통의 주거지를 제2단계의 住居址群에 포함시켜 분류하였다.

제2단계 주거지 가운데 A-19호 주거지의 放射性炭素年代는 1820±60 B.P.이며, 이에 대한 교정연대(calibrated ages)는 190A.D.이다. 그리고 C-2호 주거지의 방사성탄소연대는 1850±60 B.P.이고, 이의 교정연대는 180A.D.이다. 따라서 제2단계의 주거지는 대략 紀元前後에서 A.D.2C 말까지로 編年할 수 있을 것이다.

3) 제3단계

제3단계는 제2단계와 같은 장타원형 주거지 형태이나, 壁面 아래쪽에 壁溝施設이 없는 주거지 형태이다. 제3단계에 속한 주거지에서는 제2단계 주거지들과는 달리 경질무문토기의 출토비율이 급격히 낮아지는 대신 타날문토기의 출토비율이 높아진다. 그리고 타날문토기의 출토양상을 보면, 제3단계의 주거지에서는 연질 타날문토기의 비중이 제2단계에 비하여 점차 높아진다고 말할 수 있다. 그러나 그렇다고 해도 제3단계 주거지들에서 출토되는 회청색 경질토기 계통의 경질 타날문토기의 비중이 여전히 높다고만 볼 수는 없다.

　　제3단계에 속하는 장타원형 주거지에는 A-3호, A-7호, A-9호, A-10호, A-13호, A-20호, A-22호, A-23호, A-29호, A-41호, A-45호, B-1호, B-3호, B-6호, C-1호, C-3호, C-5호, C-6호, C-7호, C-8호, 그리고 C-9호 등이 있으며, 전체 30基의 장타원형 주거지 가운데 68%인 21基가 조사되었다. 제3단계에 속한 장타원형 주거지의 장축은 대개 266~678cm 사이에 속한다. 그런데 A구역과 B구역의 근처에 위치한 A-23호 주거지의 장축은 무려 1,006cm에 이르며, 단축도 600cm의 규모를 나타낸다. 반면에 A-29호 주거지의 장축은 266cm이며, A-22호 주거지는 장축이 300cm이다. 이 시기의 주거지는 중앙에서 약간 우측에 불에 탄 燒土가 노출되고 있는데, 이 燒土가 爐址와 관련된 施設이었을 것으로 추정된다.

　　그리고 평면형태는 다르지만, 주거지의 축조방식이나 입지 등을 고려할 때, 제3단계에 속할 것으로 판단되는 주거지에는 이외에도 抹角長方形系의 A-34호, A-35호, 그리고 A-36호 등이 있다. 그러나 이들 주거지 내부에서 출토된 유물이 매우 소량이고, 遺構의 殘存상태도 극히 불량하다. 따라서 이들을 단정적으로 제3단계에 編年하기는 곤란한 점이 있다.

　　제3단계에 속한 주거지의 방사성탄소연대를 보면, A-3호 주거지의 방사성탄소연대는 1790±60 B.P.이며, 이에 대한 교정연대(calibrated ages)는 230A.D.이다. 그리고 68.2%의 확률에서는 130~330A.D.를 나타내고 있다. 따라서 제3단계 주거지의 편년은 제2단계에 비하여 유물의 출토양상이나 방사성탄소연대를 감안했을 경우, 시기적으로 중첩되거나 약간 늦을 것으로 판단된다. 제3단계는 잠정적으로 2C 末에서 4C 初까지 編年하였다.

4) 제4단계

　　제4단계에 속하는 주거지는 주로 方形系나 長方形系 또는 圓形系에 속하는 주거지들이다. 이들 주거지에서 간간이 경질무문토기편이나 軟質 打捺文土器片들이 출토되기는 하나, 출토되는 주요 土器는 역시 硬質 打捺文系統의 토기들이다. 제4단계 주거지에서 출토되는 硬質無文土器片은 극히 소량이며, 이것도 당시에 사용되었던 것들이라기보다는 주변에서 混入되어 들어온 것으로 판단된다. 따라서 제4단계 주거지가 조성되는 시기에 경질무문토기는 전혀 사용되지 않은 것으로 파악해도 무난할 것이다.

　　제4단계에 속한 주거지는 전체 66기의 주거지 가운데 모두 10基(15.2%)가 조사되었다. 이를 구체적으로 살펴보면, 抹角長方形系에 A-1호, A-27호, A-33호, 그리고 A-40호 등 4基가 조사되었으며, 말각방형계에는 A-14호, A-26호, 그리고 A-32호 등 모두 3기가 발굴되었고, 원형계에는 A-17호와 A-42호의 원형과 A-39호의 타원형 외줄온돌 주거지 등이 있다. 이 가운데 儀禮的 建物址로 추정되는 정상부의 A-1호 건물지를 제외하면, 모두 감배산의 동남부 능선 아래쪽에 立地하고 있다. 제4단계 주거지의 장축 길이는 방형계는 302~520cm이나 타원형계 온돌 주거지는 670cm로, 이 주거지가 규모 면에서는 약간 크다고 할 수 있다. 그리고 원형계의 A-17호와 A-42호는 직경이 264~284cm를 나타내고 있어, 주거지 내부의 공간이 매우 협소한 편이다.

제4단계 주거지에서 특별히 주목되는 주거지는 A-17호와 A-42호 주거지로, 이들 주거지는 풍화암반층을 단면이 플라스크 형태로 약 150cm 까지 굴착하고 조성하였다. 그리고 주거지의 직경도 300cm를 넘지 않고 있다. A-17호 주거지의 내부에서 柱礎石과 부엌시설 등이 조사되었고, 회갈색 연질토기편 등도 출토되었다. 따라서 제4단계의 주거지 가운데 매우 異例的인 형태와 건축기법을 보여주는 이들 원형계 주거지를 『三國志』 魏志 東夷傳에 나오는 土室[19]의 일종으로 파악하기도 한다.

제4단계 주거지에 대한 방사성탄소연대 측정결과를 보면, 원형계의 A-17호 주거지는 1690±40 B.P.로 측정되었고, 이에 대한 교정연대는 270A.D. 또는 370A.D.로 측정되었다. 그리고 A-39호의 타원형 온돌 주거지는 방사성탄소연대가 1600±60 B.P.이며, 교정연대는 470A.D.이다. 따라서 출토된 유물이나 방사성탄소연대를 고려했을 경우, 제4단계 주거지는 대략 3C 말이나 4C 初에서 5C 中期 사이에 조성된 것으로 파악할 수 있을 것이다.

V. 結論

甘杯山 遺蹟에서 발굴된 전체 주거지는 66基이며, 이 가운데 굴립주 주거지와 장타원형 수혈주거지 등으로 분류되는 약 52基가 초기철기시대에서 한성백제 중기에 해당한다. 감배산 주거지에서 확인된 長橢圓形 竪穴住居址는 지금까지 한반도 중서부 지역에서는 전혀 조사되지 않았던 새로운 住居樣式이다. 본 논문에서는 장타원형 수혈주거지를 중점적으로 검토하였으며, 그 결과를 요약하면 다음과 같다.

---

19) 최몽룡, 2003, 「漢城時代의 百濟와 馬韓」, 『文化財』 36호, 24~25쪽 ; 충남발전연구원, 2003, 『公州 長善里 土室 遺蹟』.

먼저 감배산 유형의 주거지는 全羅南道 順天市 龍堂洞 望北遺蹟,[20] 麗水市 禾長洞 遺蹟,[21] 慶尙南道 晉州市 內村里遺蹟,[22] 全羅北道 南原市 細田里遺蹟[23] 등과 같이 주로 한반도 남부지방에 분포하며, 한반도 중부지방으로는 大田市 新垈洞遺蹟[24]과 九城洞遺蹟[25]에서도 감배산 유형의 주거지가 발굴된 바 있다. 다만 이들 유적과 약간의 차이점도 발견되는데, 예를 들어 南原市 細田里遺蹟[26]의 경우 주거지의 형태나 출토유물의 조합상은 감배산 주거지들과 비슷하게 나타난다. 그러나 장축길이가 감배산의 주거지에 비해 비교적 짧은 短楕圓形系에 속한다.

둘째, 한반도 남부지역의 장타원형 주거지에 보이는 속성을 보면, 대략 B.C.2C 말에서 紀元 前後의 경질무문토기 單純期가 확인되고 있으며, 경질무문토기와 연질타날문토기의 출토 비율이 회청색경질타날문토기보다 앞서면서 壁溝施設이 없는 장타원형 주거지보다 壁溝施設이 있는 장타원형 주거지가 시기적으로 앞서는 문화적 양상이 나타나고 있다. 주거지가 중첩할 경우 方形이나 抹角方形 주거지가 시기적으로 가장 늦은 시기의 주거지로 판별된다. 그리고 土器는 强度面에서 연질에서 경질로 변화하고 있으며, 문양에서는 格子紋→格子紋＋繩文→類似繩文(平行線紋) 등의 순서로 변화하는 모습을 보여준다.

셋째, 감배산 주거지는 출토유물과 한반도 남부지역의 장타원형 주거지의 성격을 고려하면 대체로 4단계로 편년된다. 제1단계는 竪穴 깊이가 비교적 낮고, 경질무문토기만 출토되는 평면 圓形系 住居址이다. 제2단계는 打捺文土器보다 硬質無文土器의 출토 비율이 높고, 壁溝施設이 있는 장타원형 주거지이다. 제3단계는 경질무문토기의 출토비율이 낮은 대신 타날문토기의 출토비율이 높고, 회청색 경질토기가 등장하며, 내부에 壁溝施設이 없는 장타원형 주거지이다. 제4단계는 경질무문토기가 사라지고 대신 灰靑色 硬質打捺文土器들이 출토되는 方形系나 長方形系 또는 圓形系에 속하는 주거지이다.

감배산 주거지에서 출토되는 유물은 完形의 토기 등이 없이 매우 단편적이며, 감배산

---

20) 순천대학교 박물관, 2001,『順天 龍堂洞 望北 遺蹟』.
21) 순천대학교 박물관, 2002,『麗水 禾長洞 遺蹟』Ⅱ.
22) 한양대학교 박물관, 1999,『晉州 內村里 住居址 및 舊石器遺蹟』, 65~135쪽 ; 동아대학교 박물관, 2001,『晉州 內村里 遺蹟』.
23) 전북대학교 박물관, 1989,『細田里』, 圖面·圖版Ⅰ ; 전북대학교 박물관, 1990,『細田里』, 圖面·圖版Ⅱ.
24) 한남대학교 중앙박물관, 2004,『대전 신대동 유적』.
25) 한남대학교 중앙박물관, 1997,『大田 九城洞 遺蹟』.
26) 전북대학교 박물관, 1989,『細田里』, 圖面·圖版Ⅰ ; 전북대학교 박물관, 1990,『細田里』, 圖面·圖版Ⅱ.

주거지에 대한 편년을 하기에는 다소 무리가 따른다고 할 수 있다. 그러나 감배산 주거지의 발굴조사 과정에서 출토된 유물과 방사성탄소연대의 측정 결과들을 고려하면, 감배산의 장타원형계 주거지는 초기철기 시대부터 한성백제 중기까지 장기간에 걸쳐 계속적으로 건축되면서 이용되어 온 것으로 판단된다. 그리고 감배산 유적의 주거지는 한반도 중남부지역의 장타원형계 주거지들과 상당히 고고학적인 유사성을 보여주고 있다. 따라서 이들 주거지들과 정밀한 비교 검토가 진행된다면, 감배산 주거지의 구조나 편년 같은 고고학적 성격의 규명에 많은 실마리를 제공할 것으로 판단된다.

06

楊州 德亭 은동마을 朝鮮時代 建物址의 檢討

방민규

Ⅰ. 序論

양주 덕정동 은동마을 유적은 은동~회암 간 도로공사 개설 구간 가운데 발굴조사 과정에서 遺構가 노출된 제3지구에 해당한다. 제3지구는 행정구역상 양주시 덕정동 185-6번지 일대이며, 이곳의 조사면적은 3,400m²이다. 조사지역의 지형은 동쪽이 높고, 서쪽이 낮은 東高西低의 지형을 이루고 있다. 조사는 모두 8개의 시굴트렌치를 설정하고 이루어졌으며, 그 결과 조선시대의 건물지와 수혈 주거지 등이 다수 노출되었다.

발굴지역의 동쪽에는 宣祖의 딸인 貞和翁主와 남편인 權大恒의 합장묘가 바로 인접하여 위치하고 있다. 그리고 서북쪽 능선 위쪽에서는 權後經 墓가 자리잡고 있었다. 조사지역에서 발굴된 건물지들은 규모나 출토 유물의 성격에 있어서 權大恒의 무덤과 관련된 것으로 판단된다. 따라서 본 논문에서는 王家 姻戚의 私墓 造成과 管理의 성격을 이해하기 위해 발굴지에서 노출된 건물지의 성격을 검토하고, 또한 이곳에서 발굴된 수혈주거지의 특성을 고찰하고자 하고자 한다.

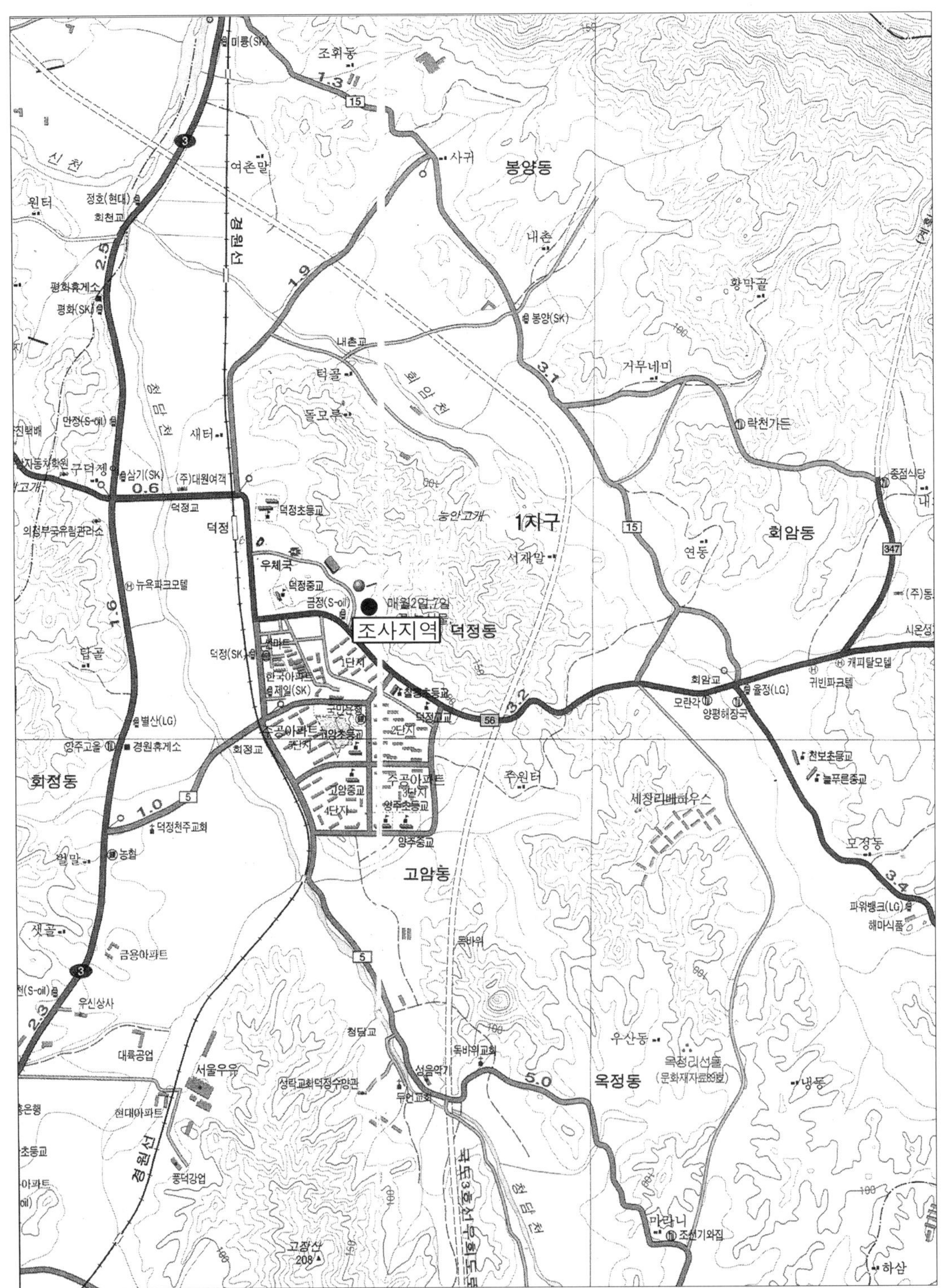

지도 1 덕정리 유적 위치도

Ⅱ. 調査背景

1. 自然環境

양주시는 행정구역상 경기도의 북부 중앙에 위치한다. 북쪽으로는 연천군과 동두천시가 위치하고 남쪽으로는 서울과 의정부, 동쪽으로는 포천시, 서쪽으로는 파주시가 위치한다. 지구대를 놓고 보면 동경 126° 54′~127° 07′, 북위 37° 40′~37° 57′에 해당하며, 총 면적은 310.24km²(2006년 기준)이다.

지형적으로 양주시 일대는 추가령 구조곡의 끝자락에 해당되어 대부분 산지로 이루어져 있고, 그 사이의 저지대가 북동에서 서남방향으로 길게 발달하였다. 주요 교통로는 동두천시의 남부와 의정부시 북부사이의 南北走向의 단층선을 따라 발달하였다. 하천은 크게 신천, 중랑천, 곡릉천 등 3개가 있는데, 계곡의 지류를 합쳐 한탄강으로 들어가며, 저수지는 기산저수지, 어둔 저수지, 도하저수지, 신암 저수지 등 4개가 있다.

양주시의 지질은 대체로 대보화강암으로 이루어져 있고, 서남부지역의 고상편마암이 분포한다. 토양과 면적은 회천양토구 550정, 덕정통의 백석식양토구 730정 등이다. 토양의 종류는 大土壤群 6개, 土壤統 6개, 土壤區 53개, 土壤相 69개이며, 4.96ha의 畓土壤과 5.096ha의 田土壤이 있다.

양주시의 기후는 북부와 남부의 기후가 다르다. 북부는 기온 연교차가 매우 큰 대륙성 기후이며, 남부는 난온대성 기후로 점이적 특색을 갖는다. 여름은 8월 평균기온이 26℃로 고온 습윤하고, 겨울은 북서계절풍의 바람막이 지역에 해당되어 1월 평균기온이 -5.4℃로 위도에 비해 저온건조한 편이다. 강수량은 남서계절풍과 저기압의 영향에 의해 연평균 강수량이 1,300mm 내외로 다우지에 해당되며 계절에 따른 편차가 심하다.

2. 考古學的 背景

양주지역을 포함한 한강유역에서 구석기 유적이 조사된 곳은 대략 30여 곳이다. 대표적인 구석기 유적으로는 화도면 검터·두촌·마진·마재 유적과 함께 와부면의 웅촌리·진승리·능내리 일대 및 서울 면목동·암사동유적 등을 들 수 있다. 이들 유적을 토대로 하여 양주를 포함한 한강 유역을 중심으로 한 중부지역 일대는 전기 구석기시대부터 후기 구석기시대에 이르기까지 사람들이 살기에 적합한 지역이었다는 사실을 알 수 있게 되었다.

양주지역에서는 신석기문화유적이 비교적 여러 곳에서 발견되고 있으며, 구리시와 미금시 지역을 비롯하여 와부면과 은현면 등 여러 지역에 광범위하게 분포되어 있다. 특히 지금은 서울 강동구로 편입된 암사동 竪穴住居址 유적은 B.C.5,000년경의 신석기인들이 집단취락의 행태를 알려 주는 중요한 선사 유적으로 알려져 있다. 이들 지역에 서는 즐문토기와 흑도 및 각종 마제석기류 등이 출토 되어 당시 인류의 생활상을 엿볼 수 있다.

양주지역에서는 많은 수의 청동기 유적이 발견되었지만 정식으로 학술 조사된 유적은 극소수이다. 청동기시대 묘제 가운데 양주 마전동 지석묘가 2005년 경기대 박물관에 의해 발굴조사가 이루어진 바 있다. 양주일대에서 산발적으로 수집된 유물에는 반월형 석도를 비롯해서 유구석부 등 각종 石器類들이 있다. 이러한 유물들은 당시 양주지역이 농경에 적합한 지역이었음을 알 수 있게 한다.

초기 철기시대의 양주지역은 三韓 가운데 하나인 馬韓의 판도 내에 속해 있었던 것으로 알려졌다. 이 당시 양주지역에는 마한의 한 나라인 古離國이 있었던 것으로 알려져 있지만 구체적인 역사적 기록은 찾아볼 수 없다.

3. 歷史的 背景

양주는 한강유역의 伯濟國과 지리적으로 인접해 있기 때문에 영토확장 과정에서 일차적으로 백제에 복속되었다. 백제는 古爾王代에 한강 유역을 통일하면서 양주지역은 백제 세력의 중심지역으로 부상하게 되었다. 백제는 396년을 전후하는 시기에 고구려와의 전투에서 58성을 상실하였다. 이 58성은 지역 단위로서의 城을 뜻한다고 보여지는 바, 양주지역도 이 속에 포함되어 있었다고 생각된다.

고구려는 4세기 말 광개토대왕의 영토 확장 사업이 성공함으로써 한강선까지 진출하게 되었다. 이 무렵 양주지역에는 南平壤이라고도 한 북한산군과 함께 훗날 견주로 개명된 買省縣 및 內乙買縣 등이 설치되었다. 고구려는 475년 겨울 백제의 왕도인 한성을 함락시킨 후 계속 남진하여 아산만에 이르는 지역까지 확보하게 되었다. 따라서 한강유역을 확보하게 된 고구려가 이 지역에 대한 효과적인 통치를 위해 양주지역에 북한산군, 일명 남평양을 설치하였던 것으로 볼 수 있다.

신라가 한강유역을 점령한 이후 매성현은 지금의 양주군 주내면 일대에 있었던 것으로 비정해 볼 수 있다. 백제시대에 매성군 또는 馬忽이라고도 불렸던 매성현은 신라 경덕왕

16년에 來蘇郡으로 개명되었고, 영현으로 重城縣과 積城縣의 두 縣이 있었다. 내을매현은 양주의 북쪽지역에 있었던 지역으로 신라 경덕왕 때 沙川縣으로 개명되어 聖城郡의 2개 영현의 하나가 되기도 하였다.

신라는 백제와 고구려를 멸한 뒤에 새로이 편입된 지역을 포함하여 전국을 9州로 정비하였다. 그리고 9주 밑에는 전국에 450개의 군현을 두었다. 경덕왕 16년(757)에는 전국의 지명을 모두 중국식으로 고쳤는데, 양주지역은 옛 지명인 북한산군에서 한양군으로 개명되었다.

한양군은 이미 6세기 진흥왕 때 漢州에 속하게 되었으며 신라판도에 합쳐지면서 한산주로 승격되었던 곳이다. 통일 이후 領縣이 2개 있었는데, 荒壞縣과 遇王縣이 그것이다.

통일신라시대에 양주지역에 있던 산악으로서 小祀가 설치되었던 명산으로는 負兒岳[삼각산]과 紺岳이 있었으며, 하천에 대한 제사처로 선정된 北瀆이 있었다. 북독은 『삼국사기』의 기록과 같이 4독의 하나로 中祀를 지내고 있었던 漢山河로 지금의 한강이다.

양주라는 지명이 등장한 시기는 고려 초기로 볼 수 있다. 즉 태조가 즉위하는 918년을 전후하는 시기의 기록들에서 드디어 양주라는 명칭으로 불리기 시작하였다. 그러나 이 시기에도 양주지역에는 양주 외에도 견주가 또 달리 설치되어 있었다. 그 뒤 성종 2년(983)에 지방제도를 혁신하며 12목을 설치할 때 양주는 '목'으로 승격되면서 중부내륙지역의 중심도시로 부상하게 되었다.

고려의 지방제도는 성종과 목종을 거쳐 현종대에 다시 대대적인 정비작업이 이루어졌다. 현종 3년(1012)에는 12절도사 제도가 혁파되고 대신 5都護·75道安撫使가 설치됨에 따라 양주도 절도사가 폐지되고 안무사가 설치되었다. 그 후 전국을 5도 양계로 구획하면서 양주는 광주와 함께 楊廣道로 개편되었다. 현종 9년에는 楊州收에 속하기도 하였다. 양주는 덕종·정종대를 지나 문종대에 이르러 南京으로 승격되어 開京(平壞)·東京(慶州)과 더불어 3경의 하나가 되었다.

태조 2년(1393) 조선이라는 새로운 국호가 정해지고 신왕조의 기틀이 잡혀지자 국도의 천도가 제기 되었다. 태조는 즉위 원년 8월 임술에 도평의사사에 下敎하여 한양(옛 양주) 천도를 협의할 것을 명하였다. 이틀 후에는 三司 右僕射 李恬을 한양에 보내어 궁실을 수습하는 등 천도를 서둘렀지만 裵克廉·趙浚 등의 계청으로 한양천도 계획은 일시 중단되었다가 王師無學의 자문을 받아 1394년 한양으로 新都를 결정하였다.

양주는 태조 3년(1394)에 도읍을 개경에서 한양부(옛 양주)로 옮김에 따라 그 이듬해에 주민들을 옛 전주지역으로 이주시킨 후 양주군이 되었다. 그 후 태조 6년(1397)에는 양주부로 승격되었다가 태조 13년(1413) 도호부가 되었고, 세조 12년(1466) 관제개혁에서 양주목으로 다시 승격되었다.

1895년 조선시대의 지방제도였던 군현체제가 전면적으로 개편됨으로써 종래 8도제와 부·목·군·현제 대신에 전국은 23부 336군으로 개편되었다. 新官制에 의한 23부제가 1895년 6월 23일에 시행됨에 따라 양주는 한성부에 소속되게 되었다. 그 후 23부제가 아관파천 이후 13도제로 개편되면서 양주는 경기도에 소속되었다.

1914년 3월 1일 부·군·면 통폐합의 결과 경기도는 京城·仁川의 2부와 20개 군으로 구성되었다. 이때 양주는 그 중의 한 군이 되었으며, 군청소재지는 시둔면 의정부리였다. 당시 변화로는 영근면이 연천군, 고양주면은 고양군으로 편입되었다.

1946년 연천군 남면이 양주군에 편입되며, 이담면이 동두천으로 승격되고 의정부읍이 의정부시로 승격하여 분리되었다. 1973년 구리면이 읍으로 승격되고, 미금면이 읍으로 승격되었고, 1980년 양주군의 남쪽지역인 구리·미금·별내·진접면 등이 분리되어 남양주군으로 신설, 분리되었으며, 1981년에는 동두천읍이 분리, 시로 승격되어 오늘의 행정면적을 가지게 된다.

이러한 분리·독립의 과정으로 인하여 양주군의 전반적인 인구와 경제활동이 급속히 감소하였으나 최근 수도권 북부의 인접지역이라는 지리적 이점으로 덕정, 옥정, 고암, 백석 지구 등의 택지개발 요인으로 인구가 급격히 증가하는 추세에 있다. 2003년 10월 양주군에서 시로 승격되어 오늘에 이르고 있다.

Ⅲ. 建物址의 調査現況

1. 調査槪要

2005년 4월 동국대학교 박물관에서 실시한 지표조사의 결과에 의해 제시된 3개의 시굴지점(제1~3지구)에 발굴조사를 각 지구별로 실시하였다. 제1지구는 양주시 덕정동 9-2田에 해당하는 곳이며, 제2지구는 은동과 회암 사이를 연결하는 성황당고개의 서남쪽 급경사면의 산자락에 해당하는 양주시 덕정동 산3-11 지역이고, 제3지구는 양주시 덕정동 185-6 전에 해당한다. 이 가운데 제2지구에서는 移葬이 완료된 민묘 1기가 발굴되었고, 제3지구에서는 조선 중기 후반의 건물지와 竪穴住居址가 다수 발굴되었다.

사진 1 덕정리 유적 원경(항공촬영)

사진 2 덕정리 유적 전경(항공촬영)

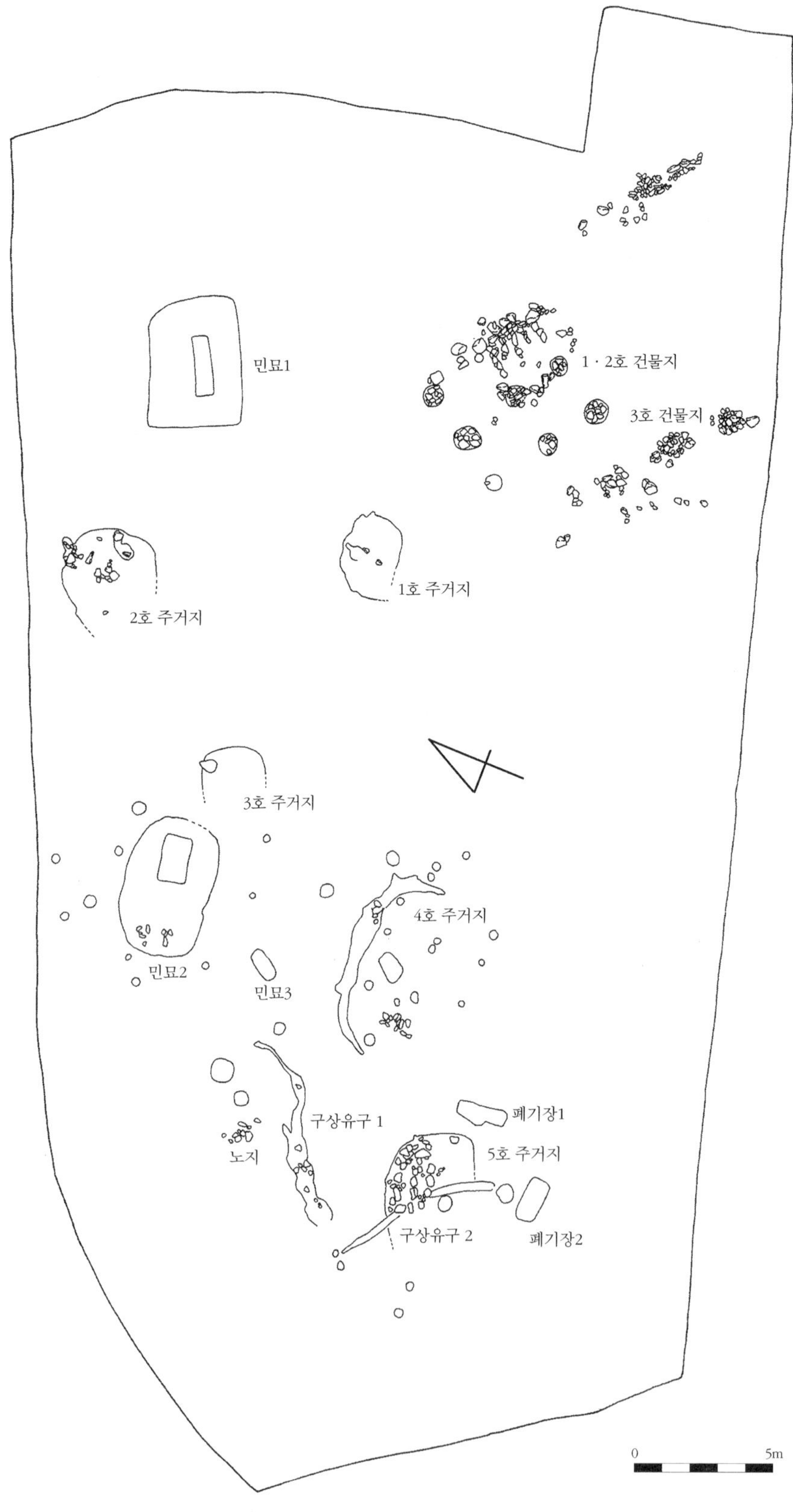

도면 1 덕정리 유적 배치도

제3지구는 원래 경작지로 이용되던 곳으로 도로와 인접하여 있으며, 주변으로 상가와 민가가 위치하고 있으며, 이곳에서 조사된 조선시대의 건물지와 竪穴住居址는 조선시대 계층 간의 서로 다른 생활상으로 비교해 볼 수 있는 중요한 고고학적 자료를 제공해주고 있다.[1] 따라서 本 考에서는 조선시대 遺構가 다수 확인된 제3지구의 발굴조사 결과를 중점적으로 검토해보고자 한다.

제3지구의 지형은 동쪽이 높고 서쪽이 낮은 경사 지형을 이루고 있으며, 토층 양상은 크게 2가지로 분류할 수 있다. 산자락에 해당하는 북쪽 능선부는 유기물을 다량 함유한 표토층인 암갈색의 부식토층과 풍화암반층으로 구성되었고. 산자락 아래의 남쪽으로 내려올수록 남쪽 계곡부를 기준으로 1m이상 두껍게 퇴적된 양상이 나타나고 있다.

조선시대 건물지 유구는 주로 제3지구의 동남부 하단부에서만 확인되었다. 즉 제3지구에서는 柱礎石 건물지 3기, 竪穴住居址 5기, 溝狀遺構 2기, 爐址 1기, 민묘 3기 등의 遺構가 발굴되었고, 출토된 유물에는 백자편, 陶器片, 기와편, 철제품, 砥石 등이 있다.

2. 朝鮮時代 建物址

1) 1호 건물지

1호 건물지는 조사지역의 동남쪽에 위치하고 있다. 트렌치의 동남쪽에서 다량의 기와편과 도기편 등이 노출되어 竪穴住居址의 존재가 확인되었으며, 트렌치를 확장하여 제토한 결과 이곳에서 중첩된 건물지가 노출되었다. 중첩된 건물지는 노출된 적심석과 주초석의 중첩상태를 고려하면, 일부 유구에서 주초석이 적심을 훼손하면서 배치된 것으로 밝혀졌다. 따라서 먼저 건축된 적심석 건물지를 1호로 명명하고, 나중에 세워진 柱礎石 건물지를 2호 건물지로 구분하였다.

1호 건물지는 주변 지형의 削土가 심하게 이루어졌고, 후대에 2호 건물지가 조성되면서 유구의 파괴가 매우 심한 편이다. 따라서 유구의 원래 구조를 정확히 파악하기에는 다소 무리가 있다. 하지만 노출된 적심석의 분포를 고려하면, 평면형태가 장방형인 건물지로 추

---

1) 오준혁, 2008, 『조선시대 수혈주거지에 대한 검토』, 공주대 석사학위논문.

사진 3 1, 2호 건물지 조사 후(항공촬영)

사진 4 1호 건물지(적심석 세부)

정된다. 잔존하는 건물지의 서북-동남 방향의 길이는 440cm이고, 동북-서남 방향의 길이는 400cm이다.

제토 결과 모두 7개의 積心石이 확인되었다. 적심은 20~30cm인 할석이 군집을 이룬 형태이며, 적심 주변에서 굴광선은 확인되지 않는다. 적심의 크기는 직경이 약 80cm 내외 이다. 적심석 사이의 간격은 서북-동남 방향은 250~260cm이고, 동북-서남 방향은 200cm 내외이다. 1호 건물지는 2호 건물지가 건축되면서 내부가 심하게 교란되었다. 1호 건물지 의 내부에서 노지시설이나 온돌시설 같은 특별한 부속시설 등은 확인되지 않았다.

2) 2호 건물지

2호 건물지는 잔존형태로 보아 1호 건물지를 파괴하고 후대에 지어진 건물로 추정되 며, 1호 건물지와 마찬가지로 지형의 교란과 삭토로 인해 유구의 파괴가 매우 심한 편이다. 따라서 건물지의 전체적인 평면형태를 파악하기 어렵다.

현재 진존하는 礎石은 모두 3개이며, 동남-서북방향으로 일렬로 배치되어 있다. 초석 은 크기 30×40cm 정도의 편평한 돌을 사용하였으며, 초석으로 사용하기 위해 인위적으로 다듬은 흔적은 확인되지 않는다. 잔존하는 초석 사이의 간격은 서북쪽에서 중간 초석까지 의 거리는 210cm이고, 중간 초석에서 동남쪽 초석까지의 거리는 230cm이다.

건물지의 내부에서는 동남쪽에서 溫突施設이 노출되었다. 온돌시설의 구조를 살펴보 면, 20~30cm의 할석을 정연하게 쌓아서 5줄의 고래 둑을 조성하였으며, 고래의 평면형태 는 배연부를 중심으로 '∩' 자형을 띠고 있다. 그러나 화구부와 고래의 일부가 파괴되어 온 돌시설의 정확한 구조나 형태는 파악하기 어렵다. 고래의 잔존길이는 약 280cm이며, 전체 폭은 약 210cm이다. 각각의 고래 폭은 30cm 내외이다.

3) 3호 건물지

3호 건물지는 1호와 2호 건물지에서 서남쪽으로 2m 가량 떨어진 지점에 위치하고 있 으며, 1·2호 건물지를 조사하는 과정에서 주변부를 제토하던 중 적심석이 노출되면서 건 물지의 존재가 확인되었다. 이 건물지는 일직선상에 놓여진 3개의 積心石 만이 잔존하여 전체적인 평면형태는 파악하기 어렵다. 그러나 적심석이 배치된 형태로 보아, 3호 건물지 는 1호나 2호 건물지와 같은 방향으로 건축되었을 것으로 판단된다.

사진 5 2호 건물지 조사 후(남서→북동)

사진 6 2호 건물지(온돌세부, 남서→북동)

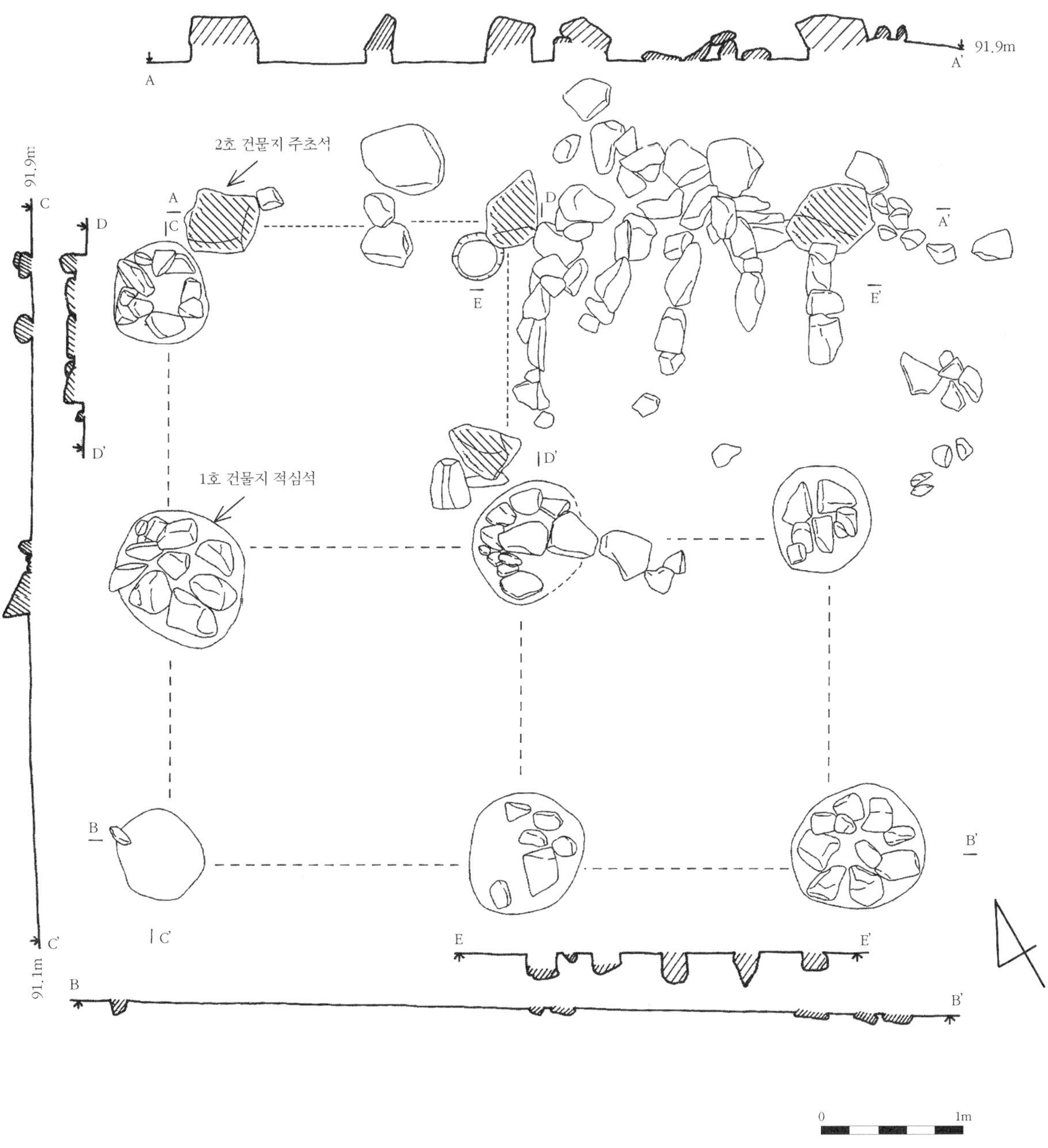

도면 2 3지구 1 · 2호 건물지 평면도

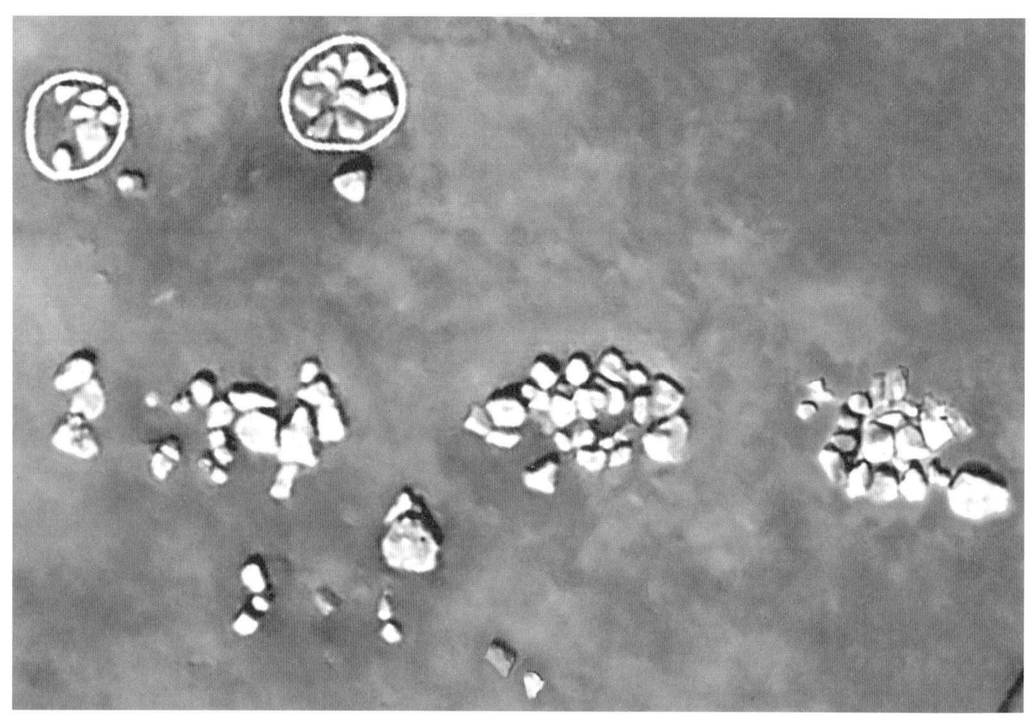

사진 7 3호 건물지

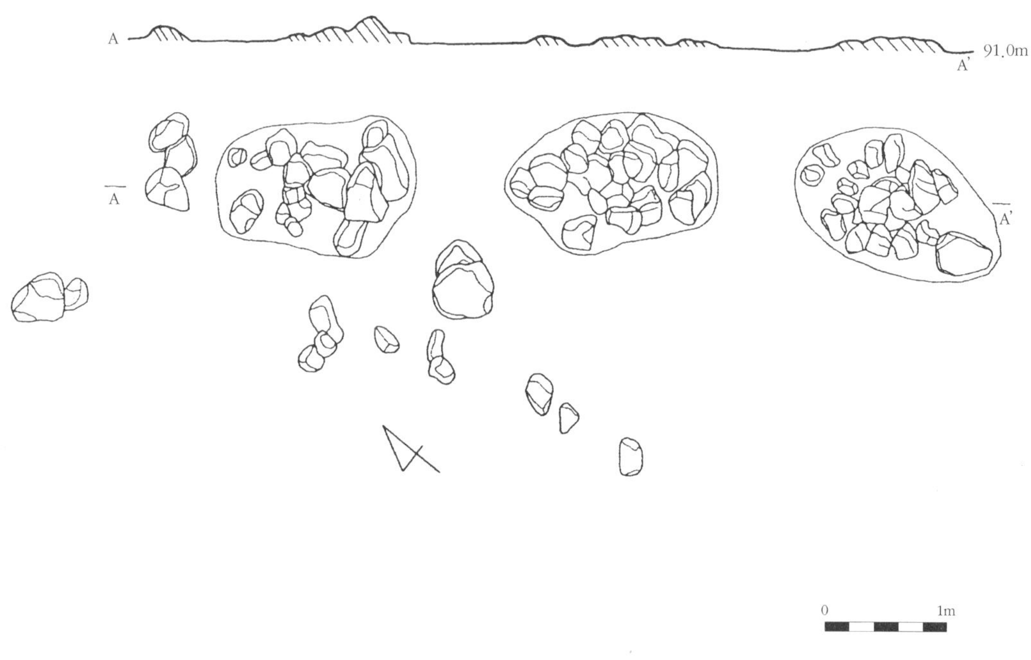

도면 3 3호 건물지

조사결과 확인된 적심석은 모두 3개이며, 북서-남동 방향의 일직선상에 놓여져 있다. 적심은 20~30cm의 비교적 작은 할석이 군집을 이룬 형태이며, 주변으로 굴광선이 확인되지 않았다. 적심의 크기는 직경 약 110cm 내외이다. 1호 건물지와 비교해 볼 때, 적심에 사용된 할석의 수와 적심의 크기가 더 크다. 서북쪽에서 중간 적심석까지의 거리는 85cm이고, 중간 적심석에서 동남쪽 적심석까지의 거리는 100cm이다.

유구 내부의 파괴가 심하여 건물지의 내부에서 노지시설이나 저장시설 같은 특별한 시설이 확인되지는 않았다. 다만 서북쪽과 중앙 적심석의 사이에서 붉게 그을린 사질토가 일부 확인되는 것으로 보아, 이곳에 爐址施設이 있었던 것으로 추정된다. 3호 건물지의 주변부에서는 陶器片과 鐵製品 등이 일부 출토되었다.

3. 竪穴住居址

1) 1호 수혈주거지

1호 竪穴住居址는 조사지역의 사면 상부에 위치하고 있으며, 북쪽으로 7m 떨어져서 2호 竪穴住居址가 위치하고 있고, 동남쪽으로 4m 지점에는 1·2호 건물지가 위치하고 있다. Tr3을 제토하는 과정에서 트렌치의 남쪽부에서 竪穴住居址의 윤곽선이 확인되었으며, 확장 조사시 전체 윤곽선이 노출되었다.

1호 竪穴住居址는 서남쪽의 일부분이 파괴되었으나, 비교적 완전한 형태로 잘 남아있다. 전체적인 평면형태는 타원형의 竪穴住居址로 판단되며, 竪穴住居址의 장축방향은 등고선의 방향과 직교하는 동-서방향이다. 竪穴住居址의 장축길이는 310cm이고, 단축길이는 220cm이며, 깊이는 30cm이다. 竪穴住居址는 지표면에서 수직에 가깝게 굴착하고, 바닥을 평평하게 다듬어 조성하였으며, 특별한 바닥시설의 흔적은 확인되지 않는다.

부엌시설은 竪穴住居址의 북쪽 벽면에 접하여 노출되었다. 원래 흙으로 다진 후 할석을 사용하여 부엌시설을 조성하였던 것으로 추정되나, 현재는 1매의 할석만이 잔존한다. 부엌의 형태는 원형이며, 내부에는 흑색 사질토가 덮여 있었다. 부엌의 북쪽에는 벽면과 맞닿는 부분을 반원형으로 파서 연기가 나갈 수 있도록 排煙口를 조성하였다.

竪穴住居址의 제토과정에 바닥에서 회청색 도기편, 백자편, 그리고 기와편 등이 출토되었다.

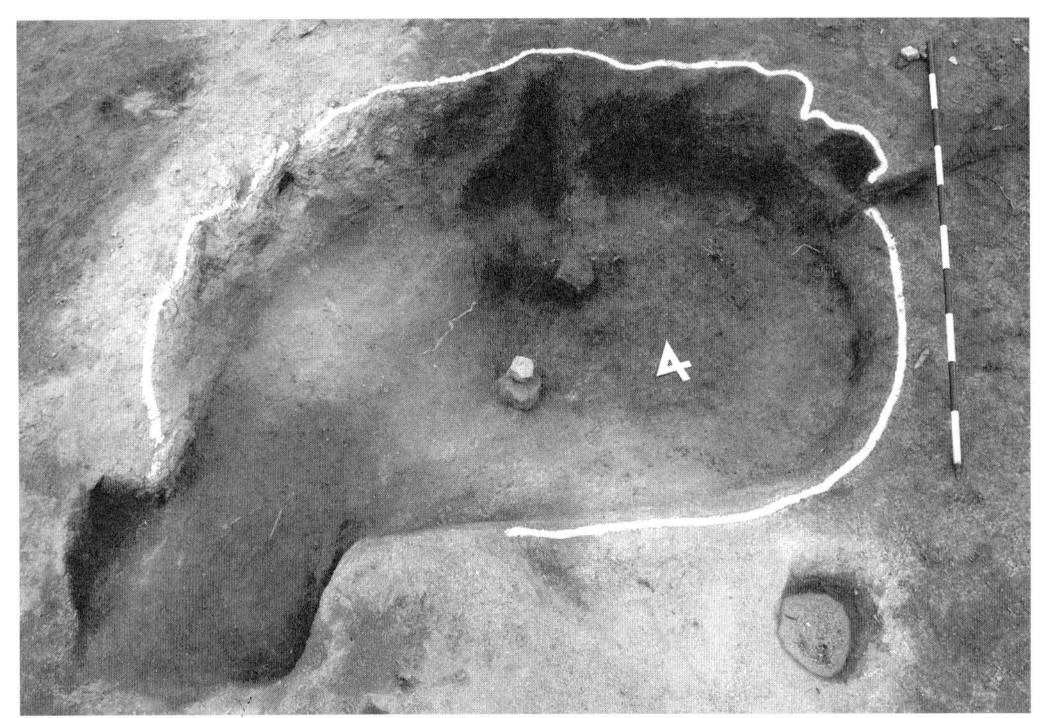

사진 8 1호 수혈주거지 조사 후(남→북)

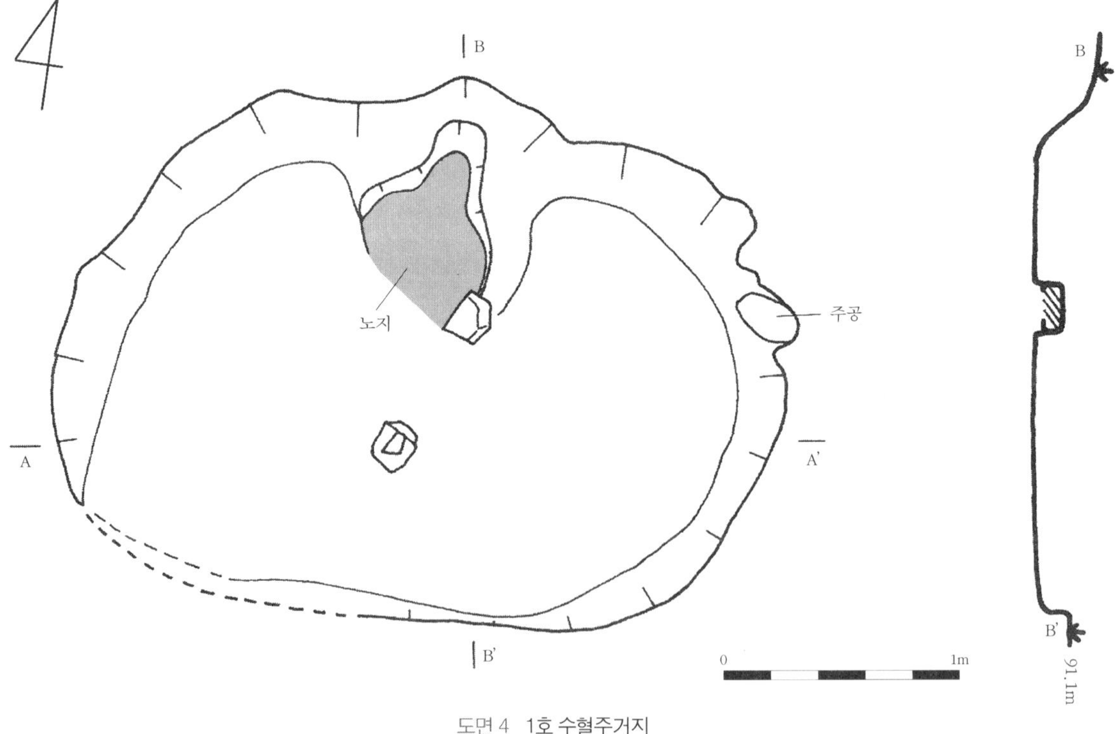

도면 4 1호 수혈주거지

2) 2호 竪穴住居址

2호 竪穴住居址는 Tr3의 제토 과정에서 다량의 기와편과 분청자편 등이 출토되면서 竪穴住居址의 존재가 확인되었으며, 확장조사 중 전체 윤곽이 드러났다. 이 竪穴住居址는 1호 竪穴住居址에서 북쪽으로 약 7m의 간격을 두고 조사되었으며, 동쪽으로 4m 지점에는 1호 민묘가 위치하고 있다.

竪穴住居址는 등고선 아래쪽에 해당하는 서쪽부분의 파괴가 심하여 평면형태를 확인하기 어렵지만, 잔존형태를 고려하면, 전체적인 평면형태는 타원형인 竪穴住居址로 판단된다. 남북방향의 길이는 370cm이고, 동서방향의 잔존길이는 330cm이다. 竪穴住居址는 등고선의 위쪽에 해당하는 동쪽 벽면을 수직에 가깝게 굴착하고, 바닥을 평탄하게 다듬어 조성하였다.

竪穴住居址의 내부에는 부엌시설과 수혈유구 1기가 확인되며, 竪穴住居址의 중앙에서 할석들이 일부 노출되었다. 부엌시설은 竪穴住居址의 동북쪽 벽면에 접하여 위치해 있으며, 소형의 할석을 사용하여 고래뚝을 조성하고, 그 위에 30×40cm의 판석을 덮었다(사진 34). 부엌시설의 내부에는 흑색 사질토와 붉게 그을린 흙이 얇게 덮여있다. 벽면에는 50×30cm의 배연시설이 돌출되어 있다.

수혈유구는 竪穴住居址의 동쪽 벽면의 중앙부에 인접하여 조사되었으며, 55×40cm의 타원형 구조이고, 깊이는 40cm이다. 이곳에서 출토된 유물은 없다. 그러나 유구의 노출상태를 감안하면, 식품을 저장하는 저장시설이었던 것으로 판단된다.

2호 竪穴住居址의 제토 과정에 다수의 도기편과 분청자편, 그리고 기와편 등이 출토되었다.

3) 3호 竪穴住居址

3호 竪穴住居址는 트렌치 사이의 둑을 제거하는 과정에서 윤곽선이 확인되었으며, 확장조사구역의 중앙부에 위치하고 있다. 서북쪽에 인접하여 2호 민묘가 위치하고 있고, 약 6m 정도 떨어진 동북쪽에서 2호 竪穴住居址가 확인되었다.

竪穴住居址는 사면의 아래쪽인 서쪽부분의 삭토로 인한 파괴가 심하여 정확한 형태를 알 수 없다. 다만 잔존형태를 고려하면, 전체적인 평면형태는 타원형이며, 북쪽벽에 부엌의 배연부의 시설이 일부 돌출되어 있다. 竪穴住居址의 장축방향은 등고선과 평행하는 남북

사진 9 2호 수혈주거지 조사 후(남서→북동)

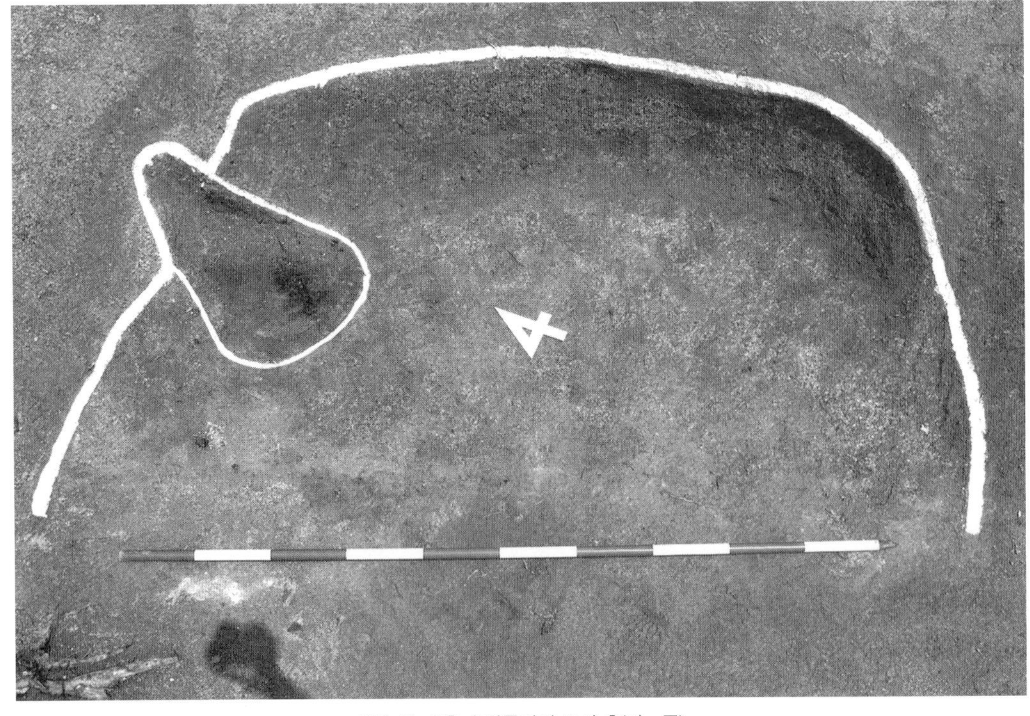

사진 10 3호 수혈주거지 조사 후(서→동)

방향으로 추정된다. 竪穴住居址의 규모는 장축의 길이가 290cm이고, 단축의 잔존길이가 200cm이다. 3호 竪穴住居址의 조성방식은 2호 竪穴住居址와 마찬가지로 사면의 상부에 해당하는 동쪽의 벽면을 수직에 가깝게 굴착한 후, 내부를 평탄하게 다지는 방식을 사용하였다.

竪穴住居址의 내부에서는 1기의 부엌시설을 제외한 다른 특별한 시설은 확인되지 않았다. 부엌은 竪穴住居址의 북쪽 벽면에 인접하여 확인되었다. 다른 竪穴住居址들과는 달리 할석을 사용하지 않고, 흙을 다지는 방식으로 부엌시설을 조성한 것으로 보인다. 부엌시설의 평면형태는 타원형이며, 내부에는 흑색 사질토와 함께 불에 타서 燒土化된 붉은 흙이 깔려 있었다.

3호 竪穴住居址의 내부에서 특별히 출토된 유물은 없으며, 竪穴住居址의 주변부를 제토하는 과정에서 도기편과 자기편 등이 출토되었다.

4) 4호 竪穴住居址

시굴트렌치의 확장조사 과정에서 확인된 4호 竪穴住居址는 2호 민묘의 남쪽으로 7m 가량 떨어진 지점에 위치하고 있다. 트렌치 사이의 둑을 제거하는 과정에서 구상유구로 추정되는 유구의 윤곽선이 처음 확인되었으며, 이후 주변에서 柱穴이 조사되면서 竪穴住居址의 존재가 확인되었다.

이곳에서는 모두 13개의 주혈이 노출되었다. 주혈의 크기는 직경이 50cm 내외이고, 깊이는 15~25cm이다(사진 38). 잔존하는 주혈은 비교적 일정한 간격을 유지하고 있으나, 지형의 심한 교란상태로 인하여 주혈의 노출 상태가 명확하지 않아 竪穴住居址의 전체적인 평면형태를 정확하게 파악하기는 어려운 편이다. 그러나 잔존하는 주혈의 노출상태로 보아, 장축방향을 동-서 방향으로 하는 장방형 竪穴住居址였던 것으로 추정된다.

내부시설로는 爐址와 竪穴遺構 1기가 확인되었다. 노지는 竪穴住居址의 경사면의 아래쪽에 해당하는 서쪽에 위치하고 있다. 노지는 직경 130cm인 원형의 형태를 하고 있으며, 내부에 할석을 사용하여 시설을 조성하였다. 노지 내부에서는 숯을 포함한 흑갈색 사질토가 깔려 있었다. 수혈유구의 규모는 120×70cm이고, 깊이는 50cm이다. 형태는 장방형을 띠고 있다.

4호 竪穴住居址의 북쪽에서는 1개의 周溝施設이 확인되었다. 이것은 조사 전에는 구상유구로 파악되었으나, 정밀조사 결과 산 능선부에서 흘러내리는 물이 竪穴住居址로 유입되는 것을 막기 위해 竪穴住居址의 주변에 조성한 주구시설로 확인되고 있다. 이 유구의

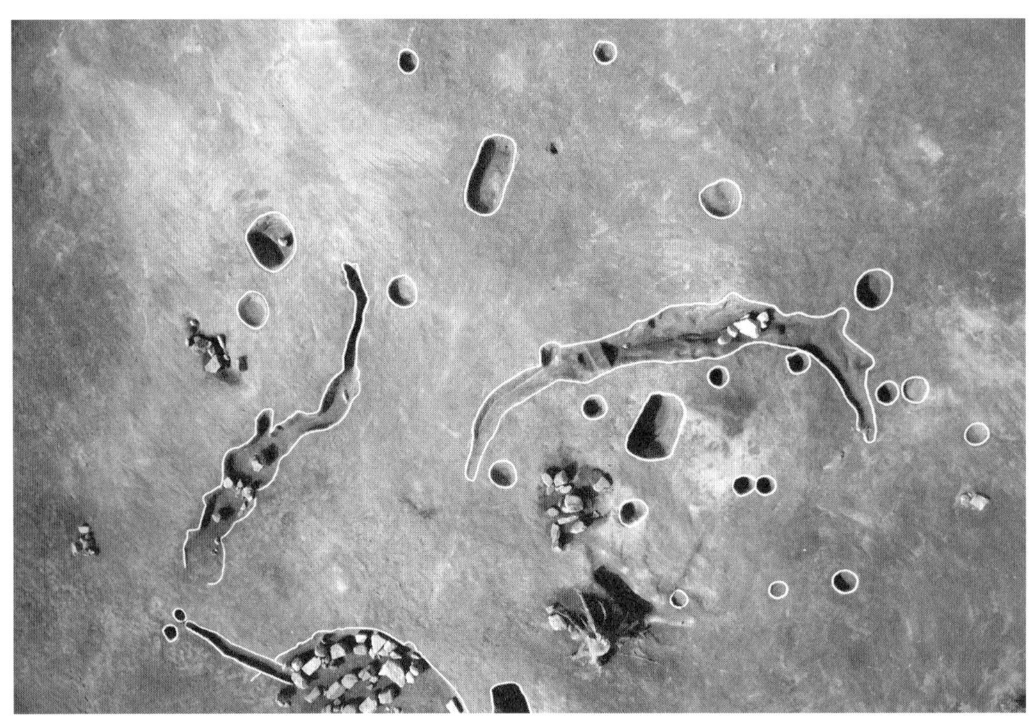

사진 11 4호 수혈주거지(항공촬영)

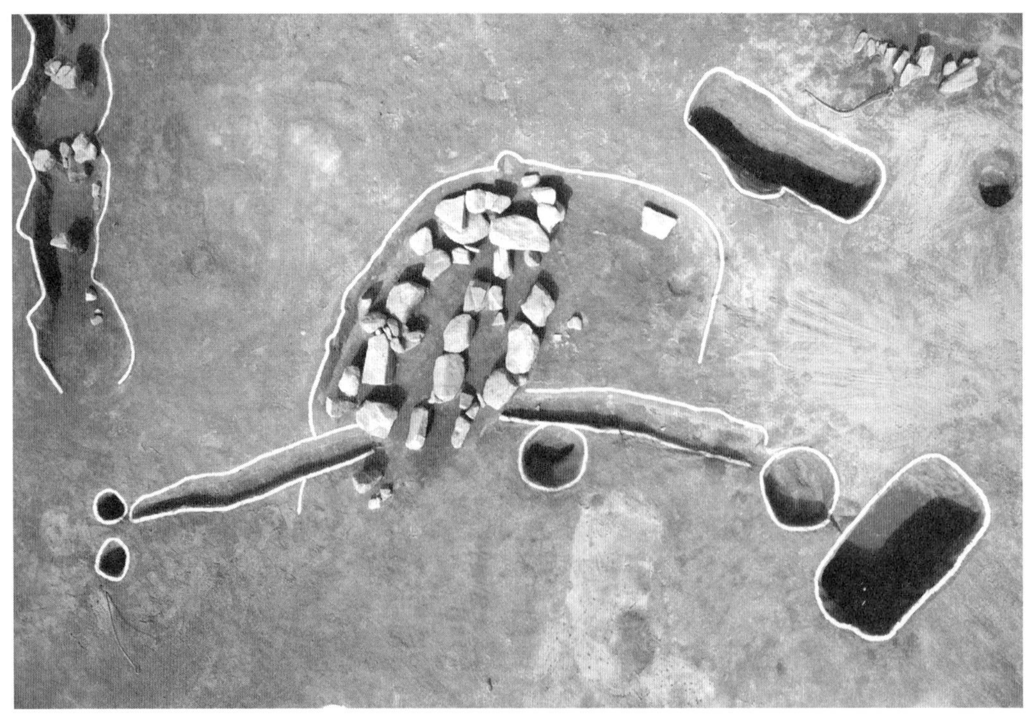

사진 12 5호 수혈주거지(항공촬영)

길이는 760cm이고, 폭은 25~100cm이며, 깊이는 30cm이다. 단면형태는 대체로 'V'자형을 하고 있다.

4호 竪穴住居址에서는 도기편과 백자편·철제품 등의 유물이 출토되었다.

5) 5호 竪穴住居址

5호 竪穴住居址는 트렌치 사이의 둑을 제거하고 트렌치를 확장하는 과정에서 확인되었다. 竪穴住居址는 1호 구상유구에서 남쪽으로 3m 떨어진 곳에 위치하고 있으며, 남쪽에는 근래에 조성된 수혈유구(폐기장) 2기가 위치하고 있다. 또한 5호 竪穴住居址의 서쪽부분은 후대에 2호 구상유구가 중첩되어 조성되면서 파괴되어 원형을 파악하기 힘들다.

5호 竪穴住居址의 장축방향은 등고선과 직교하는 동-서 방향이었을 것으로 추정되며, 후대의 경작지와 2호 구상유구의 조성 등으로 파괴되어 정확한 형태는 알 수 없으나, 잔존형태를 고려하면 전체적인 평면형태는 장방형의 半竪穴 住居址로 판단된다. 이 竪穴住居址는 지표면에서 완만하게 깎은 후 바닥을 평평하게 다져서 조성한 竪穴住居址이며, 바닥면에 특별히 다른 시설을 한 흔적은 확인되지 않는다. 竪穴住居址의 잔존하는 장축길이는 310cm이고, 단축길이는 300cm이다.

내부시설로는 竪穴住居址의 북쪽에서 온돌시설이 확인되었다. 온돌시설은 모두 3줄의 고래로 이루어져있다. 전체적인 형태는 해발고도가 낮은 서쪽에 화구를 두고, 등고선이 높은 쪽인 동쪽으로 열기를 전달하는 '一'자 형태를 갖추고 있다. 따라서 전체적으로 연기가 동쪽 위쪽으로 빠져나가도록 배연구가 조성되었다. 고래는 대략 25×50cm 크기의 할석을 정연하게 쌓아 고래뚝을 조성하였으며, 잔돌과 와편을 이용하여 사이를 채워 넣었다. 고래의 전체 길이는 약 200cm이며, 전체 폭은 120cm이다. 또한 각각의 고래 폭은 50cm이다.

IV. 建物址의 性格과 編年

1. 調査遺構의 性格

조선시대 유구는 주로 제3지구에서만 확인되었다. 제3지구에서는 柱礎石 건물지 3기, 竪穴住居址 3기, 柱穴 竪穴住居址 1기, 반수혈 온돌 竪穴住居址 1기, 溝狀遺構 2기, 민묘 3

기의 遺構가 발굴되었다.

제3지구에서 조사된 건물지는 3기이다. 이 가운데 1호와 2호 건물지는 서로 중첩된 상태로 노출되었다. 1호 건물지는 적심석으로 건축되었고 2호 건물지는 주초석으로 건축되었는데, 노출상태로 보아 2호 주초석 건물지가 1호 적심석 건물지를 파괴하고 세운 것으로 확인되어 두 건물지의 축조시기의 선후관계를 확인할 수 있었다. 그러나 출토된 유물의 성격을 고려하면, 이들 두 건물지의 시기차이는 크지 않을 것으로 판단된다. 3호 건물지는 이들 건물지에서 서남쪽 3m 아래에서 3개의 적심석이 85~100cm 간격으로 배치된 상태로 노출되었으나 남쪽 부분이 완전히 교란되어 건물의 정확한 규모는 파악할 수 없다. 다만 노출된 유구상태나 출토된 유물로 보아, 1호 건물지와 같은 시기에 건축되었을 것으로 판단된다.

제3지구에서 모두 5기의 竪穴住居址가 발굴되었다. 이 가운데 3기(1호~3호)는 竪穴住居址로 평면형태는 타원형이며, 竪穴住居址의 서북쪽에 등고선 위쪽방향으로 부엌과 배연시설이 설치되어있다. 2호 竪穴住居址의 경우 동쪽 벽면의 중앙에 직경 55cm, 깊이 40cm 크기의 수혈유구가 조사되었는데, 저장시설의 일종으로 판단된다. 4호 竪穴住居址는 柱穴건물지로 주혈의 주변에 구상유구가 조성된 특이한 주거구조 형식인데, 아마 등고선 위쪽에서 흘러내리는 流水를 차단하기 위한 것으로 추정된다. 5호 竪穴住居址는 온돌시설이 있는 반수혈 竪穴住居址이다. 온돌은 3개의 고래로 구성되었고, 해발고도가 낮은 서쪽에 火口가 설치되고, 지대가 높은 동쪽에 배연구가 조성되었다.

이외에 제3지구에서 1기의 노지, 2기의 구상유구, 그리고 3기의 민묘가 조사되었다. 노지는 평면형태가 장타원이며, 여러 개의 할석을 이용하여 솥 등을 걸쳐 놓을 수 있도록 하였다. 2기의 구상유구는 단면형태가 'U' 자형 또는 'V' 자형이며, 등고선의 위쪽에서 아래쪽으로 길게 이어진 형태이다. 조사된 민묘는 3기이나 완전한 형태는 1호이고 나머지 2기(2호와 3호)는 이미 이장이 이루어졌던 것으로 판단된다. 1호 민묘는 安東權氏 權後經(1656~1713)의 무덤으로 회곽목관묘이나, 발굴조사가 이루어지기 직전에 이장작업이 완료된 상태였으며, 조사과정에서 확인된 묘실의 크기는 170×125cm이다.

2. 出土遺物의 性格

제3지구의 건물지 유구에서 도기편, 백자편, 와편, 철제품 등이 출토되었고, 구상유구나 노지 등에서도 같은 성격의 유물들이 단편적으로 발굴되었다. 그러나 민묘에서 출토된 유물은 없다.

陶器片의 外面은 주로 흑색 또는 흑갈색이며, 內面은 흑회색의 색조를 띠고 있고, 속심은 황색의 색조를 나타내고 있다. 태토는 細石粒과 細砂粒이 함유된 정선된 니질의 태토를 사용하였다. 동체부에는 帶狀把手가 달려있으며, 파수의 내외면에는 성형 시 생긴 지두흔과 물손질흔이 남아있다. 파수부의 단면형태는 장방형이다. 동체의 내외면에는 물손질로 整面한 흔적이 보인다. 器種은 完形이 없어 알기 어려우나 잔존형태로 보아 항아리와 단지일 것으로 판단된다.

白磁는 정선된 白土를 사용하여 제작하였으며, 표면에 광택이 있는 乳白色의 유약을 시유하였다. 백자의 표면에는 成形痕이 남아있어 기면이 매끄럽지 못하다. 이곳 竪穴住居址나 건물지에서 출토된 백자편의 유약 施釉狀態와 熔融狀態는 비교적 양호한 편이다. 출토된 백자는 주로 대접과 사발류이다.

제3지구의 유구에서는 백자와 더불어 다수의 분청사기편이 출토되었다. 분청사기는 표면에 광택이 있는 녹청색의 유약이 시유되었으며, 그러나 유약의 시유상태와 용융상태는 대체로 불량하다. 표면에 미세한 빙렬이 확인된다. 굽은 수직굽이며, 접지면의 유약을 닦아내고 모래를 받쳐 번조하였다. 내저면에는 태토받침의 흔적이 확인되고 있다.

기와는 제3지구의 1호와 2호 건물지에서 주로 발굴되었고, 이외에도 竪穴住居址나 구상유구에서 출토되기도 한다. 기와는 가는 운모와 세사립이 혼입된 정선된 니질의 태토를 사용하여 제작하였고, 색조는 암회색을 띠고 있으며, 소성강도는 대체로 양호하다. 등면에는 무문양과 魚骨紋과 輪形紋이 시문된 것으로 구별된다.

석제품으로는 2점의 벼루가 2호 건물지에서 출토되었고, 4호 竪穴住居址에서 砥石 1점이 收拾되었으며, 2호 건물지에서는 직경이 5.3cm되는 紡錘車 1점이 발굴되었다. 벼루는 半破된 상태이며, 硯池는 비교적 깊은 편이고, 硯堂은 편평하게 처리하였다.

철제품은 1호 건물지에서 鐵釘이 출토되었고, 2호 건물지에서 꺽쇠 2점과 편자 1점이 출토되었다. 꺽쇠는 장방형의 동체부 끝부분을 각각 2번에 걸쳐 꺾어 만들었다. 편자는 말의 편자로 판파된 상태로 출토되었으며, 현재 4개의 못구멍이 남아있다.

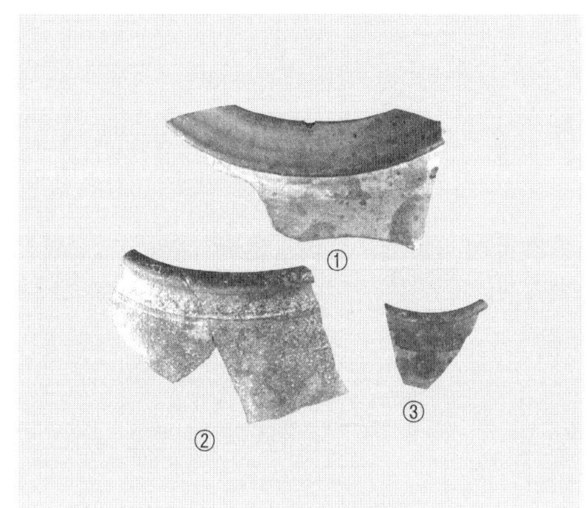

사진 13 1호 건물지 출토 도기

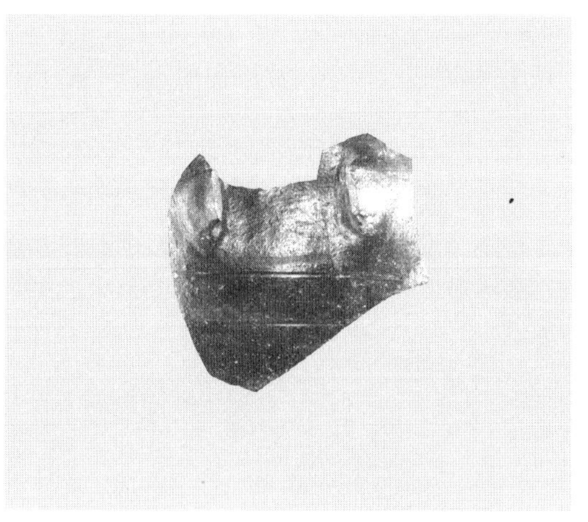

사진 14 1호 건물지 출토 도기

사진 15 1호 건물지 출토 도기

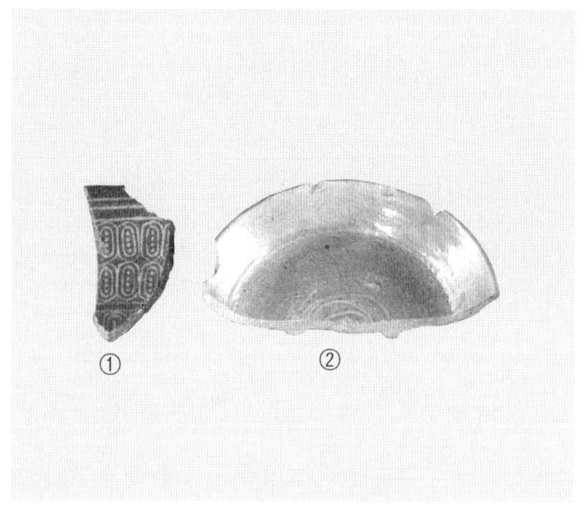

사진 16 1호 건물지 출토 자기

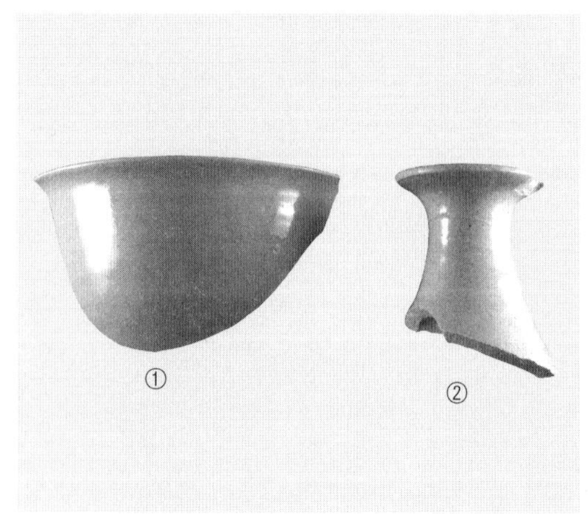

사진 17 1호 건물지 출토 자기

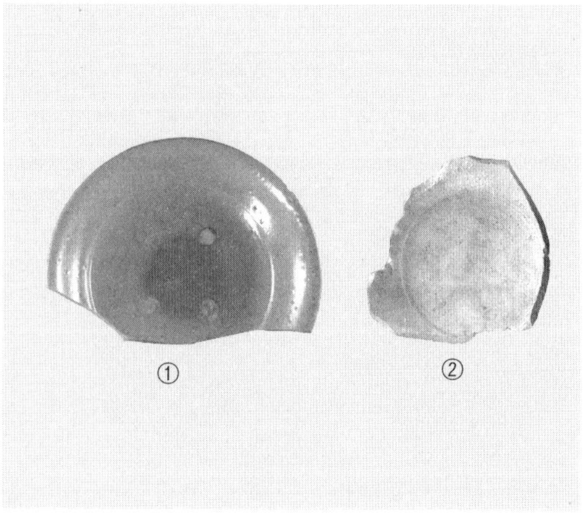

사진 18 1호 건물지 출토 자기

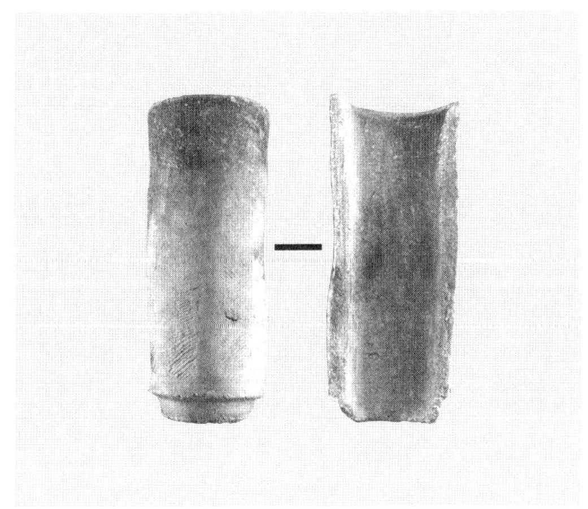

사진 19   1호 건물지 출토 기와

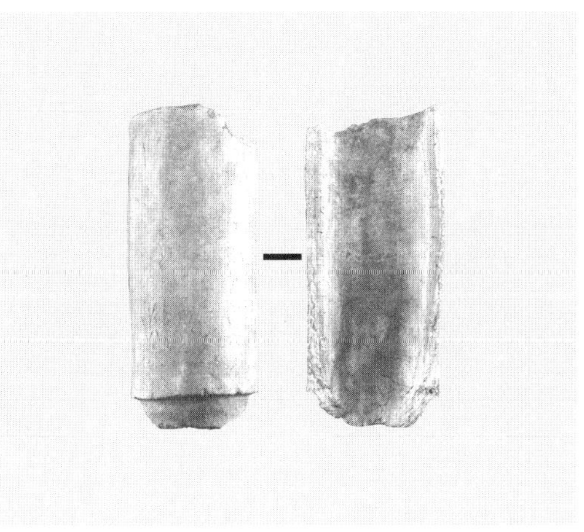

사진 20   1호 건물지 출토 기와

사진 21   1호 건물지 출토 기와

사진 22   1호 건물지 출토 기와

사진 23   1호 건물지 출토 철제품

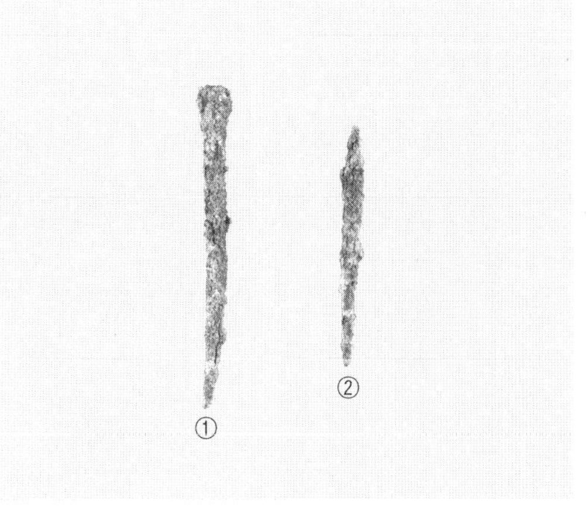

사진 24   1호 건물지 출토 철제품

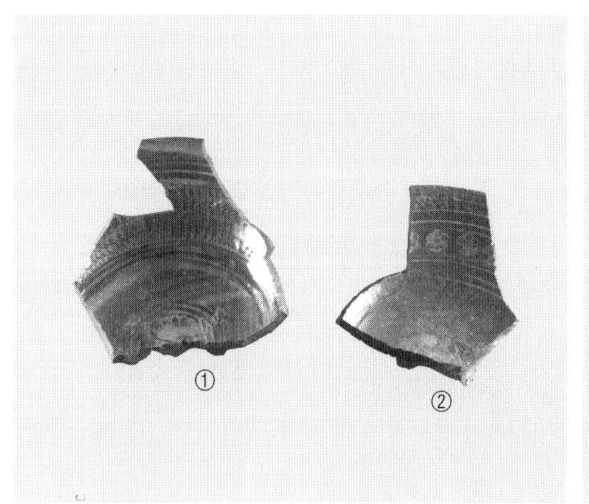

사진 25   2호 건물지 출토 자기

사진 26   2호 건물지 출토 도기

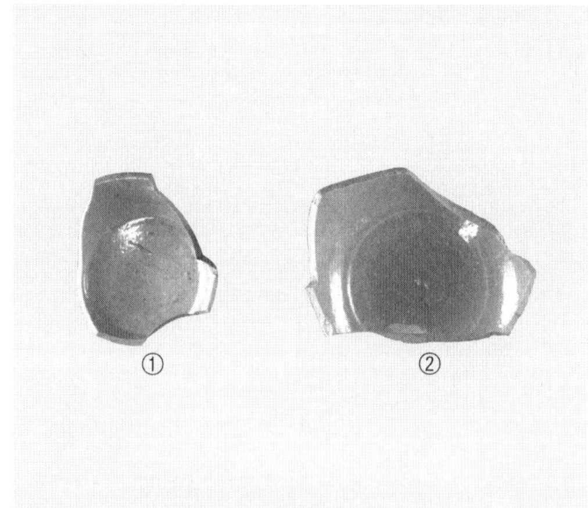

사진 27   2호 건물지 출토 자기

사진 28   2호 건물지 출토 자기

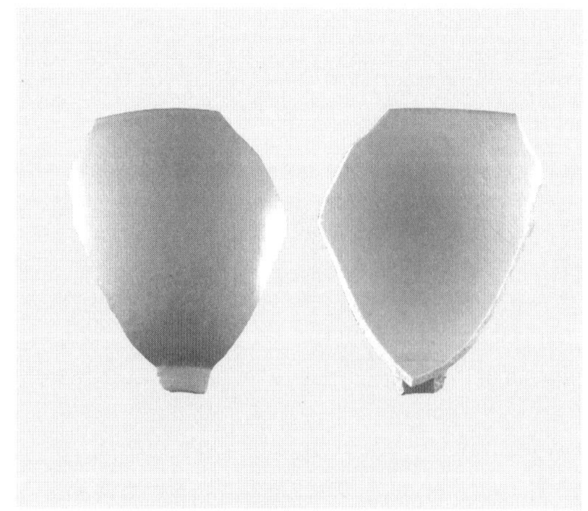

사진 29   2호 건물지 출토 자기

사진 30   2호 건물지 출토 기와

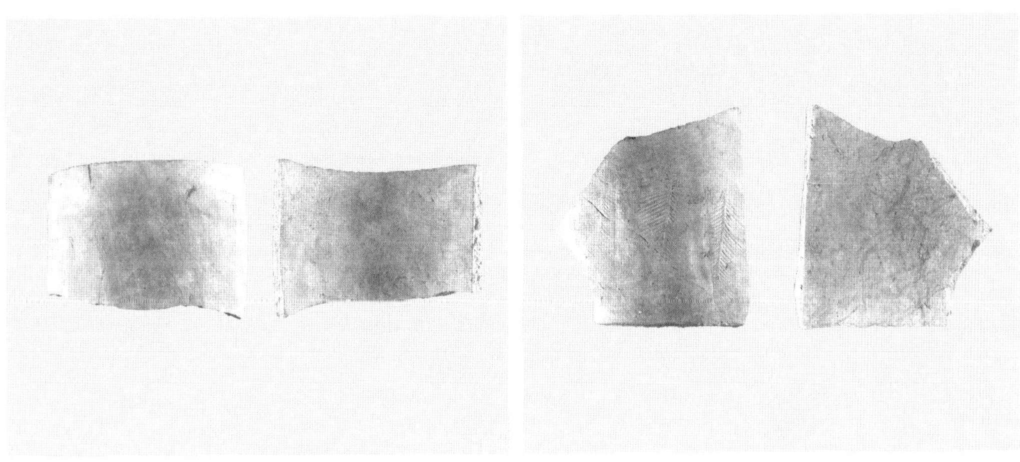

사진 31 2호 건물지 출토 기와 　　　　　 사진 32 2호 건물지 출토 기와

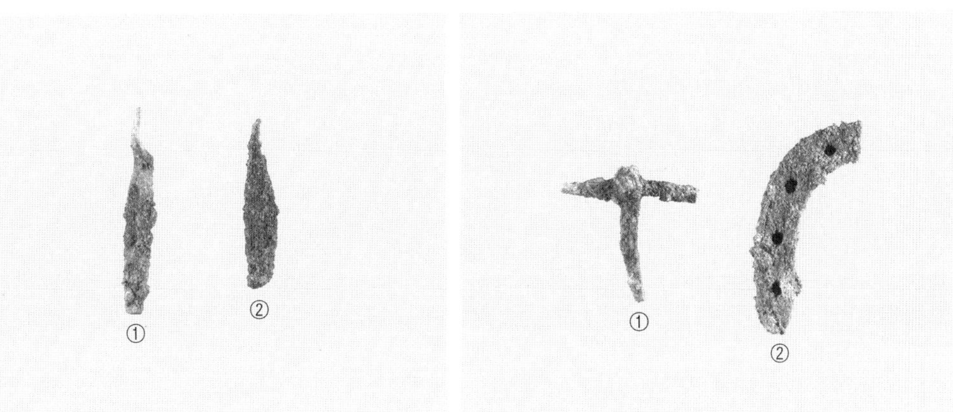

사진 33 2호 건물지 출토 철제품 　　　　　 사진 34 2호 건물지 출토 철제품

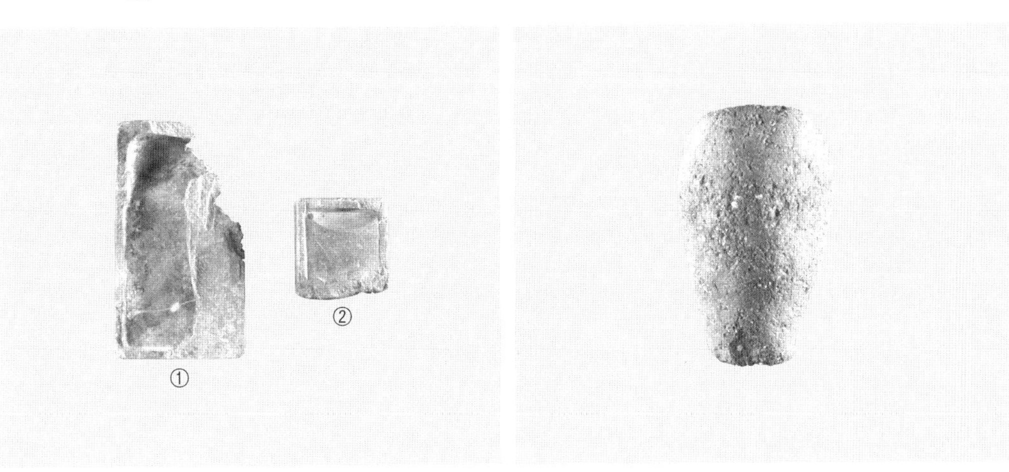

사진 35 2호 건물지 출토 벼루 　　　　　 사진 36 2호 건물지 출토 석제품

사진 37 2호 건물지 출토 방추차

사진 38 3호 건물지 출토 도기

사진 39 3호 건물지 출토 자기

사진 40 3호 건물지 출토 도기

사진 41 1호 수혈 주거지 출토 도기

사진 42 1호 수혈 주거지 출토 자기

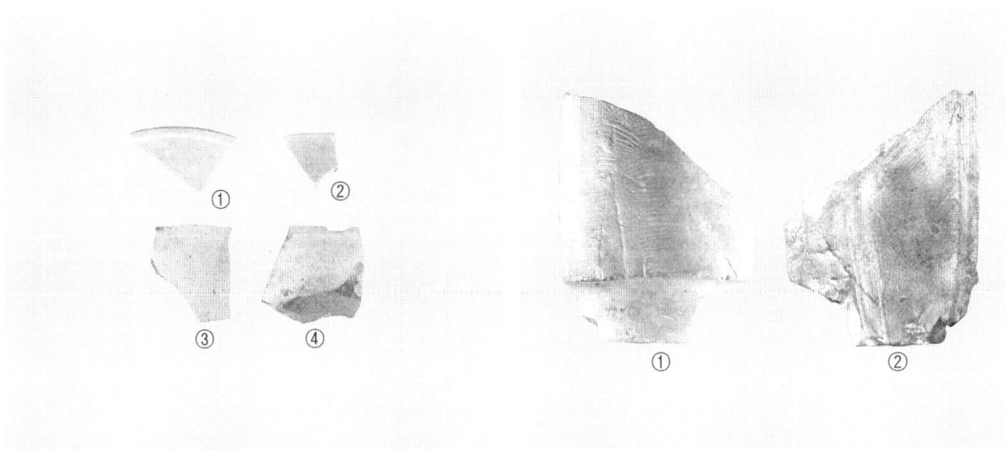

사진 43 1호 수혈 주거지 출토 자기

사진 44 1호 수혈 주거지 출토 기와

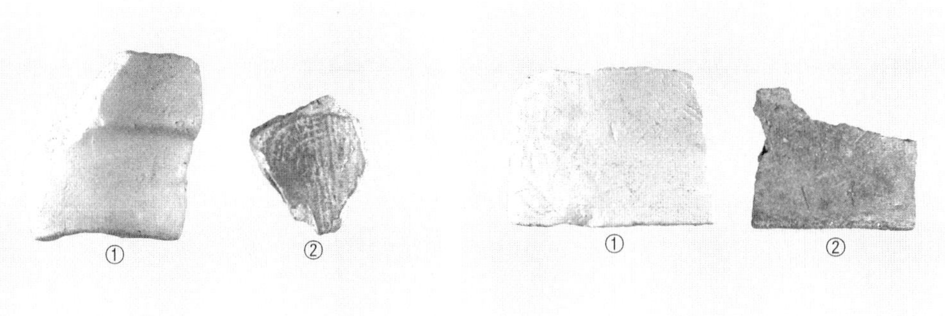

사진 45 1호 수혈 주거지 출토 기와

사진 46 1호 수혈 주거지 출토 기와

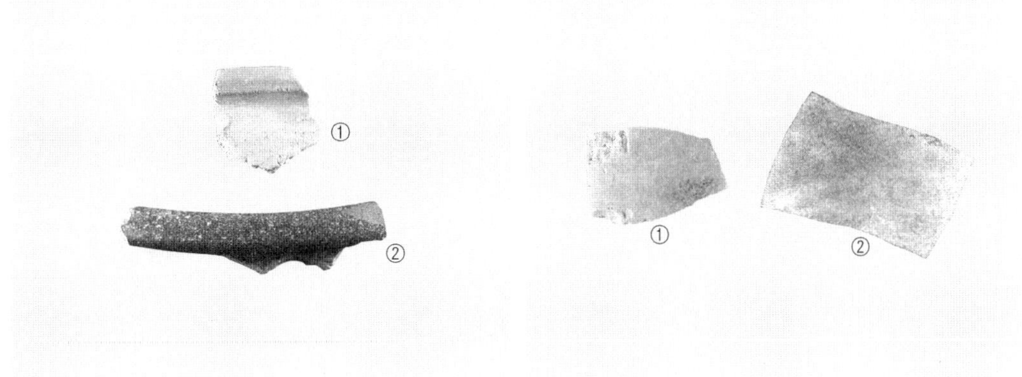

사진 47 2호 수혈 주거지 출토 도기

사진 48 2호 수혈 주거지 출토 도기

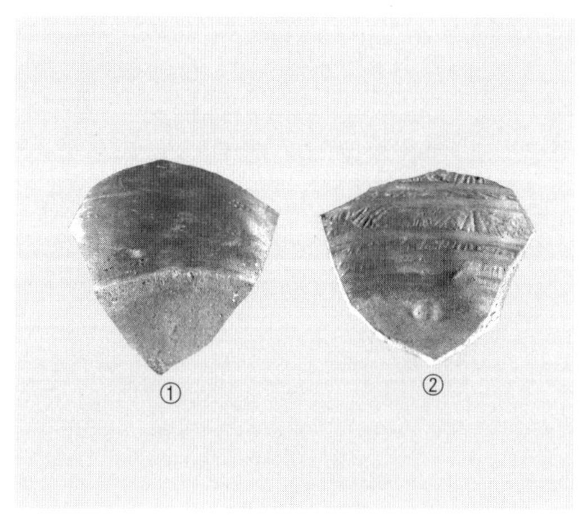

사진 49 2호 수혈 주거지 출토 도기

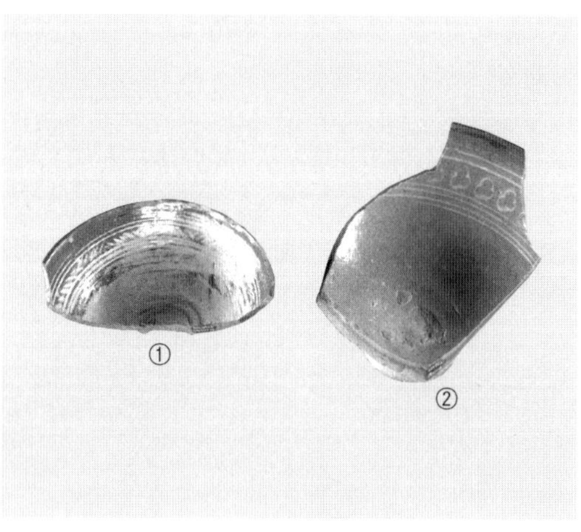

사진 50 2호 수혈 주거지 출토 자기

사진 51 2호 수혈 주거지 출토 자기

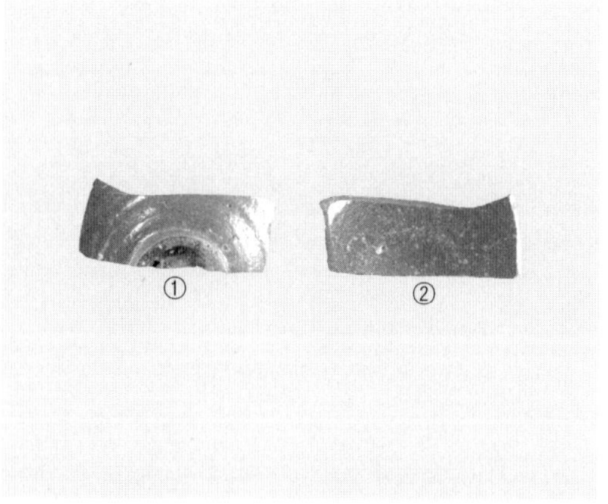

사진 52 2호 수혈 주거지 출토 자기

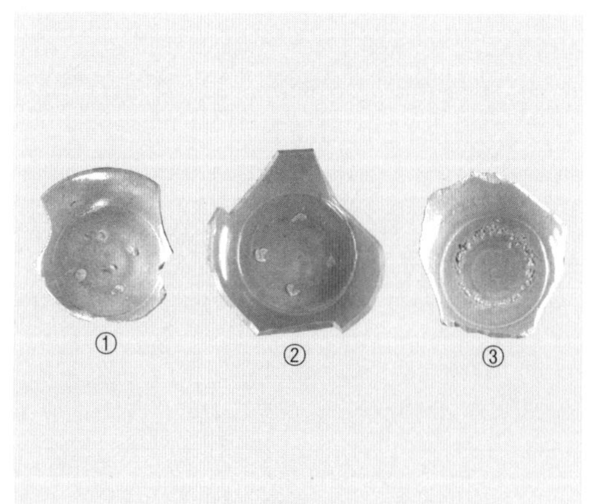

사진 53 2호 수혈 주거지 출토 자기

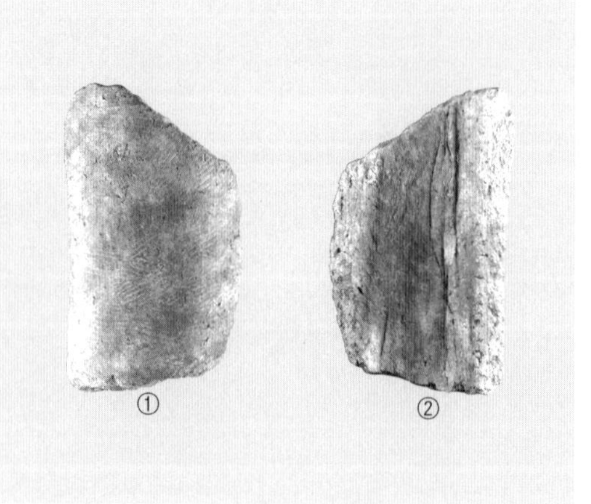

사진 54 2호 수혈 주거지 출토 기와

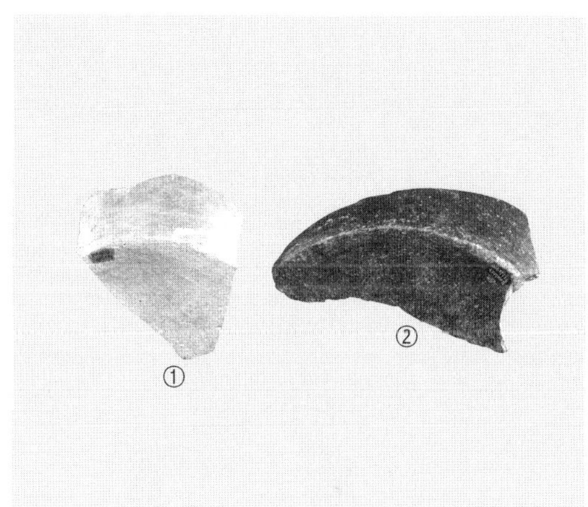

사진 55 3호 수혈 주거지 출토 도기

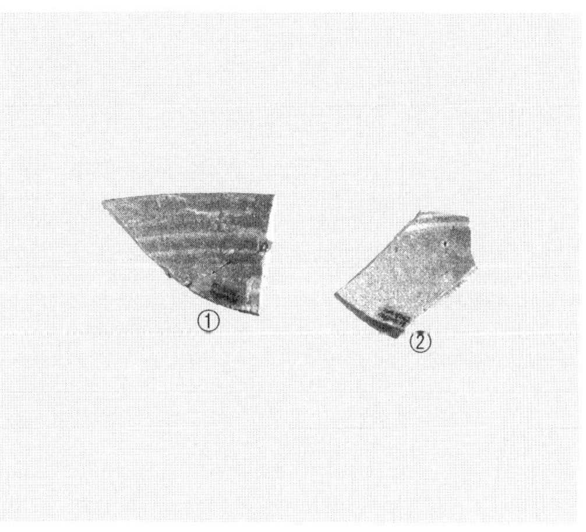

사진 56 3호 수혈 주거지 출토 자기

사진 57 3호 수혈 주거지 출토 자기

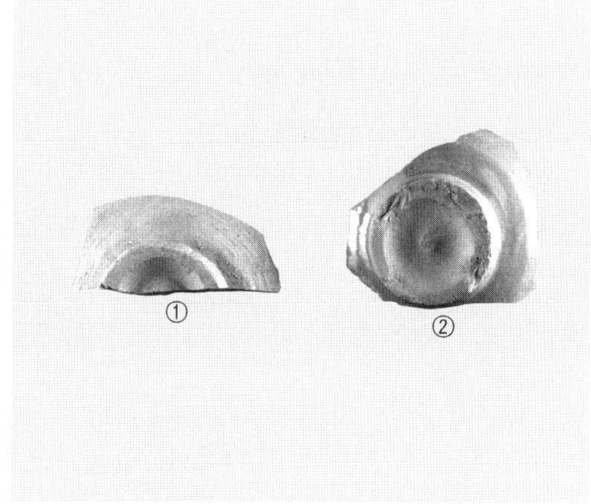

사진 58 3호 수혈 주거지 출토 자기

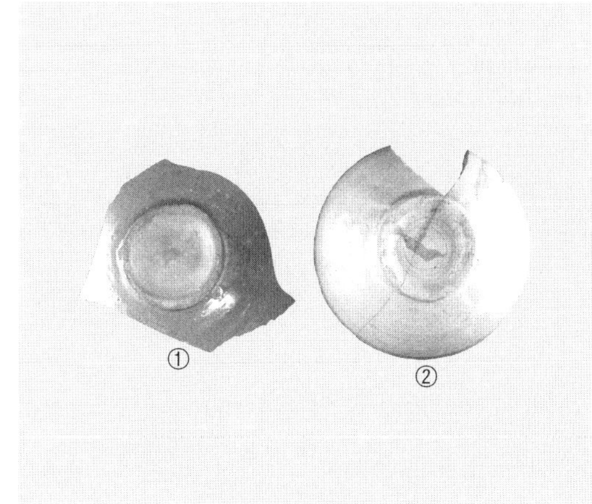

사진 59 3호 수혈 주거지 출토 자기

사진 60 3호 수혈 주거지 출토 기와

사진 61 3호 수혈 주거지 출토 기와

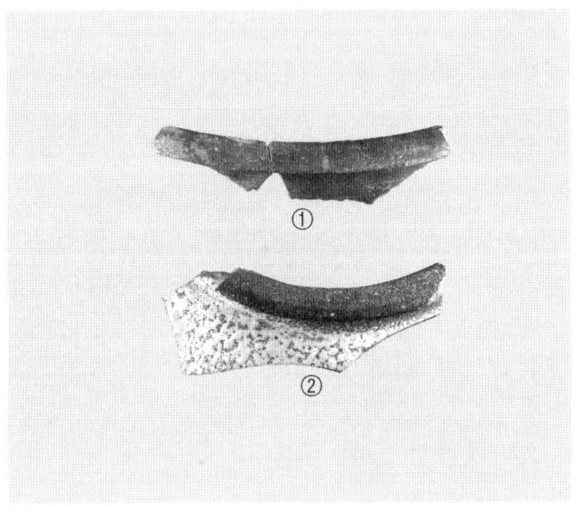

사진 62 4호 수혈 주거지 출토 도기

사진 63 4호 수혈 주거지 출토 도기

사진 64 4호 수혈 주거지 출토 도기

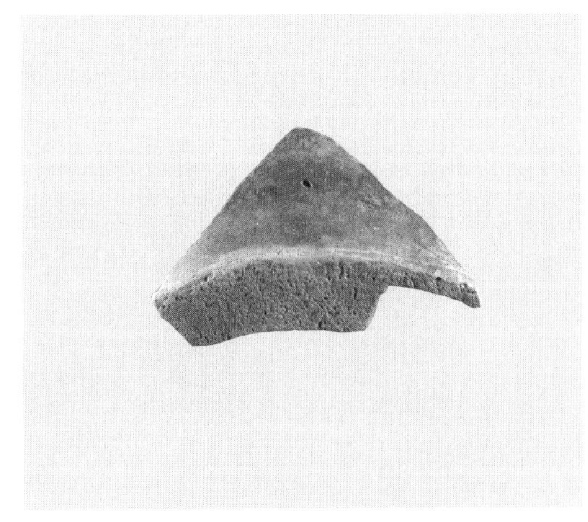

사진 65 4호 수혈 주거지 출토 도기

사진 66 4호 수혈 주거지 출토 도기

사진 67 4호 수혈 주거지 출토 자기

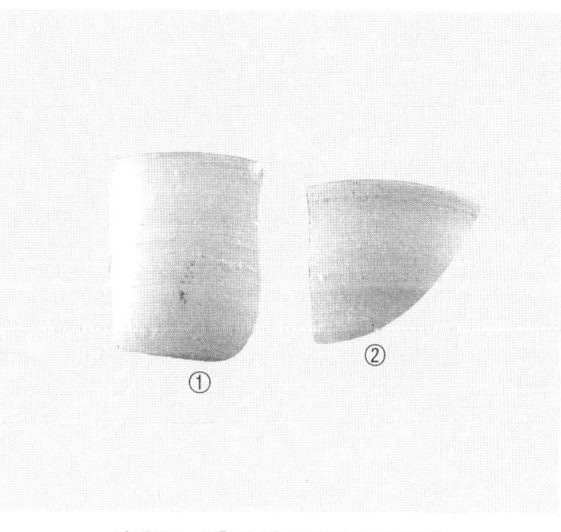

사진 68 4호 수혈 주거지 출토 자기

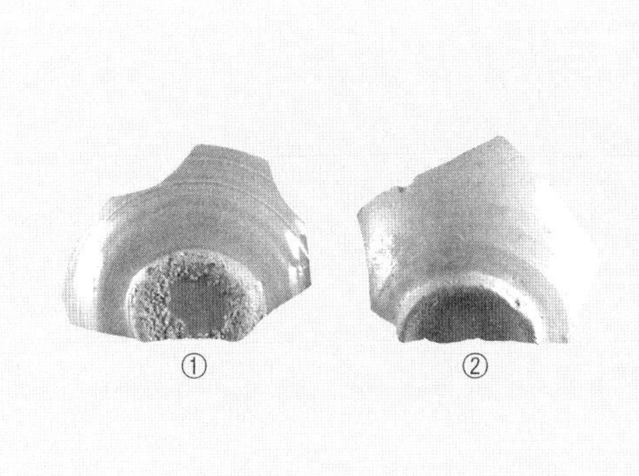

사진 69 4호 수혈 주거지 출토 자기

사진 70 4호 수혈 주거지 출토 석제품

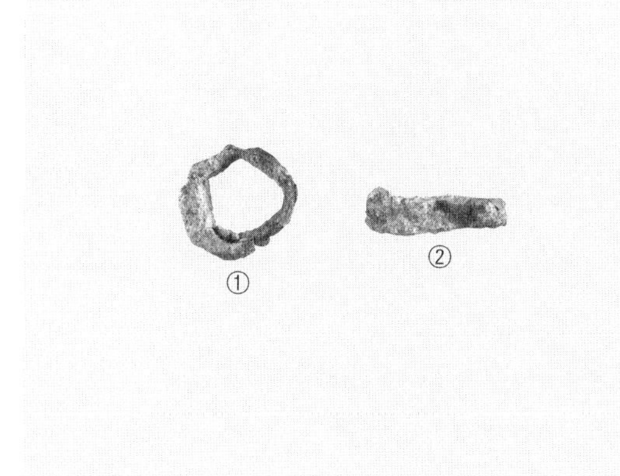

사진 71 4호 수혈 주거지 출토 철제품

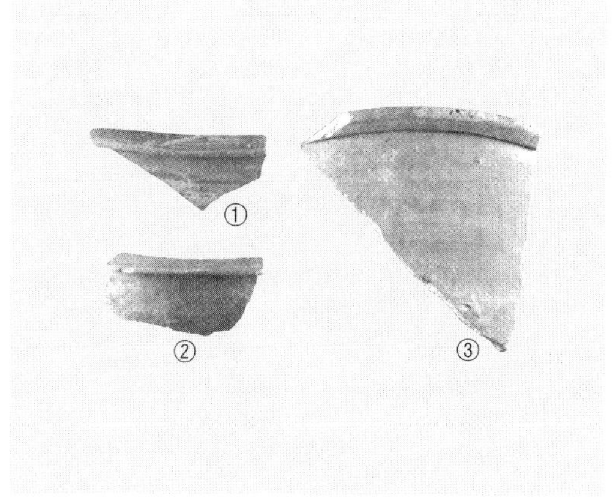

사진 72 5호 수혈 주거지 출토 도기

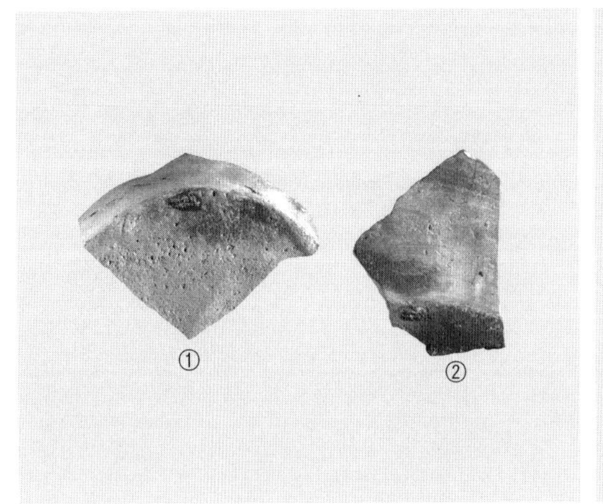

사진 73 5호 수혈 주거지 출토 도기

사진 74 5호 수혈 주거지 출토 자기

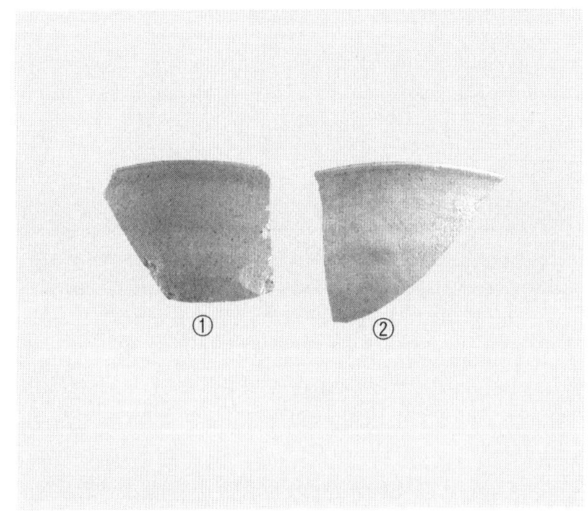

사진 75 5호 수혈 주거지 출토 자기

사진 76 5호 수혈 주거지 출토 자기

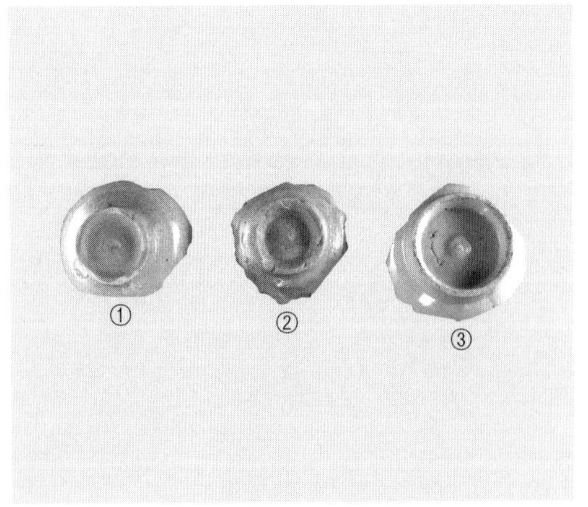

사진 77 5호 수혈 주거지 출토 자기

3. 建物址의 編年

　　제3지구에서 발굴된 건물지의 편년은 遺構의 중첩관계나 출토유물의 시기적 변화상을 토대로 판단할 수 있다. 즉 1호와 2호 건물지의 경우 앞에서 언급한 바와 같이 1호 건물지의 적심석을 파괴하면서 2호 건물지의 주초석 등이 세워진 것으로 밝혀졌다. 그러나 이곳에서 출토된 백자·분청사기·瓦片 등의 많은 출토사례에도 불구하고 유물이 器種이 매우 단조로우며, 또한 이들 유물 사이의 시기차이도 크게 드러나지 않고 있다. 따라서 이들 중첩된 두 건물지의 건축은 시기상 그리 크지 않았을 것으로 판단된다.

　　제3지구에서 조사된 건물지의 편년은 주로 시대적 특징을 명확히 드러내는 조선 분원 백자의 형태와 제작기법의 성격을 통하여 가늠할 수 있다. 예를 들어, 陶瓷器學 측면에서 볼 때,『世宗實錄地理志』에서 언급된 이전의 분원 가마에서는 백자와 백자상감이 발견되고 있고, 일부 가마에서는 조질의 청자가 같이 발견된다. 그러나 이 시기의 백자나 청자의 器面과 釉面이 고르지 못하고 內底를 굽의 직경보다 넓고 둥글게 깎아냈으며(內底圓角), 또한 포개서 번조된 것이 많아서 내저의 굽 밑에 태토 비짐눈의 자국이 있고, 굽밑에는 施釉 흔적이 없다. 죽절굽으로 힘이 있으며, 주로 태토 비짐눈으로 번조하였고, 굽안에 크고 깊게 음각으로 [仁]자 등 명문이 있는 것도 있다. 백자의 질은 정치해졌으나 아직 세련되지 아니한 상태이다.

　　『世宗實錄地理志』의 편찬되던 당대이거나, 그 이후로 계속되는 분원 가마에서는 백자와 청화백자 또는 청자가 발견되지만, 상감기면의 발견 사례는 거의 없다. 백자와 청자의 유약이나 태토가 대단히 세련되었다. 제작기법을 보면, 태토가 눈같이 희고 유약에는 약간의 담청색을 띠고 있고 器面도 매끄럽다. 또한 태토 비짐눈의 번조는 얼마 없고 가늘고 흰 모래받침으로 번조하였으며, 포개서 번조한 것이 없고 거의 전부가 匣鉢에 넣어서 번조하였으며, 굽다리는 조금 높고 완만한 倒立三角形을 하고 있다. 여기서 발견되는 정치하고 세련된 백자의 굽다리 안쪽에는 유면을 음각하여 나타낸 [天, 地, 玄, 黃]의 문자가 많이 발견되며 元末 明初의 전접시 형태가 있고 기타 꽃바래기·대접·사발·접시·병 등이 있다. 전접시와 일반 접시, 꽃바래기, 병 등이 모두 17세기까지 존재하였으며, 모든 기형이 시대에 따라 변형하고 있지만 특히 전접시는 시대에 따라 그 변화가 민감하여 시대 편년의 좋은 기준이 된다.

　　17세기 백자의 유약과 태토는 대체로 정치하며 같은 가마에서 양질의 백자와 약간의 조질의 백자가 번조되었으나 질은 전반적으로 하락하였다. 17세기 중엽에 이르면 양질의 백자와 조질 백자가 큰 차이가 없어 양질 백자가 조질 백자보다 좀 희고, 조질 백자가 회색을 머금었을 뿐이다. 대접과 접시 등의 굽다리 모양은 도립삼각형에서 점차 높이가 낮아지면서 일부가 倒立截頭三角形으로 변하여 더욱 낮아지고 작아졌으며 17세기 중엽에 일훈굽이 있다. 대접, 접시 등 내저원각부의 직경은 굽의 직경보다 점차 줄어들어서 중엽에 이르면 훨씬 작아지고 내저원각이 없는 기명이 많다. 간지와 [左·右]명은 굽다리 안의 유약을 음각하여 표시되었다. 器形과 器種은 15~16세기와 비슷하나 구연부의 형태, 비례는 약간의 변화가 있고, 17세기 중엽에 이르면 전혀 새로운 굽이 생겨나고 항아리의 뚜껑을 태토 비짐눈으로 번조하던 것이 둥근 백자받침으로 번조하며 기형에도 변화가 있는 것이 있으나, 15~16세기의 커다란 흐름이 그대로 계속되고 있다.

이러한 백자의 전통을 고려할 때, 제3지구의 건물지에서 출토된 백자는 15~16세기의 전통을 잘 나타내고 있다. 특히 유약의 시유상태나 색조 또는 태토성분의 정치함 등에서 이 시기의 특색이 두드러지며, 내저원각과 굽 직경의 상관관계 또한 전접시와 굽의 변화 등에서도 백자의 시기적 특성을 잘 살펴볼 수 있다. 한편 건물지의 바로 서북쪽 위편에서 조사된 1호 묘의 주인공인 安東 權後經의 生沒年代가 17세기 중엽에서 18세기 초인데, 이로 볼 때 임진왜란 이전에 이들 건물지가 건축되어 사용되다가 임진왜란을 거치면서 폐기되고, 이후 이곳에 安東權氏 일족의 무덤이 조성되었던 것으로 판단된다.

V. 結論

양주 은동마을 유적은 은동-회암 간 도로공사 구간에 대한 발굴조사 과정에 제3지구에서 확인된 유적이다. 제3지구는 북쪽은 나지막한 야산이고 남쪽은 경작지로 이용되던 곳이며, 조사지역의 동쪽에는 宣祖의 딸인 貞和翁主와 權大恒의 합장묘가 위치하고 있다.

建物址 遺構는 동남부 하단부에서 柱礎石 건물지 3기와 竪穴住居址 5기 등의 생활유적이 조사되었고, 이외에도 이들 건물과 관련된 溝狀遺構 2기와 爐址 1기도 조사되었다. 그리고 조사지역 서북쪽 능선에서는 3기의 민묘가 발굴되었다. 이곳 遺構에서 白磁片, 분청자편, 陶器片, 기와편, 철제품, 砥石 등의 유물이 다량 출토되었다.

조사된 건물지는 적심석으로 건축된 1호와 주초석으로 건축된 2호 건물지가 중첩된 상태로 노출되었다. 그런데 조사상태로 보아 2호 주초석 건물지가 1호 적심석 건물지를 파괴하고 세운 것으로 先後關係가 확인되었다. 그러나 출토된 유물을 고려하면, 두 건물지의 시기 차이는 크지 않을 것으로 보인다. 3호 건물지는 1화와 2호 건물지에서 서남쪽으로 3m 거리에서 3개의 적심석이 85~100cm 간격으로 배치된 상태로 노출되었으나 교란상태가 심하여 정확한 규모는 파악할 수 없다. 다만 1호나 2호 건물지와 같은 시기에 건축되었을 것으로 생각된다.

竪穴住居址는 모두 5기이며, 1호~3호의 평면형태는 타원형이며, 竪穴住居址의 서북쪽에 등고선 위쪽방향으로 부엌과 排煙시설이 있다. 4호 竪穴住居址는 반수혈에 주혈이 있고, 주변에 구상유구가 조성된 특이한 주거구조를 하고 있다. 그리고 5호 竪穴住居址는 온돌시설이 있는 半竪穴住居址이다.

발굴된 민묘는 3기이다. 그러나 완전한 형태는 1기(1호)이고 나머지 2기(2호와 3호)는 이미 移葬이 이루어졌다. 1호 민묘는 문중으로 도움으로 安東權氏 權後經(1656~1713)의 무덤으로 확인되었다. 墓葬 형태는 회곽목관묘이며 발굴조사가 이루어지기 직전에 이장작업이 완료되었다. 조사과정에서 확인된 묘실의 크기는 170×125cm이다.

제3지구의 건물지는 이곳에서 출토된 백자들은 유약의 시유상태나 색조 또는 태토성분, 그리고 내저원각과 굽 직경의 상관관계 또한 전접시와 굽의 변화 등에서 대략 15~16세기의 전통을 잘 나타내고 있다. 한편 건물지의 바로 동쪽에 貞和翁主와 權大恒(1610~1666)의 합장묘가 위치하고 있으며, 발굴된 1호묘의 주인공인 安東 權後經(1656~1713)의 生沒年代가 17세기 중엽에서 18세기 초이다. 따라서 이곳에서 조사된 건물지는 출토된 유물과 주변의 유적으로 볼 때, 임진왜란 이전에 이들 건물지가 건축되어 사용되다가 임진왜란을 거치면서 폐기되었던 것으로 판단되며, 특히 1호~3호 건물지는 이곳 安東權氏 一族과 연계된 王家 姻戚의 私墓 管理와 관련된 부속 건물 등의 기능을 하였던 것으로 판단된다.

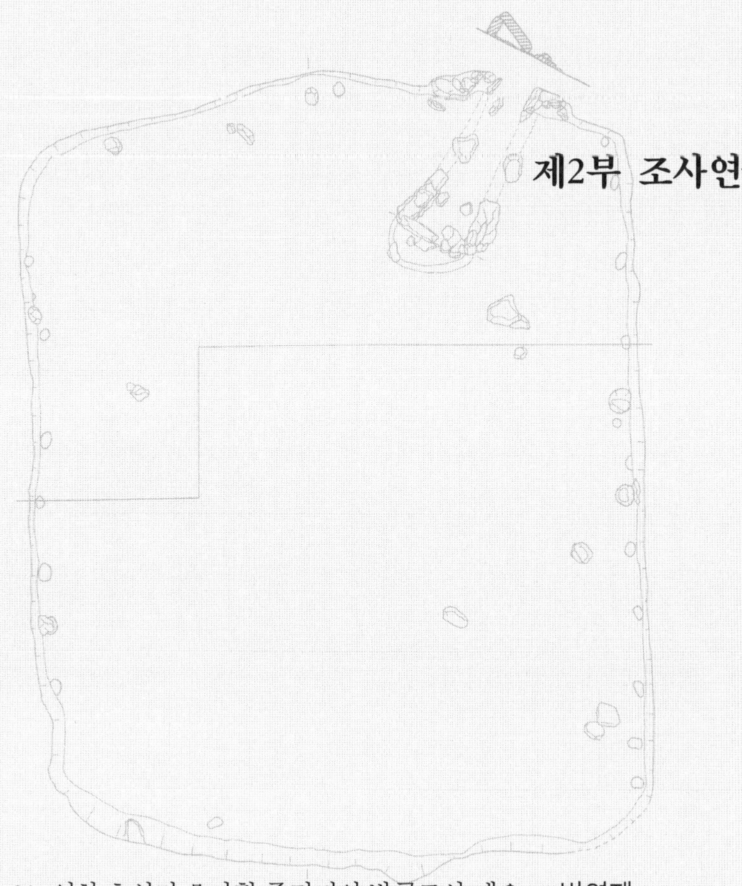

제2부 조사연구

01 연천 초성리 凸자형 주거지의 발굴조사 개요 … 박영재

02 하남 춘궁동 朝鮮時代 竪穴住居址의 조사 연구 … 양진호

03 오산시 청호동 朝鮮時代 竪穴住居址의 小考 … 유태용

04 金浦市 通津鄕校 東·西廡址의 發掘과 文獻資料의 檢討 … 김도훈

05 김포시 김포향교 東齋址와 西齋址의 조사연구 … 김미희

06 오산 원동 근대 건물지의 一考 … 김동영

연천 초성리
凸자형 주거지의 발굴조사 개요

박영재

Ⅰ. 조사개요

　　연천 초성리 凸자형 주거지에 대한 발굴조사는 경기도 연천군 청산면 초성리에서 연천군 청산면 백의리 사이를 연결하고 있는 지방도 322호선을 확·포장하는 도로구간에서 실시되었다. 이곳은 육군사관학교 화랑대연구소 국방유적연구실에 의해 2004년 7월에 실시한 지표조사의 결과에 따라 시굴조사 의견이 제시된 4지점(A지점, B지점, G지점, 그리고 H지점) 가운데 B지점에 대해서 실시되었다.[1]

　　凸자형 주거지의 조사가 이루어진 B지점은 한탄강과 신천이 합류하는 지점에서 서쪽으로 약 200m 지점에 위치하고 있으며, 322번 지방도로의 바로 남쪽에 인접하고 있다. 이곳 초성리 유적에 대한 발굴조사는 2005년 11월 29일부터 2006년 1월 13일까지 육군사관학

---

1) 육군사관학교 화랑대연구소, 2006, 『연천 청산 - 백의간 도로확·포장 공사구간 내 발굴조사 보고서』, 백산문화.

교 화랑대연구소에 의해 실시되었다.

凸자형 주거지가 조사된 연천군의 지리적 위치를 보면, 연천군은 동경 126°36′~127° 11′, 북위 37°55′~38°16′의 경기도의 동북쪽 끝에 위치하고 있다. 따라서 연천군은 지정학적으로 한반도의 허리에 해당한다고 하겠다. 동쪽은 포천군과 접경하고 있으며, 서쪽은 황해도 장단군, 남쪽은 양주시 · 동두천시 · 파주시, 북쪽은 황해도 금천군 · 강원도 철월군과 접경하고 있다.

연천군의 지형을 보면, 마식령산맥과 광주산맥에서 뻗어 내린 지맥에 의해 형성된 해발 200m 이상의 연속된 산지와 이 사이를 남북으로 흐르는 대소 하천에 의해 형태가 결정되고 있다. 지형학적으로 '연천' 혹은 '臨津盆地'라 불리기도 하는 이 지역은 전체적으로 북서부와 동쪽의 고도가 높게 나타나고, 산지 사이의 하곡 및 남쪽의 군경계에 해당하는 임진강 연안은 해발 100m 이하의 완만한 평지로 구성된다.

한반도 중부지방에서 조사된 대표적인 초기철기시대 凸자형 주거지는 서울 풍남토성, 경기도 하남시 미사동, 가평군 대성리, 강원도 강릉시 병산동 유적, 춘천시 중도, 춘천시 신북읍 율문리, 원주시 가현동, 횡성군 둔내, 명주군 안인리, 양양군 가평리 유적, 충청남도 아산시 갈매리 유적, 충청북도 중원군 하천리 유적 등이 있고, 이외에도 강원도 명주군 안인리 유적에서는 呂자형 주거지와 凸자형 주거지가 발굴되었다. 呂자형 주거지로는 경기도 포천시 자작리 유적[2]이 있다. 이들 凸자형 주거지에서는 경질무문토기 · 타날문토기 · 회갈색토기 등의 土器類와 鐵製刀子 같은 鐵器類의 유물이 다수 출토되고 있다. 초성리 凸자형 주거지의 발굴은 임진강에서 한탄강으로 이어지는 초기철기시대의 문화적 양상을 규명하는데 중요한 자료를 제공할 것으로 보인다.

B지점의 주거지에 대한 조사는 2개의 test pit와 7개의 트렌치를 설정하고 제토작업을 실시하였다. 조사결과 초기철기시대에서 백제초기에 이르는 凸자형 주거지 2棟과 함께 수혈유구 1기, 그리고 야외노지 1기 등이 추가로 발굴되었다. 그리고 이곳 주거지의 조사과정에 다량의 경질무문토기와 연질 타날문토기편 등이 출토되었다.

---

2) 경기도 박물관, 2004, 『포천 자작리 유적』I.

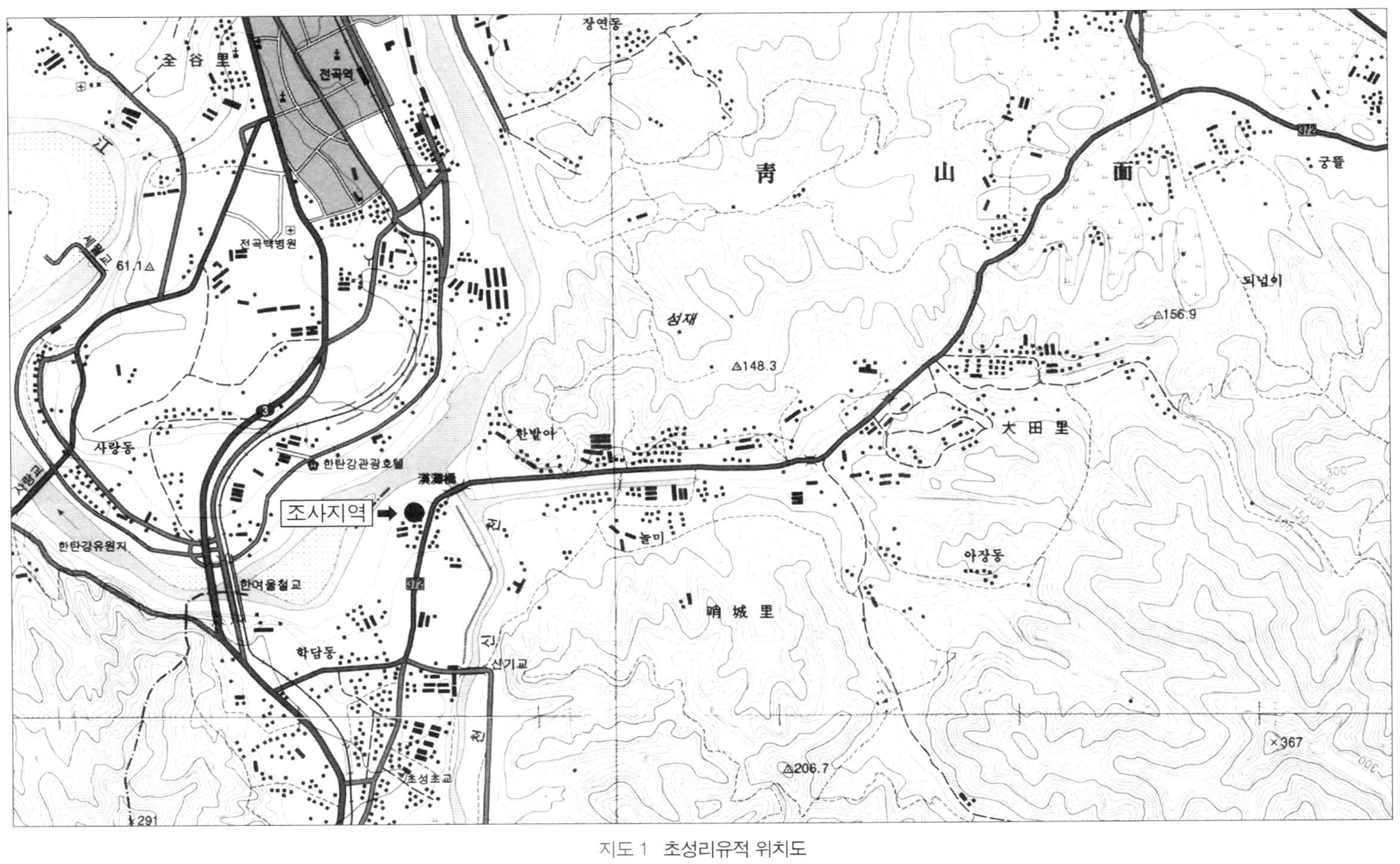

지도 1 초성리유적 위치도

사진 1 초성리유적(원경)

사진 2 1호 주거지(노출상태)

II. 초성리 1호 주거지

1. 조사유구

1호 주거지는 조사지역의 서남쪽에 위치한 畜舍를 제거하고 설정한 트렌치 Tr4를 제토하면서 노출되기 시작하였고, 表土를 완전히 제거하자 완전한 형태의 주거지 평면이 노출되었다. 장축방향이 동북-서남 방향인 주거지는 남쪽에 出入部가 있고, 남쪽과 북쪽이 완만하게 돌출된 6각형의 모습을 하고 있다. 주거지의 규모는 남북 장축 길이가 958cm이고, 774cm이고, 깊이는 20~22cm이다.

주거지의 구조는 出入口, 住居址 內部, 爐址, 壁體施設 등으로 구분된다. 먼저 出入口는 남쪽의 돌출된 부분에 해당하며, 벽체와 출입부 시설 사이의 燒土化된 흔적을 통하여 전체적인 규모를 확인할 수 있다. 벽체와 연결되는 부분의 폭은 50cm이고, 이 부분에서 출입부의 폭이 50cm를 유지하면서 남쪽으로 약 120cm 정도 연장되고 있다. 그러나 出入口 남쪽의 시작되는 지점은 명확하게 나타나지 않았다. 벽체에서 주거지 안쪽에는 직경이 약 40cm 정도 범위의 扇形으로 토사가 완만하게 돋아있는데, 이는 아마도 주거지 내부에서 出入口로 자연스럽게 나다닐 수 있게 하기 위한 기술적 측면에서 조성한 것으로 보인다.

住居址 內部는 주변 漂土보다 약 20cm 아래로 굴착하고 조성한 半竪穴 주거지로, 주거지 발굴은 크게 4분법을 적용하였다. 表土를 제거하자 주거지 廢棄 당시 화재가 발생한 듯 벽체를 구성했던 것으로 보이는 붉은 색 砂質粘土로 된 燒土가 대략 12~17cm 두께로 넓게 노출되었고, 그 아래에서는 타다 남은 木材 板子가 다량으로 露出되었다.

주거지 생활면의 토기는 주로 동북쪽에 위치한 爐址의 左右 측면에서 집중적으로 노출되었으며, 특히 저장시설로 추정되는 대형 甕器類는 노지의 좌측에서 집중적으로 출토되었다. 따라서 노지를 중심으로 한 주변지역이 1호 주거지의 廚房이었던 것으로 판단된다. 동남쪽 모서리의 생활면에서는 土製 紡錘車 등이 출토되었다.

기둥역할을 한 木柱는 벽체에 바짝 붙은 상태로 대략 90cm 내외의 간격을 두고 직경 20cm 크기로 조사되었다. 이들 목주는 대체로 圓形 또는 方形으로 노출되고 있으나 하단부의 柱孔에 해당되는 부분은 모두 방형에 가깝게 다듬어져 있다. 이는 木柱로 사용하고 자는 나무를 대략 각진 형태로 다듬고, 다시 주공에 묻히는 부분은 폭이 좁은 방형으로 다듬는 당시의 주거지 건축 기술에 따른 것으로 판단된다. 그러나 이러한 木柱는 벽체 주변 이외의 다른 내부에서는 전혀 확인되지 않았다. 다만 벽체에서 20cm 안쪽에 柱礎石으로 판단되는 石

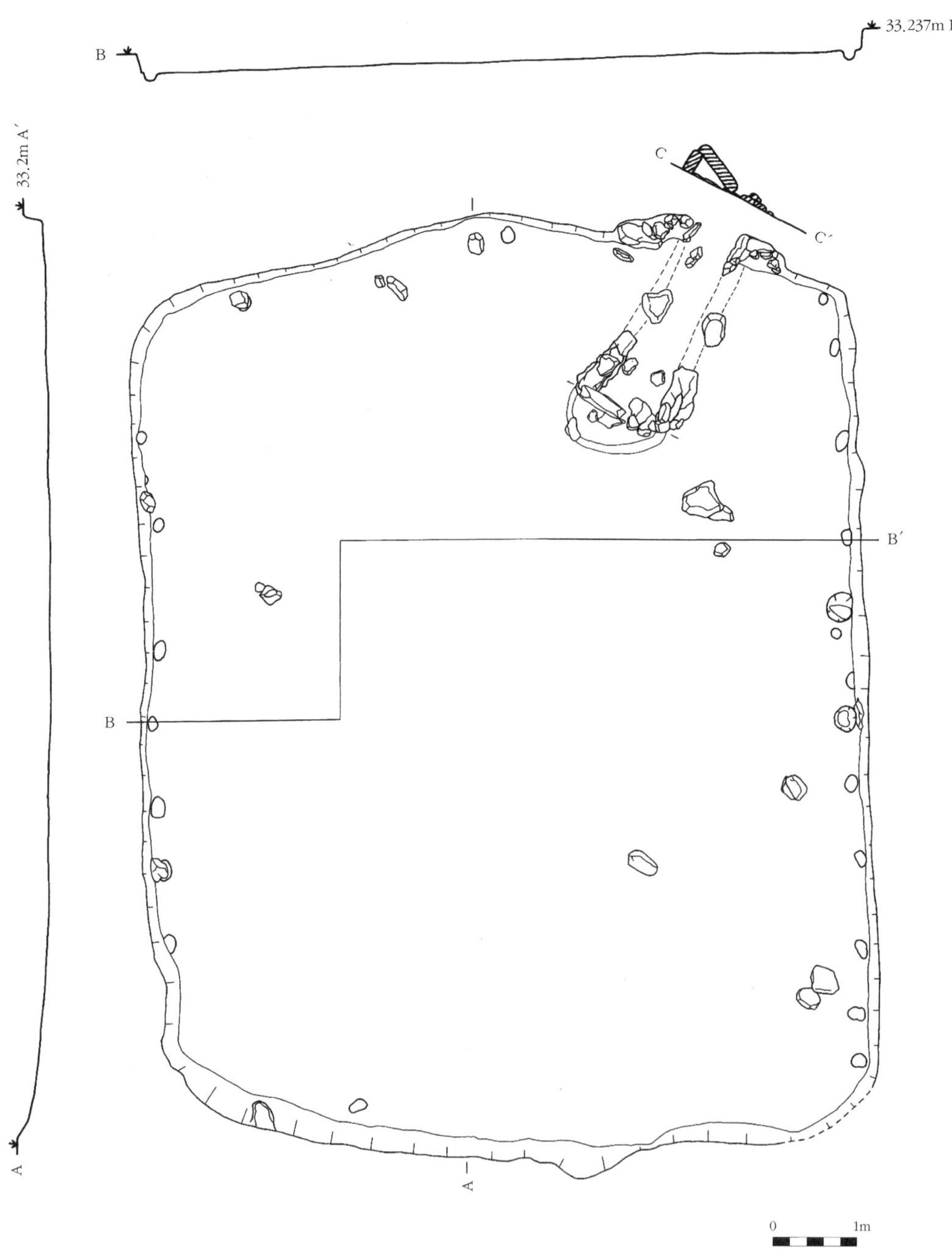

도면 1   1호 주거지(조사완료 후)

사진 3 1호주거지(항공촬영)

사진 4 1호주거지 노지

材가 노출되기는 하였으나, 이들 석재가 주초석 역할을 한 것인지는 분명하지 않다.

주거지 바닥의 중심부분에서 소형 鉢形 硬質無文土器 1점이 출토되었는데, 이 토기의 내부가 매우 심하게 불에 그을린 상태로 검게 불에 탄 상태로, 아마도 내부의 불을 밝히던 火爐 또는 등잔 같은 역할을 하던 토기로 판단된다.

爐址는 주거지의 동북쪽에서 조사되었다. 노지의 전체 길이는 220cm이고, 입구의 폭은 80cm이나 연소부로 갈수록 폭이 점차 좁아져 연소부에 이르면 폭이 50cm가 된다. 노지의 입구 앞 쪽은 폭이 약 10cm 내외의 점토를 扇形으로 양쪽 끝가지 점토로 이었고, 그 안쪽에서 노지 입구까지는 얇은 판석을 깔아서 노지의 바닥을 조성하였다. 爐址의 고래 바닥은 판석과 토기를 얇게 깔아 불길이 연소부로 잘 이동할 수 있도록 하였다. 노지의 殘存 높이는 20~23cm이며, 노지의 벽면 폭은 12~14cm이다. 노지 벽체의 중간 중간에 판석을 세웠고, 그 사이는 점토를 발라서 벽체를 구성하였다.

爐址의 좌우 주변에서는 경질무문토기와 연질타날문토기로 구성된 甕, 시루(甑), 短頸壺, 深鉢形土器 등이 다량으로 출토되었다. 爐址 우측에서 동북쪽 벽면까지는 바닥의 높이가 다른 곳보다 약간 높게 조성되었는데, 이곳에서는 주로 壺와 小形土器類가 출토되었다. 그리고 爐址 좌측에서는 大形甕과 深鉢形土器가 출토되었다. 따라서 주거지의 내부구조는 遺物과 遺構의 노출상태를 고려하면, 남쪽의 出入口와 북쪽의 廚房과 爐址, 그리고 左右側面의 日常生活 지역으로 구분되고 있다.

2. 出土遺物

(1) 短頸壺(사진 5~6)

1호 주거지의 爐址에서 서쪽으로 1m 지점에서 출토된 灰色 短頸壺이다. 주거지 내부의 함몰토로 인해 편으로 깨져 있었으나, 구순의 일부가 유실된 것을 제외하고는 비교적 完形으로 잘 남아 있다. 내외면은 회색의 색조를 띠고 있고, 경부와 동체부의 일부는 불에 맞아 검게 그을려 있다. 비교적 잘 정선된 점토질의 태토를 사용하여 토기를 조성하였으며, 태토에는 미세한 사립과 운모가 다량 함유되어 있다.

토기의 구연부는 짧고 급하게 外反되었고, 口脣은 각이 지면서 약간의 凹面을 형성하였다. 頸部는 수직으로 내려오다가 壺形의 동체와 연결되며, 平底部를 이루고 있다. 구연부와 경부의 내외면에는 물레로 성형한 흔적이 확인되며, 기벽 외면에는 횡방향으로 물손질하여 整面한 흔적이 관찰된다. 소성상태는 양호하다. 토기의 구경은 13.6cm이며, 높이는 19.5cm이고, 동체부의 두께는 0.6~1.0cm이다.

(2) 硬質無文土器 鉢(사진 7)

구연부가 일부 유실된 것을 제외하고는 완전한 형태로 잘 남아있는 鉢形土器로 1호 주거지의 중앙 바닥면에서 거꾸로 놓여있는 상태로 출토되었다. 저부는 平底이나 미약하게 굽을 조성하려했던 흔적이 확인되며, 약간의 축약을 거친 후 비교적 급하게 외반하는 동체부와 연결된다. 동체의 상부에서 약간 좁혀 들다가 구연부를 급하게 외반시켰다. 구순은 둥글게 처리하였다. 저부의 縮約部에는 손누름 접합흔적이 보이며, 구연부의 내면에서도 손누름 흔적이 확인된다. 또한 기벽의 내외면에는 물손질로 정면한 흔적이 관찰된다. 태토는 고운 점토질로 3㎜내외의 석영계 石粒과 미세한 砂粒이 함유되어 있다. 외면과 속심의 색조는 암회색, 내면은 흑색의 색조를 띤다. 토기의 구경은 13.0cm, 저경은 6.7cm이고, 높이는 6.8cm이며, 두께는 0.5~0.7cm이다.

(3) 直口短頸小壺(사진 8)

1호 주거지의 爐址를 조성하는 壁體 위에서 출토되었다. 가는 雲母와 沙粒, 2mm내외의 石粒이 다량으로 포함된 점토질의 태토를 사용하여 토기를 조성하였다. 구연부와 동체부의 일부가 유실된 상태지만 전체적인 기형을 파악하는데는 무리가 없다. 저부는 평저이며, 축약을 거치지 않고 壺形의 동체와 연결된다.

토기 구연부는 동체부에서 직립에 가깝게 외반하여 올라가며, 구순은 둥글게 처리하였다. 기벽의 외면은 赤褐色의 태토로 슬립을 입혀 마연한 것으로 보이나, 동체의 하단부는 剝離가 심하여 슬립이 벗겨져있고 석립 또한 돌출되어 있다. 토기의 내면은 구순부를 제외한 전면이 火氣에 의해 검게 그을려 있다. 동체의 내외벽에는 물손질로 정면한 흔적이 뚜렷이 관찰되며, 내벽에는 指頭壓痕이 확인된다. 잔존하는 토기의 口徑은 9.2cm이고, 底徑은 7.0cm이며, 높이는 9.5cm이다. 器壁의 두께는 0.4~1.1cm이다.

(4) 外反口緣 甕(사진 9)

1호 주거지의 바닥면에서 출토된 甕形土器로 노지의 서쪽에서 조사되었다. 황색의 색조를 띠고 있으며, 기벽의 내외면이 불을 맞아 검게 변색되었다. 태토는 대소사립과 운모, 석영계 석립이 다량 함유된 점토를 사용하였다. 구순부에서 저부까지의 편으로 전체 기형이 복원된 것으로 구순부와 동체부의 일부가 유실되었으나. 비교적 완형으로 복원되었다.

주거지가 불에 타 폐기되면서 고열을 받아 토기가 전체적으로 한쪽으로 기울어져 있다. 편평한 평저의 바닥에서 축약을 거친 후 옹형의 동체부와 연결된다. 동체부는 상부로 가면서 점차 넓어지며, 동체부의 상부에서 최대경을 이룬다. 구연부는 좁아진 동체 상부에서 직립에 가깝게 외반한다. 외반도는 그리 크지 않고, 구순은 평평하게 처리하였다. 저부의 접합부와 구연부에서는 지두압흔이 확인되며, 동체부의 외벽에서는 무문양 박자의 흔적이 관찰된다. 동체의 내벽에서는 종방향으로 손으로 쓸어올려 成形한 흔적이 확인된다. □徑은 38.1cm이고, 底徑은 14.8cm이이며, 器高는 47.7cm이다. 두께는 0.8~1.0cm이다.

(5) 外反口緣 甕(사진 10)

외반구연의 경질무문토기로 1호주거지의 노지 서쪽에서 출토되었다. 주거지내의 함몰토로 인해 편상태로 깨어져 있었지만 동체부의 일부를 제외하고 거의 完形으로 복원되었다. 내외면 모두 화기에 의해 검게 그을려 원래의 색조를 확인하기 힘드나, 일부 황색의 색조를 띠고 있다. 태토에는 석립과 사립, 운모가 다량 함유되어 있다. 바닥의 형태는 편평하며, 축약부를 거쳐 급하게 외반되는 동체부와 연결된다.

동체의 상부 1/3지점에 胴體部 最大徑이 위치한다. 구연부는 동체부의 상부에서 완만하게 내경하다가 나팔형으로 벌어지며 외반되고, 구순부는 평평하다. 기벽 내외면에서는 전면에 걸쳐 손으로 쓸어올려 整面한 흔적과 물손질흔이 확인된다. 또한 저부와 동체부의 접합을 위해 손으로 촘촘히 누른 흔적이 관찰된다. 토기의 器高는 40.2cm이고, 구연부의 直徑은 31.4cm이며, 저부의 直徑은 18.4cm이다. 器壁의 두께는 1.2~1.5cm이다.

(6) 外反口緣 甕(사진 11)

1호 주거지 내부에서 파편상태로 출토된 경질무문토기이다. 殘存形態는 구연부와 동체부의 일부가 유실되었으나 비교적 완형으로 복원되었으며, 기벽의 한쪽이 눌러있다. 색조는 赤褐色을 띠며, 일부를 제외하고는 전면이 불에 타 검게 그을려 있다. 1~3mm내외의 세석립과 사립이 함유된 점토질의 태토로 토기를 조성하였다. 저부는 중앙 바닥면이 약간 오목하게 처리되어 미약하지만 굽을 조성하려 했던 것으로 보인다.

토기 동체부는 저부의 접합부에서 약간 축약되어 급하게 외반하면서 올라간다. 구연부는 □脣部가 편평하게 처리되었고, 내만하는 동체 상부에서 직립으로 올라간다. 저부와 동체부 연결부위의 외면은 손가락으로 눌러 접합력을 강화하였다. 내외벽은 황색의 태토로 슬립처리하여 벽면을 매끄럽게 다듬었다. 기벽 내외면의 일부에서 손으로 눌러 조정한 흔적과 물손질로 整面한 흔적이 확인된다. □徑 29.6cm이며, 底徑 14.8cm이고, 器高는 41.7cm이다. 두께는 1.1~1.4cm이다.

(7) 外反口緣 甕(사진 12)

半破된 것이지만 구연부에서 저부까지의 편이 남아있어 전체 기형이 복원되는 대형의 옹형토기이다. 1호 주거지 노지의 서쪽으로 150cm 떨어진 지점에서 옆으로 눕혀진 상태로 출토되었다. 토기의 내외벽은 황색의 색조를 띠며, 속심은 흑회색의 색조를 띤다. 기벽의 한쪽면이 火氣에 의해 그을려 있다. 저부는 중앙부가 약간 들린 平底이며, 축약을 거친 후 옹형의 동체부와 연결된다. 동최대경은 동체의 상부에 위치한다.

구연부는 내만하는 경부에서 직립에 가깝게 외반하다가 끝에서 약간 벌어진다. 토기의 내외면에는 황색의 점토를 입히고 물손질로 매끄럽게 정면한 흔적이 전면에서 확인된다. 또한 내면에서는 종방향으로 손으로 쓸어올려 성형한 흔적이 관찰된다. 구연부의 직경은 36.8cm이며, 저부의 직경은 16.0cm이고, 토기의 器高는 48.9cm이다. 기벽의 두께는 0.9~1.3cm이다.

(8) 外反口緣 甕(사진 13)

1호주거지에서 발견된 甕形土器이다. 주거지 중앙부에서 깨어진 상태로 노출되었으며, 동체부의 일부를 제외하고는 완형으로 복원되었다. 明黃色의 색조를 띠고 있으나 불에 타 검게 그을렸으며, 외벽의 한쪽면은 산화되어 붉은 색조를 띤다. 1~4mm내외의 석영계 석립과 사립이 다량으로 포함된 粘土質의 태토로 토기를 조성하였으며, 석립이 돌출되어 토기의 표면이 매끄럽지 못하다. 저부는 평저로 縮約을 거의 거치지 않고 동체부와 연결된다. 급하게 외반되어 올라가는 동체부는 동체상부의 1/3지점에서 최대경을 이룬다. 동체 상부에서 약간 내만하다가 짧은 구연부가 나팔형으로 외반되었다.

頸部의 내면에는 전면에 걸쳐 종방향의 주름이 확인되는데, 토기의 성형시 경부의 폭을 줄이는 과정에서 형성된 것으로 보인다. 기벽 외면의 하부에서는 종방향의 木理痕이 관찰되며, 상부에서는 물손질로 면을 다듬은 흔적이 확인된다. 기벽 내면에서도 물손질흔이 확인되며, 하부에서는 손으로 쓸어올리며 정면한 흔적이 나타난다. 복원된 토기의 높이는 30.6cm이고, 口徑은 18.2cm이며, 底徑은 12.0cm이다. 기벽의 두께는 0.7~1.3cm이다.

(9) 外反口緣 甕(사진 14)

구연부가 외반된 경질무문토기로 1호주거지의 서북벽 중앙부 바닥면에서 옆으로 눕혀진 상태로 출토되었다. 동체부의 일부가 遺失되었으나. 구연부에서 저부까지 비교적 완형으로 복원되었다. 토기가 전체적으로 한쪽으로 기울어 있다. 토기의 형태는 평저의 바닥부에서 옹형의 형태로 동체부가 올라가며, 구연부는 동체부에서 나팔형으로 외반된다. 구순은 평평하게 처리하였다. 甕의 기벽 외면은 1mm내외의 미세석립과 사립이 돌출되어 매끄럽지 못하다. 동체부 외벽에서는 종방향의 물손질흔이 확인되며, 내벽에서는 손으로 쓸어올려 정면한 흔적이 확인된다. 동체부에서 구연부로 이어지는 굴곡부의 내외면에는 구연부의 외반시 생긴 것으로 보이는 指頭壓痕이 촘촘히 관찰된다. 또한 저부 접합부에서도 지두압을 이용해 축약부를 조성한 흔적이 확인된다. 토기의 기벽은 황색, 속심은 명회색의 색조를 띠고 있으나, 거의 전면이 불에 그을려 검게 변해있다. 태토는 微細石粒과 細砂粒이 다량 함유된 점토질이다. 토기의 기고는 33.5cm이고, 구연부의 직경은 20.7cm이며, 저부의 직경은 12.9cm이다. 기벽의 두께는 0.6~1.3cm이다.

(10) 外反口緣 甕(사진 15)

토기 일부가 缺失되었으나, 전체적인 器形은 복원이 가능하다. 외반구연 옹형토기이다. 1호 주거지의 서쪽 바닥면에서 出土되었다. 외벽의 일부와 내벽의 전면이 검게 그을려 원래의 색조를 확인하기 어려우나, 외벽의 일부에서 明黃色의 색조가 나타난다. 태토는 1~3mm의 석립과 사립, 운모가 다량 포함된 砂質性 粘土이다. 바닥면은 오목하게 처리되었는데, 미약하지만 굽을 조성하려했던 흔적이 확인된다. 동체부는 저부에서 축약을 거치지 않고 급하게 외반하며, 동최대경은 동체부의 중앙에 위치한다.

토기는 동체부가 저부에 비해 상대적으로 얇게 成形되었다. 구연부는 내경하는 동체부에서 나팔형으로 짧게 외반된 형태이며, 구순은 평평하게 처리하였다. 동체부 내외 기벽에서 물손질로 정면한 흔적이 확인되며, 내벽에서는 저부로 이어지는 부분에서 지두압을 이용해 接合力을 강화한 흔적이 관찰된다. 또한 경부의 내외면에서는 구연부의 조성과정에서 형성된 지두압흔이 관찰된다. 복원된 토기의 口徑은 17.4cm이고, 底徑은 9.4cm이며, 器高는 29.7cm이다. 기벽의 두께는 0.7~1.1cm이다.

(11) 外反口緣 甕(사진 16)

반파된 상태로 출토되었으나 구연부에서 저부까지의 편이 남아있어 전체 기형 복원은 가능하다. 토기는 전체적으로 외부의 압력에 의해 한쪽 기벽이 눌려져 동체부가 타원형의 형태를 띤다. 어두운 黃色의 색조를 띠고 있으며, 벽면의 일부분이 불에 타 검게 그을려 있다. 태토는 가는 운모와 2~4mm내외의 석립이 다량 함유된 사질성의 점토이고, 석립이 노출되어 토기의 표면이 매끄럽지 못하다. 저부는 중앙부가 약간 들려있어 미약하지만 굽을 형성했던 흔적이 확인되며, 약간의 축약부를 두고 동체부와 연결된다.

동체부의 최대경은 동체의 상부에 위치하며, 이곳에서 점차 內徑하여 나팔형으로 외반하는 구연부와 이어진다. 口脣은 둥글게 처리하였다. 頸部의 내외면에서 구연부를 조성하기 위해 손으로 눌러 성형한 흔적이 확인되며, 저부의 축약부의 외면에서도 지두압흔이 확인된다. 기벽의 외면에서는 나무를 이용해 쓸어올리며 정면한 흔적과 물손질흔이 기벽의 全面에 걸쳐 확인된다. 또한 내면에서는 손으로 쓸어올려 기형을 다듬은 흔적이 관찰된다. 토기의 구경은 21.1cm이고, 저경은 12.8cm이며, 기고는 38.2cm이다. 기벽의 두께는 0.6~1.2cm이다.

(12) 外反口緣 甕(사진 17)

저부가 결실된 경질무문토기로 1호 주거지 爐址의 동쪽에서 출토되었다. 현재의 殘存狀態에서는 정확한 기고와 저부의 형태를 확인하기 어렵다. 토기의 외면은 황색, 내면은 적갈색의 색조를 띠고 있으나, 외면의 일부는 火氣에 의해 회색으로 변해있다. 태토에는 미세사립과 2mm내외의 석립이 다량 함유되어 있어 석립의 노출로 인해 토기의 내외면이 거칠다.

옹의 口脣 형태는 둥글며, 구연부는 동체부에서 直立에 가깝게 외반되어 있다. 동체 기벽의 내외면을 물손질로 정면한 흔적이 확인되며, 구연부의 내면에서도 횡방향의 물손질이 관찰된다. 잔존하는 토기의 구연부의 직경은 22.4cm이고, 殘高는 36.4cm이며, 기벽의 두께는 0.5~1.2cm이다.

(13) 外反口緣 甕(사진 18)

1호주거지내의 바닥면 중앙부에서 파편상태로 출토되었다. 저부에서 경부까지 편으로 복원되었으며, 전체 구연부와 동체부의 일부가 결실되어 구연부의 형태를 확인하기 어렵다. 토기의 전면이 불에 그을려 黑色과 灰色의 색조를 띠고 있으나, 일부 면에서 원래 색조인 황색이 확인된다. 미세석립과 사립이 포함된 粘土質의 태토를 사용하여 토기를 제작하였다. 저부는 중앙부가 약간 들린 상태로 굽이 형성되어 있다.

동체부는 저부에서 縮約을 거치지 않고 급하게 올라가면서 외반되며, 동최대경은 동체 상부에 위치한다. 동체부에서 경부로 이어지는 부분이 외반되어 있는 상황으로 볼때 구연부가 직립에 가깝게 외반되는 것으로 보인다. 내면에서는 동체부와 저부가 이어지는 부분의 접합력을 강화하기 위해 손으로 누른 흔적이 보이며, 동체부에서도 손누름 성형 흔적이 확인된다. 기벽의 내외면에서 물손질로 정면한 흔적이 전면에 걸쳐 관찰된다. 저경은 11.4cm이고, 잔존 높이는 29.8cm이며, 두께는 0.8~1.2cm이다.

(14) 硬質無文土器(사진 19)

1호 주거지 바닥면에서 출토된 硬質無文土器片이다. 내외 표면은 불에 그을려 명회색과 적색의 색조를 띠고 있으나, 본래는 黃褐色의 색조를 띠고 있었던 것으로 보인다. 가는 석립과 사립이 다량 함유된 점토질의 태토로 토기를 소성하였다. 토기의 器形은 강한 화기와 압력에 의해 심한 변형이 일어나 원형으로의 복원이 불가능하였다. 따라서 남아있는 기형을 바탕으로 도면상에서 복원을 실시하였다.

저부는 平底形으로 축약을 거치지 않고 옹형의 동체와 연결된다. 또한 구연부는 내만하는 동체부에서 약간 외반된 것으로 보이며, 구순은 둥글게 처리하였다. 경부에는 구연부를 조성하기 위해 손으로 누른 흔적이 확인되며, 저부접합부에는 木理痕이 확인된다. 내면은 물손질로 매끄럽게 정면하였다. 복원 口徑은 31.0cm이고, 底徑은 15.0cm이며, 복원 器高는 52.3cm이다. 두께는 1.0~1.5cm이다.

(15) 硬質無文土器 口緣部片(사진 20)

1호 주거지의 북쪽 바닥면에서 출토되었다. 경질무문토기 口緣部片으로 구연부와 동체부의 일부만 잔존한다. 내외면은 적갈색의 색조를 띠고 있으며, 구연부는 불에 맞아 검게 그을려있다. 속심은 황색의 색조를 띠고 있다. 태토는 사립과 5mm내외의 석영계 석립이 다량 함유된 점토질이다. 토기의 기벽 내면은 석립이 다수 돌출되어 있어 표면이 거칠다.

토기의 구연부는 내만하는 구연부에서 직립에 가깝게 외반되며, 구순은 손으로 눌러 평평하게 처리하였다. 외면에는 물손질흔이 확인되며, 경부에서는 구연부를 조성하기 위해 손으로 누른 흔적과 木理痕이 나타난다. 내면에는 물손질흔과 지두흔이 확인된다. 復原 口徑은 29.8cm이고, 殘高는 26.2cm이며, 두께는 0.8~1.3cm이다.

(16) 硬質無文土器 口緣部片(사진 21-①)

1호 주거지에서 출토된 硬質無文土器片이다. 소량의 사립과 2mm 내외의 석영계 석립을 포함한 정선된 점토질 태토로 조성되었다. 토기의 內外面은 흑색의 색조를 띠고 있으며, 속심은 황색이다. 표면은 매끄럽게 整面되어 있다. 구연부는 동체부에서 수직에 가깝게 外反하고 있으며, 구순은 안쪽으로 경사지게 깎아 뾰족하게 처리하였다. 토기의 내외면에 물손질흔이 나타나있다. 復元 口徑은 12.0cm이며, 殘高는 5.0cm이고, 두께는 0.6cm이다.

(17) 硬質無文土器 口緣部片(사진 21-②)

1호 주거지에서 출토된 경질무문토기 구연부편이다. 외면과 속심은 흑색을 띠고 있으며, 내면은 흑갈색의 색조를 띠고 있다. 胎土는 가는 운모와 세사립이 함유된 고운 점토질이며, 표면은 잘 정면되어 있다. 구연부는 직립으로 올라가며, 口脣은 평평하게 처리하였다. 토기의 외면에서는 물손질흔이 확인되고, 내면에는 물손질흔과 빗질흔이 확인된다. 복원 口徑은 25.0cm이고, 殘高는 4.6cm이며, 두께는 0.8~1.0cm이다.

(18) 硬質無文土器 口緣部片(사진 22-①)

1호 주거지 내부에서 출토된 無文土器 口緣部片이다. 토기의 內外面은 황갈색의 색조를 띠고 있으며, 가는 雲母와 사립 그리고 3mm내외의 石砬이 포함된 점토질의 태토를 사용하여 토기를 조성하였다. 구연부는 동체부의 상부에서 완만하게 내경하다가 직립하였다. □脣은 평평하게 조성하였다. 토기의 내외면에는 물손질로 정면한 흔적이 확인되며, 구연부의 내부에는 손으로 누른 자국이 나타난다. 토기의 외면은 물손질 정면으로 인해 표면이 매끄럽지만, 내면은 비교적 굵은 석립이 다수 노출되어 거칠다. 殘高는 13.4cm이고, 殘幅은 11.7cm이며, 두께는 0.6~1.0cm이다.

(19) 硬質無文土器 口緣部片(사진 22-②)

경질무문토기 구연부편으로 □緣部와 胴體部의 일부만이 잔존한다. 구연부는 내만하는 경부에서 직립에 가깝게 외반하며, 구순은 둥글게 처리하였다. 頸部의 아랫부분에는 경부를 조성하기 위해 손으로 누른 지두흔이 확인된다. 토기의 외면은 화기에 의해 불에 그을려 회색의 색조를 띠고 있으며, 내면과 속심은 황색의 색조를 띤다. 사립과 석영계 석립이 다량 함유된 점토질의 태토로 조성하였으며, 석립으로 인해 토기의 표면이 매끄럽지 못하다. 잔존길이는 12.8cm이며, 폭은 5.5cm이고, 두께는 0.7~0.9cm이다.

(20) 硬質無文土器 口緣部片(사진 22-③)

1호 주거지 내부에서 출토된 無文土器 口緣部片이다. 외면과 속심은 적갈색의 색조를 띠고 있으며, 내면은 암갈색의 색조를 띠고 있다. 태토는 석영계 석립이 다량 함유된 점토질이다. 경부는 직립으로 올라서며, 구연부 끝만 급하게 外反되었다. 외면은 슬립을 입혀 물손질과 빗질로 整面하였으며, 내부에서는 물손질흔이 확인된다. 토기의 殘高는 6.6cm이고, 殘幅은 11.2cm이며, 두께는 1.1~1.2cm이다.

(21) 硬質無文土器 口緣部片(사진 23-①)

경질무문토기 구연부편으로 1호 주거지 내부에서 출토되었다. 胎土는 사립과 석영계 석립이 포함된 粘土質이다. 내외면은 暗褐色을 띠고 있으며, 속심은 黃色이다. 토기의 표면은 물손질로 매끄럽게 整面되어 있다. 동체부의 상부에 짧은 肩部를 만들고 견부에서 수직에 가깝게 外反하도록 구연부를 만들었다. 경부의 내면에는 토기의 성형시 경부의 폭을 좁히면서 형성된 주름이 확인된다. 殘高는 5.6cm이며, 殘幅은 6.4cm이고, 두께는 0.7~0.8cm이다.

(22) 硬質無文土器 口緣部片(사진 23-②)

1호 주거지의 내부에서 출토되었다. 硬質無文土器 口緣部片으로 구연은 동체부의 상부에서 直立하며, □脣을 둥글게 처리하였다. 내외면은 암회색의 색조를 띠고 있으며, 외면의 일부는 불에 맞아 검게 그을려 있다. 沙粒과 石英系 石粒이 일부 함유된 粘土質의 태토를 사용하였으며, 표면이 잘 整面되어 있다. 구연부에서는 물레흔이 확인되며, 동체부에서는 손누름 자국과 물손질흔이 확인된다. 토기의 잔존길이는 7.9cm이고, 폭은 7.7cm이며, 두께는 0.7~0.9cm이다.

(23) 硬質無文土器 口緣部片(사진 24-①)

1호 주거지의 바닥면에서 출토되었다. 토기는 적갈색의 색조를 띠고 있으나, 외면의 일부는 불에 타 검게 그을린 흔적이 보인다. 胎土는 가는 운모와 사립, 그리고 석영계 석립이 포함된 점토질이다. 구연부는 直立口緣으로 口脣은 평평하게 처리되어 있다. 외면은 슬립을 입혀 물손질흔을 한 것으로 보인다. 외면에는 물손질흔과 木理痕이 확인되며, 내면에는 물손질흔이 보인다. 토기의 殘高는 4.4cm이고, 殘幅은 5.6cm이며, 두께는 0.6~0.9cm이다.

(24) 硬質無文土器 口緣部片(사진 24-②)

1호 주거지에서 출토된 硬質無文土器 口緣部片이다. 外面은 적갈색의 색조를 띠고 있으며, 內面과 속심은 흑갈색의 색조를 띠고 있다. 胎土는 운모와 사립, 2mm내외의 석영계 석립이 함유된 粘土質이다. 구연부는 동체부에서 수직에 가깝게 외반된 것으로 보이며, 구순은 평평하게 처리되었다. 토기의 내외면에는 물손질흔이 확인된다. 殘存 길이는 4.3cm이고, 폭은 5.9cm이며, 두께는 0.7cm이다.

(25) 硬質無文土器 口緣部片(사진 24-③)

1호 주거지 내부에서 출토되었다. 경질무문토기 구연부편으로 동체부에서 직립에 가깝게 외반하였다. 외면은 黃褐色을 띠고 있으며, 내면과 속심은 暗褐色의 색조를 띠고 있다. 사립과 석립이 함유된 粘土質의 태토로 조성되었다. 내외면에서 물손질흔이 확인되며, 외면의 경부에서는 일부 깎지 조정도 관찰된다. 토기의 殘高는 4.6cm이고, 폭은 4.8cm이며, 두께는 0.7~0.9cm이다.

(26) 硬質無文土器 口緣部片(사진 24-④)

硬質無文土器 口緣部片으로 1호 주거지의 내부에서 출토되었다. 외면은 황적색의 색조를 띠고 있으며, 내면은 명황색을 띠고 있다. 태토는 5mm내외의 석영계 석립이 포함된 점토질이다. 直立口緣으로 口脣은 평평하게 처리하였다. 외면의 구연상단에는 구순부 성형시 밀린 점토의 흔적이 확인된다. 토기의 내외면은 매끄럽게 整面하였다. 토기의 잔존길이는 4.0cm이며, 폭은 4.0cm이고, 두께는 0.7cm이다.

(27) **硬質無文土器 肩部片**(사진 25-①)

황갈색 硬質無文土器 肩部片으로 1호 주거지의 내부에서 출토되었다. 내면은 암갈색의 색조를 띠고 있으며, 속심은 적갈색을 띠고 있다. 가는 운모와 5mm내외의 석립이 다량 함유된 점토질의 태토이다. 기벽의 외면은 슬립을 입혀 매끄럽게 정면하였으며, 내면은 석립이 돌출되어 있고, 일부 표면의 박리가 이루어져 거칠다. 내외면에서 물손질흔이 확인된다. 토기의 殘存길이는 11.5cm이고, 폭은 12.5cm이며, 두께는 1.0~1.3cm이다.

(28) **硬質無文土器 肩部片**(사진 25-②)

1호 주거지에서 출토된 무문토기편으로 황색의 색조를 띠고 있다. 殘存形態로 보아 동체부에서 경부로 이어지는 부분으로 보인다. 胎土는 소량의 사립과 석영계 석립이 함유된 점토질이다. 외면에는 슬립을 입혀 磨研을 한 것으로 보이나, 박리가 심해 일부만이 확인된다. 토기의 외면에는 물손질흔과 깎기에 의한 조정흔적이 확인되며, 내면에서는 물손질흔과 指頭痕이 확인된다. 토기의 殘高는 3.9cm이며, 폭은 5.3cm이고, 두께는 0.9~1.0cm이다.

(29) **硬質無文土器 肩部片**(사진 25-③)

1호 주거지의 내부에서 출토된 경질무문토기 견부편이다. 內外面은 황갈색의 색조를 띠고 있으며, 속심은 밝은 회색을 띠고 있다. 가는 운모와 석영계 석립이 포함된 粘土質의 태토를 사용하여 토기를 조성하였다. 내만하는 동체부에서 미약한 견부를 두고, 경부가 직립에 가깝게 외반되는 것으로 보인다. 내외면에서 물손질흔이 확인되며, 내면에는 손누름 자국이 보인다. 殘高는 4.9cm이고, 폭은 3.8cm이며, 두께는 0.6cm이다.

(30) **硬質無文土器 肩部片**(사진 25-④)

硬質無文土器 肩部片으로 1호 주거지에서 출토되었다. 폭을 좁혀 올라오는 동체부에서 직립하여 올라가는 경부의 편이다. 내외면은 황색의 색조를 띠고 있다. 태토는 사립과 미세한 석영계 석립이 포함된 고운 점토질이고, 기벽의 내외면은 정면하여 매끄럽게 처리하였다. 내외면에는 물손질흔이 확인된다. 토기의 殘高는 3.3cm이고, 殘幅은 3.3cm이며, 두께는 0.6cm이다.

(31) **硬質無文土器 胴體部片**(사진 26-①)

1호 주거지 내부에서 출토된 무문토기 동체부편이다. 외면은 黃褐色이고, 내면과 속심은 赤褐色의 색조를 띠고 있다. 胎土는 가는 운모와 사립, 5mm내외의 석영계 석립이 다량 함유된 점토질이다. 石粒으로 인해 표면이 매끄럽지 못하다. 기벽 외면에는 黑斑이 넓게 퍼져있다. 내외면에서 물손질흔이 확인되며, 내면에는 손누름 성형 흔적이 확인된다. 잔존한 토기의 殘高 20.5cm이며, 殘幅 14.8cm이고, 두께는 0.9~1.3cm이다.

(32) 硬質 無文土器 胴體部片(사진 26-②)

1호 주거지 바닥면에서 출토된 흑색 무문토기 동체부편이다. 내외면은 흑색의 색조를 띠고 있고, 속심은 암갈색의 색조를 띠고 있다. 가는 사립과 석영계 석립이 다량 함유된 점토질의 태토를 사용하여 토기를 제작하였다. 토기의 외면에는 표면을 정면한 후 슬립을 입혀 물손질한 흔적이 확인되며, 내면에는 지두압흔이 확인된다. 殘高는 18.9cm이고, 폭은 14.2cm이며, 두께는 0.8~1.0cm이다.

(33) 硬質 無文土器 胴體部片(사진 27-①)

1호 주거지에서 출토된 경질 무문토기 동체부편이다. 外面은 암갈색, 內面은 황색의 색조를 띠고 있으며, 속심은 적갈색의 색조를 띠고 있다. 외면 일부에는 불에 타 검게 그을린 흔적이 있다. 胎土는 사립과 굵은 석영계 석립이 다량 포함된 粘土質이다. 토기의 표면은 거친 편이고, 내외면에 지두압흔과 물손질흔이 확인된다. 殘高는 9.9cm이고, 殘幅은 10.2cm이며, 두께는 0.9~2.1cm이다.

(34) 硬質 無文土器 胴體部片(사진 27-②)

殘存 형태로 보아 底部에서 胴體部로 이어지는 부분인 것으로 추정되는 경질무문토기 동체부편으로 1호 주거지 내부에서 출토되었다. 외면은 황색의 색조를 띠고 있으며, 내면과 속심은 적갈색을 띠고 있다. 외면에서 화기에 의해 검게 그을린 흔적이 일부 확인된다. 가는 운모와 사립, 3mm내외의 석립이 일부 포함된 粘土質 胎土이다. 내외면에서 물손질로 정면한 흔적이 보이고, 외벽에는 나무로 눌러 기벽을 다듬은 흔적이 확인된다. 殘高는 12.2cm이고, 殘幅은 8.7cm이며, 두께는 1.4~1.7cm이다.

(35) 硬質 無文土器 胴體部片(사진 27-③)

暗灰色의 색조를 띤 硬質無文土器 胴體部片이다. 태토는 사립과 미세한 석립이 다량 함유된 점토질이다. 토기의 表面은 슬립을 입혀 磨硏한 것으로 보이며, 외면 일부에는 불에 타 검게 그을린 흔적이 있다. 외면에는 종방향의 물손질로 整面한 흔적이 확인된다. 殘高는 9.3cm이며, 폭은 12.4cm이고, 두께는 0.89~1.0cm이다.

(36) 硬質 無文土器 胴體部片(사진 28-②)

1호 주거지에서 출토된 경질무문토기편이다. 외면과 속심은 적갈색의 색조를 띠고, 내면은 암갈색의 색조를 띠고 있다. 그러나 주거지 廢棄 당시의 火氣에 의해 전면이 불에 그을려 검게 변해있다. 태토는 소량의 沙粒과 石粒이 함유된 점토질의 태토이다. 내외면에 물손질로 整面한 흔적이 확인되며, 내부에는 손누름 자국이 보인다. 토기의 殘高는 6.9cm 이고, 殘幅은 7.5cm이며, 두께는 0.7~0.8cm이다.

(37) 硬質無文土器 胴體部片(사진 28-①)

硬質無文土器 胴體部片으로 1호 주거지 내부에서 출토되었다. 외면은 적갈색의 색조를 띠고 있으며, 내면과 속심은 암갈색이다. 태토는 사립과 석영계 석립이 함유된 점토질이며, 외면은 붉은색 슬립을 입혀 磨硏한 것으로 보인다. 내면에서는 손누름 성형 흔적과 물손질흔이 확인된다. 殘高는 6.1cm이고, 殘幅은 7.2cm이며, 두께는 0.7cm이다.

(38) 硬質無文土器 胴體部片(사진 28-④)

1호 주거지에서 출토된 경질무문토기 동체부편이다. 외면은 암적색의 색조를 띠고 있으며, 내면은 적황색, 속심은 황색의 색조를 띠고 있다. 胎土는 가는 운모와 사립, 그리고 석영계 석립이 일부 함유된 점토질이다. 토기의 내외면에는 종방향의 물손질로 整面한 흔적이 확인된다. 殘存 길이는 7.8cm이고, 폭은 4.7cm이며, 두께는 0.8~1.0cm이다.

(39) 硬質無文土器 胴體部片(사진 28-③)

무문토기 동체부편이며, 殘存狀態로 보아 胴體部에서 底部로 이어지는 부분인 것으로 보인다. 외면은 적갈색, 내면과 속심은 황색의 색조를 띠고 있다. 토기는 사립과 굵은 석립이 일부 포함된 粘土質의 胎土로 조성되었다. 내면에서 지두압흔과 물손질흔이 관찰된다. 토기의 殘存 길이는 5.2cm이며, 폭은 6.6cm이고, 두께는 0.8~0.9cm이다.

(40) 硬質無文土器 胴體部片(사진 29-③)

1호 주거지 내부에서 출토된 무문토기 동체부편이다. 外面은 황적색의 색조를 띠고 있으며, 內面과 속심은 암회색의 색조를 띠고 있다. 외면에서 화기에 의해 검게 그을린 흔적이 확인된다. 굵은 석영계 석립이 일부 포함된 粘土質의 태토이며, 내외면 모두 표면을 다듬었으나, 석립이 돌출되어 표면이 매끄럽지는 못하다. 외면에서는 물손질흔이, 내면에서는 指頭痕이 확인되었다. 殘高는 8.0cm이고, 殘幅은 7.7cm이며, 두께는 0.8cm이다.

(41) 硬質無文土器 胴體部片(사진 29-①)

황갈색 무문토기 동체부편으로 1호 주거지에서 출토되었다. 가는 雲母·沙粒·굵은 石英系 石粒이 다량 함유된 점토질의 태토이며, 器壁은 석립과 사립이 돌출되어 거친 편이다. 기벽은 손으로 눌러 성형한 후 물손질을 하여 표면을 다듬은 것으로 보인다. 토기의 殘高는 9.7cm이고, 폭은 7.1cm이며, 두께는 0.9~1.1cm이다.

(42) **硬質無文土器 胴體部片**(사진 29-②)

　　灰色 硬質無文土器 胴體部片으로 1호 주거지의 내부에서 출토되었다. 3mm내외의 석영계 석립이 다량 함유된 점토질의 태토이다. 表面을 整面하였으나, 석립으로 인해 표면이 매끄럽지 못하다. 내면에는 횡방향으로 물손질을하여 면을 다듬은 흔적이 확인된다. 殘高는 8.0cm이고, 殘幅은 5.5cm이며, 두께는 0.8~1.0cm이다.

(43) **硬質無文土器 胴體部片**(사진 30-①)

　　1호 주거지에서 출토된 黃色 硬質無文土器 胴體部片이다. 태토는 미세한 사립과 석립이 함유된 고운 점토질이다. 표면은 비교적 잘 整面되어 있으며, 일부 표면에 불에 그을린 흔적이 확인된다. 기벽 외면에는 손톱자국이 있고, 내면에는 물손질흔이 확인된다. 殘高는 11.7cm이고, 殘幅은 10.5cm이며, 두께는 0.6~0.8cm이다.

(44) **硬質無文土器 胴體部片**(사진 30-②)

　　1호 주거지에서 출토된 경질무문토기 동체부편이다. 胎土는 가는 雲母와 3mm내외의 石英系 석립이 다량 함유된 점토질이다. 외면과 속심은 적갈색의 색조를 띠고 있으며, 내면은 황갈색을 띠고 있다. 器壁 外面에는 剝離가 심하여 석립과 사립이 돌출되어 있다. 토기의 내외면에는 물손질로 整面한 흔적이 관찰되며, 내면에는 손누름자국이 확인된다. 토기의 잔존 길이는 10.7cm이며, 폭은 10.0cm이고, 두께는 0.8~1.0cm이다.

(45) **硬質無文土器 胴體部片**(사진 30-③)

　　1호 주거지에서 출토된 황색 경질무문토기 동체부편으로 잔존상태로 보아 胴體部에서 底部로 이어지는 부분인 것으로 추정된다. 태토는 사립과 미세한 석영계 석립이 함유된 점토질이다. 外面은 정면되어 매끄러운 편이다. 내면에는 손으로 쓸어올리면 면을 다듬은 흔적과 종방향의 물손질 흔적이 확인된다. 殘高는 12.5cm이고, 殘幅은 7.8cm이며, 두께는 1.0~1.2cm이다.

(46) **硬質無文土器 胴體部片**(사진 31)

　　硬質無文土器 胴體部片이며, 잔존상태로 보아 동체부에서 저부로 이어지는 부분인 것으로 보인다. 외면은 적갈색, 내면은 황갈색의 색조를 띠며, 속심은 암회색의 색조를 띤다. 태토는 가는 운모와 사립, 石英系 석립이 일부 함유된 점토질이다. 外面은 붉은색의 슬립을 입힌 후 마연한 것으로 보이며, 일부분에서 불에 타 그을린 흔적이 확인된다. 내외면에서는 물손질흔이 관찰된다. 土器의 殘高는 17.8cm이고, 幅은 20.6cm이며, 두께는 0.8~1.0cm이다.

(47) 硬質無文土器 底部片(사진 32-①)

1호 주거지의 바닥면에서 출토된 경질무문토기 저부편으로 저부와 동체부의 일부만이 殘存한다. 저부는 중앙면이 약간 들려있고, 미약하지만 굽을 형성하려 했던 것으로 보인다. 동체부는 縮約部를 만들지 않고 저부에서 바로 급하게 외반되어 올라간다. 동체부에 비해 저부의 두께가 두꺼운 편이다. 내외면에서 물손질로 정면한 흔적이 확인되며, 내면에서는 指頭痕이 관찰된다. 외면은 황갈색의 색조를 띠며, 내면과 속심은 황색의 색조를 띤다. 내면은 기벽은 불에 맞아 검게 그을려있다. 태토는 가는 사립과 미세 석립이 포함된 점토질이다. 토기의 復原 底俓은 10.8cm이고, 殘高는 14.1cm이며, 두께는 0.5~1.0cm이다.

(48) 硬質無文土器 底部片(사진 32-②)

경질무문토기 저부편으로 1호 주거지에서 출토되었다. 외면은 적갈색의 색조를 띠며, 내면과 속심은 황색의 색조를 띤다. 器壁에서 불을 맞아 검게 그을린 흔적이 확인된다. 태토는 운모와 사립, 석립이 다량 함유된 점토질이다. 기벽의 내외면은 모두 잘 정면되어 있으며, 외면에서 슬립을 입혀 磨硏한 흔적이 확인된다. 저부는 평저이며, 약간의 축약을 거친 후 外反하는 동체부와 연결된다. 縮約部에서는 손으로 눌러 성형한 흔적이 확인되고, 토기의 내면 기벽에서는 물손질흔이 관찰된다. 토기의 底俓은 10.8cm이고, 殘存높이는 7.5cm이며, 두께는 0.8~1.5cm이다.

(49) 硬質無文土器 底部片(사진 33-①)

1호 주거지 내부에서 출토된 경질무문토기 저부편이다. 내외면은 黃褐色의 색조를 띠고 있으며, 器壁의 일부에는 불에 맞아 검게 그을린 흔적이 확인된다. 태토는 점토질에 가는 운모와 석립이 다량 혼입되어 있다. 底部는 평저로 보이며, 완만하고 길게 축약을 거친 후 외반되는 동체부와 연결된다. 외면에는 기벽 전체에 걸쳐 나무로 눌러 기벽을 강화시킨 흔적이 확인되며, 내면에는 지두흔과 물손질흔이 관찰된다. 복원 저경은 15.8cm이고, 잔고는 12.0cm이며, 두께는 1.2~1.8cm이다.

(50) 硬質無文土器 底部片(사진 33-②)

1호 주거지 바닥면에서 출토된 경질무문토기 저부편이다. 내외면 모두 황색의 색조를 띠지만, 전체적으로 불에 맞아 검게 그을려 있다. 태토는 가는 운모와 사립, 미세한 석립이 다량 함유된 점토질이다. 바닥은 平底이지만, 미약하게 굽을 조성하려한 흔적이 확인된다. 지부 접합부는 축약된 후 동체부와 연결된다. 내외면에는 물손질흔이 관찰되고, 내면에서 指頭痕이 확인된다. 底俓은 15.0cm이며, 殘高는 10.0cm이고, 두께는 1.4~1.6cm이다.

(51) **硬質無文土器 底部片**(사진 34-①)

1호 주거지 내부에서 출토된 무문토기편이다. 底部片으로 저부와 동체부의 일부만 잔존하였다. 토기의 외면과 내면은 黃褐色의 색조를 띠고 있으며, 속심은 赤褐色이다. 가는 사립과 석영계 석립이 다량 함유된 粘土質의 胎土를 사용하였다. 기벽의 外面은 整面되어 매끄럽지만, 내면은 석립과 사립이 돌출되어 거칠다. 저부는 평저이나, 중앙 바닥면이 약간 오목하게 처리되었다. 동체부는 저부 접합부에서 약간 축약되어 외반하면서 올라간다. 縮約部에서는 목리흔이 관찰되며, 외벽에서 물손질로 정면한 흔적이 확인된다. 토기의 저경은 1.4cm이고, 殘高는 12.9cm, 두께는 1.0~1.6cm이다.

(52) **硬質無文土器 底部片**(사진 34-②)

1호 주거지 내부에서 출토된 무문토기편이다. 기형은 平底의 저부에서 약간의 縮約을 거친 후 외반하는 동체부와 연결되는 형태이다. 外面은 명황색의 색조를 띠며, 內面은 암황색의 색조를 띤다. 태토는 사립과 석립이 다량 混入된 점토질이며, 기벽의 외면은 물손질로 정면되어 매끄럽지만, 내면은 석립과 사립이 돌출되어 거친 편이다. 내면의 기벽과 외면의 축약부에서 指頭痕이 확인된다. 토기의 저경은 14.2cm이고, 殘高는 9.7cm이며, 두께는 1.3~1.4cm이다.

(53) **硬質無文土器 底部片**(사진 35)

硬質無文土器 底部片으로 1호 주거지 내부의 노지 동쪽에서 출토되었다. 대부분이 결실되어 저부와 동체부의 일부만이 잔존한다. 내외면 모두 명황색의 색조를 띠고 있으나, 전체적으로 화기에 의해 검게 그을려 있다. 가는 운모와 사립이 함유된 점토질의 태토를 사용하였으며, 表面은 잘 정면되어 매끄럽다. 저부는 抹角平底이며, 동체부는 완만하게 벌어져 올라간다. 내외면에는 물손질흔이 보이고, 내면에서 지두흔이 확인된다. 복원 底徑은 10.0cm이고, 殘高는 3.4cm이며, 두께는 0.7~0.8cm이다.

(54) **硬質無文土器 底部片**(사진 36-①)

경질무문토기 저부편으로 1호 주거지의 내부에서 출토되었다. 외면과 바닥은 황갈색의 색조를 띠고 있으며, 내면은 암갈색의 색조를 띠고 있다. 胎土는 미세 사립과 3mm내외의 석영계 석립이 일부 함유된 粘土質이다. 底部는 평저이며, 저부 접합부에서 축약을 거친 후 동체부와 연결된다. 縮約部는 손으로 눌러 접합력을 강화하였고, 내면은 물손질로 정면하였다. 토기의 외면은 슬립을 입혀 매끄럽게 磨硏 한 흔적이 확인된다. 토기의 復元 底徑은 16.0cm이고, 殘高는 3.1cm이며, 두께는 0.9~1.1cm이다.

(55) **硬質無文土器 底部片**(사진 36-②)

1호 주거지에서 출토된 경질무문토기편이다. 底部片으로 저부와 동체부의 일부만이 잔존한다. 저부는 平底이며, 약간의 縮約 후에 외반되는 동체부와 연결된다. 외면과 바닥은 암갈색의 색조를 띠고 있으며, 내면과 속심은 적갈색을 띠고 있다. 胎土는 가는 운모과 사립, 미세 석립이 일부 함유된 점토질이다. 토기의 내외면에서 손누름의 成形 흔적과 물손질로 整面한 흔적이 확인된다. 복원 저경은 10.2cm이고, 殘高는 2.6cm이며, 두께는 0.5~1.1cm이다.

(56) **硬質無文土器 底部片**(사진 36-③)

1호 주거지에서 출토된 暗褐色 硬質無文土器片이다. 태토에는 미세한 사립과 5mm내외의 석영계 석립이 일부 함유되어있다. 저부에서 완만한 곡선을 가지고 側面과 이어지는 형태이고, 굽은 수직굽이다. 외면의 굽부분에서 指頭痕이 확인된다. 토기의 復元 底徑은 9.8cm이고, 殘高는 2.1cm이며, 두께는 1.0cm이다.

(57) **硬質無文土器 底部片**(사진 37-①)

黃褐色 硬質無文土器 底部片으로 1호 주거지에서 출토되었다. 태토는 사립과 석영계 석립이 포함된 점토질이다. 저부는 平底이며, 축약을 거치지 않고 外反하는 동체부와 연결된다. 表面은 整面되지 않아 거친 편이다. 토기의 復元 底徑은 15.4cm이고, 殘高는 1.2cm이며, 두께는 1.6~1.7cm이다.

(58) **硬質無文土器 底部片**(사진 37-②)

1호 주거지의 내부에서 출토된 경질무문토기 저부편이다. 內外面은 암갈색의 색조를 띠고 있고, 속심은 적갈색의 색조를 띤다. 미세 사립과 가는 석립이 다량 함유된 粘土質의 胎土이다. 평저의 바닥에서 縮約을 하지않고 급하게 외반하며 올라가는 동체부와 이어진다. 잔존하는 토기의 復元 底徑은 8.0cm이고, 殘高는 3.2cm이며, 두께는 0.5~1.0cm이다.

(59) **硬質無文土器 底部片**(사진 37-③)

1호 주거지의 내부에서 출토된 黑色 硬質無文土器 底部片이다. 태토는 점토질이며, 사립과 3mm내외의 석립이 함유되어 있다. 잔존형태로 보아 저부는 평저이나, 바깥쪽이 약간 들려있는 들린 바닥이다. 동체부는 저부에서 약간의 축약을 거친 후 외반된다. 저부 접합부에는 축약을 위한 指頭壓痕이 관찰되며, 바닥면에서 슬립을 입혀 磨硏한 흔적이 확인된다. 복원 저경은 6.2cm이고, 殘高는 1.6cm이고, 두께는 1.2cm이다.

(60) 硬質無文土器 底部片(사진 38)

1호 주거지의 내부에서 출토된 硬質無文土器 底部片으로 저부와 동체부의 일부만이 잔존한다. 외면과 바닥은 赤褐色의 색조를 띠며, 내면은 黑色을 띠고 있다. 태토는 3mm내외의 석영계 석립이 다량 함유된 점토질이다. 저부는 平底이며, 縮約을 거친 후 외반하는 동체부와 연결된다. 외면은 표면의 剝離狀態가 심하여 거친 편이나, 내면은 잘 整面되어 있다. 잔존 길이는 8.6cm이고, 폭은 4.5cm이며, 두께는 0.7cm이다.

(61) 短頸壺(사진 39)

1호 주거지의 노지에서 남쪽으로 1m 거리에서 출토된 打捺文土器이다. 잔존형태는 구연부와 바닥면의 일부가 유실된 상태지만 전체적인 기형을 파악하는데는 무리가 없다. 토기의 내외면은 원래 명갈색의 색조를 띠고 있던 것으로 보여지나, 火氣에 의해 불에 그을려 일부분을 제외하고는 암회색과 명회색의 색조를 띤다. 태토는 세사립이 함유된 비교적 잘 정선된 점토질이고, 기벽에 粘土를 입혀 매끄럽게 整面한 것으로 판단된다. 저부는 평저이고, 동체부는 저부에서 벌어져 올라가다 동체 상부에서 최대경을 이루고 내만하여 경부와 연결된다. 경부는 내만하듯 직립하다가 외반하는 구연과 연결되며, 내면에서는 구연부와 경부가 연결되는 부분을 각이지게 처리하였다.

토기 동체부 기벽의 외면에는 타날문이 시문되어 있는데, 경부 연결부로부터 동체 하단까지는 平行線文과 함께 橫侵線이 돌아가며, 바닥면은 交差 平行線文이 시문되어 있다. 구연부와 경부의 내외면은 회전물손질 하였으며, 내면의 동체부에는 횡방향의 물손질 정면 흔적과 지두압흔이 확인된다. 복원구연부의 직경은 20.2cm이고, 저부의 직경은 16.6cm이며, 기고는 29.4cm이다. 기벽의 두께는 1.0~1.2cm이다.

(62) 短頸壺(사진 40)

주거지 내부의 陷沒土에 의해 깨어진 편으로 노출되었으며, 저부에서 경부까지 복원되는 타날문토기이다. 토기의 외면은 암갈색의 색조를 띠고 있고, 외면의 일부와 내면은 불에 타 검게 그을려 있다. 태토는 細石粒과 細砂粒이 다량 함유된 점토질이다.

토기의 器形은 평저의 저부에서 축약을 거치지 않고 외반하여 올라가는 동체부로 이어지며, 동체부의 중앙에서 胴體部 胴徑을 이룬다. 그리고 동체부 최대경에서 점차 내경하여 경부와 연결된다. 경부에서 구연부까지는 모두 유실되어 정확한 형태를 파악하기 어렵다. 토기의 내외면은 표면의 剝離와 磨耗가 심해 전체적인 시문방식이나, 정면상태를 알 수 없지만, 일부 박리되지 않은 부분을 통해 기벽의 표면을 확인 할 수 있다. 외면에는 경부 연결부로부터 동체 중앙부까지 사선방향으로 침선문을 시문한 후 1cm가량의 간격으로 橫侵

線을 그었다. 또한 동체 하단에서 바닥면까지는 교차선문이 시문되어 있다. 동체부의 내면에는 횡방향으로 물손질한 흔적이 확인되며, 일부 손누름 흔적이 관찰된다. 底徑은 15.0cm이며, 殘高는 24.5cm이고, 두께는 0.9~1.1cm이다.

(63) 打捺文土器 胴體部片(사진 41)

1호 주기지의 제토과정에서 출토된 打捺文土器片이다. 동체부편으로 胴體部와 頸部의 일부가 잔존한다. 잔존 형태로 보아 견부는 아주 미약하며, 내만하는 동체 상부에서 경부가 직립에 가깝게 올려진 것으로 보인다. 토기의 내외면은 黑灰色의 색조를 띠고 있으며, 속심은 黃褐色의 색조를 띠고 있다. 내외면에는 불에 맞아 검게 그을린 흔적이 뚜렷하다.

胎土는 세사립과 운모가 포함된 정선된 점토를 사용하였다. 토기의 내면에는 指頭壓으로 성형한 흔적과 횡방향의 물손질로 정면한 흔적이 확인된다. 외면에는 격자문이 타날되어 있다. 토기의 殘高는 17.2cm이며, 殘幅은 28.5cm이고, 두께는 0.8~1.0cm이다.

(64) 打捺文土器 胴體部片(사진 42-①)

회갈색 硬質 打捺文土器 胴體部片으로 1호 주거지 내부에서 출토되었다. 내외면은 회갈색의 색조를 띠고 있으며, 속심은 명회색의 색조를 띠며, 바깥쪽으로 명갈색이 덧붙여져 있다. 세석립과 운모가 일부 함유된 점토질의 태토를 사용하여 토기를 제작하였다. 토기의 외면에는 斜格子文이 타날되어 있고, 내면에는 물손질흔이 확인된다. 토기의 殘高는 17.8cm이며, 殘幅은 28.2cm이고, 두께는 1.0~1.4cm이다.

(65) 打捺文土器 胴體部片(사진 42-②)

회갈색 타날문토기 동체부편으로 1호 주거지 내부에서 출토되었다. 잔존형태로 보아 底部로 이어지는 부분으로 추정된다. 태토는 사립과 운모, 석영계 석립을 일부 포함한 정선된 점토를 사용하였다. 토기의 외면에는 사격자문이 打捺되어 있고, 내면에는 물손질로 整面한 흔적이 확인된다. 토기의 길이는 13.9cm이고, 폭은 20.6cm이며, 두께는 1.3~1.8cm이다.

(66) 打捺文土器 胴體部片(사진 43-①)

1호 주거지 내부에서 출토된 타날문토기 동체부이다. 내외면은 밝은 회색을 띠고 있고, 속심은 적갈색의 색조를 띠고 있다. 가는 운모와 세석립을 함유한 정선된 점토질의 태토로 토기를 제작하였다. 외면에는 격자문이 打捺되어 있으며, 格子文의 長軸 폭은 0.3cm이고, 短軸 폭은 0.2cm 가량이다. 殘高는 16.1cm이고, 幅은 17.5cm이며, 두께는 1.0~1.2cm이다.

(67) 打捺文土器 胴體部片(사진 43-②)

1호 주거지의 내부에서 출토된 打捺文土器 胴體部이다. 태토는 細石粒과 雲母를 포함한 정선된 粘土를 사용하였다. 토기의 외면은 밝은 회색을 띠고 있고, 내면과 속심은 회갈색의 색조를 띠고 있다. 외면에는 0.3×0.2cm 간격의 格子門이 타날되어 있으며, 내면에는 물손질흔이 확인된다. 토기의 殘高는 16.1cm이고, 殘幅은 17.7cm이며, 두께는 1.0~1.3cm이다.

(68) 打捺文土器 胴體部片(사진 44-①)

灰色 軟質打捺文土器 胴體部片이다. 세석립과 가는 운모를 함유한 정선된 점토질의 태토로 토기를 제작하였다. 토기의 외면에는 0.2cm의 간격으로 平行斜線文이 施文되어 있으며, 3줄의 橫侵線이 음각되어 있다. 또한 일부분이 불에 타 그을린 흔적이 확인된다. 토기의 殘高는 6.5cm이고, 殘幅은 8.3cm이며, 두께는 0.9~1.1cm이다.

(69) 打捺文土器 胴體部片(사진 44-②)

연질의 타날문토기 동체부편으로 1호 주거지의 내부에서 출토되었다. 內外面은 회색의 색조를 띠고 있으며, 속심은 적갈색의 색조를 띠고 있다. 胎土는 가는 석립과 가는 운모를 포함한 점토를 사용하였다. 토기의 외면에는 4줄의 횡침선과 함께 0.2cm의 간격으로 평행사선문이 시문되어 있다. 토기의 잔존 길이는 9.5cm이고, 폭은 10.3cm이며, 두께는 1.0~1.2cm이다.

(70) 打捺文土器 胴體部片(사진 45-①)

1호 주거지 내부에서 출토된 경질 타날문토기편이다. 외면은 회갈색의 색조를 띠고 있고, 내면과 속심은 회색의 색조를 띠고 있다. 태토는 가는 운모와 사립이 포함된 점토질이다. 토기의 외면에는 교차선문이 폭 0.1cm 정도로 얇게 打捺되어 있다. 토기의 잔존 길이는 9.9cm이고, 폭은 8.4cm이며, 두께는 0.6~0.7cm이다.

(71) 打捺文土器 胴體部片(사진 45-②)

타날문토기 동체부편으로 1호 주거지 내부에서 출토되었다. 토기의 외면은 흑색을 띠고 있고, 내면은 암회색을 띠고 있으며, 속심은 밝은 회색의 색조를 띠고 있다. 태토는 가는 운모와 석립이 함유된 점토질이다. 殘存한 토기의 외면에는 폭이 0.1cm 정도인 교차 類似線文이 타날되어 있다. 내면에는 물손질로 마무리한 흔적이 확인된다. 토기의 잔존 길이는 7.2cm이고, 폭은 6.5cm이며, 0.6~0.7cm이다.

(72) 打捺文土器 胴體部片(사진 46-①)

연질의 타날문토기 동체부편이다. 내외면은 灰褐色을 띠고 있으며, 속심은 暗灰色의 색조를 띤다. 토기의 외면에는 불에 타 검게 그을린 흔적이 확인된다. 가는 사립과 운모가 함유된 정선된 점토질의 태토를 사용하였다. 토기의 외면에는 平行線文이 타날되어 있다. 잔존한 토기의 길이는 8.1cm이고, 폭은 7.2cm이며, 0.7~1.2cm이다.

(73) 打捺文土器 胴體部片(사진 46-②)

1호 주거지에서 출토된 打捺文土器片이다. 외면은 회갈색의 색조를 띠고 있고, 내면과 속심은 석살색의 색소를 띠고 있다. 태토는 세석립이 일부 포함된 정선된 점토질이나. 산존힌 토기의 외면에는 폭이 0.1cm 기랑인 平行斜線文이 시문되어 있고, 7줄의 橫侵線이 음각되어 있다. 횡침선의 간격은 일정하지 않다. 내면에는 물손질로 整面한 흔적이 확인된다. 토기의 殘高는 5.4cm이고, 殘幅은 6.3cm이며, 두께는 0.9~1.0cm이다.

(74) 打捺文土器 胴體部片(사진 46-③)

1호 주거지의 내부에서 출토된 타날문토기 동체부편이다. 내외면은 灰褐色의 색조를 띠고 있으며, 속심은 暗褐色의 색조를 띤다. 細石粒이 함유된 정선된 점토로 토기를 제작하였다. 토기의 외면에는 교차선문이 타날되어 있고, 내면에는 물손질흔이 확인된다. 토기의 잔고는 4.6cm이고, 잔폭은 5.1cm이며, 두께는 0.7cm이다.

(75) 硬質無文土器 뚜껑(사진 47)

1호 주거지의 내부에서 출토된 경질무문토기의 뚜껑이다. 반파되었으나, 꼭지와 구연부가 일부 남아있어 도면상에서 전체 器形의 복원이 가능하다. 뚜껑의 꼭지부분은 중앙부가 둥글게 홈이 파인 형태이고, 동체는 곧게 벌어지면서 구연부로 내려간다.

토기의 외면은 적갈색의 색조를 띠고 있고, 내면과 속심은 황색의 색조를 띠고 있다. 태토는 운모와 석립이 함유된 사질성 점토이다. 토기의 외면은 고운 점토로 슬립을 입혀 마연하였으며, 물손질로 매끄럽게 정면하였다. 꼭지부분의 외면에는 손으로 눌러 조정한 흔적이 관찰된다. 토기의 꼭지경은 4.8cm이며, 구경은 6.9cm이고, 높이는 6.4cm이다.

(76) 硬質無文土器 뚜껑(사진 48)

경질무문토기의 뚜껑으로 1호 주거지를 제토하는 과정에서 출토되었다. 태토는 적갈색 색조의 사질점토로 석영계 석립이 다수 함유되어 있다. 잔존형태는 편평한 원판형으로 중앙부를 비롯하여 일부분이 결실된 상태이다. 중앙의 결실부에는 뚜껑의 꼭지가 있었던 것으로 추정된다. 토기의 내외면에는 指頭痕과 물손질흔이 확인된다. 뚜껑의 직경은 20.0cm 내외이고, 두께는 1.1~1.4cm이다.

(77) 紡錘車(사진 49-①)

1호 주거지 동벽 바닥에서 출토된 土製 紡錘車이다. 내외 표면은 흑갈색의 색조를 띠고 있으며, 속심은 암회색의 색조를 띠고 있다. 가는 사립과 1mm내외의 석립이 混入된 정선된 태토이다. 외면에는 格子文이 타날되어 있다. 길이와 폭은 6.4cm이고, 두께는 1.0~1.2cm이며, 구멍의 직경은 1.0cm이다.

(78) 紡錘車(사진 49-②)

1호 주거지 내부에서 출토된 土製 紡錘車 이다. 회갈색의 색조를 띠고 있으며, 일부 불에 맞아 그을린 흔적이 있다. 태토는 가는 운모와 사립이 함유되어 있으나 비교적 정선되었다. 길이와 폭은 5.1cm이고, 두께는 0.7~0.8cm이다. 透孔의 폭은 0.9cm이다.

(79) 圓板形 土製品(사진 50-②)

1호 주거지의 내부에서 출토된 圓板形 土製品이다. 내외면은 흑갈색의 색조를 띠고, 속심은 명회색의 색조를 띠고 있다. 태토는 운모와 사립이 함유된 고운 점토질이다. 외면에는 격자문이 타날되어 있다. 길이와 폭은 5.4cm이고, 두께는 0.7~1.0cm이다.

(80) 圓板形 土製品(사진 50-①)

원판형 土製品으로 1호 주거지에서 출토되었다. 내외 표면은 흑갈색을 띠고, 속심은 짙은 회갈색을 띠고 있다. 태토는 사립이 혼입된 정선된 점토질이다. 외면에는 교차 線文이 施文되어 있다. 길이와 폭은 4.7cm이고, 두께는 0.7~0.9cm이다.

(81) 燒土 덩어리(사진 51-①)

1호 주거지에서 출토된 燒土 덩어리이다. 赤褐色의 색조를 띠고 있으며, 태토에는 사립이 함유되어 있다. 주거지 바닥의 조성상태와 폐기 당시 화재의 강도 등을 파악할 수 있는 자료로 판단된다. 길이는 7.1cm이고, 폭은 4.7cm이다.

(82) 소토(사진 51-②)

1호 주거지에서 출토된 소토덩어리이다. 흑갈색의 색조를 띠고 있으며, 일부분에는 적갈색의 색조를 띤다. 태토에는 운모와 사립이 混入되어 있다. 길이는 6.1cm이고, 폭은 4.1cm이며, 두께는 0.3~1.6cm이다.

(83) 소토(사진 51-③)

1호 주거지에서 출토된 소토덩어리이다. 전체적으로 흑갈색의 색조를 띠고 있으나, 일부분에는 암갈색의 색조를 나타내고 있다. 길이는 5.7cm이며, 폭은 3.3cm이고, 0.6~3.0cm이다.

사진 5 1호 주거지의 단경호 출토 상황

사진 6 1호주거지 출토 단경호

사진 7 1호주거지 출토 경질무문토기 발

사진 8 1호주거지 출토 직구단경소호

사진 9 1호주거지 출토 외반구연 옹

사진 10 1호주거지 출토 외반구연 옹

사진 11 1호주거지 출토 외반구연 옹

사진 12 1호주거지 출토 외반구연 옹

사진 13 1호주거지 출토 외반구연 옹

사진 14 1호주거지 출토 외반구연 옹

사진 15 1호주거지 출토 외반구연 옹

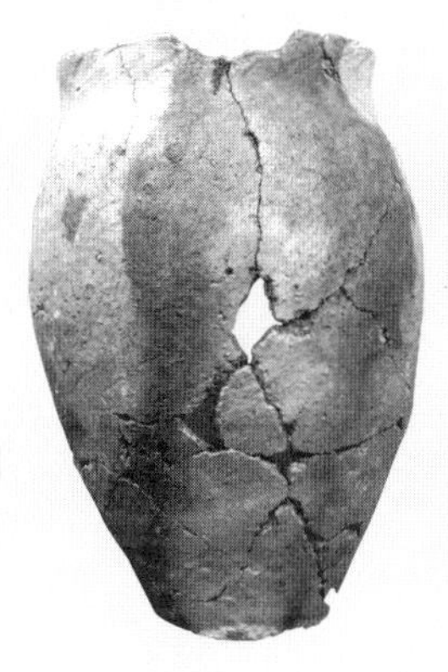

사진 16 1호주거지 출토 외반구연 옹

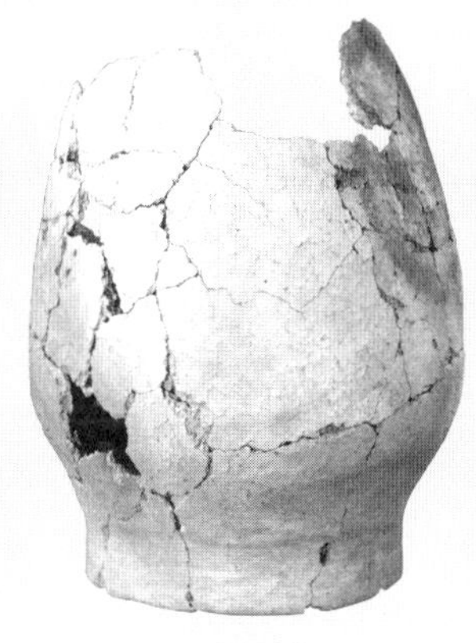

사진 17 1호주거지 출토 외반구연 옹

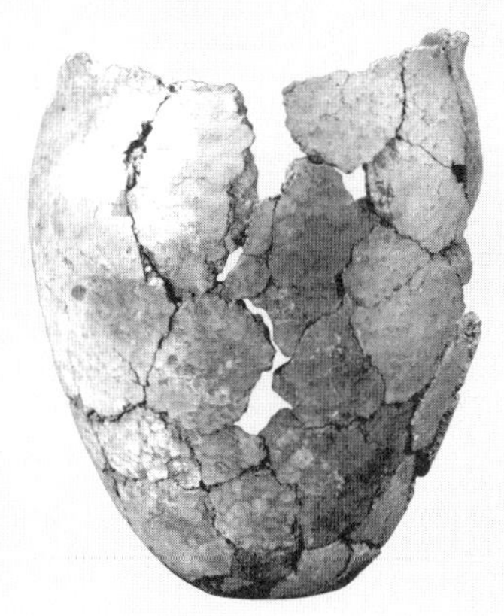

사진 18 1호주거지 출토 외반구연 옹

사진 19 1호주거지 출토 경질무문토기

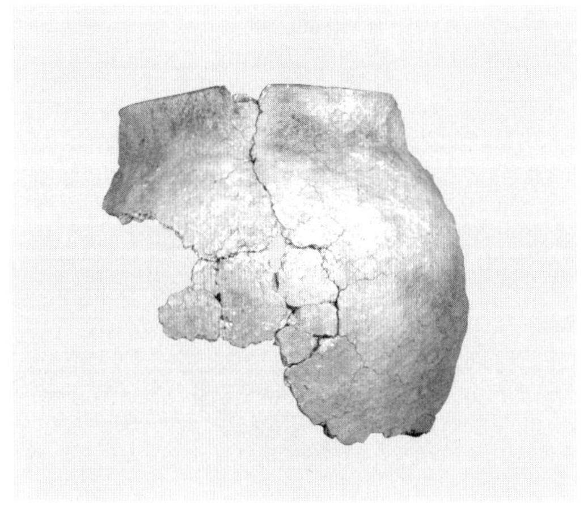

사진 20 1호주거지 출토 경질무문토기

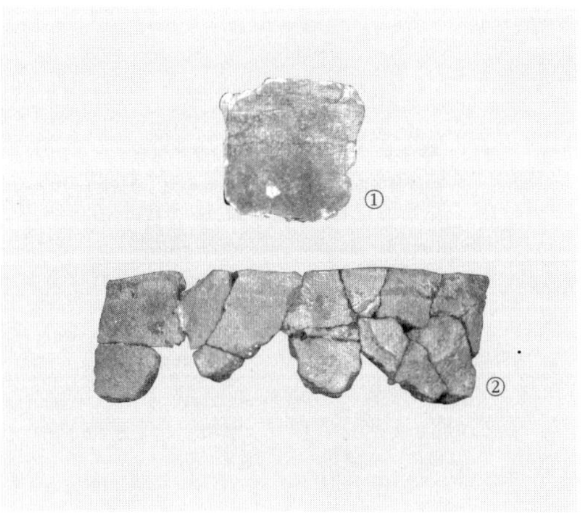

사진 21 1호주거지 출토 경질무문토기

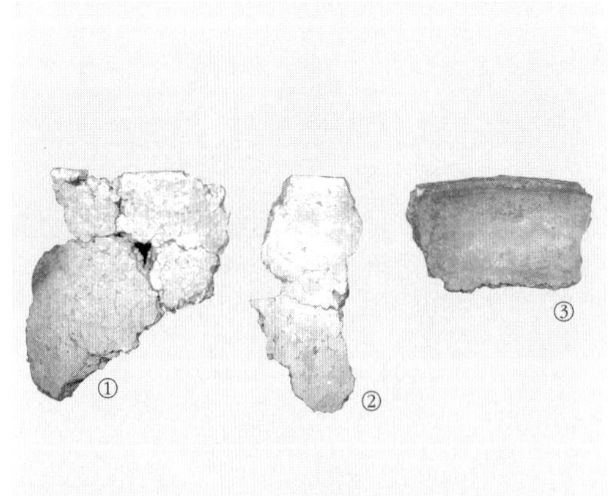

사진 22 1호주거지 출토 경질무문토기

사진 23 1호주거지 출토 경질무문토기

사진 24 1호주거지 출토 경질무문토기

사진 25 1호주거지 출토 경질무문토기

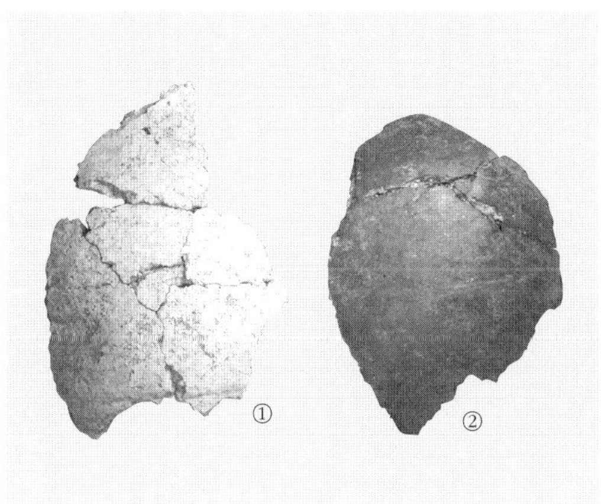

사진 26　1호주거지 출토 경질무문토기

사진 27　1호주거지 출토 경질무문토기

사진 28　1호주거지 출토 경질무문토기

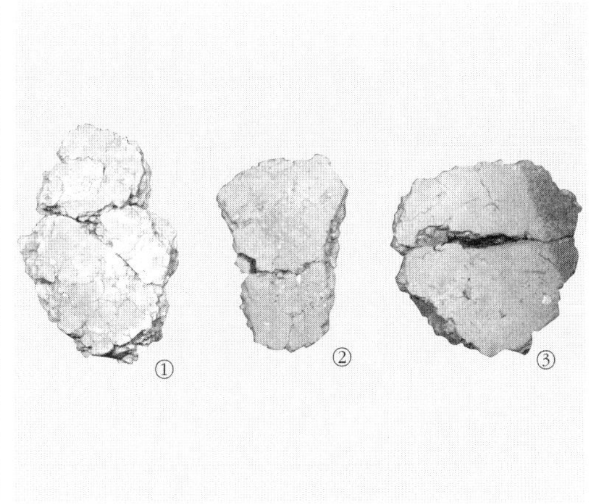

사진 29　1호주거지 출토 경질무문토기

사진 30　1호주거지 출토 경질무문토기

사진 31　1호주거지 출토 경질무문토기

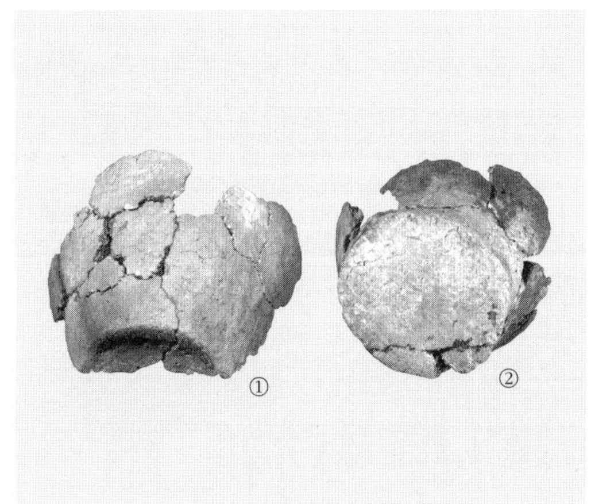

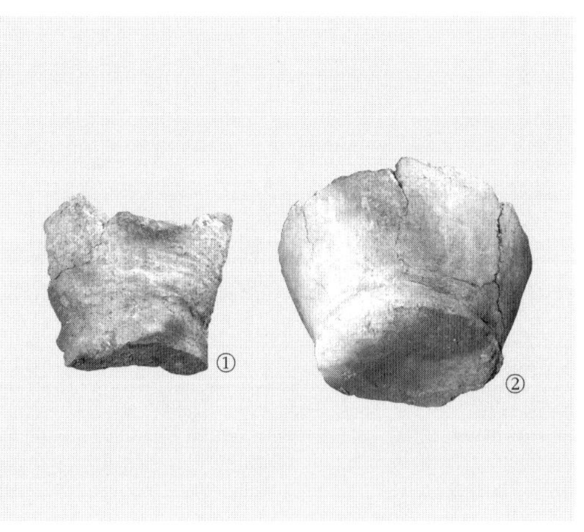

사진 32 1호주거지 출토 경질무문토기

사진 33 1호주거지 출토 경질무문토기

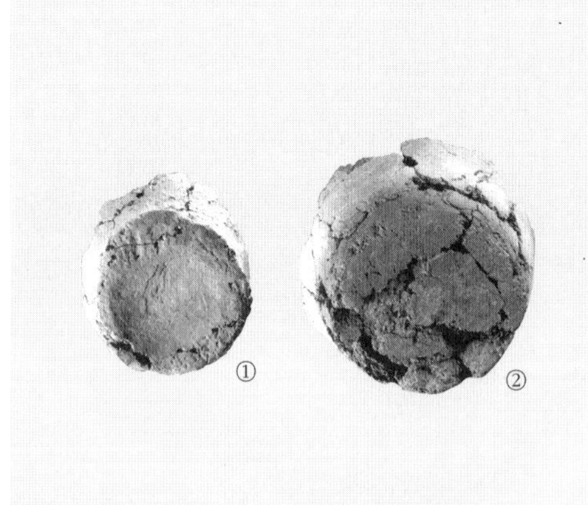

사진 34 1호주거지 출토 경질무문토기

사진 35 1호주거지 출토 경질무문토기

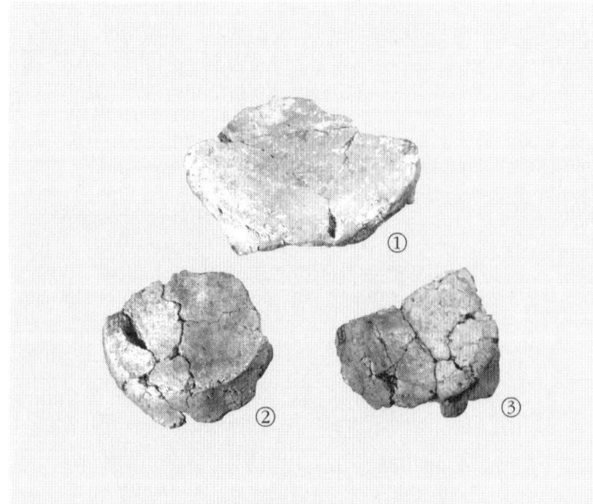

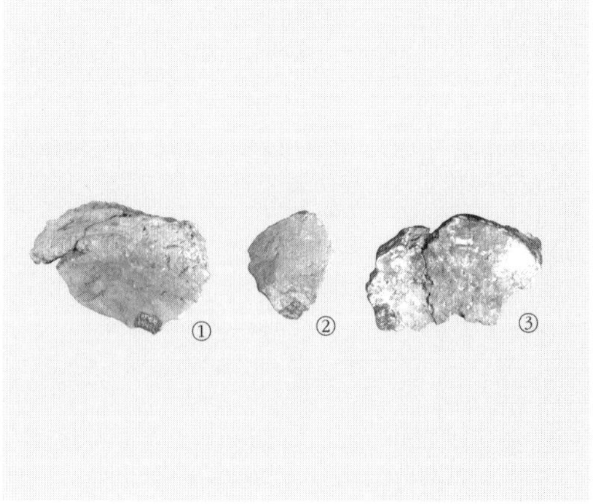

사진 36 1호주거지 출토 경질무문토기

사진 37 1호주거지 출토 경질무문토기

사진 38 1호주거지 출토 경질무문토기

사진 39 1호주거지 출토 타날문 단경호

사진 40 1호주거지 출토 타날문 단경호

사진 41 1호주거지 출토 타날문 토기

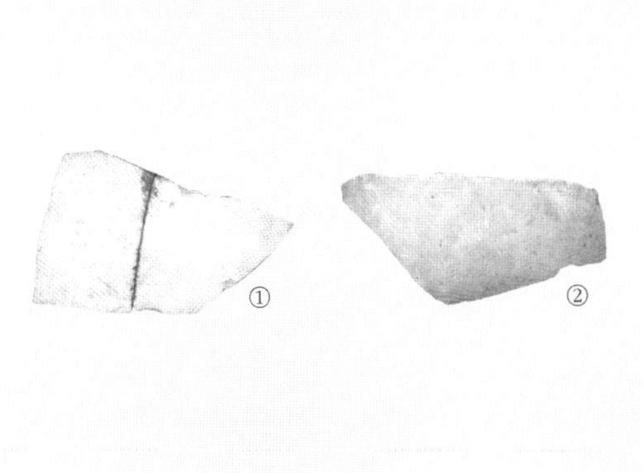

사진 42 1호주거지 출토 타날문 토기

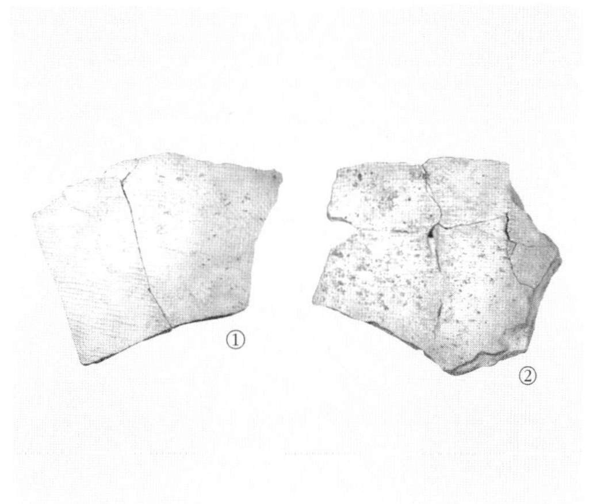

사진 43 1호주거지 출토 타날문 토기

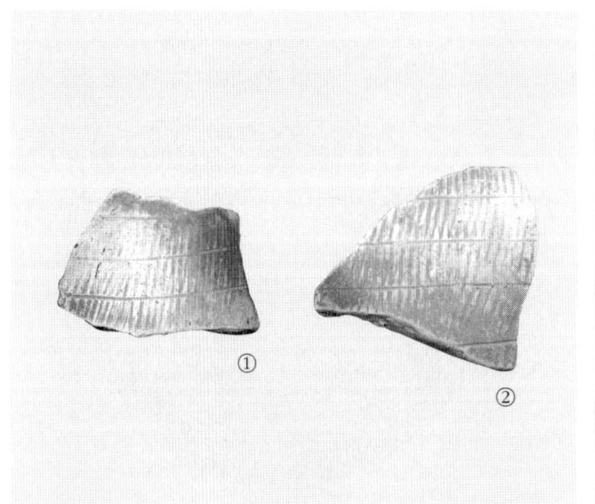

사진 44　1호주거지 출토 타날문 토기

사진 45　1호주거지 출토 타날문 토기

사진 46　1호주거지 출토 타날문 토기

사진 47　1호주거지 출토 경질무문토기 뚜껑

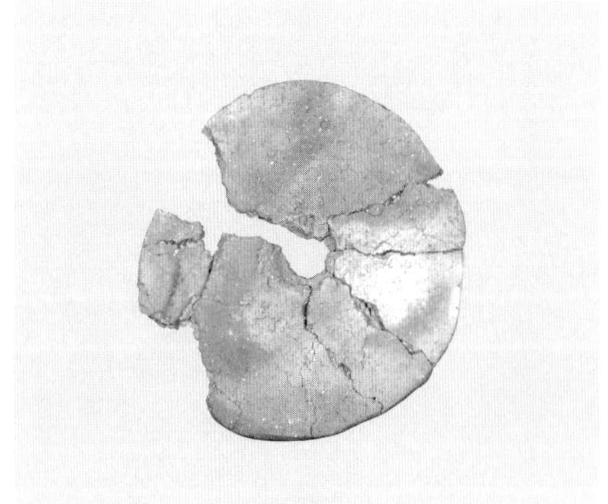

사진 48　1호주거지 출토 경질무문토기 뚜껑

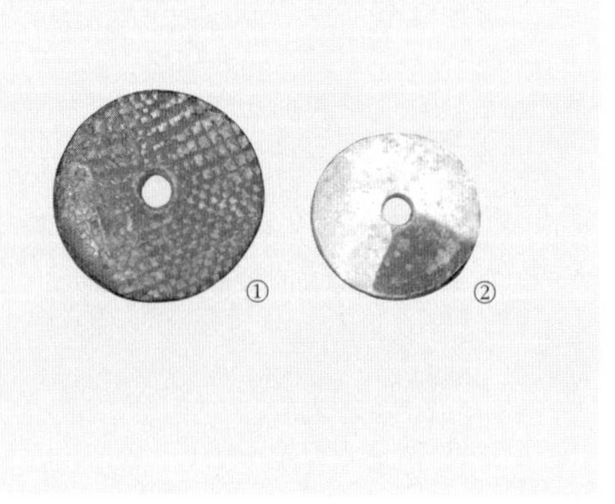

사진 49　1호주거지 출토 토제 방추차

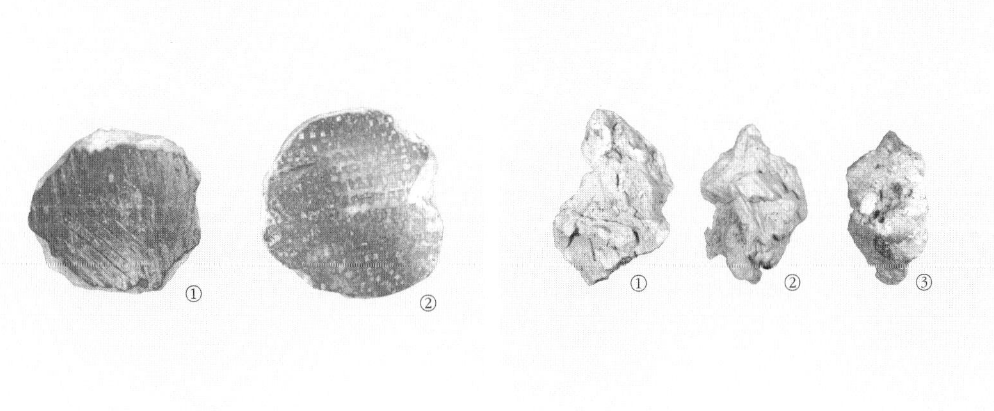

<table>
<tr><td>사진 50　1호주거지 출토 원판형 토제품</td><td>사진 51　1호주거지 출토 소토</td></tr>
</table>

III. 초성리 2호 주거지

1. 조사유구

　　2호 주거지는 1호 주거지에서 동북쪽으로 약 7m 정도 덜어진 곳에 위치하고 있다. 이 주거지는 Tr5를 제토하던 도중 노출되었는데, 경작 과정 중에 극심하게 파손되었고, 현재는 북쪽 爐址 시설과 그 주변의 일부 흔적만이 殘存하고 있다.

　　爐址는 노지의 벽체를 구성했던 板石이 일부 남아있고, 판석과 판석 사이에 점토질 흙으로 벽체를 메우면서 혼입된 石材片들이 흩어진 채 노출되었는데, 이는 벽체가 나중에 붕괴되면서 벽체 주변으로 무질서하게 흩어졌던 것으로 보인다. 노지의 아궁이 폭은 약 76cm이고, 북쪽 벽체로 추정되는 부분까지의 길이는 220cm이다. 노지 주변에서 硬質無文土器片이 다수 출토되었다.

　　2호 주거지의 단축 길이는 685cm이나, 장축 길이는 남쪽부분이 완전히 파괴되어, 조사 당시 전혀 확인할 수 없었다. 현재 殘存한 바닥은 붉게 불에 탄 흔적이 선명하게 보이고 있으며, 서북쪽의 벽체 부분 윤곽도 일부 남아 있다. 그러나 경작과정에서 爐址의 일부를 제외한 바닥면 거의 모두가 교란되었다. 따라서 2호 주거지는 바닥을 포함한 주거지의 구조나 성격을 정확하게 파악할 수 없다.

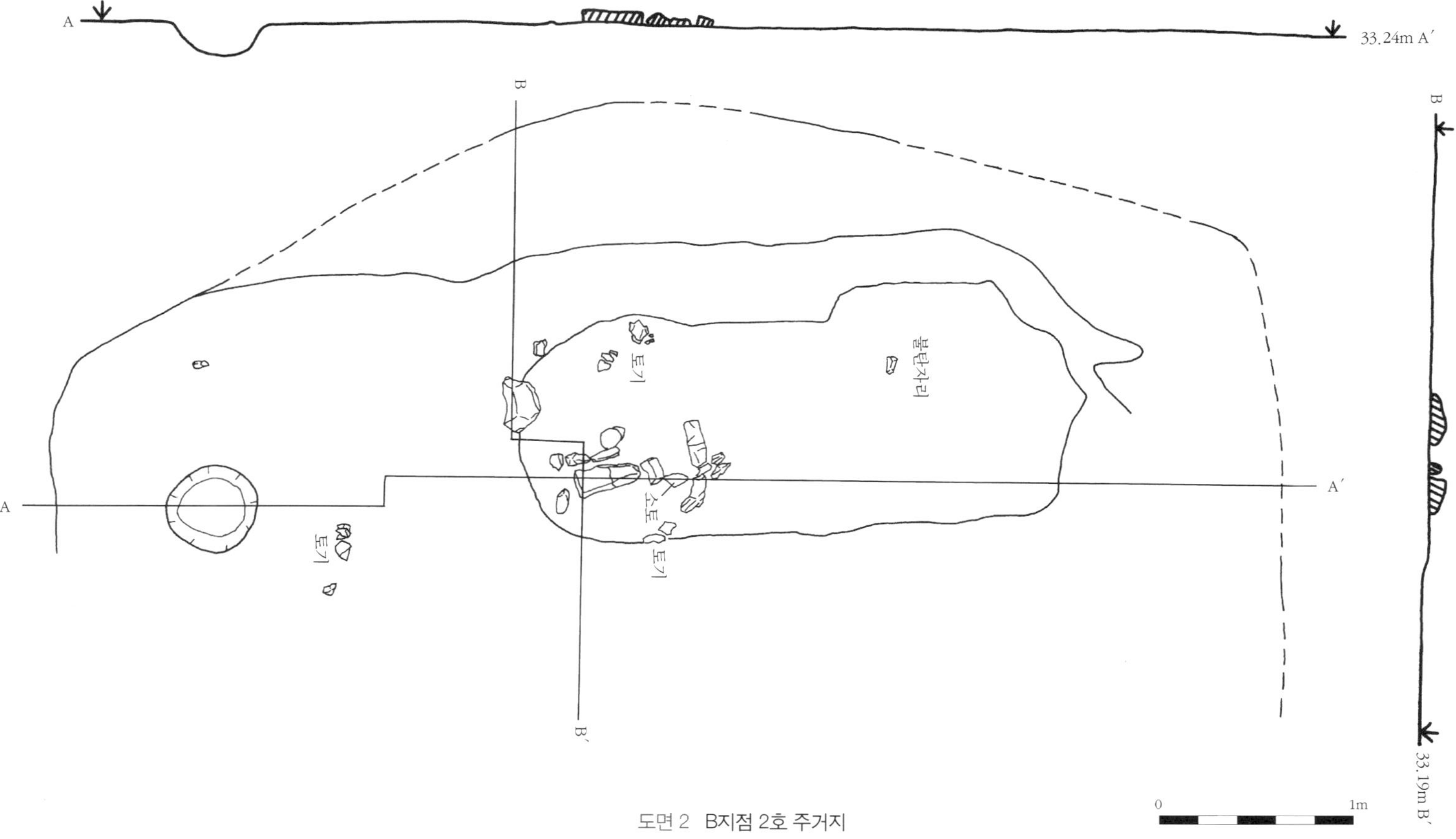
A
33.24m A′
B
B
A′
A
B′
B′
33.19m B′
불탄자리
토기
소토
토기
토기
0
1m
도면 2 B지점 2호 주거지

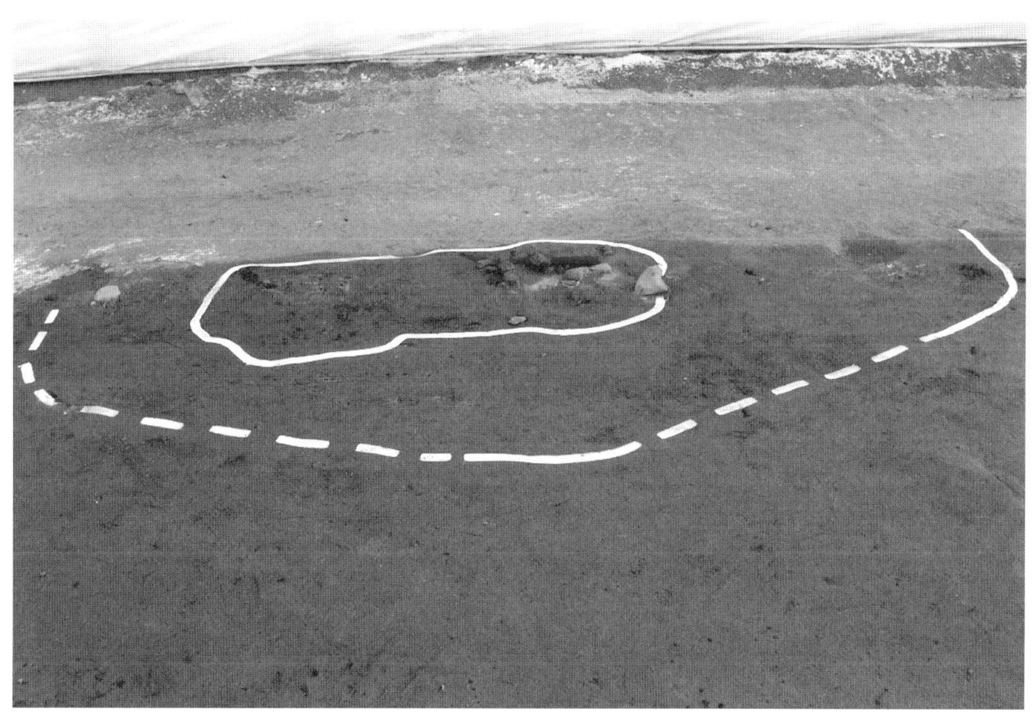

사진 52   2호 주거지(조사 완료 후)

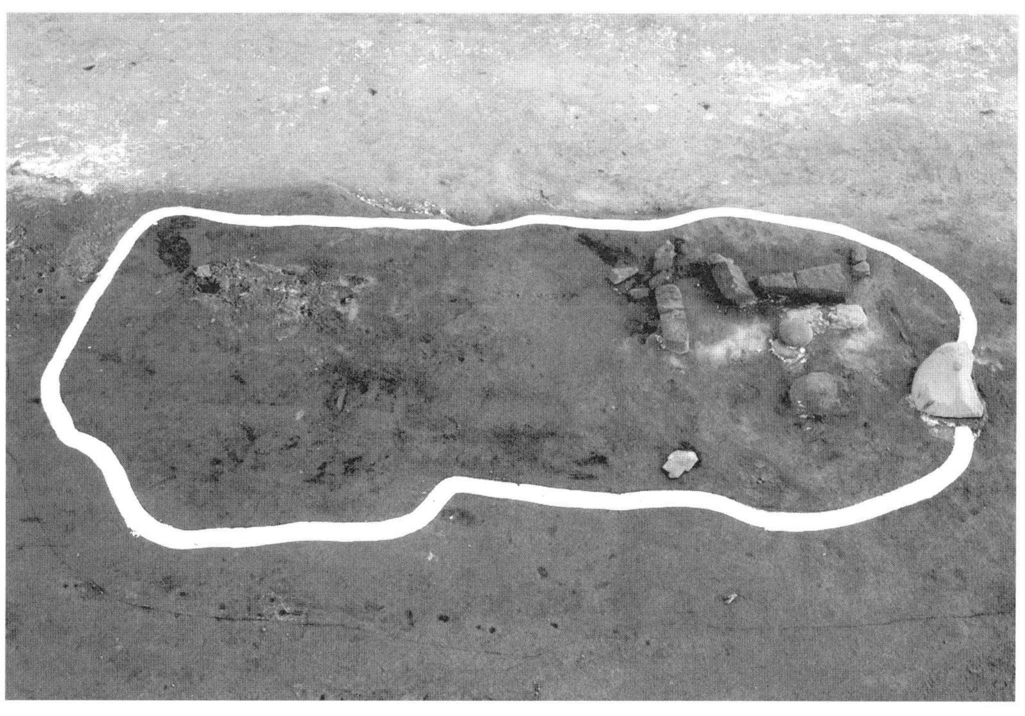

사진 53   2호주거지 노지(노출 상태)

사진 54 2호주거지 조사 후(노지 세부)

출토된 유물은 주로 토기편인데, 노지 주변에서 경질무문토기편과 경질타날문토기편 등이 일부 출토되었고, 또한 爐址에서 150cm 서쪽 지점에서 底部 직경이 약 50cm 되는 대형 회청색 경질타날문토기 底部片이 출토되었다. 따라서 이러한 점을 고려하면, 2호 주거지에서 출토된 土器나 爐址의 성격이 1호 주거지에서 조사된 것과 같은 것으로 보이며, 2호 주거지도 1호 주거지와 같은 시대에 건축된 '凸' 자형 모습을 한 6각형의 竪穴住居址였을 것으로 판단된다.

2. 出土遺物

(1) 硬質無文土器 口緣部片(사진 55)

경질무문토기 구연부편으로 2호주거지에서 출토되었다. 내만하는 경부에서 벌어지듯 외반하는 구연이고, 구순은 둥글게 처리하였다. 외면은 黑褐色을 띠고 있으나 불에 많이 그을려 있고, 내면과 속심은 暗褐色을 띠고 있다. 석영계와 장석계의 석립이 함유된 정선된 점토질의 태토이다. 내외면에 물손질흔과 지두흔이 관찰되며, 구연부에서 경부로 연결되는 부분에 木理痕이 확인된다. 복원 口徑은 21.2cm이고, 殘高는 15.3cm이며, 두께는

0.9~1.0cm이다.

(2) 硬質無文土器 口緣部片(사진 56)

2호 주거지에서 출토된 硬質無文土器 口緣部片으로 구연부에서 동체부까지 길게 남아있다. 구연부는 직립하는 頸部에서 급하게 외반하며, 口脣은 평평하게 처리하였다. 내·외면과 속심이 암갈색을 띠고 있고, 외면에 불에 타 검게 그슬린 흔적이 있다. 석영계의 굵은 석립과 가는 사립이 함유된 정선된 점토질의 태토이다. 내외면에 물손질흔이 확인된다. 토기의 殘高는 26.4cm이고, 殘幅은 10.9cm이며, 두께는 0.6~1.0cm이다.

(3) 硬質無文土器 口緣部片(사진 57-①)

2호주거지에서 출토된 경질무문토기 구연부편이다. 외면은 暗灰色으로 띠고 있으며 내면과 속심은 灰色을 띠고 있다. 구연부는 直立하는 동체부에서 완만하게 外反하며 구순은 얇고 둥글게 처리하였다. 가는 砂粒이 함유된 고운 점토질의 태토이고, 내외면의 구연부에서는 물레흔이 확인되며, 외면이 동체부에서는 물손질흔이 관찰된다. 토기의 잔존 길이는 5.8cm이고, 폭은 7.6cm이며, 두께는 0.5~08cm이다.

(4) 硬質無文土器 口緣部片(사진 57-②)

2호 주거지에서 출토된 경질무문토기 구연부편이다. 외면은 암갈색, 내면은 흑갈색, 속심은 황갈색의 색조를 띠고 있다. 가는 사립과 石英系 石粒이 일부 함유된 점토질의 태토이다. 외면에는 물손질흔과 指頭痕이 확인되며, 내면에는 물손질흔이 확인된다. 구순은 둥글게 처리하였으며 외면에 약간 각이 져 있다. 토기의 殘高는 3.4cm이고, 殘幅은 5.5cm이며, 두께는 0.7~1.0cm이다.

(5) 硬質無文土器 頸部片(사진 58-①)

회색의 경질무문토기 구연부편으로 2호주거지에서 출토되었다. 잔존형태로 보아 경부와 동체부·구연부의 일부가 잔존한다. 태토는 사립과 석립이 약간 함유된 沙質粘土이다. 잔존하는 토기의 형태로 보아 구연은 내만하는 동체부에서 직립하여 올라오다가 口脣에서 약간 외반한다. 내면에 물손질흔이 확인된다. 토기의 殘高는 5.8cm이고, 殘幅은 9.2cm이며, 두께는 0.8cm이다.

(6) 硬質無文土器 肩部片(사진 58-②)

2호주거지에서 출토된 경질무문토기 肩部片으로 외면은 황갈색, 내면과 속심은 암갈색의 색조를 띠고 있다. 태토는 가는 사립과 3mm내외의 석영계 석립이 함유된 점토질이다. 동체부에서 구연으로 올라가는 부분이며, 殘存하는 형태로 보아 동체부에서 약간 외반하는 구연으로 추정된다. 外面에는 물손질흔과 구연부로 올라가는 부분에 누른 자국이 관찰된다. 內面에는 물손질흔과 지두흔이 확인되며 불에 그을린 자국이 있다. 토기의 殘高는 6.9cm이고, 殘幅은 9.0cm이며, 두께는 0.7~1.2cm이다.

(7) 硬質無文土器 肩部片(사진 59)

硬質無文土器 胴體部片으로 2호주거지에서 출토되었다. 외면은 주로 암갈색의 색조를 띠고 있으나 일부 불에 그을린 부분이 확인된다. 내면과 속심은 붉은 빛이 많이 도는 적갈색의 색조를 띠고 있다. 토기의 외벽은 표면의 박리가 심하여 정확한 정면방식을 확인할 수는 없지만 일부분에서 슬립을 입혀 整面한 흔적이 관찰된다. 동체부에서 구연으로 외반하는 부분이 잔존하고 있다. 굵은 석영계 석립 일부와 사립이 함유된 정선된 점토질의 태토이다. 외면에는 물손질흔과 指頭痕이 관찰되며, 내면에는 목리조정흔과 물손질흔이 확인된다. 토기의 殘高는 11.6cm이고, 폭은 16.5cm이며, 두께는 1.0~1.4cm이다.

(8) 硬質無文土器 胴體部片(사진 60-①)

2호주거지에서 출토된 경질무문토기로, 외면은 흑색을 내면과 속심은 황색의 색조를 띠고 있다. 굵은 석립과 사립이 함유된 점토질의 태토를 사용하여 토기를 제작하였다. 기벽의 내외면은 나무를 이용하여 쓸어올리며 정면하였고, 외면은 물손질로 한번 더 표면을 매끄럽게 정리 하였다. 토기의 잔존 길이는 8.7cm, 폭은 10.6cm, 두께는 0.9~1.0cm이다.

(9) 硬質無文土器 胴體部片(사진 60-②)

2호주거지에서 출토된 경질무문토기이다. 외면은 黑灰色을 띠고 있으며, 내면과 赤色, 속심은 赤褐色을 띠고 있다. 태토는 3mm내외의 굵은 석립과 사립이 다량 함유된 점토질을 사용하였다. 잔존하는 토기의 형태로 보아 底部로 연결되는 부분으로 추정된다. 외면에는 진흙을 바른 후 마른 듯한 흔적이 관찰된다. 내면은 剝離狀態가 심하고 석립이 돌출되어 표면이 거칠다. 토기의 잔존 길이는 14.5cm이고, 폭은 12.2cm이며, 두께는 1.0~1.3cm이다.

(10) 硬質無文土器 底部片(사진 61-①)

황갈색 硬質無文土器 底部片으로 바닥면과 동체부의 일부가 잔존한다. 2호주거지에서 출토되었다. 내외면에 불에 그을린 자국이 보이며, 태토는 沙粒이 함유된 정선된 粘土質이다. 동체부에서 저부로 부드럽게 연결되는 丸底이며, 잔존하는 형태로 보아 바닥은 平底일 것으로 추정된다. 내외면에 물손질흔과 指頭痕이 관찰된다. 토기의 殘高는 7.2cm이고, 殘幅은 14.6cm이며, 두께는 0.6~0.9cm이다.

(11) 硬質無文土器 底部片(사진 61-②)

바닥과 동체연결부분 일부가 남아있는 경질무문토기의 저부편으로 2호주거지 내부에서 출토되었다. 잔존하는 토기의 형태로 보아 굽의 구분이 뚜렷하지 않은 平底이며, 바닥의 중간 부분을 약간 오목하게 처리하였다. 저부만 남아있어 동체부와 구연부의 형태는 추정하기 어렵다. 외면은 暗褐色, 내면은 暗褐色과 赤褐色을 띠고 있으며, 속심은 黑灰色의 색조를 띠고 있다. 석영계 굵은 석립과 사립이 함유된 점토질의 태토이다. 저부에서 약간의 縮約을 거친 후 동체부와 연결되며, 연결 부분에 손가락으로 누른 자국이 관찰된다. 토기의 복원 저경은 16.5cm이고, 잔존 높이는 1.9cm이며, 바닥의 두께는 1.3~1.6cm이다. 남아있는 동체연결부의 두께는 1.2cm이다.

(12) 打捺文土器 口緣部片(사진 62)

2호 주거지 내부 조사 중 출토된 硬質 打捺文土器이다. 半破 상태로 깨어진 채 발견되었으나, 구연부에서 저부까지의 편이 남아있어 도면상 복원이 가능하다. 토기의 내외면은 황갈색의 색조를 띠고, 속심은 회색의 색조를 띠고 있다. 태토는 가는 砂粒과 석영계 石粒이 혼입된 정선된 태토를 사용하였다. 동체부는 長卵形의 형태를 띠고 있으며, 폭을 좁히며 올라오는 동체 상부에서 직립하는 경부를 조성하였다. 구연부는 경부에서 각이 지게 외반하였다. 底部는 직경 6.6cm 가량으로 기형에 비해 매우 작게 조성하였다. 동체부의 외벽면에는 전면에 걸쳐 격자문이 타날되어 있으며, 기벽 내면과 경부 외면에는 물손질로 기면을 매끄럽게 整面한 흔적이 확인된다. 토기의 복원 口徑은 55.2cm이며, 底徑은 6.6cm이고, 복원 器高는 80.0cm이다. 두께는 1.2~2.4cm이다.

(13) 打捺文土器 胴體部片(사진 63-①)

2호주거지에서 출토된 경질타날문토기 동체부편으로 외면은 黑灰色, 내면은 灰褐色, 속심은 灰色을 띠고 있다. 가는 사립과 운모가 함유된 점토질의 태토이다. 외면에는 한변의 길이 0.2~0.3cm의 格子門이 일정하지 않은 간격으로 시문되어 있다. 또한 평행하지 않은 2조의 橫侵線이 돌아가고 있으며, 아래쪽은 횡침선을 따라서 결실되어 있다. 내면에는 指頭痕이 확인된다. 문양의 시문상태나 잔존하는 토기의 형태로 보아 견부로 연결되는 부분으로 추정된다. 토기의 殘高는 7.4cm이고, 殘幅은 8.7cm이며, 두께는 0.8~0.9cm이다.

(14) 打捺文土器 胴體部片(사진 63-②)

2호주거지에서 출토된 타날문토기편으로 외면은 회색을 띠고 있으며, 내면과 속심은 회갈색을 띠고 있다. 외면에 0.2×0.2cm의 격자문이 0.2cm 정도의 간격으로 시문되어 있다. 태토는 사립이 함유된 고운 점토질이며, 燒成强度는 손으로 문지르면 묻어날 정도로 약하다. 토기의 잔존길이는 4.6cm이고, 폭은 7.0cm이며, 두께는 0.8cm이다.

(15) 打捺文土器 胴體部片(사진 64-①)

2호주거지에 출토된 打捺文土器 胴體部片이다. 외면은 적갈색, 내면은 황색, 속심은 흑회색의 색조를 띠고 있다. 외면에는 종방향으로 내려가는 폭 0.1~0.2cm 침선문이 0.3cm 정도의 간격으로 시문되어 있다. 태토는 가는 사립이 함유된 점토질이며 소성강도가 강한 편이다. 토기의 殘高는 4.0cm이고, 殘幅은 4.0cm이며, 두께는 0.8~0.9cm이다.

(16) 打捺文土器 胴體部片(사진 64-②)

내외면은 흑회색이고, 속심은 회갈색의 색조를 띠는 타날문토기 동체부편으로 2호주거지에서 출토되었다. 외면에는 교차 線文이 0.2cm 정도의 간격으로 시문되어 있다. 태토는 가는 석립과 사립이 함유된 점토질의 태토를 사용하였으며, 소성강도가 강한 편이다. 토기의 殘高는 5.9cm이고, 殘幅은 7.2cm이며, 두께는 0.5~0.8cm이다.

(17) 打捺文土器 胴體部片(사진 64-③)

2호주거지에서 출토된 경질타날문토기 동체부편이다. 외면은 흑회색, 내면은 회색, 속심은 암갈색의 색조를 띠고 있으며, 사립이 함유된 점토질의 胎土이다. 외면에는 폭 0.2cm 정도의 평행 선문이 0.2cm 정도의 간격으로 깊게 시문되어 있는데, 양 끝부분보다 가운데가 깊은 형태이다. 잔존하는 토기의 형태로 보아 토기는 肩部와 연결되는 부분의 동체부로 생각되어진다. 토기의 길이는 5.1cm이고, 폭은 3.2cm이며, 두께는 0.6~1.0cm이다.

(18) 打捺文土器 胴體部片(사진 64-④)

2호주거지에서 출토된 경질타날문토기 동체부편이다. 내외면은 흑회색의 색조를 띠었던 것으로 보이나 화기에 의해 검게 그을려 있는 상태이며, 속심은 회색과 암갈색의 색조를 띠고 있다. 소성 강도는 매우 강한 편이며, 사립이 함유된 점토질의 태토이다. 외면에는 교차선문이 시문되어 있다. 토기의 殘高는 6.0cm이며, 殘幅은 6.3cm이고, 두께는 1.1cm이다.

(19) 打捺文土器 胴體部片(사진 65-①)

경질타날문토기 동체부편으로 2호주거지에서 출토되었다. 내외면은 짙은 흑회색을 띠고 있으며, 속심은 적갈색을 띠고 있다. 사립이 포함된 점토질의 태토이며 소성강도는 매우 강한 편이다. 외면에는 5조의 횡침선이 돌아가고 횡침선 사이에 短斜線文이 시문되어 있다. 단사선문의 간격은 0.2cm 정도이며, 橫侵線의 간격은 0.6~1.0cm로 일정하지 않다. 내면에는 물손질흔이 관찰되며, 토기의 殘高는 4.5cm이고, 殘幅은 6.0cm이며, 두께는

0.6~0.7cm이다.

(20) 打捺文土器 胴體部片(사진 65-②)

외면에 격자문이 타날되어 있는 경질 타날문토기 동체부편으로 2호주거지에서 출토되었다. 격자문은 0.4×0.3cm의 크기이며, 폭 0.1×0.2cm의 간격으로 타날되어 있다. 내외면은 적갈색을 띠고 있으며, 속심은 흑회색을 띠고 있다. 가는 석립과 사립, 그리고 운모가 함유된 점토질의 대토이며, 소성강도가 강한 편이다. 토기의 殘高는 4.2cm이고, 폭은 3.2cm이며, 두께는 0.6~0.7cm이다.

(21) 打捺文土器 胴體部片(사진 65-③)

회갈색의 타날문토기 동체부편으로 2호주거지에서 출토되었다. 태토는 사립이 함유된 정선된 점토질의 태토를 사용하였으며, 소성강도는 손으로 문지르면 묻어날 정도로 약하다. 외면에는 0.3×0.2cm의 격자문이 0.2cm 정도의 간격으로 시문되어 있다. 토기의 잔존 길이는 4.5cm이고, 殘幅은 3.0cm이며, 두께는 1.0cm이다.

(22) 帶狀把手片(사진 66)

2호주거지 제토 과정 중에 출토된 陶器 帶狀把手片이다. 내외면은 흑색을 띠고 있으며, 속심은 적갈색을 띠고 있다. 사립이 혼입된 점토질의 태토로 제작되었으며, 표면상태는 매우 매끄러운 편이고, 빗질로 整面한 흔적이 관찰된다. 파수의 단면은 장타원형이며 연결 부분의 내면에 접착력을 강하게 하기 위해 손톱으로 누른 흔적이 확인된다. 잔존하는 파수의 길이는 5.9cm이며, 폭은 3.8cm이고, 두께는 0.6~0.7cm이다.

사진 55 2호주거지 출토 경질무문토기

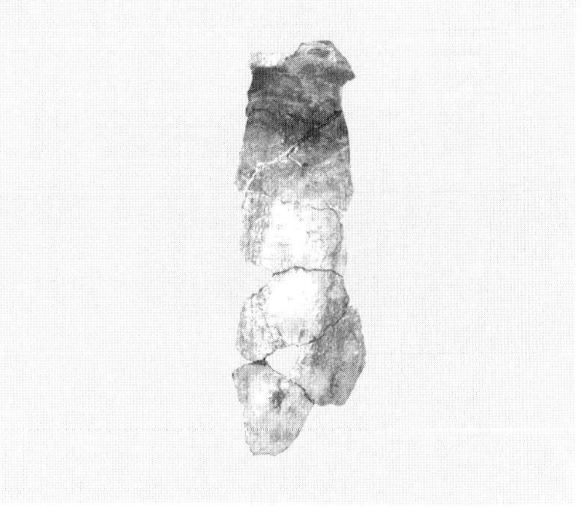

사진 56 2호주거지 출토 경질무문토기

사진 57 2호주거지 출토 경질무문토기

사진 58 2호주거지 출토 경질무문토기

사진 59 2호주거지 출토 경질무문토기

사진 60 2호주거지 출토 경질무문토기

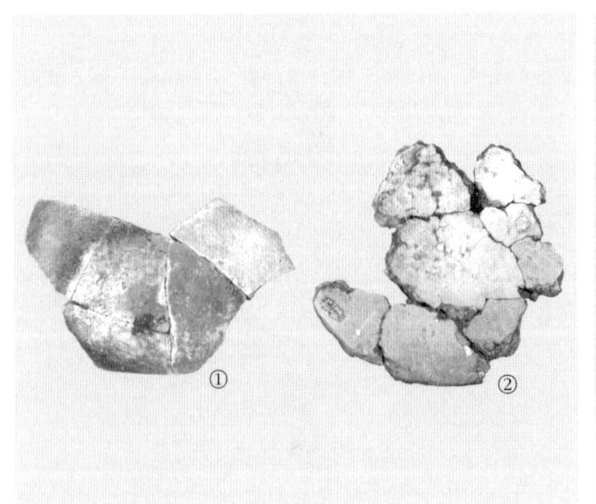

사진 61 2호주거지 출토 경질무문토기

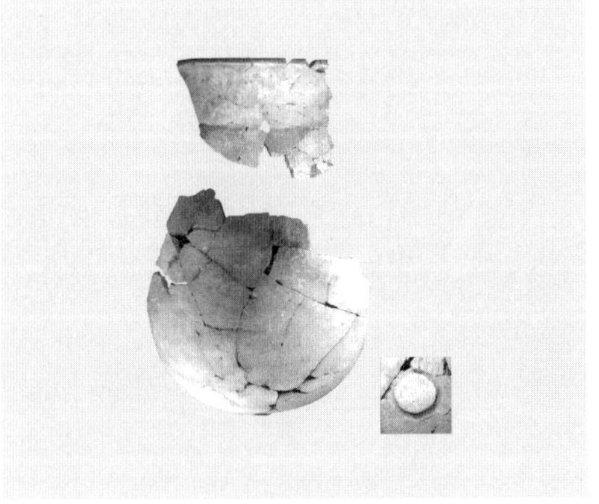

사진 62 2호주거지 출토 타날문토기

사진 63 2호주거지 출토 타날문토기

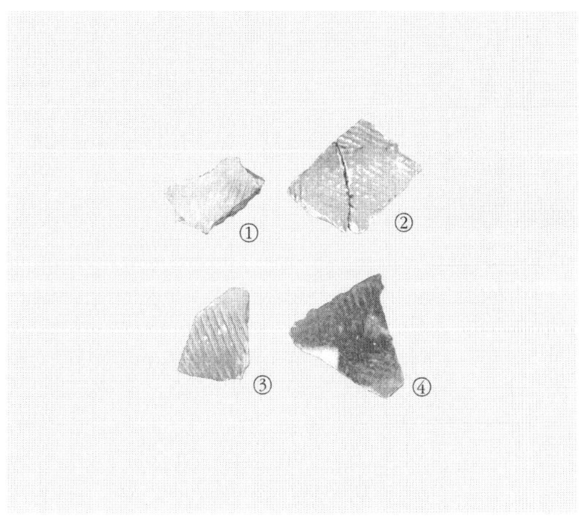

사진 64 2호주거지 출토 타날문토기

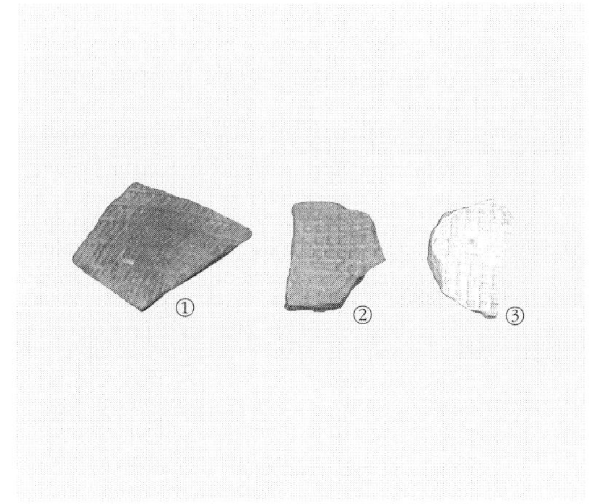

사진 65 1호주거지 출토 타날문토기

사진 66 2호주거지 출토 토기 파수부

IV. 結語

凸자형 주거지는 연천군 청산면 초성리에서 백의리 사이를 연결하고 있는 지방도 322호선을 확·포장하는 도로구간에서 지표조사 결과, 시굴조사 의견이 제시된 4곳 가운데 B지점에서 발굴되었다.

凸자형 주거지 1호는 남쪽과 북쪽이 완만하게 돌출된 6각형의 모습을 하고 있다. 주거지의 규모는 남북 장축 길이가 958cm이고, 774cm이고, 깊이는 20~22cm이다. 凸자형 2호 주거지는 경작 과정 중에 극심하게 파손되어 현재는 爐址施設과 주거지 바닥의 흔적만이 일부 殘存하고 있다. 2호 주거지의 노지의 아궁이 폭은 약 76cm이고, 북쪽 벽체로 추정되는 부분까지의 길이는 220cm이다. 노지 주변에서 硬質無文土器片이 다수 출토되었다.

B지점의 遺構들에서 출토된 유물에는 硬質無文土器와 軟質打捺文土器들인데 무문토기의 출토량이 압도적으로 많은 편이다. 토기의 器種에는 深鉢形土器, 甕, 壺, 鉢形土器 등이다. 이외에도 土製紡錘車, 圓板形 土製品, 鐵刀子 등이 있다.

硬質無文土器는 주로 암갈색의 색조를 띠고 있으나 내면과 속심은 대체로 붉은 빛이 많이 도는 적갈색의 색조를 띠고 있다. 토기의 외벽은 슬립을 입혀 整面한 흔적이 관찰된다. 굵은 석영계 石砬 일부와 砂砬이 함유된 정선된 점토질의 태토로 제작되었다. 외면에는 물손질흔과 指頭痕이 관찰되며, 내면에는 목리조정흔과 물손질흔이 확인된다.

타날문토기는 소성강도가 경질이며, 내외 표면에는 짙은 회갈색을 띠고 있고, 속심은 적갈색을 띠고 있다. 砂砬이 포함된 점토질의 태토이며, 소성강도는 매우 강한 편이다. 외면에는 대체로 5조의 횡침선이 돌아가고 있고, 횡침선 사이에 短斜線文이 시문되어 있다. 단사선문의 간격은 0.2cm 정도이며, 橫侵線의 간격은 0.6~1.0cm로 일정하지 않다. 내면에는 물손질흔이 관찰된다.

이외에도 주거지 내부에서 방추차와 원판형 토제품 등이 출토되기도 하였다. 紡錘車는 土製이며, 회갈색의 색조를 띠고 있으며, 일부 불에 그을린 흔적도 있다. 태토는 가는 운모와 사립이 함유되어 있으나 비교적 정선되었다. 圓板形 土製品은 내외 표면의 색상이 흑갈색의 색조를 띠고, 속심은 명회색의 색조를 띠고 있다. 태토는 운모와 사립이 함유된 고운 점토질이다. 외면에는 격자문이 타날되어 있다.

한반도 중부지역의 초기철기시대의 유적은 가평 이곡리 유적, 춘천 중도 유적, 그리고 미군장교에 의해 조사된 가평 마장리유적 등지에서 확인되기 시작했다. 특히 마장리 유적은 B.C. 2世紀에서 紀元前後 시기에 걸쳐 조성된 유적으로 평가되어왔으며, 절대연대는 방사성탄소연대에서 1700±250 B.P.(200년)로 측정되었다. 춘천 중도 유적에서는 住居址와 積石塚 등이 조사되었는데, 2호 주거지에서 채집된 방사성탄소연대는 1534±95 B.P.(415년)로 측정되었다.

연천 초성리에서 조사된 凸자형 주거지는 한강유역의 풍납토성과 미사리에서 포천 자작리, 북한강유역의 가평 대성리로 이어지는 凸자 또는 呂자형 문화권에서 서북쪽의 임진강과 한탄강으로 이어어지는 초기철기시대의 주거지 연구에 하나의 새로운 자료를 제공해주는 것이며, 또한 한반도 중부지역의 초기철기시대 정치체의 등장은 물론 한성백제의 형성과정 연구에 상당한 고고학적 기여를 하게 될 것으로 생각된다.

02

하남 춘궁동
朝鮮時代 竪穴住居址의 조사 연구

양진호

Ⅰ. 序論

　　하남 춘궁동 조선시대 수혈주거지는 경기도 하남시 춘궁동 산 44-64번지 일대의 춘궁동 궁안마을에 위치한 노인복지회관 건립부지에 대한 시굴조사를 실시하면서 드러난 주거유적이다. 경기도 일대에서 조사된 조선시대 竪穴住居址는 춘궁동에서 발굴된 수혈주거지 이외에도 경기도 안성시 공도지구 6지점[1] · 마정리,[2] 수원시 고색동[3] · 율전동[4] · 구운동,[5] 화성시 반송리[6] · 천천리[7] · 기안리, 양주 덕정동 은동마을 등지에서 다수 발굴되었다.

---

1) 기전문화재연구원, 2004, 『안성 공도 택지개발 사업지구내 유적 발굴조사 중간보고서 지도위원회자료집』.
2) 경기대학교 박물관, 2005, 『안성 마정리 유적』, 64~81쪽.
3) 경기대학교 박물관, 2006, 『수원 고색동 유적』, 97~126쪽.
4) 기전문화재연구원, 2004, 『수원 율전동 유적』.
5) 기전문화재연구원, 2004, 『수원 구운동 중세 주거유적』.
6) 기전문화재연구원, 2004, 『수원 동탄지구내 반송리유적(15지점) 발굴조사 지도위원회자료집』.
7) 한신대학교 박물관, 2006, 『水原 泉川里 靑銅器時代 聚落』, 147~150쪽.

조선시대 수혈주거지에 대하여 金性泰와 李丙勳[8]은 조선시대 문헌에 나타난 자료를 자세히 검토한 후 수혈주거지보다는 '土室'로 부르고, 수혈구덩이는 '土穴'로 부르는 것이 적합할 것이라고 주장하였다. 그리고 이들 수혈주거지에 살던 사람은 貧民이며, 대체로 경제적으로 몰락한 良人이나 奴婢의 주거로 파악하였다.

本 考는 2004년 5월 28일부터 2004년 6월 1일까지 경기대학교 박물관에서 실시한 춘궁동 궁안마을 노인복지회관 建立敷地의 시굴조사 과정에서 露出된 조선시대 수혈주거지를 검토한 것이다. 이는 최근 경기도 일대에서 급증하고 있는 고려말~조선시대의 수혈주거지에 대한 구조와 사회적 성격의 합리적 이해를 도모하고자 하였다.

II. 竪穴住居址의 調査

1. 調査方法

發掘調査는 노인복지회관 건립부지의 지형을 고려하여 설정하였다. 조사지역의 지형은 금암산에서 동북쪽으로 뻗어 나오면서 형성된 작은 支脈의 동남부 끝자락에 위치하고 있다. 따라서 이곳은 춘궁동 궁안마을 서남쪽의 작은 계곡의 初入部에 해당한다고 볼 수 있으며, 조사지역은 주변지형에 비해 약간 경사면에 위치하고 있다.

조사지역은 동북-서남 방향의 계곡방향으로 되어 있고, 서북-동남 방향으로 급경사를 이루고 있다. 그리고 조사지역의 동남쪽에 마을에서 당제를 지내기 위한 '大同祭'라는 문구가 새겨진 상석을 참나무 왼편에 마련하였다.

따라서 조사지역은 등고선과 직교하도록 트렌치를 설정하여, 등고선 방향으로 遺構가 노출될 수 있도록 하였다. 트렌치는 모두 6개를 설정하였다. 그러나 조사지역의 古木과 地形 등을 고려하여 트렌치의 길이와 폭은 다르게 설정되었다. 트렌치는 동쪽에서 서쪽 방향으로 진행하면서 일련 번호를 부여하였다. 試掘調査의 트렌치는 기본적으로 文化層과 遺構를 확인하기 위한 차원에서 실시되었고, 따라서 表土層에서부터 生土層까지의 腐植土를 모두 제거하는 방식으로 진행하였다.

---

8) 김성태 · 이병훈, 2004, 『고고학』 3권 2호.

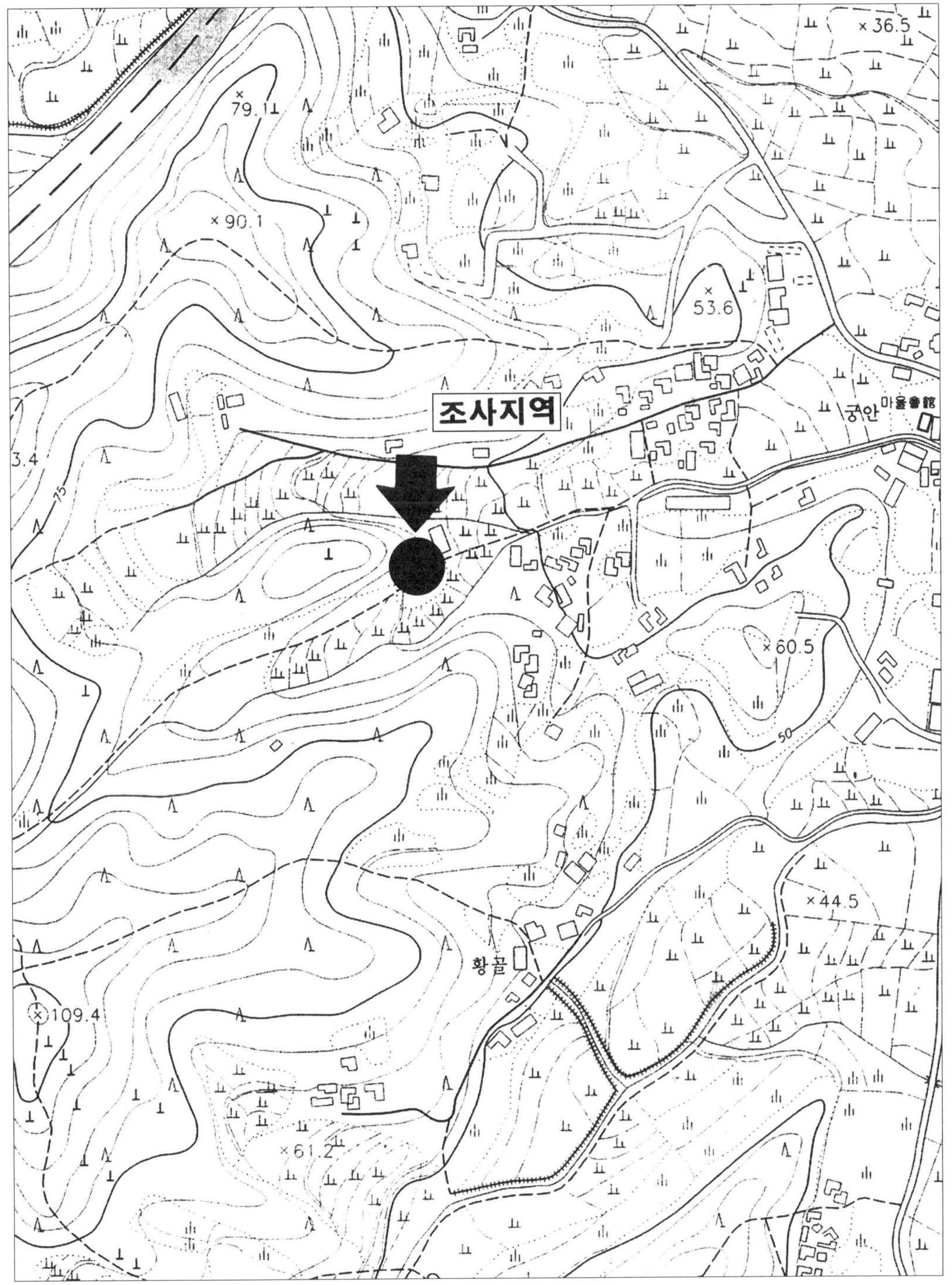

지도 1 調査地域 地形圖(1 : 5,000)

2. 調査內容

1) 트렌치

트렌치는 등고선과 직교방향으로 모두 6개를 설정하였다. Tr1의 규모는 1.5×11.5m이며, 조사구역에서 가장 동쪽에 위치하고 있다(사진 7~8). Tr2는 Tr1에서 2m의 간격을 두고 서쪽에 1.5×15.0m의 규모로 설정하였다. Tr3는 Tr2에서 서쪽으로 3m의 간격을 두고 설정하였는데, 이는 Tr2와 Tr3 사이에 年輪이 아주 오래된 참나무가 위치하고 있어 이를 피하기 위해서 기준 간격보다 약간 벌어지도록 트렌치를 설정한 것이다.

Tr3은 1.5×11.0m, Tr4는 1.5×14.5m, 그리고 Tr5는 1.5×7.0m(사진 10)로 각각 설정하였다. 트렌치 간의 간격은 Tr3과 Tr4 사이는 2.5m이고, Tr4와 Tr5 사이에는 참나무 古木이 여러 개가 자라고 있어 6m 간격으로 설정하였다. 따라서 Tr4와 Tr5 사이의 간격은 다른 트렌치들보다 다소 넓은 편이다. Tr6은 가장 서쪽에 1.5×8m로 설정하였는데, 트렌치의 중하단 지점에서 石列遺構가 노출되었다. 따라서 遺構가 노출되는 방향을 따라 좌우로 각각 350cm와 500cm 씩 트렌치를 확장하여 노출되는 유구의 성격을 파악할 수 있도록 하였다.

조사지역의 지형은 트렌치 장축의 북쪽이 높고 남쪽이 낮은 급경사의 地勢를 이루고 있다. 따라서 장축 두 끝단 사이의 고도 차이는 높은 편인데, Tr1은 280cm의 고도차이를 나타내고 Tr4는 546cm의 고도차이를 나타내고 있다. 토층을 보면, 山地 지형으로 낙엽 등이 腐植되면서 생긴 된 흑갈색 표토층(제Ⅰ층)이 약 5~15cm 두께를 형성하고 있다.

이 표토층을 除土하면 트렌치 상의 북쪽 끝에서는 암반이 노출되고 있고, 남쪽 끝에서 안쪽으로 약 300~350cm 지점에서 불규칙한 石築이 일부 노출되고 있으며, 이들 석축 남쪽 지역에서는 32cm 두께의 짙은 암갈색 점토층(제Ⅱ층)의 토층이 확인되고 있다. 조사지역의 남쪽 평지와 연결되는 부분에서만 암갈색 점토층 아래에서는 적갈색 점토층(제Ⅲ층)이 생토층으로 노출되고 있다. 白磁片와 瓦片 같은 유물은 제Ⅰ층과 제Ⅱ층에서만 출토되고 있다.

사진 1 調査地域 全景(동남→서북)

사진 2 調査地域 近景(동남→서북)

(1) 竪穴住居址

조사된 주거지는 1基이며, 조사지역의 가장 서쪽에 해당하는 Tr6을 조사하던 가운데 확인되었다. 즉 Tr6구역도 다른 트렌치 구역과 마찬가지로 매우 급경사를 이루고 있는 곳인데, 정확한 토층 파악을 위하여 除土를 하던 도중 159cm의 지점에 이르러 백자편들과 함께 온돌유구의 일부가 노출되면서 조사가 실시되었다.

주거지의 구조는 비교적 보존상태가 양호한 동쪽 부분을 보면, 풍화암반을 18cm 깊이로 파고 들어가서 바닥면을 조성한 것으로 판단된다. 이 주거지는 동쪽을 제외한 나머지 부분의 파괴상태가 매우 심하여 정확한 형태와 규모는 파악할 수 없다. 그러나 노출된 遺構의 상태를 보면 대체로 말각방형 계통의 온돌 주거지로 파악된다.

이 주거지의 특이한 점은 온돌구조인데, 온돌구조는 동쪽벽면을 파면서 폭이 5cm, 높이 13cm의 턱을 만들고, 온돌의 구들에 사용된 구들장 板石은 이 턱에 걸치게 하여 고래를 구성하도록 고안하였다. 온돌은 입구부인 아궁이 부분이 파괴되어 자세한 파악은 어려우나, 불을 때면서 생긴 연기가 두 고래를 거쳐서 지나가다가 뒤의 연도에서 하나로 합쳐지도록 설계되어 있었다. 온돌의 구들장에 간 石材는 별로 다듬지 않은 割石을 사용하였는데, 대개 길이가 40~60cm이고, 폭은 20~25cm이며, 두께는 10cm 내외되는 크기의 割石을 이용하였다.

주거지의 중앙에서 약간 서남쪽에 직경이 약 90cm이고 깊이 15cm되는 竪穴의 흔적이 확인되고 있으며, 이 竪穴에서 남북으로 약간의 할석들이 흩어진 채로 노출되고 있다. 한편, 이들 割石 사이에서 朝鮮時代 後期의 瓦片, 白磁片, 그리고 粉靑沙器片들이 단편적으로 출토되고 있는 반면에, 주거지 내부에서는 특별히 어떤 掘立柱 흔적이나 柱礎石 등이 확인되고 않고 있다. 따라서 이 온돌 주거지는 양반가문의 기와집이라기보다는 조선시대 후기에 庶民이 야산 능선에 짓고 살던 草家의 한 형태로 보이며, 주거지 내부에서 출토되는 단편적인 瓦片들은 이 주거지의 지붕건축에 쓰인 것이라기 보다는 주변의 건물지에 흩어져 있는 것들을 주워다가 내부 시설의 어떤 치장에 이용한 것으로 판단된다.

이 온돌 주거지의 규모는 동서가 470cm이고, 남북은 약 420cm이며, 깊이는 약 18cm이다. 그리고 주거지의 남쪽 약 90cm 지점에 石列遺構가 등고선 방향으로 약 240cm 가량 노출되었는데, 아마 온돌 주거지의 앞쪽 경사면을 보강하기 위한 주거지의 부속시설로 추정된다. 그러나 주거지의 입구부분은 파괴되어 출입시설은 전혀 파악할 수 없었다.

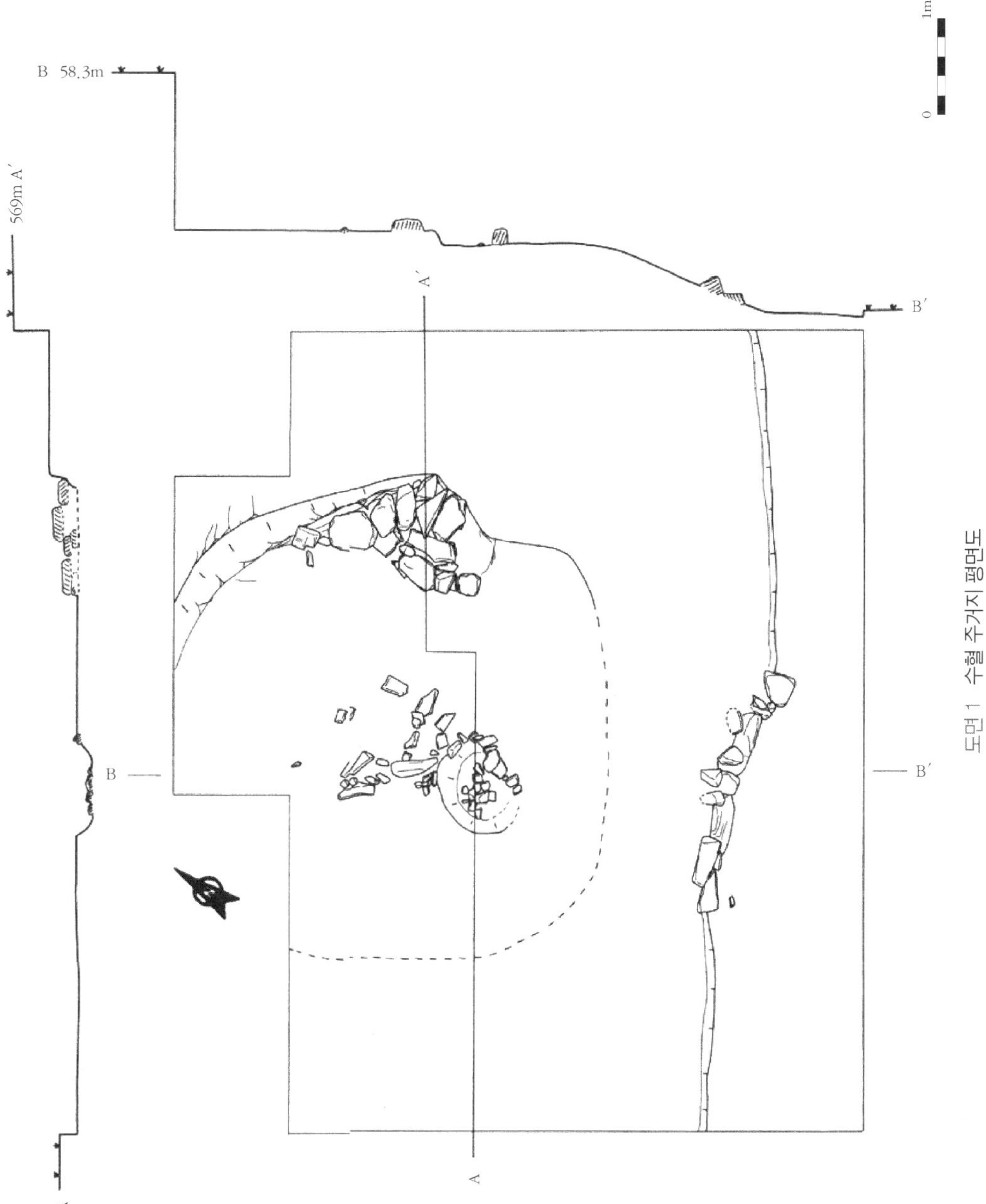

도면 1 수혈 주거지 평면도

사진 3　수혈 주거지 調査完了後(남→북)

사진 4　수혈 주거지 調査完了後(서북→동남)

사진 5 온돌 구들 세부(서남→동북)

사진 6 온돌 구들 세부(서북→동남)

사진 7 온돌 아궁이부분(세부)

사진 8 온돌 구들장 판석(세부)

사진 9 온돌 내부시설(세부)

사진 10 온돌 주거지 앞의 석렬유구

(2) 장타원형 불탄자리

불탄자리는 Tr2의 중앙에서 약간 남쪽지점을 除土하던 중 露出되었다. 전체 형태는 장타원형인데, 장축은 서북-동남 방향이다. 장축의 길이는 100cm이고 단축은 70cm이다. 불탄자리에서는 불에 탄 목탄이 약간 수습되었고, 붉은색 燒土는 바닥에 얇게 깔린 채 노출되었다. 그러나 주변에 어떤 특별한 施設이나 遺物이 확인되거나 출토되지는 않았다.

(3) 石列遺構

石列遺構는 Tr4의 남쪽에서 북쪽으로 3m 지점에서 Tr3의 3.5m 지점까지 연결되어 불규칙하게 노출되고 있다. 石材는 약 15~25cm, 폭이 약 10cm 되는 크기이며 다듬지 않은 割石들인데, 이들 割石의 아랫부분이 바로 平地와 이어지는 부분이다. 따라서 이들 石列遺構는 마을로부터 Tr6에서 조사된 온돌주거지로 올라가는 小路의 造成을 위해 쌓은 것으로 판단된다. 이들 石列遺構의 割石 사이에서 약간의 瓦片과 白磁片들이 출토되고 있다.

3) 出土遺物

(1) 土器

① 시루 底部片(사진 11-③)

온돌 주거지의 온돌시설 입구 부분에서 출토되었다. 암갈색 陶器 시루 底部片으로 태토에 가는 모래와 붉은 색 粒子가 약간 섞인 泥質의 胎土로 만들어졌다. 오랫동안 외부에 노출되었던 관계로 표면의 剝離 상태가 매우 심하여 거친 편이다. 底部는 직경이 약 8.0cm 되는 큰 구멍이 5.6cm 간격을 두고 뚫려 있고, 그 사이에 직경이 1.2cm 되는 작은 구멍이 뚫려있다. 두께는 1.1cm이다.

(2) 陶器

① 陶器 帶狀把手片(사진 11-②)

온돌 주거지의 가운데에서 확인되는 割石들 사이에서 조사되었다. 泥質의 정선된 胎土로 만든 陶器의 胴體部 帶狀把手片이나 硬質土器에 가까운 燒成强度를 나타내고 있다. 표면은 박리상태가 심하며, 흑회색을 띠고 있으나 내면은 회청색이다. 把手部의 斷面은 장타원형이다. 把手部의 길이는 7.3cm이고, 폭은 2.0~2.3cm이며, 두께는 0.6~0.8cm이다. 胴體部의 殘高는 9.2cm이고, 두께는 0.55cm이다.

② 陶器 帶狀把手片(사진 11-④)

온돌 주거지에서 출토된 것으로 帶狀把手部만 殘存한다. 胎土는 精選된 泥質이며, 燒

成强度는 硬質土器에 가깝다. 표면은 흑회색을 띠고 있으나 내면은 회청색이다. 把手部의 斷面은 장타원형이다. 把手部의 잔존 길이는 7.1cm이고, 폭은 2.0~2.2cm이며, 두께는 0.5~0.8cm이다.

③ 陶器 口緣部片(사진 11-①)

Tr3에서 출토된 것으로 가는 모래가 다량 함유된 니질의 태토로 만든 도기 口緣部片이다. 구연부는 內傾하다 끝부분에서 외반하여 덧띠를 두르듯이 만들어졌다. 표면은 박리상태가 심하여 매우 거친 편이다. 殘高는 4.3cm이고, 동체부 두께는 0.5cm이다.

④ 陶器 底部片(사진 12-①)

陶器 底部片으로 온돌주거지에서 출토되었다. 長石의 石粒이 약간 함유된 정선된 니질의 태토로 만들었다. 저부는 평저이며, 표면에는 물손질한 흔적이 잘 나타나있다. 殘高는 5.2cm이고, 동체부 두께는 0.7~1.3cm이며, 底部 두께는 0.6cm이다.

⑤ 陶器 底部片(사진 12-②)

온돌 주거지에서 출토된 陶器 底部片이다. 長石系 沙粒이 약간 함유된 정선된 泥質의 태토로 만들었다. 표면은 외부의 오랜 노출로 박리상태가 심하다. 底部는 平底이며, 표면에는 물레를 이용하여 제작한 흔적과 함께 물손질로 마무리한 흔적이 잘 나타나있다. 殘高는 1.6cm이고, 동체부 두께는 0.5cm이며, 底部 두께는 0.55~0.9cm이다

(3) 白磁

① 白磁 沙鉢(사진 13)

Tr5의 表土層에서 출토되었다. 白磁沙鉢로 정선된 白土로 만들었으며, 회갈색의 색조를 띠고 있다. 圓角 內底이며, 굽은 수직굽이다. 灰褐色의 釉藥이 施釉되었으나 표면에 氣泡 흔적이 약간 보인다. 표면에 氷裂은 보이지 않으나 發色狀態가 양호하며, 熔融狀態나 燒成狀態도 비교적 좋은 편이다.

높이는 7.7cm이고, 口徑은 12.9cm이며, 胴體部 두께는 0.3~0.6cm이나 底部 두께는 0.2cm로 매우 얇은 편이다. 底部는 直徑이 5.6cm이고 높이는 1.2cm이다.

② 白磁 대접(사진 14-①)

온돌 주거지에서 출토되었다. 白磁 대접의 底部片으로 정선된 白土로 만들었으며, 표면은 밝은 회백색의 색조를 띠고 있다. 圓角 內底이며, 원각의 주변을 따라 일정한 간격을 두고 5개의 비짐이 붙어 있다. 굽은 죽절굽이나 마무리 상태가 좋지 않다. 표면에는 灰白色의 釉藥이 施釉되었으나 發色狀態가 불량하며, 특히 底部 표면에는 釉藥이 施釉되지 않았다. 그러나 熔融狀態나 燒成狀態도 비교적 좋은 편이다.

殘高는 5.8cm이고, 胴體部 두께는 0.35~1.2cm이며, 底部 두께는 0.8~1.6cm이다. 저부
는 직경이 7.cm이고 높이는 0.5cm이다.

③ 白磁 접시(사진 14-②)

온돌 주거지의 내부에서 출토되었다. 白磁 접시로 精選된 白土로 만들었으며, 색조는
회갈색을 띠고 있다. 내각 원저의 안쪽 네 곳에 비짐 자국이 있다. 灰褐色의 釉藥이 施釉되
었으나 바깥 부분 아래쪽에는 釉藥의 施釉상태가 좋지 않다. 백자의 發色狀態·熔融狀
態·燒成狀態 등은 비교적 양호한 편이다.

전체 높이는 3.8cm이고, 口徑은 14.6cm이며, 동체부 두께는 0.3~1.2cm이다. 底部는
수직굽이며, 두께는 0.7cm이고 높이는 0.6cm이다. 底部의 직경은 4.9cm이다.

④ 白磁 종지(사진 15-②)

온돌 주거지에서 출토되었다. 器種은 白磁 종지이며 태토는 정선된 白土로 만들었으
며, 담청색의 색조를 띠고 있다. 굽은 오목굽이나 굽의 깊이가 깊지 않다. 釉藥이 표면에 施
釉되었으나 바깥 표면은 發色狀態가 양호하나 안쪽 표면은 發色狀態가 좋지 않다. 표면에
氣泡 흔적이 많이 보이지만, 熔融狀態나 燒成狀態도 비교적 좋은 편이다.

높이는 4.0cm이고, 口徑은 10.7cm이며, 胴體部 두께는 0.35~0.75cm이다. 底部 두께는
1.1cm로 器形의 형태 등으로 볼 때, 매우 두께가 두꺼운 편이다. 底部는 直徑은 4.5cm이고
높이는 0.8cm이다.

⑤ 靑磁 小鉢(사진 15-①)

Tr5의 表土層을 제거하는 도중 출토되었다. 청자의 小鉢로 표면에는 綠靑色의 색조를
띠고 있다. 內外 표면에 氷裂이 있고, 底部에 약간의 모래가 붙어 있다. 굽은 수직굽이며,
표면의 施釉狀態나 發色狀態 모두 양호하며, 熔融狀態나 燒成狀態도 비교적 좋은 편이다.

높이는 3.55cm이고, 口徑은 11.4cm이며, 胴體部 두께는 0.5~0.8cm이다. 底部의 두께
는 0.5cm이고, 높이는 0.4cm이며, 底部 直徑은 4.8cm이다.

⑥ 粉靑沙器(사진 16-①)

Tr3에서 출토된 것으로 粉靑沙器 胴體部片이다. 전체적인 형태로 보아 器種은 접시로
판단된다. 暗綠色의 색조를 띠고 있으며, 굽은 수직굽이다. 釉藥의 施釉상태는 양호한 편
이나 표면처리가 매끄럽지 못하고 거칠며 기포자국이 표면 곳곳에 나타나 있다. 熔融狀態
나 燒成狀態도 비교적 좋은 편이다. 안쪽에는 흰색의 環形이 두 줄로 그려져 있고, 그 밖에
는 눈썹모양의 문양이 대칭적으로 2개가 그려져 있다.

殘高는 4.1cm이고, 胴體部 두께는 0.4~1.2cm이다. 底部는 높이가 0.5cm이고, 두께는

0.8cm이며, 底徑은 5.6cm이다.

⑦ **粉靑沙器**(사진 16-②)

粉靑沙器 底部片으로 Tr3에서 출토되었다. 殘存 형태로 보아 器種은 분청사기 접시로 보인다. 暗綠色의 색조를 띠고 있으며, 굽은 수직굽이다. 釉藥의 施釉상태는 매우 양호하며, 표면에 氷裂이 나타나있다. 發色狀態도 양호하며 熔融狀態나 燒成狀態도 비교적 좋은 편이다. 저부 안쪽에 菊花紋樣이 흰색으로 그려져 있다.

殘高는 3.7cm이고, 胴體部 두께는 0.4~1.0cm이다. 底部는 높이가 0.7cm이고, 두께는 1.0cm이며, 底徑은 5.8cm이다.

(4) 기와

① 암키와 막새(사진 17)

Tr3의 제2층에서 출토된 軟質의 암키와 막새로 長石의 石粒과 붉은색 粒子 등과 함께 가는 雲母가 다량으로 함유된 적갈색 泥質의 胎土로 만들어졌다. 앞면의 상하 양쪽에 0.6cm 폭의 돌기 두 줄이 각각 돌아가고 있다. 잔존 높이 5.3cm이고 막새 두께는 2.2cm이며, 뒷면 위쪽에 기와 몸체와 연결되는 접합부의 흔적이 잘 남아 있다.

② 암키와(사진 18)

Tr2의 제2층에서 출토된 것으로 가는 운모와 사립이 약간 섞인 적갈색 軟質의 점토질의 암키와편이다. 背面에는 集線紋이 方形과 斜面으로 壓印된 문양이며, 내면에는 포목문이 압인되어 있으나 빗질하여 지운 흔적이 뚜렷하게 나타나 있다. 殘存 길이는 16.4cm이고, 잔존 폭은 12.6cm이며, 두께는 2.0cm이다.

③ 암키와(사진 19)

Tr6의 온돌주거지에서 출토되었다. 가는 雲母와 石英系 沙粒이 약간 함유된 회갈색 경질의 암키와편이다. 背面에는 魚骨紋과 圓紋의 紋樣이 겹친 상태로 壓印되어 있고, 內面에는 布木紋이 壓印되어 있으나 빗질한 흔적이 잘 나타나있다. 殘存 길이는 17.6cm이고, 잔존 폭은 17.5cm이며, 두께는 2.2cm이다.

④ 암키와(사진 20-①)

Tr4의 石列遺構에서 출토되었으며, 가는 沙粒이 약간 섞인 흑갈색 암키와편이다. 背面에는 波狀紋이 壓印되어 있고, 內面에는 布木紋이 壓印되어 있다. 측면은 瓦刀로 1/2정도 그은 후 분할하였다. 殘存 길이는 11.8cm이고, 잔존 폭은 11.6cm이며, 두께는 2.3cm이다.

⑤ 암키와(사진 20-②)

Tr4에서 출토된 암기와 편으로 가는 沙粒이 일부 혼입된 태토로 만들어졌으며, 표면에는 회갈색 색조를 띠고 있다. 背面에는 魚骨紋이 壓印되어 있고, 內面에는 布木紋이 壓印되어 있다. 측면은 瓦刀로 1/2정도 그은 후 분할하였다. 측면은 瓦刀로 1/2정도 그은 후 분할하였다. 殘存 길이는 12.6cm이고, 잔존 폭은 13.5cm이며, 두께는 3.5cm이다.

⑥ 암키와(사진 20-③)

Tr2의 제2층에서 출토되었으며, 가는 雲母와 長石系 石粒 등이 다량 함유된 회갈색 경질의 암키와편이다. 背面에는 魚骨紋이 壓印되어 있고, 내면에는 포목문이 압인되어 있으며, 중간에 눈테의 흔적이 뚜렷하게 나타나 있다. 殘存 길이는 6.9cm이고, 잔존 폭은 10.6cm이며, 두께는 1.4cm이다.

⑦ 암키와(사진 20-④)

Tr3의 표토층에서 출토되었다. 가는 운모와 사립이 약간 섞인 회갈색 泥質의 硬質 암키와편이다. 背面에는 線紋이 方形으로 壓印되어 있고, 내면에는 포목문이 壓印되어 있다. 殘存 길이는 8.9cm이고, 殘存 폭은 8.6cm이며, 두께는 2.1cm이다.

⑧ 암키와(사진 20-⑤)

Tr4의 石列遺構에서 출토되었다. 가는 雲母와 長石系 石粒이 다량 함유된 회갈색 암키와편이다. 背面에는 魚骨紋이 서로 겹치면서 壓印되어 있고, 내면에는 布木紋이 壓印되어 있으나 빗질하여 지운 흔적이 뚜렷하게 나타나 있다. 背面에는 손가락으로 눌린 흔적이 나타나있다. 殘存 길이는 11.3cm이고, 잔존 폭은 12.7cm이며, 두께는 2.1cm이다.

⑨ 암키와(사진 21-③)

Tr4의 石列遺構에서 출토된 것으로 가는 雲母와 石英系 沙粒이 다량 함유된 粘土質의 灰褐色 硬質 암키와편이다. 背面에는 平行 線紋이 엇갈린 형태로 반복하여 압인되어 있고, 內面에는 布木紋이 壓印되어 있다. 측면은 와도로 1/4정도 그은 후 분할하였다. 미구부도 와도로 말끔하게 마무리하였다. 殘存 길이는 9.8cm이고, 잔존 폭은 12.8cm이며, 두께는 1.5cm이다.

⑩ 수키와(사진 21-①)

Tr4의 석렬유구 사이에서 출토되었으며, 石英系 石粒이 일부 함유된 태토로 제작된 수키와 尾口部片이다. 背面은 魚骨紋이며, 內面에는 布木紋이 압인되어 있으나 빗질흔이 일부 나타나 있다. 표면은 흑갈색이나 속심은 회갈색의 색조를 띠고 있다. 측면은 2/5정도 瓦刀로 그은 후 분할하였다. 殘存 길이는 12.0cm이고, 잔존 폭은 9.5m이며, 두께는 언강은 12.3cm이다.

⑪ 수키와(사진 21-②)

Tr6의 온돌주거지 내부에서 출토된 것으로 석영계 석립이 약간 함유된 니질의 경질 수키와편 언강부이다. 背面은 無紋樣이며, 內面에는 布木紋이 압인되어 있으나 빗질흔이 일부 나타나 있다. 표면은 흑갈색이나 속심은 회갈색의 색조를 띠고 있다. 측면은 2/5정도 瓦刀로 그은 후 분할하였다. 殘存 길이는 15.0cm이고, 잔존 폭은 10.4cm이며, 두께는 언강은 1.6cm이고 몸체는 2.5cm이다.

⑫ 수키와(사진 22)

Tr6의 온돌주거지 내부에서 半破상태로 출토되었으며, 출토된 상태로 보아 온돌 주거지의 지붕에 쓰였다기 보다는 주거지 내부의 어떤 시설에 사용된 것으로 추정된다. 태토는 석영계 석립이 약간 함유된 니질의 경질 수키와편이다. 背面은 集線紋이 壓印되었던 것으로 보이나 물손질로 整面하여 紋樣을 지운 흔적이 잘 나타나 있다. 內面에는 布木紋이 압인되어 있으나 빗질흔이 일부 나타나 있다. 측면은 2/5~3/5정도 瓦刀로 그은 후 분할하였다. 殘存 길이는 24.5cm이고, 잔존 폭은 16.8cm이며, 두께는 2.4~2.7cm이다.

(5) 鐵製品

① 鐵製못(사진 23)

온돌 주거지의 중앙 북쪽부분에서 출토된 鐵製못이다. 斷面은 장방형이며, 頭部에서 尖部으로 갈수록 좁아드는 형태이다. 腐蝕상태가 심하나 전체적인 형태는 확인할 수 있다. 전체 길이는 6.6cm이며, 頭部의 크기는 0.6×0.8cm이고, 尖部의 크기는 0.5×0.7cm이다.

사진 11　土器片

사진 12　陶器片

사진 13 白磁

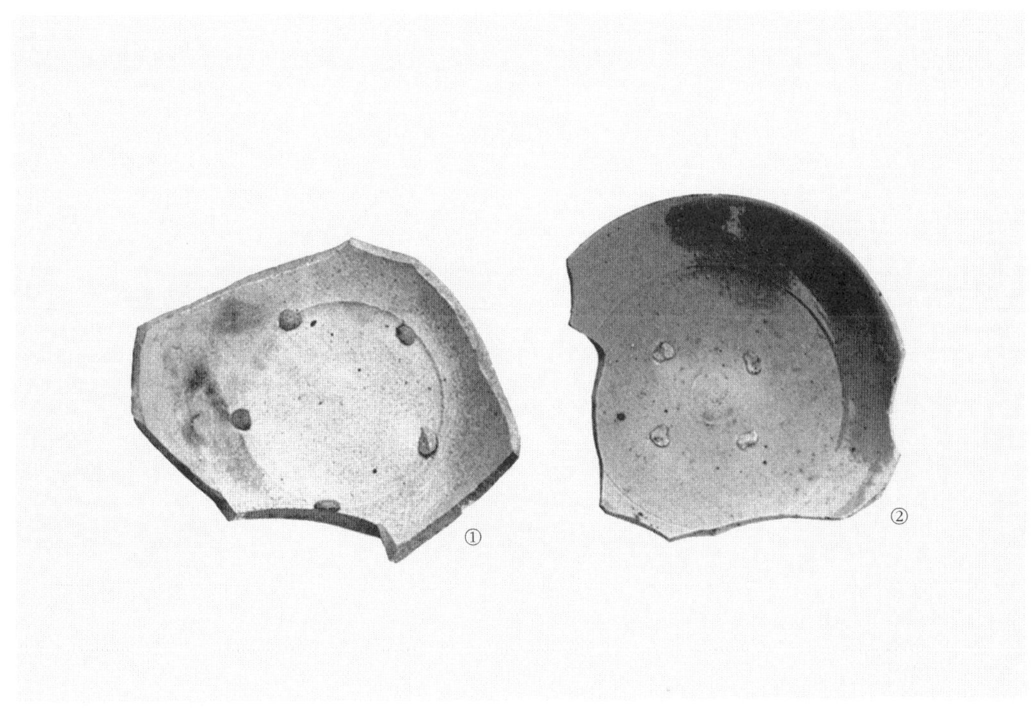

사진 14 白磁

사진 15 白磁

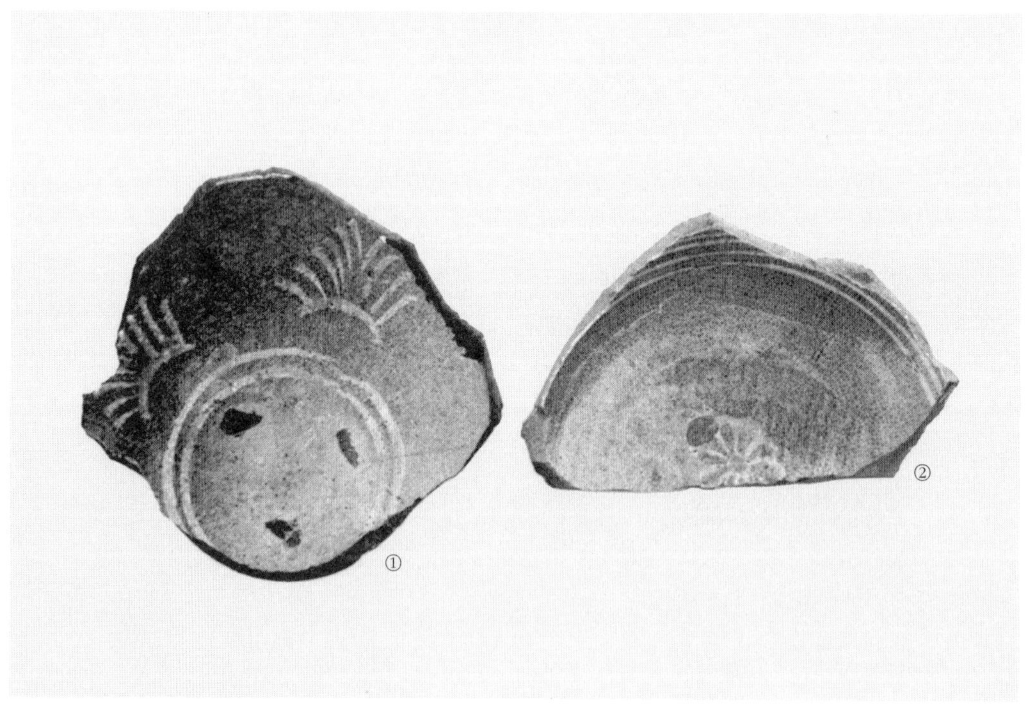

사진 16 粉靑沙器

사진 17 기와

사진 18 기와

사진 19　기와

사진 20　기와

사진 21 기와

사진 22 기와

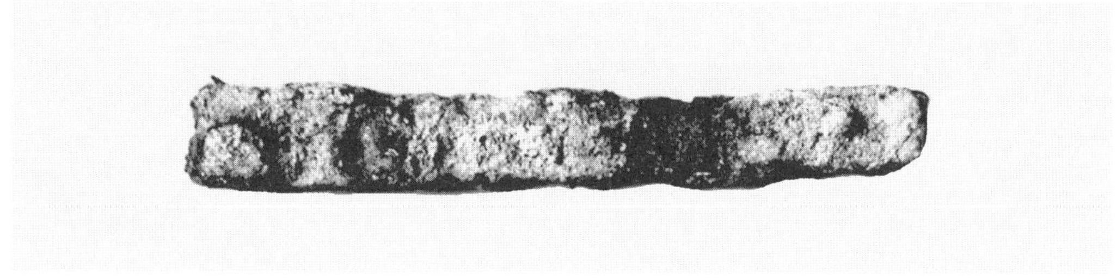

사진 23 鐵製 못

III. 竪穴住居址의 性格

춘궁동 수혈주거지는 1基만 홀로 발굴되었으며, 대략 18cm의 깊이로 풍화암반층을 굴착하고 바닥면을 평탄하게 조성하고 외줄 온돌을 한 쪽 벽면에 설치한 소규모 住居樣式이다. 주거지의 구조를 보면, 중앙에서 약간 서남쪽에 직경 90cm에 깊이가 15cm되는 圓形 竪穴遺構가 확인되었고, 이 遺構 주변에 소형 割石들이 노출되었다. 원형 수혈유구와 함께 노출된 이들 할석들이 주거지의 중앙에 주거지의 중앙에 설치되었던 온돌의 구조였는지는 명확하지 않다. 그리고 주거지 내부에서는 특별히 어떤 掘立柱 흔적이나 柱礎石 등이 확인되지 않고 있다. 유물은 주거지 중앙의 竪穴遺構와 割石들 사이에서 瓦片, 白磁片, 그리고 粉靑沙器片들이 단편적으로 출토되고 있다.

앞에서 언급했듯이 이러한 조선시대의 수혈주거지는 최근 활발한 발굴조사에 힘입어 경기도를 비롯하여 전국적으로 다수가 발견되고 있다. 경기도 일대의 조선시대 수혈주거지는 파주 금승리·덕은리,[9] 양주 산북리[10]·덕정리,[11] 포천 길명리,[12] 수원 구운동[13]·율전동,[14] 용인 보정리[15]·성복동[16]·동백리·중리[17]·구갈리[18]·마북리,[19] 오산 갈곶동[20]·청호동,[21] 화성 가재리[22]·반송리[23]·반월리[24]·泉川里[25]·구문천리[26]·안녕리,[27]

 9) 畿甸文化財研究院, 2006,『坡州 金蠅里·德隱里 遺蹟』
10) 한국문화재보호재단, 2000,『양주 산북리유적 발굴조사보고서』
11) 육군사관학교 화랑대연구소, 2006,『양주 은동-회암 간 도로공사 구간내 유적발굴조사 보고서』
12) 畿甸文化財研究院, 2006,『抱川 吉明里 黑釉瓷窯址』
13) 畿甸文化財研究院, 2002,『水原 九雲洞 中世住居遺蹟』
14) 畿甸文化財研究院, 2004,『수원 율전동유적』
15) 畿甸文化財研究院, 2005,『용인 보정리 소실遺蹟 시·발굴조사보고서』
16) 한신대학교 박물관, 2004,『龍仁 星福洞 統一新羅窯址』
17) 한국문화재보호재단, 2005,『용인 동백리-중리 유적Ⅰ』
18) 畿甸文化財研究院, 2003,『龍仁 舊葛里 遺蹟』
19) 畿甸文化財研究院, 2005,『龍仁 麻北里 百濟土壙墓』
20) 중앙문화재연구원, 2006,『오산 한솔지역 주택조합 아파트 신축부지내 오산 갈곶동유적』
21) 경기대학교 박물관, 2005,『오산 청호동 朝鮮時代 竪穴住居址』
22) 한신대학교 박물관, 2004,『화성 팔탄북부 우회도로 구간내 가재리유적 발굴조사 약보고서』
23) 한신대학교 박물관, 2004,『盤松里Ⅱ遺蹟 發掘調査報告書』
24) 畿甸文化財研究院, 2007,『화성 반월리 속반달이유적』
25) 한신대학교 박물관, 2006,『華城 泉川里 靑銅器時代 聚落』
26) 중앙문화재연구원, 2004,『화성 발안 지방산업단지 조성지역내 화성 구문천리유적』
27) 畿甸文化財研究院, 2006,『華城 台安(3)地區宅地開發事業敷地內 遺蹟發掘調査 1·2次 指導委員會資料集』

평택 궁리[28) · 지산동,[29) 안성 마정리[30) · 신소현동[31) · 갈전리[32) · 만정리[33) 등지에서 발굴되고 있으며, 이러한 자료들을 검토한 논문들[34)이 발표된 바 있다.

먼저 김성태와 이병훈[35)은 조선시대 수혈주거지를 史料를 검토하여 규명하고자 하였다. 즉, 이들은 조선시대 사료에 나타나는 土室과 土宇의 검토하고, 이들 주거지가 고려시대에서 근대까지 貧民의 일반주거용이었으며, 貧民의 身分은 몰락한 良人이나 奴婢였을 것으로 파악하였다. 임영호와 정여선[36)은 조선시대의 수혈주거지를 분포상태나 주변 遺構와의 관련에 따라 그 기능과 용도에 차이가 있음을 규명하였다. 즉, 수혈주거지가 단독으로 확인되는 경우는 火田이나 山田 등과 관련된 생활유적이며, 가마와 같은 유적과 같이 분포하는 수혈주거지는 생산유적과 관련되고, 분묘유적과 함께 발굴되는 수혈주거지는 묘막으로 사용되었을 것으로 판단하였다.

朴漢宰[37)는 경기지방의 수혈주거지 평면형태와 연소부의 형식 등을 검토하여 경기지방 수혈 주거지의 특징을 찾고자 하였다. 그는 수혈주거지의 평면형태를 네 가지로 분류하고 이 가운데 方形이 대다수를 차지하는 것에 주목하였다. 그러나 다른 형태의 주거지도 같은 주거지 내에서 확인되고 있어 이러한 현상이 지역적 특징을 반영하는 것은 아닌 것으로 보았다. 그리고 고려시대에서 조선시대로 이행하는 과도에서도 수혈주거지의 형식은 크게 달라지지 않았으며, 온돌시설의 형태에 따라 주거지의 형식이 변화하고 있음을 밝혀냈다.

춘궁동 수혈주거지는 조사 범위 내에서 野外爐址 · 石列遺構 등과 함께 1基만 단독으로 조사되었을 뿐, 이곳에서 다른 주거지는 전혀 발굴되지 않았다. 춘궁동 수혈주거지는 단독으로 건축된 주거지로서 火田이나 山田 등의 경작이나 숯가마 운영 등과 관련된 생활유적으로 추정할 수 있을 것이다. 그러나 주거지의 지리적 위치가 火田을 하거나 숯가마를 운영하

---

28) 畿甸文化財研究院, 2006, 『평택 궁리 유적』
29) 중원문화재연구원, 2006, 『평택 지산동 유적』
30) 경기대학교 박물관, 2005, 『安城 馬井里 遺蹟』
31) 畿甸文化財研究院, 2006, 『안성 신소현동 유적』
32) 중앙문화재연구원, 2006, 『안성-음성간 고속도로 건설공사 구간내 안성 갈전리유적』
33) 畿甸文化財研究院, 2006, 『安城 孔道宅地開發事業地區內 遺蹟 發掘調査略報告書』
34) 김성태 · 이병훈, 2004, 「史料를 통한 朝鮮時代 竪穴住居址의 검토」, 『고고학』 3권 2호
　　박한재, 2007, 「조선시대 경기지방의 수혈주거지」, 상명대학교 대학원 석사논문
　　임영호 · 정여선, 2007, 「조선시대 수혈주거지 대한 연구」, 『야외고고학』 3호
35) 김성태 · 이병훈, 2004, 「史料를 통한 朝鮮時代 竪穴住居址의 검토」, 『고고학』 3권 2호, 68쪽
36) 임영호 · 정여선, 2007, 「조선시대 수혈주거지 대한 연구」, 『야외고고학』 3호, 139쪽
37) 박한재, 2007, 「조선시대 경기지방의 수혈주거지」, 상명대학교 대학원 석사논문

던 사람들의 거주지로서는 廣州官衙나 일반 民家에 너무 근접하고 있다. 따라서 춘궁동 수혈주거지는 몰락한 良人이나 奴婢들이 살았던 貧民 住居址로 사용되었을 것으로 판단된다.

주거지의 평면형태는 서남부쪽의 파괴상태가 심하여 상세한 구조를 알기는 어려우나 조사 당시의 노출상태를 감안하면, 북동쪽의 외줄온돌 부분은 비교적 완만한 원형 형태를 유지하고 있으나 전체적인 구도는 역시 抹角方形으로 파악된다. 출토유물에는 陶器類로 시루片, 陶器底部片, 帶狀把手片 등이 있고, 白磁類에는 沙鉢, 대접, 접시, 종지 등이 출토되었으며, 靑瓷類에 靑瓷小鉢과 粉靑沙器 등이 조사되었다. 이외에도 다수의 각종 瓦片과 鐵製못이 출토되었다.

IV. 結論

하남시 춘궁동 산 44-64번지 일대의 궁안 노인복지회관 신축 부지에서 조사된 수혈 주거지는 내부에서 온돌 遺構가 조사되었고, 주거지의 下端部에서 石列遺構가 불규칙한 상태로 노출되었다. 그리고 조사지역에 설정된 트렌치 구역의 중앙 아래쪽에서 장타원형 불탄자리가 노출되었다. 수혈주거지는 半破된 상태로 온돌유구가 오른쪽 가장자리를 따라 길게 조성된 형태로 노출되었다. 그리고 주거지와 石列遺構, 그리고 트렌치 표토층과 제2층에서 조선시대 후기의 白磁片·粉靑沙器片·瓦片 등이 출토되었다.

온돌 주거지는 우측 벽면에만 있는 외줄 온돌의 일종으로 보인다. 온돌유구의 조성구조를 보면, 수혈의 주거지 벽면에 턱을 만들고 온돌의 구들장을 이 턱에 걸칠 수 있도록 고안하였다. 또한 온돌구조는 두 고래가 뒤에서 하나로 합쳐지도록 설계되어 있었다. 온돌에 쓰인 石材는 다듬지 않은 割石이 사용되었고, 크기는 길이가 40~60cm이고, 폭은 20~25cm이며, 두께는 10cm 내외이다. 이들 割石 사이에서 약간의 朝鮮時代 後期의 瓦片·白磁片·粉靑沙器片 등이 출토되었다.

한편 수혈주거지의 근처에서 조사된 불탄자리는 장타원형으로 노출되었는데, 바닥에서 불에 탄 목탄이 약간 수습되었고, 붉은색 燒土는 바닥에 얇게 깔린 채 노출되었다. 그러나 주변에 어떤 특별한 施設이나 遺物이 확인되거나 출토되지는 않았다.

石列遺構는 수혈주거지의 하단부에서 불규칙하게 쌓인 石材로 노출되었다. 石材는 약 15~25cm이고, 폭이 약 10cm 되는 크기의 다듬지 않은 것이며, 이들 石列遺構의 割石 사이에서 약간의 瓦片과 白磁片이 출토되었다. 온돌 주거지는 불탄자리와 石列遺構를 포함하여 노출된 遺構는 조선시대의 소규모 庶民型 온돌 주거지라는 의미를 부여할 수 있다.

03

오산시 청호동
朝鮮時代 竪穴住居址의 小考

유태용

Ⅰ. 序論

　오산시는 한반도의 중서부 경기만 연안에 위치하고 있으며, 지형적으로는 광주산맥에서 갈라져 나온 支脈의 최말단부에 위치하고 있어 西高東低 지형에 낮은 평야의 구릉지대로 형성되어 있다.

　오산시는 지리적으로 중요한 역할을 담당하고 있는데, 이는 한반도의 서울-부산, 또는 서울-목포선을 중계하는 통과적 위치에 놓여 있기 때문이다. 즉, 경부선 철도가 오산역을 남북으로 통과하고 있고, 수도권 서남부 주변의 육상교통과의 연계성에서도 중요한 위치를 차지하고 있다.

　오산시 지역은 한강하류의 서남부지역에 위치하고 있다. 따라서 오산시 일대에서도 많은 문화유적이 분포할 가능성이 많으며, 실제로도 여러 곳에서 청동기시대의 支石墓[1]와

---

1) 烏山市史編纂委員會, 1998, 『烏山市史』, 上 ; 우장문, 2004, 『화성시의 선사문화』.

삼국시대의 禿山城[2] 등이 학계에 일찍부터 보고된 바 가 있다. 이번 조사는 오산시의 이러한 지리적 중요성을 감안하여 기존에 考古學的 調査가 이루어진 유물 자료는 물론 문헌조사를 정밀하게 검토하고 試掘調査에 임하였다.

금번 시굴조사는 경기도 오산시 청호동 7-1번지 일대의 LG 자이 아파트 건설부지에 대한 실시되었다. 이 지역은 경기대학교 박물관에 의해 2004년 6월 7일부터 16일까지 20일간 문화유적 지표조사가 실시된 곳이다. 지표조사당시 이곳에서 적갈색 연질 무문토기가 출토되는 유물 산포지가 확인되었다. 이러한 지표조사 결과를 토대로 경기대학교 박물관에 의해 아파트 시공업체인 미래건설 주식회사와의 협의를 거쳐 2005년 3월 7일부터 26일까지 20일간 시굴조사가 실시되었다.

II. 竪穴住居址의 背景

1. 調査地域의 環境

오산시는 경기도 서남부에 위치하며 북쪽은 화성시 태안읍과, 남쪽은 평택시 진위면·서탄면과, 서쪽은 화성시 정남면과, 동쪽은 화성시 동탄면과 접하고 있다. 따라서 화성시가 오산시의 3면을 삼태기 모양으로 북쪽에서 감싸고 있다. 바다와의 접경지역은 없으며 4면이 육지와 접한다. 오산시의 經緯度는 동서 7° 14′이고, 남북 2° 48′에 위치하고 있다. 면적은 42.75km²로 경기도 전체면적의 0.4%를 차지한다. 조사지역인 경기도 오산시 청호동 8번지 LG 자이 아파트 건축부지는 오산시의 동남부 끝부분에 위치하고 있으며, 동쪽의 경부고속도로를 지나 평택시 진위면과 인접한다.

오산시는 한반도의 서울-부산, 서울-목포선의 중심에 있어 통과적 위치를 갖고 있다. 또 경부선 철도가 남북으로 오산역을 기점으로 통과, 철도 및 육상교통 모두 주변 시·군과의 교통 연계성이 뛰어나다. 오산시는 주변 지역과의 교통수단이 발달해 교통공간이 확대되는 와중에서 한 교통결절점에 위치, 통과교통 및 종점교통이 혼재한다고 볼 수 있다.

---

2) 기전문화재연구원, 2001, 『오산 독산성·세마대지 시굴조사 보고서』 ; 한신대학교 박물관, 1999, 『독성산성 지표조사 보고서』.

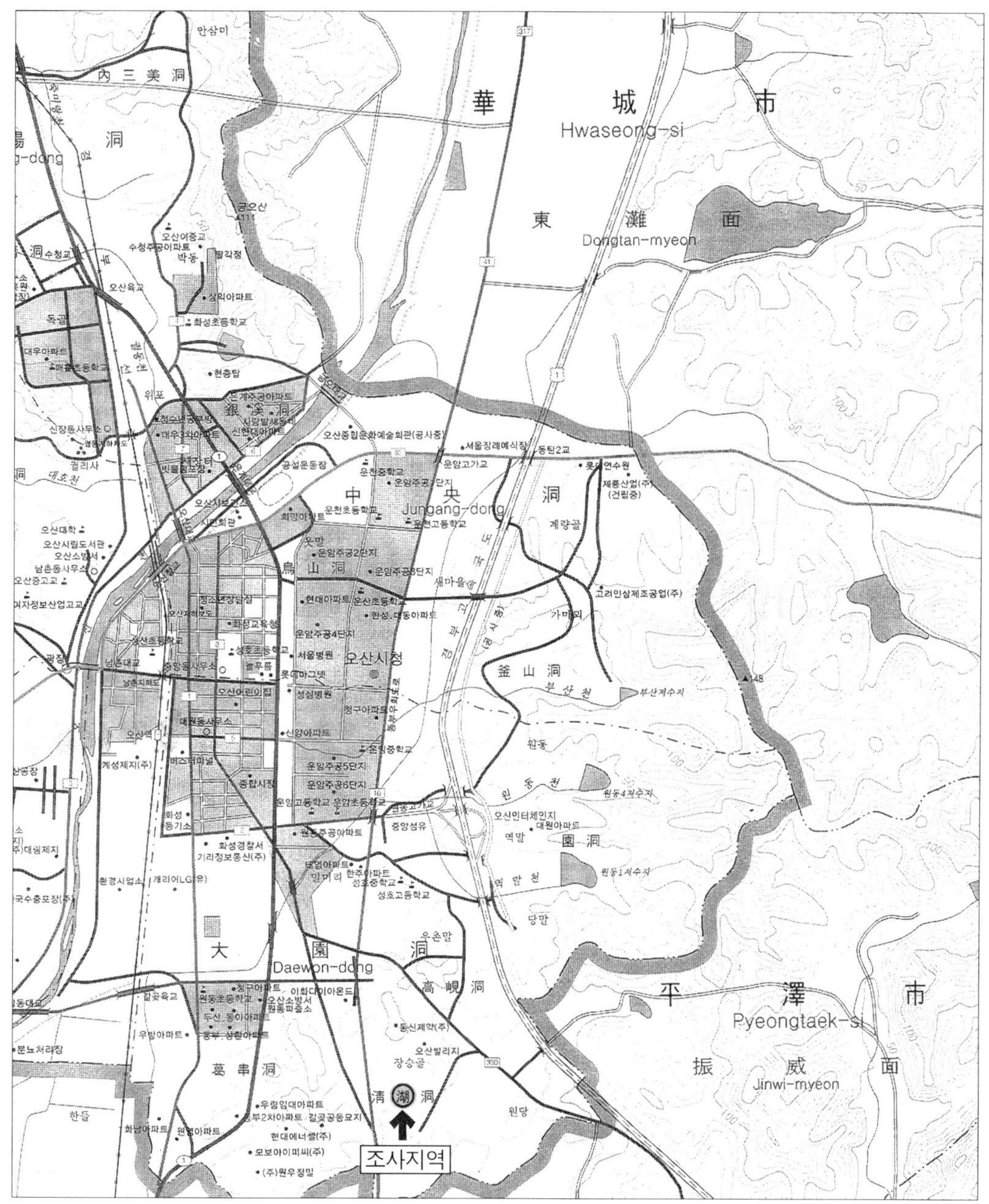

지도 1 청호동유적 위치도

오산시 지역은 강원도 북부에서 남남서로 달리는 廣州山脈의 말단부에 해당되는 곳으로 서해안에 인접한 2백m 미만의 얕은 구릉들로 이뤄진 老年期의 최후단계에 해당된다.

오산시는 용인시 북부에서 「ㅅ」자 모양으로 남쪽으로 뻗어내린 두 개의 단층대, 즉 원천-황구지천축과 오산천축을 따라서 주변에 하성퇴적평야지가 발달됐고, 그 사이의 花崗片麻岩과 斑狀變晶片麻岩이 산재하는 지역은 차별침식에 의해 구릉으로 남아있다. 광주산맥 분지맥의 말단부에 위치한 오산시는 대체로 서부-고지, 동부-저지의 西高東低 지형을 나타낸다.

오산시 지역내에는 서부의 노적봉을 주봉으로 해 북서방향으로 놓여있는 산계와 동부의 필봉을 주봉으로 하여 남북으로 놓여있는 산계, 북부지역의 반월봉 · 양산봉 · 여계산 · 독산 등을 주봉으로 하는 동서산계, 남동부의 해발 1백 50m내의 주봉을 남북으로 잇는 산계가 있다. 오산의 중심 시가지를 이루고 있는 남동부를 제외하고 대체로 각기 분산된 방사상의 소능선과 구릉들이 발달돼 있다. 구릉은 대부분 2백m 미만의 저산지성인데 禿山(2백 8m)만이 2백m를 넘고 평야지대에서 조망하기 좋은 가파른 산지를 이뤄 일찍부터 군사적 요새지로 이용돼 왔다.

오산시는 북부지역은 삼미천과 화성시 동탄면의 盤松川에, 서부지역은 황구지천에, 동부지역은 오산천에 의해 마치 삼태기 모양으로 둘러싸여 있다. 오산시의 지천들은 대부분 蛇行川이며 저평한 구름 사이의 산지를 흘러내리면서 부분적으로 농경지의 관개 역할을 하고 있다. 오산천과 황구지천은 북북동의 지질구조 지배를 받아 남서향으로 흐른다. 오산천은 동서 양쪽에서 유입되는 지천들에 의해 일부 格子狀 수계망을 형성하기도 한다. 오산지역을 흐르는 하천에선 깊은 심곡이나 급류의 현상은 거의 발견할 수 없으며 대체로 완만한 흐름을 보인다.

오산시 지역은 한반도 중서부 경기만 연안에 위치하여 낮은 평야 구릉지대를 이루고 있으며 일반적으로 한반도를 지배하고 있는 기압배치에 따라 계절적 특색이 그대로 반영되는 곳이다. 겨울에는 대륙기단인 시베리아 기단의 영향을 받아 한랭건조하며 여름철엔 해양기단인 북태평양기단(오가사와라기단)의 영향으로 고온다습하다. 오산시의 연평균 기온은 영상 11~12도이고 1년 중 최고기온은 17.2도, 평균 최저기온은 7도로 연교차가 10도 정도로 나타났다. 연평균 강수량은 해에 따라 그 변동이 심한 편이나 대략 1천2백40mm 내외를 기록한다.

2. 歷史 · 考古學的 背景

현재까지 오산시 일대에서 구석기 시대의 유물이 출토되거나 발견된 사례가 없다. 따라서 이 지역에 사람들이 언제부터 살기 시작했는지 자세히 알 수 없다.

그러나 최근에 경기대학교 박물관에서 발굴조사된 화성시 동탄면 감배산 일대에서 다량의 구석기 유물이 출토된 바 있고,[3] 이외에도 화성시 향남면 鳩文川里 · 비봉면 鳩浦里 · 팔탄면 梅谷里 · 매송면 院里,[4] 수원시 芭長洞,[5] 군포시 大夜味洞,[6] 평택시 포승면 洪源里[7] 등지에서도 打製石器들이 발견되었다. 따라서 선사시대에 오산시 일대를 관통하는 黃口池川과 烏山川 주변을 중심으로 인간의 거주가 시작되었을 것이다.

신석기 시대의 유적은 오산시 지역에서 발견된 예가 없고, 오산에서 가까운 수원시나 옛 송탄시 · 화성시의 내륙지방에서도 신석기 시대 유적이 발견된 곳이 없는 것으로 보아 오산시에서는 신석기 유적지가 발견되기 어려울 것으로 보인다. 오산시에서 가장 가까운 유적이라야 안산시 大阜島와 草芝洞 (옛 시흥군 초지리 별망 조개더미)[8], 시흥 오이도 조개더미[9] 정도인데 모두 해안에 위치하고 있기 때문이다. 바다나 큰 강을 끼고 있지 않은 오산시에서는 유적이 발견될 가능성이 희박하다고 보아 신석기 시대에는 오산 지방에 사람들이 살았을 가능성은 적다.

오산시에서 본격적으로 사람들이 살기 시작한 시기는 대체로 靑銅器時代로 추정할 수 있다. 이는 청동기시대의 대표적인 유적으로 간주되는 支石墓가 오산지역에 많이 분포하고 있기 때문이다. 예를 들어, 외삼미동에 2기, 수청동에 2기, 그리고 금암동에서 9기가 조사되는 등 모두 13기의 지석묘가 오산시 관내에서 조사되었다. 특히, 금암동 支石墓群은 경

3) 경기대학교 박물관, 2004,『화성 감배산 유적』.

4) 윤내현 · 한창균 외, 1995,「구석기 유적 조사 보고」,『서해안 고속도로 건설구간(안산~안중간) 유적 발굴조사 보고』, 458~485쪽.

5) 이융조 · 하문식, 1987,『板橋~九里, 新葛~半月間 高速道路 文化遺蹟 地表調査 報告書』, 17~18쪽 ; 崔完基 · 朴喜顯 · 李康根, 1988,『水原 芭長洞遺蹟 發掘調査 報告書』, 471~491쪽.

6) 이융조 · 하문식, 1987,『板橋~九里, 新葛~半月間 高速道路 文化遺蹟 地表調査 報告書』, 25~26쪽 ; 이융조 · 우종윤 · 윤용현, 1988,「華城 大夜味里遺蹟 發掘調査 報告」,『板橋~九里, 新葛~半月間 高速道路 文化遺蹟 發掘調査 報告』, 충북대학교 박물관, 573~690쪽.

7) 윤내현 · 한창균 외, 1995,「구석기 유적 조사 보고」,『서해안 고속도로 건설구간(안산~안중간) 유적 발굴조사 보고』, 464쪽.

8) 韓國考古學研究會, 1984,『韓國考古學地圖』, 13쪽.

9) 始興郡誌編纂委員會, 1988,『始興郡誌』上, 54~58쪽.

기도 기념물 제112호로 지정되었는데, 마을을 중심으로 蓋石式 支石墓 9기가 분포하고 있으며, 금암동지석묘가 위치한 마을은 '비단 같은 바위가 있는 마을'이라 불리고 있다. 따라서 금암동 지석묘는 현지 주민들의 일상생활에서 매우 중요한 역할을 했었음을 알 수 있다.

오산시 향토유적 제1호인 외삼미동 지석묘는 강화도 富近里 지석묘와 비교될 정도로 웅장하고 규모가 있는 지석묘로 매우 중요한 유적이다. 외삼미동 고인돌은 저수지가 내려다보이는 낮은 구릉 위에 2기가 같이 축조되어 있다. 탁자식과 蓋石式의 형식이 서로 다른 지석묘가 같은 자리에 위치하고 있다. 이것은 우리나라에서는 사례가 드문 경우이다. 그런데 탁자식 지석묘의 덮개돌에는 15개의 性穴이 파여 있고, 개석식 지석묘의 덮개돌에도 3개의 성혈이 조사되었다. 이는 인근에 위치한 수청동 지석묘의 덮개돌 상면에도 성혈이 13개가 조사된 바 있는데, 이는 지석묘 사회에서의 다산이나 풍요를 위한 의례활동과 같은 맥락에서 이해될 수 있을 것이다.

이 밖에 오산시 인근 지역에서 조사된 청동기시대의 대표적인 유적으로는 수원시의 팔달산 지석묘[10]와 화성시의 병점리·송산리·수기리·망월리·귀래리·제기리·문학리 지석묘 유적이 있다.[11] 유물로는 수원시 서둔동 여기산 집자리에서 많은 無文土器가 발굴된 바 있고,[12] 화성시 남양면과 평택시 고덕면[13]에서는 청동 제품이 발견됐다.

오산은 三韓 가운데 대체로 馬韓지역에 속했고, 李丙燾는 그 중에서도 『삼국지』위지 동이전에 나오는 마한 58개국 가운데 車水國을 인근 수원지역에 비정한 바 있고,[14] 爰襄國은 화성시 남양면 일대에, 그리고 桑外國은 화성시 장안면과 우정면 일대에 각각 비정하였다. 그러나 천관우는 상외국이나 원양국을 파주·연천군 쪽에 비정하고 있고, 모수국은 양주군 일대로 비정하고 있어, 이병도와는 다른 견해를 제시하고 있다.[15]

고고학적인 자료로 볼 때, 마한시대의 유적이 오산에서 직접 조사되거나 발굴된 적은 없다. 그러나 오산시 서북쪽의 감배산 일대에서 초기철기시대와 삼국시대 전기의 주거지 유적이 경기대학교 박물관에 의해서 발굴되었고, 수원시 서둔동 여기산에서 청동기시대 말기에서 초기철기시대에 해당하는 주거지가 발굴되었고, 화성시 동탄 택지개발 지구의 동학

---

10) 수원시사편찬위원회, 1996, 『水原市史』上, 162~163쪽.
11) 한성대학교 박물관, 1995, 『華城市 埋葬文化財 地表調査 報告書』.
12) 임병태, 1986, 「수원 서둔동 주거지 발굴」, 『박물관 신문』126.
13) 韓國考古學研究會, 1984, 『韓國考古學地圖』, 90쪽.
14) 李丙燾, 1981, 『韓國古代史研究』, 262~263쪽.
15) 千寬宇, 1989, 『古朝鮮史·三韓史研究』, 一潮閣, 416쪽.

산 일대에서 세형동검 용범을 포함한 초기철기시대의 유물들이 다량 출토된 바 있다. 따라서 오산시 일대에도 청동기시대와 초기철기시대에 많은 사람이 살았을 것으로 생각된다.

삼국시대의 오산은 한강의 지배권에 따라 지배국이 여러번 바뀌었다. 우선 이 지역 일대에서 일찍부터 발달한 백제가 지배권을 행사하다 고구려 장수왕의 남하정책으로 고구려의 지배하에 들어갔다. 그 후 백제와 신라의 협공으로 백제가 성왕 때 일시적으로 다시 지배권을 되찾았으나 신라에 이 지역을 빼앗기면서 그 후 오랫동안 신라의 지배를 받았다.

백제시대에 유일한 유적이라고 할 수 있는 것은 독산성이다. 독산성에 대해서는『삼국사기』백제 온조왕 11년조에 "禿山과 拘川에 柵을 세웠다"는 기록과, 근초고왕 28년에 "독산 성주가 3백명을 거느리고 신라로 도망하였다"는 기록이 있다. 이 禿山이 지금의 독산성이라고 단정할 수는 없으나 백제 때 만들어진 것으로 보이는 승석문 경질토기가 독산성 주변에서 발굴되었고, 백제 시대의 토성으로 추정하고 있는 길성리토성과 태봉산성이 모두 근처에 있어 기록상으로 보이는 독산이 독산성일 가능성이 큰 것으로 추정하고 있다. 독산성으로부터 태봉산성은 불과 서쪽으로 4.5km 지점에 위치하고, 원삼국 시대부터 백제 초기(3~4세기)의 토기가 많이 출토되는 길성리토성 역시 독산성으로부터 서남 8km 지점에 위치하는 등 가까운 거리에 있다는 것은 당시에 상호 연결되었던 것으로 볼 수 있다. 특히 태봉산성 주변에는 백제의 고분 수천기가 분포하고 수많은 토기들이 출토되고 있는 것으로 보아[16) 백제의 중요한 중심지 중의 한곳으로 추정하고 있는데, 그러한 태봉산성과 지리적으로 가까운 곳에 독산성이 있는 것으로 보아 오산도 백제 시대에 중요한 역할을 한 지역이었을 것이라고 볼 수 있다.

고구려는 장수왕의 남하정책으로 오산지역을 점령한 이후 76년 간 이 지역을 唐城郡과 釜山縣의 일부 지역으로 지배하였다. 장수왕대에 고구려의 영토가 남으로 천안~남양~아산선에 이르게 된다는 것은 오산이 고구려의 지배를 받았다는 근거다. 고구려가 오산 지역을 지배한 기간은 장수왕 18년(475)부터 양원왕 7년(551)까지의 비교적 짧은 기간인 76년 정도다. 따라서 오산이나 가까운 인근 지역에서 고구려 유적이라고 생각되는 곳이 없다. 다만 오산에서 비교적 먼 거리인 화성시 서신면 상안리 구봉산에 고구려·백제·신라의 축성 방법이 복합적으로 이용된 산성인 唐城이 위치하고 있다. 고구려 때 이 지역이 唐城郡으로 명명되었던 것으로 미뤄 이 당성이 고구려 때 만들어진 것일 수도 있다.

---

16) 정인숙, 1997, 「수원 지방의 성지」,『경기향토사학』제2집, 102~114쪽.

　　고대 사회에서 오산 지역을 마지막으로, 그러면서도 비교적 오랫동안 지배했던 나라는 신라다. 신라가 대외적으로 비약적인 발전을 보이는 것은 眞興王 (540~576)때다. 진흥왕은 한강 하류 확보에 노력했는데, 한강 하류 확보는 중국과 직접 通交할 수 있는 교통로를 열어 줄 뿐만 아니라 한강유역이 갖는 인적·물적 자원을 확보해 주기 때문이었다. 진흥왕은 백제와의 연합관계를 버리고, 백제가 551년 고구려로부터 탈환했던 한강 하류 지역의 6군(수원·용인·진위·이천·평택·안성)을 고구려와 손잡고 553년 백제로부터 빼앗아 新州를 설치했다.[17] 이때 오산 지역도 신라의 지배 하에 들어가게 되었다. 이후 신라는 고구려의 한강 유역 재점령을 위한 노력을 모두 물리치고 삼국통일을 위한 중요한 발판을 마련하였다. 문무왕 16년(676)에는 당과의 싸움에서 크게 승리하고 비록 불완전하나마 대동강 이남 지역을 확보하고 3국 통일을 이룩하게 되었다.

　　신라는 당을 물리치면서 전국을 9주 5소경으로 나누어 통치하였다. 당시 오산은 漢山州의 일부가 되었다. 漢山州는 경덕왕 16년(757) 州郡의 호칭을 중국식으로 바꾸면서 漢州로 개명됐다. 漢州의 屬郡縣이었던 오산시와 화성시를 포함한 고구려 때의 唐城郡은 唐恩郡으로, 지금의 오산 일부와 진위 지역에 해당하는 고구려 때의 釜山縣은 振威縣으로 개명됐다.

　　오산시 내에서는 신라와 통일 신라 시대의 유물·유적이 구체적으로 나타나지는 않는다. 다만 오산 인근 양감면의 소근산성 등에서 신라의 고배뚜껑조각이 발견된 정도다. 그리고 화성시 내에 백제나 고구려 지배 때 만든 많은 시설들을 신라에서도 그대로 사용하였을 것이다. 대표적인 곳은 당과의 무역 중심지였던 唐項城을 꼽을 수 있다. 오산 인근의 화성시 내에는 삼국시대나 통일 신라 시대에 만들어졌다고 전하는 남양면의 鳳林寺, 우정면 普德寺, 태안읍 葛陽寺(현재 용주사터), 동탄면 萬儀寺 등이 있어 당시 불교가 매우 융성했음을 알 수 있다.[18]

　　오산이나 화성시 등을 지배하면서 발전하던 신라도 왕위 쟁탈전의 격화로 국가 전체가 혼란에 빠지면서 후삼국 시대를 거쳐 고려 시대로 이어지게 된다.

　　『高麗史』에는 지금의 오산 지역과 관계된 자료가 극히 드물게 나오지만, 고려사 지리지에는 고려 초기 오산 지역의 모습을 전해 주는 기록이 있어 주목된다. 즉 『고려사』 지리

---

17) 文定昌, 1988, 『百濟史』, 인간사.
18) 華城郡史編纂委員會, 1990, 『華城郡史』, 74쪽.

지에는 「水州本高句麗買忽郡 新羅景德王改爲水城郡 太祖南征 郡人金七 崔承珪等 二百餘人歸順 效力以功 陞爲水州」(수주는 원래 고구려의 매홀군인데 신라 경덕왕이 수성군으로 고쳤다. 고려 태조가 남방을 정벌할 때 수원·오산 지역 사람인 김칠·최승규 등이 2백여 명과 함께 태조에게 귀순하여 협력하였으므로 그 공로로 하여 수주로 승격시켰다)라는 기록이 보인다.[19] 즉 고려 태조 왕건이 개경을 근거로 하여 고려 건국 직후 남쪽을 정벌하러 갈 때 수원·오산 지역의 호족세력인 김칠·최승규 등이 자신들의 휘하 군사 2백여명과 함께 왕건에게 귀순했다는 것이다. 그리고 그 공로로 인해 통일신라 경덕왕 때에 水城郡으로 편제되었던 오산 지역을 고려 태조 때에 州로 승격시켜 水州로 명명하였다는 것이다. 이 자료를 통해 이들 김칠과 최승규가 나말여초의 시기에 수원·오산 지역에 토착적 기반을 배경으로 한 호족 세력임을 알 수 있다.

오늘날의 오산 일부 지역과 관련이 있는 수주의 속현은 진위현이다. 진위현은 본래 고구려의 부산현으로 신라 경덕왕이 지금 이름으로 고쳐 수성군의 領縣으로 삼았다. 진위현은 고려에 이르러서도 그대로 존속됐는데 명종 2년(1172)에 監務를 두어 지방관을 파견하고 후에는 올려서 縣令官으로 하였는데, 이로 미뤄 보아 진위현은 수원의 남로에 위치한 교통의 요로로서 비교적 중시된 곳으로 여겨진다. 그리고 또한 수주에 속한 지방의 지명으로서 고려사에 보이는 廷谷村도 수원·오산 지역과 밀접한 지역의 명칭으로 여겨진다.

현종 9년에 知州事로 편제된 수원·오산 지역은 이후 五道兩界체제 아래에서 고려사 지리지의 편제대로 楊廣道에 속해 水州知事가 지방관으로 파견되는 요충지였다. 양광도는 때로는 충청도로 칭하기도 하였는데, 수원·오산지역인 수주도 충청도로 분류되기도 하였다. 문종 23년인 1069년에는 양광도에 속한 한양·교하·해주·양천·금주를 비롯하여 남양과 수원 등의 주현을 경기에 속하게 했는데 이때의 경기는 道制의 성격으로 京畿에 編制되었다기 보다는 수도인 開京府와 관련하면서 중앙기관의 성격과 지방행정부서의 성격을 교차하면서 편제된 것이다. 이후 몇 차례의 변경과정을 거친 후 드디어 고려 최말기인 공양왕 2년 1390년에 경기를 좌·우도로 나누었다. 좌도에는 남양을 포함한 25개의 현을 예속시키고 우도에는 19개의 현을 예속시켰다. 그리고 좌·우도에 각각 都觀察黜陟使를 두었으니, 이때에 비로소 경기는 일반 지방 행정구역으로서의 道 체제를 갖춘 것이다.

조선이 건국되자 태조 3년(1394)에는 수도를 개경에서 한양으로 천도하면서 양광도에

속해 있던 수원부를 경기도로 편입하였다. 그 뒤 태종 13년(1413)에 전국을 8道로 나누고 지방제도를 개혁할 때 수원도호부로 승격되었으며 중종 21년(1526)에 수원군으로 강등되었다가 임진왜란 직후인 선조 35년(1602) 防禦使를 겸하게 하여 국방상 요충지로 삼았다.

그러나 『조선왕조실록』에 의하면 태종 3년(1394) 癸未에 왕이 "수원부 오산에 머물렀다"는 기록이 있으며, 세종 6년(1425) 乙巳에는 "대가가 수원부 烏山院들에 이르니 부사 조극관이 와서 뵈었다"라는 기록도 보인다. 이런 기록으로 보아 조선시대 초기부터는 오산 지역이 어느 정도 행정구역의 면모를 갖추었던 것으로 보인다.

임진왜란 시기 오산시 지역을 포괄하는 수원지방은 수도 한성의 남쪽 관문에 해장하는 지역으로 애국적인 유생과 농민들이 참여한 의병 활동이 두드러진 고장이었다. 이 시기 오산시 지역 일대도 왜군에게 점령된 곳이었으나, 왜란 전기 육전에서의 3대 승첩 중 하나인 행주대첩의 서막을 이루는 독산성 승첩 등 수 차례의 전투가 치러졌다. 선조 25년 12월 수원 남쪽 오산시 지역의 독성과 화성시 봉담면 지역의 삼천병마골 전투는 관군과 의병의 긴밀한 연계하에 이룩한 승첩으로, 행주대첩과 함께 서울 수복을 위한 육전에서의 전승이었다.

조선 중기 영조시대에는 사도세자가 온양으로 가던 중 독산성에 올랐다는 기록이 있으며 정조 13년(1789)에 정조가 양주 배봉산에 있던 父王 思悼世子의 묘를 현재의 화성시 태안읍 송산리의 花山으로 이장하면서 당시까지 화산 일대에 있던 수원부 읍치를 수원의 팔달산 기슭으로 옮겼는데 이때에는 오늘날의 오산 행정구역이며 옛 오산이라 할 수 있는 5개 면이 있었다. 1789년(정조 13년)에 발간된 『水原府邑志』에 의하면, 현재의 오산 지역은 청호면·시봉면·삼미면·산성면·초평면의 5개 면이 있었다고 한다.

고종 32년(1895)에는 지방 제도를 23부로 개정할 때 수원과 남양부는 인천부에 속하게 되고 광무 3년(1899)에는 4개 면으로 청호면, 문시면, 산성면 초평면 등이었다. 이후 일제 강점기인 1914년에는 경기도 소재 면 명칭과 일부 구역이 바뀔 때 오산은 산성·문시·청호·초평 등의 4개 면과 어탄면 일부를 통합하여 성호면으로 수원군에 속했다. 1915년 조선총독부의 관보 제757호의 조선총독부 경기도 고시 제4호 수원군 면내 동리의 명칭 변경 구역 통보에서 성호면 편을 보면 비로소 里의 명칭이기는 해도 행정 구역의 명칭으로 오산리가 처음 등장한다. 그리고는 일제 말기인 1941년에 성호면이 오산면으로 개정되었다. 이어 1949년에는 수원읍이 시로 승격되면서 오산은 수원군 오산면에서 화성군 오산면으로 되었으며, 1960년에는 오산면이 오산읍으로 승격되었다. 그리고 1989년 1월 1일에 오산시로 승격되어 오늘에 이르고 있다.

III. 竪穴住居址의 發掘調査

1. 調査方法

시굴조사는 경기도 오산시 청호동 7-1번지 일대의 LG 자이 아파트 건설부지에 실시되었던 지표조사의 유물산포지로 제시된 A지구(A구역)와 C지구(B구역)를 중심으로 실시되었으며, 이 가운데 B구역에서 수혈주거지가 노출되었다.

B구역(지표조사의 C지구)은 동쪽에 民家 1채가 위치하고 있고, 서쪽은 낮은 野山에 民墓가 다수 밀집되어 있었다. 그리고 이들 야산에는 소나무 · 참나무 · 떡갈나무 등이 자라고 있었다. 따라서 조사구역에 대한 트렌치를 설정하기 전에 이들 나무들과 잡초는 伐木과 除草 작업을 실시하였다. 트렌치는 기본적으로 조사구역의 면적이 좁은 관계로 야산지역과 경작지를 구별하지 않고 등고선 방향과 직교하도록 설정하였다. 그러나 A구역 동쪽의 경우 경사도가 급경사를 나타내고 있고, 반면에 서쪽은 민묘의 이장으로 지형이 심하게 파괴되어 있어, 트렌치 방향을 지형에 따라 등고선과 직교하거나 또는 평행하도록 적절히 배합하여 토층상태가 최대한 잘 노출될 수 있도록 하였다.

2. 調査內容

1) 竪穴住居址

B구역의 Tr4를 除土하던 과정 중에 제2층을 除土하면서 주거지의 윤곽선 일부가 露出되었다. 이 주거지는 Tr4의 동쪽 부분에서 남쪽 Tr5 방향으로 조사되었다. 따라서 주거지의 정확한 성격을 파악하기 위해 Tr4와 Tr5 사이의 뚝(balk)을 제거하고 주거지 전체 평면을 노출시켰다.

주거지의 평면은 동쪽부분이 半破상태이나, 잔존상태로 보아 부정형의 말각 방형으로 추정된다. 출입구는 동쪽에 있었던 것으로 추정되며, 서남쪽에 부엌시설이 비교적 잘 남아 있다. 주거지의 동서 길이는 290cm이며, 남북 길이는 320cm이다. 그리고 바닥의 깊이는 20~22cm로 비교적 얕은 편이다. 주거지 바닥의 중앙에서 서쪽에 동서방향으로 목탄이 바닥에 얇게 깔려 있었다. 그러나 바닥에 특별히 설치한 시설은 조사되지 않았다.

이 주거지의 특징은 무엇보다도 爐址施設에 나타나 있다. 爐址는 주거지의 서남쪽 모

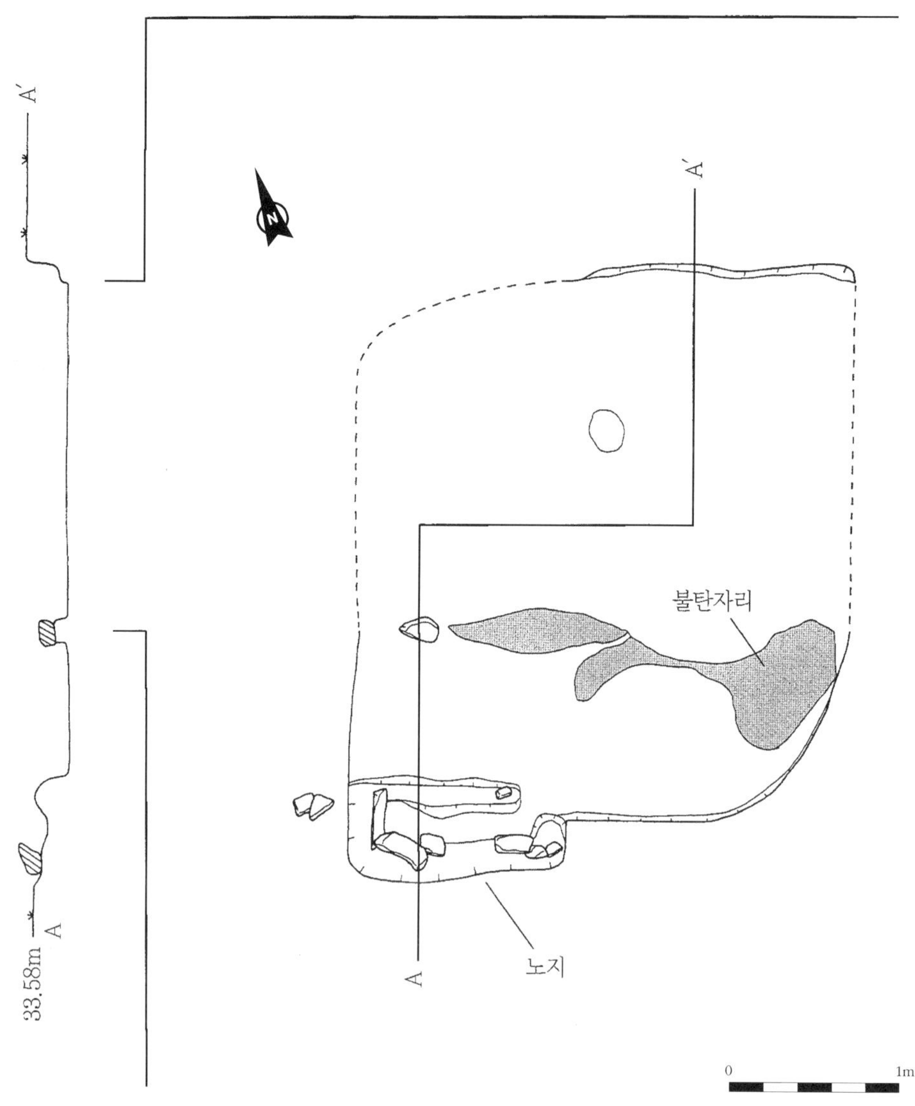

도면 1 청호동 수혈주거지 평면도

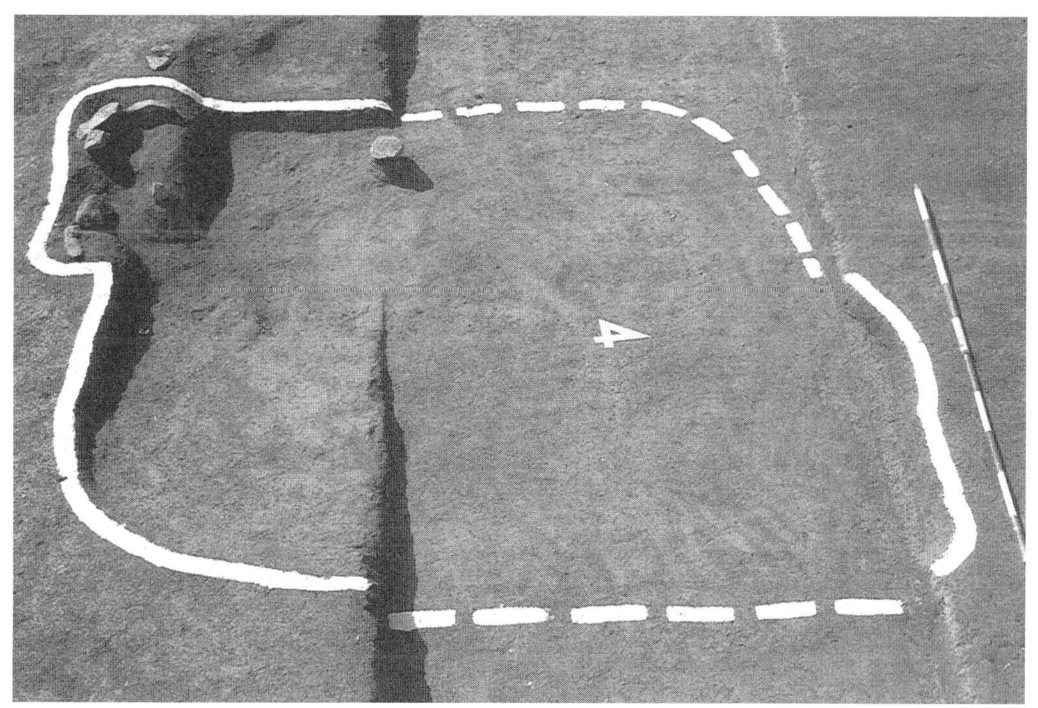

사진 1 수혈주거지

사진 2 수혈주거지의 부뚜막시설(세부)

서리에서 주거지 바깥쪽으로 돌출된 상태로 조사되었다. 爐址의 규모는 동서방향으로 33
×66cm이다. 爐址는 溫突施設을 겸한 것으로 추정되는데, 爐址의 아궁이는 주거지 남쪽의
가운데, 즉 노지의 동쪽에 있다. 따라서 주거지의 남쪽 벽면에서 남쪽 방향으로 불을 때면,
爐址의 불과 연기가 남쪽 벽면의 爐址를 타고 서쪽으로 나가도록 고안되었다. 고래 사이에
서 帶狀把手가 달린 陶器片이 출토되었다.

고래뚝의 폭은 북쪽은 12~18cm이며, 높이는 실내 바닥으로부터는 20cm를 유지하나
고래바닥으로부터는 10cm를 유지하고 있다. 반면에 爐址의 남쪽은 고래뚝이 낮은 반면 割
石을 길게 연결하여 사용하였다. 爐址의 고래뚝으로 이용한 割石의 크기는 일정하지 않다.
긴 것은 12×32×13cm이고, 짧은 것은 10×16×12cm이다.

2) 圓形遺構

(1) 1號 圓形遺構

1호 원형유구는 B구역에 설정한 Tr1의 중간에서 약간 서쪽 지점에서 남쪽 뚝(balk)에
근접하여 노출되었다. Tr1의 제2층을 제거한 후 노출되었는데, 이곳 圓形의 竪穴遺構에서
특별히 출토된 유물은 없다. 따라서 이 遺構의 성격을 파악하기 위해 Tr2 방향으로 100×
370cm의 크기로 트렌치를 확장하면서, 1호 원형유구의 전체 평면이 노출되었다.

1호 원형유구는 평면형태는 원형이며, 上面 직경은 60cm이고, 바닥의 직경은 42cm이
다. 원형유구의 바닥형태는 平底이며, 깊이는 14cm이다. 이곳에서 출토된 유물은 없으나,
이 遺構에서 동남쪽으로 약 60cm 떨어진 곳에서 폭이 20~30cm이고, 길이가 54~60cm되는
범위로 木炭이 바닥에 깔린 木炭遺構가 2곳이 노출되었다. 그러나 이곳에서도 역시 유물이
출토되지 않아 정확한 성격은 알 수 없다. 다만 노출 지점이 원형유구와 가깝고, 노출 층위
도 같은 점으로 미루어 보아, 1호 圓形遺構와 이들 木炭遺構가 서로 연관되었을 것으로 판
단된다.

(2) 2號 圓形遺構

2호 圓形遺構는 竪穴遺構로 A구역의 Tr2에 대하 除土作業을 실시하던 도중에 노출되
었다. 이곳은 원래 경작지로 사용되던 곳인데, 겨울철이 들어서면서 休耕地가 된 것으로 판
단된다. 이곳의 토층은 매우 얇은 편으로 10cm 두께의 표토층을 除土하자 바로 황갈색의
풍화암반층이 노출되었다.

2호 圓形遺構는 Tr2의 동쪽 부분에서 노출되었는데, 전체 평면형태는 남북 방향으로
장타원형이다. 장축의 길이는 76cm이고, 단축은 40~46cm이다. 깊이는 약 11cm인데, 풍화

암반층을 굴착하고 조성하였다. 바닥은 平底形態이다. 遺構의 內部에서 검게 탄 木炭이 다량 노출되었다. 그러나 특별히 출토된 유물이 없어, 이 장타원형 竪穴遺構의 정확한 성격은 파악할 수 없다.

IV. 竪穴住居址의 構造와 性格

청호동 竪穴住居址는 동쪽부분이 半破상태로 殘存하나 전체적인 형태는 확인이 가능하다. 즉 남북능선의 동서방향으로 축조된 抹角方形의 평면형태로 축조되었다. 따라서 등고선에서 낮은 동쪽에 출입구 시설이 있었던 것으로 추정된다. 비록 주거지의 평면형태가 방형으로 추정되나 동남부와 서북부 모서리는 원형으로 되어있고, 서남부와 동북부는 각을 진 형태이며, 서남쪽 가장자리에서 밖으로 돌출된 형태의 부뚜막 시설과 연도가 설치되어 있다.

주거지의 규모는 평면형태가 方形이지만 동서가 290cm이며, 남북이 320cm로 남북 길이가 동서 길이보다 약간 길다. 이는 서남부의 부뚜막 시설을 고려했기 때문에 동서보다는 남북의 길이를 좀더 길게 한 것으로 생각된다. 바닥의 깊이는 20~22cm로 얕은 편이며, 주거지 바닥의 중앙에서 서남쪽에서 동남방향으로 길게 목탄이 바닥에 얇게 깔려 있었다.

부뚜막시설은 33×66cm의 규모로 주거지의 서남쪽에서 주거지 바깥쪽으로 돌출된 상태로 조성되었는데, 주거지 내부의 溫突施設을 겸하도록 계획된 것으로 추정된다. 아궁이는 주거지 남벽 안쪽의 중앙에 설치되어 있으며, 따라서 불과 연기가 남쪽 벽면의 구들을 타고 서쪽 등고선 위쪽으로 나가도록 고안되었다. 고래뚝의 북면 폭은 12~18cm이며, 높이는 실내 바닥에서 20cm를 유지한다. 고래 사이에서 帶狀把手가 달린 陶器片 1점이 출토되었다.

청호동 수혈주거지는 말각 방형의 형태로 부뚜막 시설이 연도부가 서남쪽의 어깨선을 걸치면서 외부로 돌출되어 있는 것을 감안하면, 김여진의 형식분류에 IIb㉠형으로 분류할 수 있을 것이다.[20] 다만 김여진이 제시한 화성 泉川里 4호 수혈주거지[21]의 부뚜막 시설이

---

20) 한신대학교 박물관, 2006, 『華城 泉川里 靑銅器時代 聚落』, 219~220쪽.
21) 한신대학교 박물관, 2006, 『華城 泉川里 靑銅器時代 聚落』, 148쪽.

동남부 가장자리에서 수직으로 밖으로 돌출되는데 비하여, 청호동 주거지는 모서리의 벽면 방향으로 부뚜막 시설이 이어지다 외부로 돌출된다는 점에서 차이가 있다.

청호동 수혈주거지는 오산시 동남부의 평야지대에 위치한 낮은 야산의 동쪽 능선 가장자리에서 1基가 발굴되었다. 조선시대의 수혈주거지는 분포상태나 주변 유구 등의 성격에 따라 기능과 용도에 차이가 있는 것으로 알려져 있다. 임영호와 정여선[22]에 따르면, 火田이나 山田 등과 관련된 생활유적은 수혈주거지가 단독으로 확인되며, 가마 등과 같은 遺構와 분포하는 수혈주거지는 생산유적과 관련되고, 분묘유적과 함께 분포하는 수혈주거지는 묘막 등과 관련이 있는 것으로 보았다.

그런데 청호동 수혈주거지는 다른 특별한 遺構가 조사됨이 없이 수혈주거지 단독으로 발굴되었으며, 숯을 생산하기 위한 가마 등과 같은 시설도 주변에서 전혀 노출되지 않았다. 그리고 火田을 경작하기에는 오산 시내와 너무 근접하며, 특히 주변이 넓은 평야지대로 이루어져 있어 火田 耕作의 필요성이 요구되지도 않는다. 따라서 청호동 수혈주거지는 김성태와 이병훈[23]의 의견대로 조선시대 사료에 나타나는 土宇나 土室의 일종으로 판단되며, 몰락한 良人이나 奴婢 같은 貧民의 일반주거용이었을 것이다.

유물은 軟質土器 · 陶器片 · 白磁片 · 瓦片 등이 주거지의 내부와 주변에서 다수 출토되었다. 軟質土器는 內面과 外面이 회갈색의 색조를 띠고 있으며, 속심은 황갈색의 색조를 띠고 있다. 가는 운모와 사립이 일부 함유된 점토질의 태토로 제작되었다. 소성강도는 비교적 약한 편이며, 내외 표면에는 물레흔과 물손질흔이 확인된다.

陶器는 가장 많은 양이 출토되는 유물로 암갈색의 색조를 띠고 있으며, 가는 운모와 砂砬이 일부 함유된 泥質의 태토로 제작되었다. 陶器의 口緣은 內徑하는 頸部에서 수직에 가깝게 외반하고 있으며, 외반하는 부분은 둥글게 처리하였다. 토기 내 · 외면에 물레흔과 물손질흔이 확인되며, 器種은 잔존상태로 보아 동이와 항아리로 추정된다.

백자는 대접과 접시 종류가 다수 출토되엇으며, 정선된 백토로 만들어졌고 대체로 회갈색이나 담청색의 색조를 띠고 있다. 표면에는 氷裂이 나타나 있으며, 내면에는 모래받침흔적이 있다. 또한 굽은 오목굽으로 모래가 붙어있고, 釉藥의 施釉상태나 熔融狀態 등은 비교적 양호하다.

---

22) 임영호 · 정여선, 2007, 「조선시대 수혈주거지 대한 연구」, 『야외고고학』 3호, 139쪽.
23) 김성태 · 이병훈, 2004, 「史料를 통한 朝鮮時代 竪穴住居址의 검토」, 『고고학』 3권 2호, 68쪽.

瓦片은 배면에는 회갈색의 색조를 띠고 있으며, 내면은 적갈색의 색조를 띠고 있다. 태토는 가는 운모와 굵은 석영계 석립이 다량 함유되었다. 배면은 박리상태가 심하여 매우 거칠어 문양을 알아볼 수 없지만, 상태가 양호한 경우에도 無紋樣이 대부분이다. 내면에는 布木文이 약하게 나타난다. 소성강도는 양호하여 매우 단단하다. 와편은 주거지 내부에서는 출토된 것은 없고, 주변의 제토 작업 도중에 출토된 것들이다.

청호동 수혈주거지에서 출토되는 유물 등을 통하여 시대적 編年을 하기에는 어려운 점이 있다. 17세기에 이르러 常沙器라고 불리는 굵은 모래받침의 백자가 전국적으로 제작되어 생활용의 자기로 널리 쓰였으며, 이러한 백자들은 회백색과 담청색의 색조를 띠었으며, 특히 燔造할 때 가는 모래받침으로 받쳐 백자를 구웠다. 따라서 청호동 竪穴住居址와 주변에서는 오목한 굽에 굵은 모래받침을 받쳐 구운 회백색이나 담청색의 대접이나 접시들이 출토되었던 점을 고려하면, 청호동 주거지는 17세기 중후반으로 편년할 수 있을 것이다.

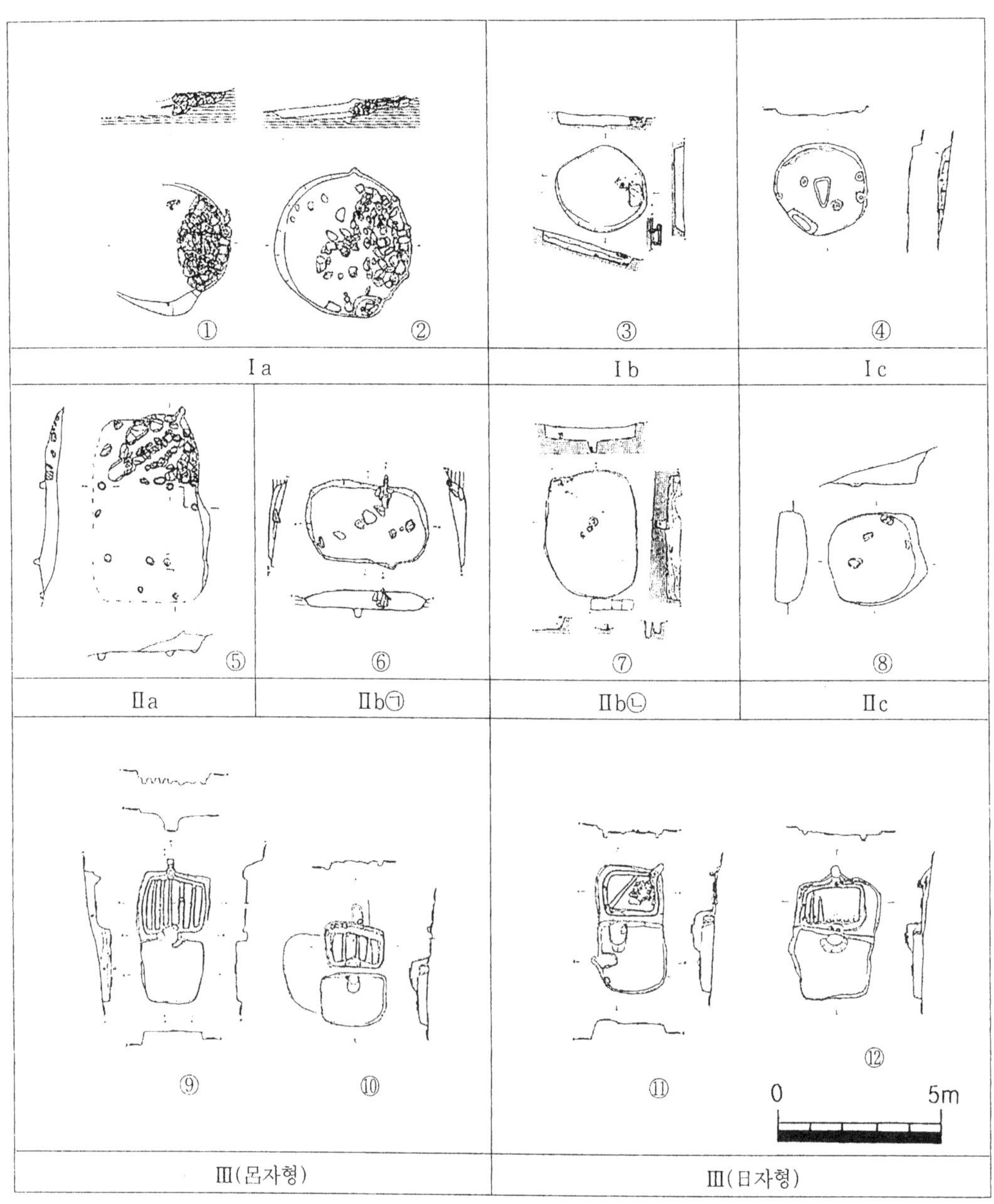

표 1 조선시대 수혈주거지의 유형(김여진 : 한신대학교박물관 2006, 220쪽 재인용)

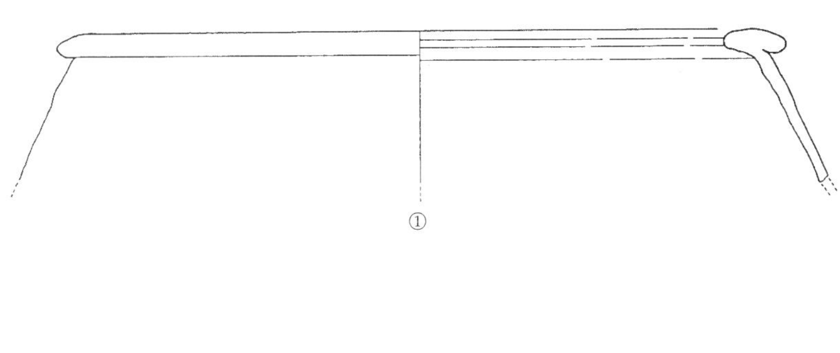

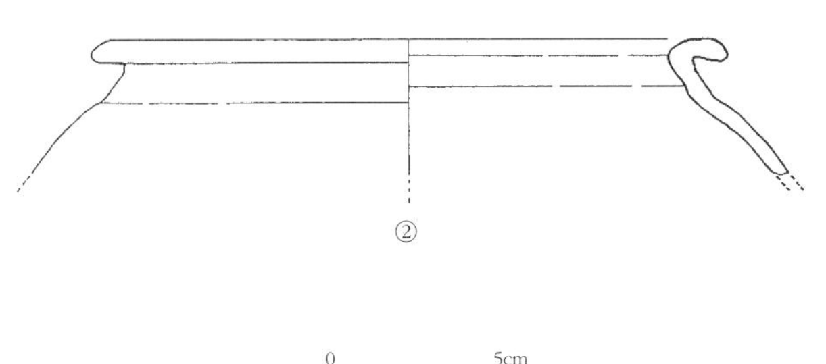

도면 2   수혈주거지 출토 도기 구연부

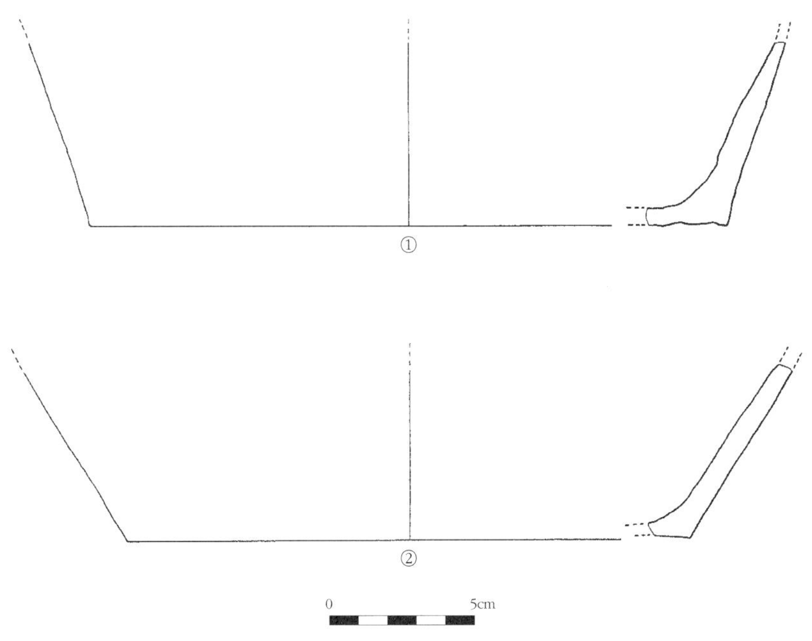

도면 3   수혈주거지 출토 도기 저부

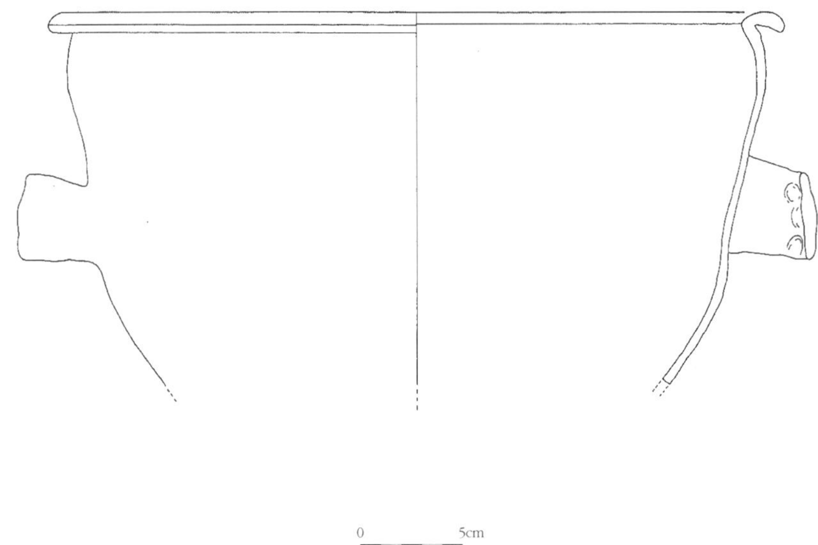

도면 4 수혈주거지 출토 동이

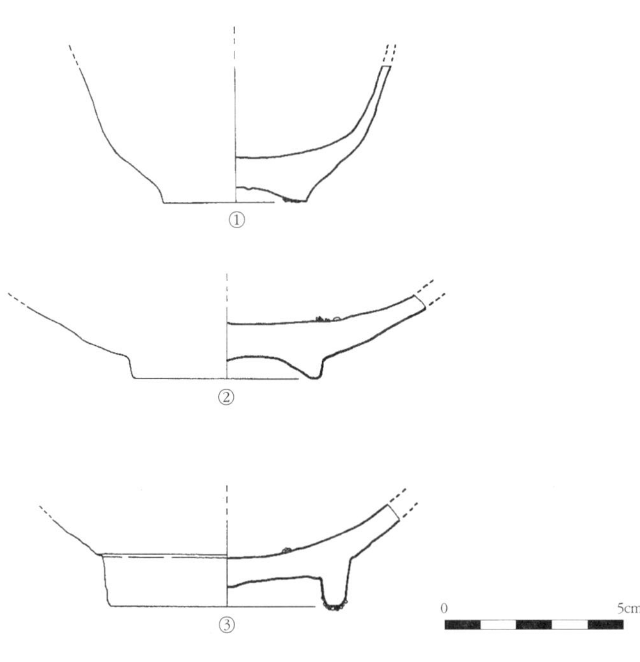

도면 5 수혈주거지 출토 백자 저부

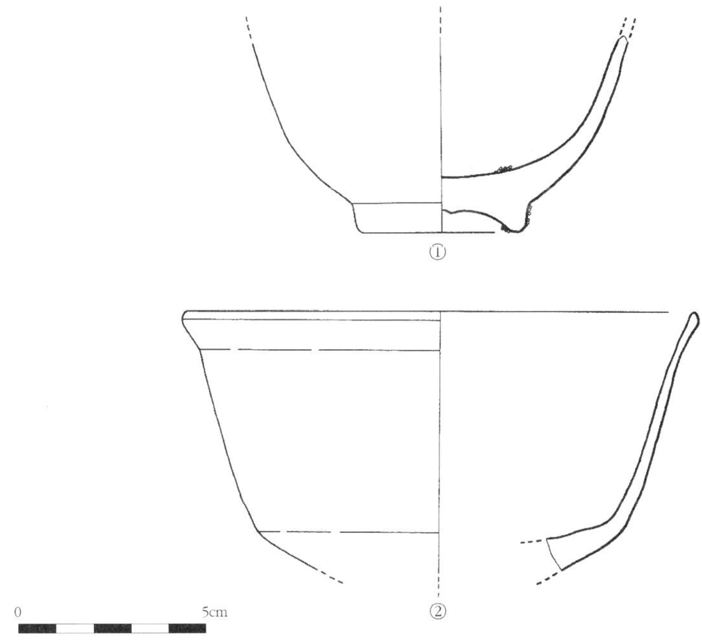

도면 6 수혈주거지 출토 백자 저부

Ⅴ. 結論

경기도 오산시 청호동 7-1번지 일대의 LG 자이 아파트 건설부지에 대한 시굴조사에서 竪穴住居址 1기와 圓形竪穴遺構 2기가 조사되었다. 조사지역은 서쪽이 높고 동쪽이 낮은 남북방향으로 길게 이어진 緩傾斜의 地勢를 유지하고 있으며, 이 지세의 동쪽 斜面에 주거지 遺構가 위치한다.

竪穴住居址는 B구역에서 조사된 것으로 동서 길이가 290cm이고, 남북 길이가 320cm이며, 동서 방향의 평면이 抹角方形이다. 그리고 주거지의 서남부 쪽에 약간 외부로 돌출된 형태의 부뚜막 시설이 造成되어 있었고, 이 시설에서 帶狀把手가 달린 陶器 胴體部片 일부가 출토되었다. 청호동 주거지는 평면형태가 말각 방형으로 김여진의 형식분류에 의하면, 대체로 Ⅱb㉠형에 속할 것으로 보인다.[24] 다만 청호동 주거지의 부뚜막 시설이 남벽의 장축 방향으로 부뚜막 시설이 이어지다 외부로 돌출된 다는 점에서 김여진의 수혈주거지 형식 분류[25]와는 다소 차이가 있다.

출토된 유물은 조선시대의 陶器片과 白磁片이 대부분을 차지하고 있으며, 간간이 赤褐色 軟質土器片과 함께 無紋樣의 瓦片이 출토되기도 한다. 陶器片의 내·외면은 흑갈색이며, 속심은 흑색의 색조를 띠고 있고, 표면에 물레흔과 물손질흔이 확인된다. 백자는 民需用 대접이나 접시가 대부분인데, 표면은 회갈색이나 담청색의 색조를 띠고 있고, 氷裂이 표면에 잘 나타나고 있으며, 오목굽에는 모래받침 흔적이 있다. 따라서 출토된 백자의 제작 수법을 고려하면, 조선시대 후기인 17世紀 중·후반으로 편년된다.

---

24) 한신대학교 박물관, 2006, 『水原 泉川里 靑銅器時代 聚落』, 219~220쪽.
25) 한신대학교 박물관, 2006, 『水原 泉川里 靑銅器時代 聚落』, 148쪽.

04

金浦市 通津鄉校
東·西廡址의 發掘과 文獻資料의 檢討

김도훈

Ⅰ. 序論

通津鄉校는 京畿道 金浦市 月串面 郡下理 220번지에 위치하고 있으며, 創建年代는 1127년(고려 인종 5)으로 전해지고 있으나 확실치 않고, 조선말기에 몇 차례 重修된 것으로 알려져 있다. 현재의 건물들에는 근대식 보수의 흔적이 많이 남아 있다. 통진향교는 우리나라 대부분의 향교형식을 따라 '前學後墓'의 형태를 가지고 있으며, 현재 경기도 문화재자료 제30호로 지정되어있다.

경기도 김포시는 漢江下流의 비옥한 金浦平野 地帶에 위치하고 있다. 김포의 지리적 위치가 서해안과 한강 하류가 만나는 곳이라는 점과 주변의 파주와 연천 등지에서 발견되는 文化遺蹟들로 미루어보아, 이 지역도 先史時代 이래로 사람들의 중요한 생활터전이었음을 알 수 있다. 김포시 일대의 문화유적에 대한 조사는 1970년대 후반에 文化財 管理局이 문화유적에 대한 전반적인 종합조사를 시행 한 바 있고, 1990년에는 서울大學校 博物館에 의해 김포지역의 지석묘와 토탄층 등 선사문화에 한정된 학술조사가 이루어졌다. 그 후 忠

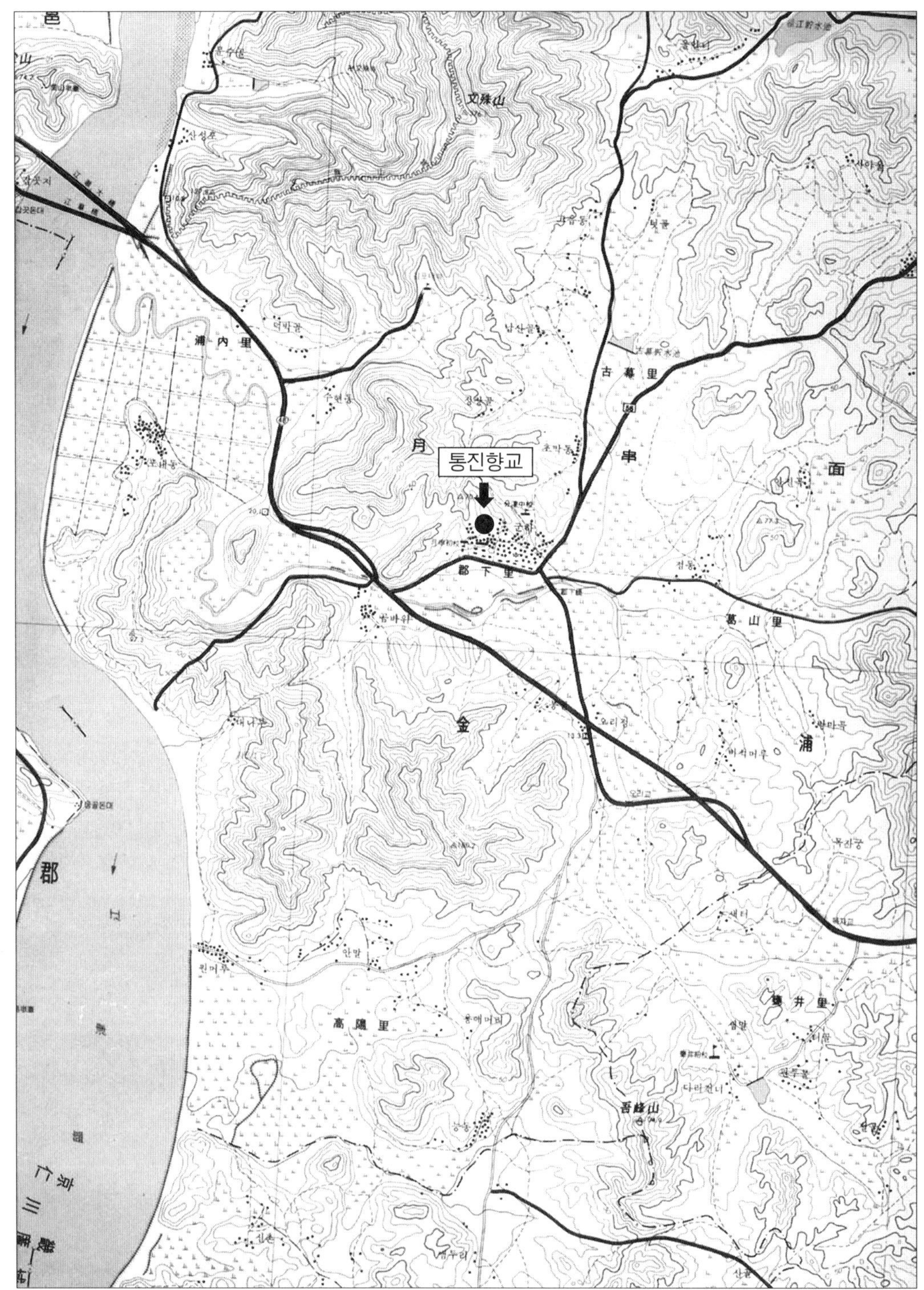

지도 1 통진향교 위치도

北大學校 考古美術史學科에서 서울외곽순환고속도로 주변지역인 김포시 고촌면 일대에 대해 토탄층 확인을 위한 試錐調査를 실시하였고, 1990년대 중반 이후 漢陽大學校 博物館에 의해 文殊山城·守安山城에 대한 산성의 조사가 이루어졌다.

김포시는 김포지역에 대한 학술조사와 보존대책을 수립하고, 그 계획의 일환으로 통진향교를 보다 효과적이고 체계적으로 보존하고 관리하기 위해 東廡와 西廡를 복원할 계획에 착수하였다. 그리고 이들 건물지의 규모와 범위 및 전체적인 건축 양상을 확인하기 위한 시굴조사가 2005년 1월 3일부터 2005년 1월 6일까지 경기대학교 박물관에 의해 실시되었으며, 本 考는 이러한 결과를 토대로 통진향교의 建立年代와 構造的 性格에 대한 고고학적 검토를 진행한 것이다.

II. 通津鄕校 東廡址와 西廡址의 調査

1. 通津鄕校의 調査槪要

통진향교가 위치한 김포시는 서쪽에 좁은 강화 수로를 사이로 인천시 강화군을 마주보고 있고 동북쪽으로는 한강으로 둘러싸여 있는 반도지역이다. 한강과 임진강의 하류가 흐르며 군사 분계선이 설정되어있고, 동쪽에는 한강 너머로 경기도 파주시와 고양시가 마주하고 있으며, 동남쪽으로는 서울, 인천과 접하고 있다. 산지는 북서쪽이 높고 남동쪽이 낮은 형태인데, 높지 않은 낮은 산지가 대부분이다.

通津鄕校는 행정상으로 경기도 김포시 월곶면 군하리 220번지에 위치하고 있다. 김포 시청에서 48번 국도를 타고 강화방면으로 가다가 오리전 교차로를 지나 1.3Km를 더 가면 김포C.C와 월곶 면사무소로 갈라지는 사거리가 나오고, 여기에서 우회전하여 면사무소 쪽으로 500m 정도를 가면 도로좌측으로 통진향교의 홍살문과 문화재지정을 알리는 표석이 보인다.

통진향교의 시굴조사는 明倫堂에서 大聖殿으로 진입하는 內三門을 기준으로 구획을 설정하여 복원 예정인 東廡址와 西廡址를 동·서 두 지역으로 나누어 神道에서 담장 쪽으로 트렌치를 설정하여 조사를 진행하였다.

東·西廡는 文殊山 남동쪽 支流의 끝자락에 동·서로 나란히 자리하고 있다. 따라서 조사는 동-서 방향과 직교하는 남-북 방향으로 트렌치를 설정하였다. 트렌치는 모두 6개를

사진 1 동 · 서무지 전경(조사전)

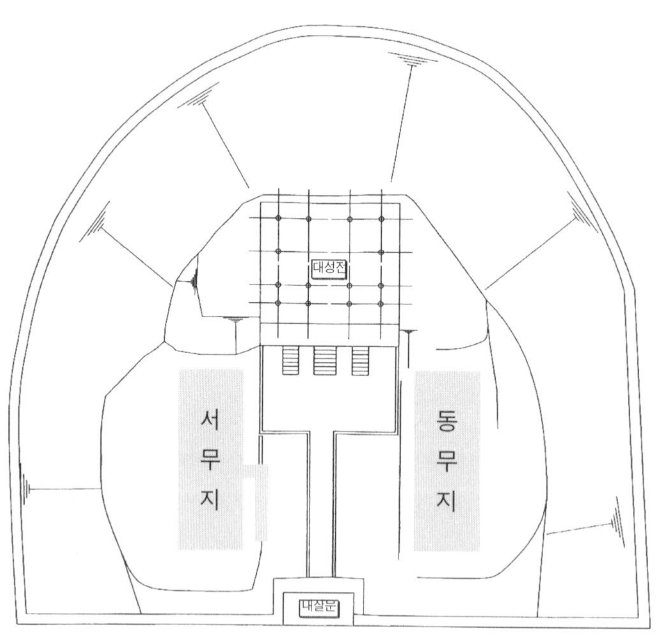

도면 1 동 · 서무지 배치도

설정하였고, 동·서무지역에 각각 3개씩 복원계획이 수립된 부분으로 설정하였다.

시굴조사의 트렌치는 모두 김포시의 통진향교 동·서무 복원공사에 앞서 문화재와 건물지의 성격 규명과 규모 파악을 하기 위한 차원에서 실시되었으며, 표토층에서 생토층까지의 부식토를 차례대로 제거하면서 문화층을 확인하는 방식으로 진행하였다. 따라서 이곳은 문수산의 지류들로 둘러싸인 군하리 마을의 중심부분에 해당한다고 볼 수 있으며, 조사지역은 주변지형에 비해 약간 높은 구릉지대 경사진 면에 위치하고 있다.

2. 調査內容

1) 東廡址

(1) 遺構

東廡址에서 조사된 건물지는 1棟이며, 조사지역의 가장 서쪽에 해당하는 Tr3을 조사하면서부터 확인되었다. Tr3구역은 거의 경사가 없는 완만한 지형인데, 정확한 토층확인을 위해 除土를 하던 도중 地下 약 30cm 지점에 이르러, 지표에서부터 보이는 와편과 전돌 등이 함께 건물지 초석의 상단부가 노출되면서 조사가 시작되었다.

노출된 方形 柱礎石은 Tr3에서 가로 35~38cm, 세로 31~54cm, 높이 25~34cm이다. 이들 礎石은 4基가 북-남방향 약 2m의 일정한 간격을 두고 노출되었다. Tr2에서는 가로 32~44cm, 세로 34~50cm, 높이 27~29cm인 方形의 건물지 초석이 북-남방향으로 약 2m의 일정한 간격을 두고 5개가 출토되었으나, 조사 전에 遺構의 상당부분이 파괴되었고, 따라서 정확한 건물의 규모는 파악할 수 없었다. 그러나 西廡와 고려하면, 東廡는 정면 5칸, 측면 1칸의 건물지로 추정할 수 있다.

동무지에 대한 시굴조사에서 노출된 方形 柱礎石의 크기는 아래 표 1과 같다.

표 1 동무지 주초석

(단위 : cm)

구분	길이	폭	높이	出土址	구분	길이	폭	높이	出土址
1	40	41	28	Tr 2	6	38	31	25	Tr 3
2	42	50	27	Tr 2	7	37	34	28	Tr 3
3	44	37	29	Tr 2	8	35	33	29	Tr 3
4	32	35	27	Tr 2	9	36	34	34	Tr 3
5	34	34	27	Tr 2					

※ 초석의 순서는 Tr2의 북-남 방향, Tr3의 북-남 방향이다.

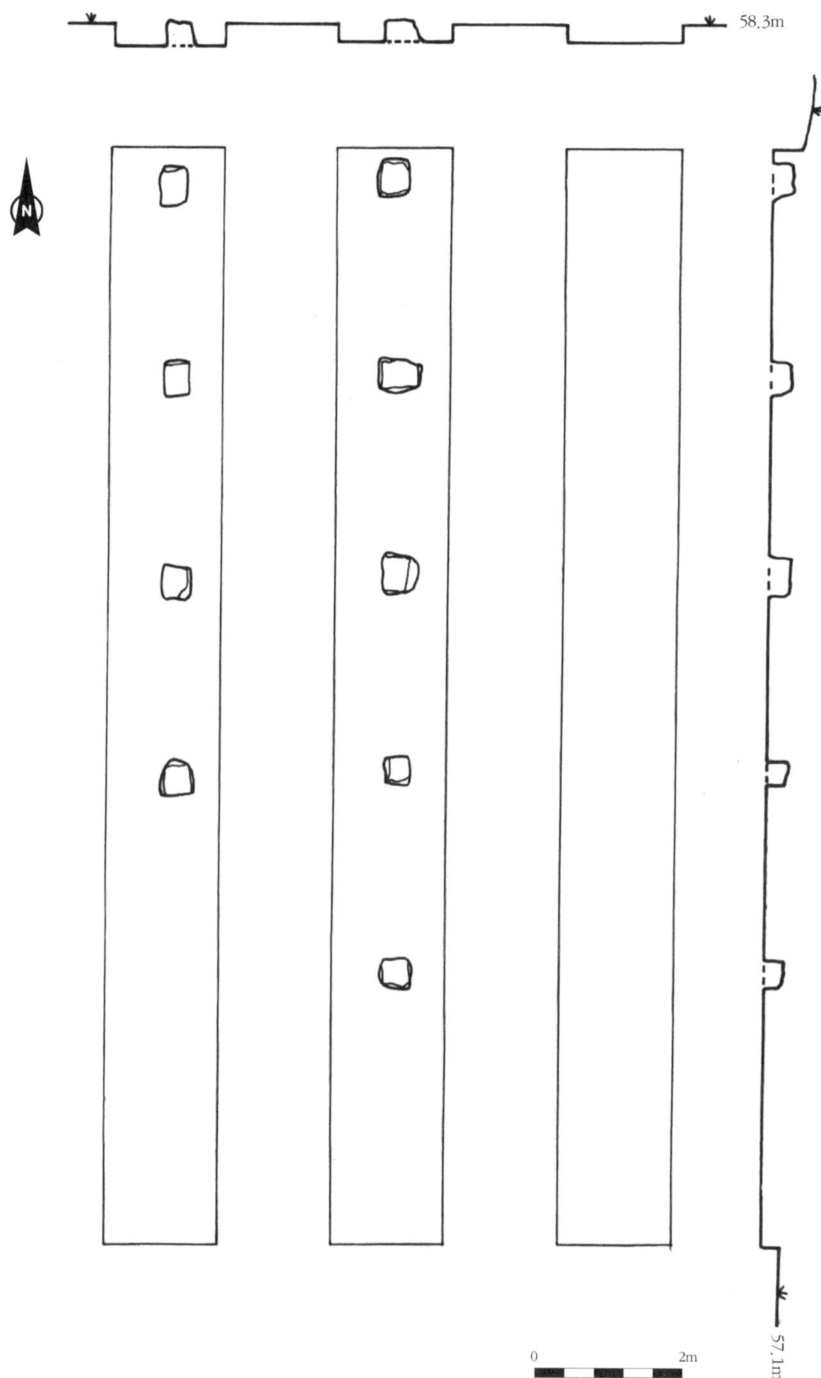

도면 2 동무지 유구 배치도

사진 2 동무지(조사전)

사진 3 동무지(조사완료후)

(2) 出土遺物

東廡址에서 출토된 유물은 기와류와 전돌 등이 있다. 이 가운데 기와는 대부분 조선시대 평기와이다. 그밖에 암막새와 용도를 알 수 없는 瓦片과 전돌 등이 다량 출토되었다.

① 기와類

●막새瓦片(사진 4)

東廡址 제II층에서 출토되었으며, 沙粒이 함유된 정선된 태토로 제작된 瓦片이다. 背面에 초엽문으로 보이는 기하문이 浮彫되어있다. 내면에는 포목흔이 압인되어 있다. 殘存 길이는 8.2cm, 폭 11.3cm, 두께는 1.6m이다.

●암막새(사진 5)

東廡址 제II층에서 출토되었으며, 沙粒이 함유된 정선된 태토로 제작된 경질암막새편이다. 막새부에 '出' 字形의 무늬가 뒤집어진 방향으로 부조되어 있다. 표면은 흑갈색이나 속심은 황갈색의 색조를 띠고 있다. 殘存 길이는 8.2cm, 폭은 17.6cm이며, 두께는 1.9cm이다.

●수키와(사진 6)

東廡址 제II층에서 출토되었으며, 石英系 石粒이 함유된 태토로 제작된 경질수키와편이다. 언강 부분에 횡으로 물손질한 흔적이 선명하게 보이며, 背面은 파상문이 施文되었고, 내면에는 사절흔이 보인다. 측면은 1/3가량을 와도로 자르고 분할하였다. 표면은 흑갈색이나 속심은 적갈색을 띠고 있다. 殘存 길이는 32.4cm, 폭 13.7cm, 두께는 2.2cm이다.

●수키와 (사진 7)

東廡址 제II층에서 출토되었으며, 石英系 石粒이 함유된 태토로 제작된 경질수키와편이다. 瓦口와 尾口부분이 殘存한다. 背面은 파상문이 시문되었으나, 일부는 마모되었다. 측면은 와도로 1/4 정도 자르고 분할하였다. 표면은 흑갈색이고 속심도 흑갈색을 띠고 있다. 殘存 길이는 21cm, 폭 13.2cm, 두께는 2.3cm이다.

●수키와 (사진 8)

東廡址 제II층에서 출토되었으며, 石英系 石粒이 함유된 태토로 제작된 경질수키와편이다. 背面은 파상문이 시문되었고, 내면은 포목흔이 보인다. 측면은 瓦刀로 1/4가량 자르고 분할하였다. 표면은 흑갈색이고 속심도 흑갈색을 띠고 있다. 殘存 길이는 17.3cm, 폭 13.8cm, 두께는 2.0cm이다.

●수키와 (사진 9)

東廡址 제II층에서 출토되었으며, 石英系 石粒이 함유된 태토로 제작된 경질수키와편이다. 背面은 파상문이 시문되었고, 내면에 사절흔이 보인다. 측면은 와도로 1/3가량 자르

고 분할하였다. 표면은 흑갈색이나 속심은 적갈색을 띄고 있다. 殘存 길이는 17.2cm, 폭 12.8cm, 두께는 2.3cm이다.

●수키와 (사진 10)

東廡址 제II층에서 출토되었으며, 石英系 石粒이 함유된 태토로 제작된 경질수키와편이다. 背面은 松葉文과 파상문 등이 결합된 복합문이 施文되었다. 측면은 와도로 1/2가량 자르고 분할하였다. 표면은 흑갈색이고 속심도 흑갈색을 띄고 있다. 殘存 길이는 14.1cm, 폭 11cm, 두께는 2.0cm이다.

●수키와 (사진 11)

東廡址 제II층에서 출토되었으며, 石英系 石粒이 함유된 태토로 제작되었다. 背面은 복합문이 시문되었고, 내면은 포목흔이 보인다. 측면은 瓦刀로 1/4가량 자르고 분할하였다. 표면은 황갈색이나 속심은 흑갈색을 띄고 있다. 殘存 길이는 14.9cm, 폭 10.4cm, 두께는 2.4cm이다.

●암키와 (사진 12)

東廡址 제II층에서 출토되었으며, 沙粒이 함유된 정선된 태토로 제작되었다. 背面에는 물손질한 흔적이 확인된다. 측면은 와도로 1/3가량 자르고 분할하였다. 표면은 회갈색이나 속심은 황갈색을 띄고 있다. 殘存 길이는 12.6cm, 폭 10.4cm, 두께는 2.0cm이다.

●암키와 (사진 13)

東廡址 제II층에서 출토되었으며, 石英系 石粒이 함유된 정선된 태토로 제작된 경질 암키와편이다. 측면은 와도로 1/5 정도 자르고 분할하였다. 표면은 흑갈색과 황갈색이나 속심은 적갈색을 띄고 있다. 殘存 길이는 12.6cm, 폭 15.2cm, 두께는 1.4~2.3cm이다.

●암키와 (사진 14)

東廡址 제II층에서 출토되었으며, 石英系 石粒이 함유된 정선된 태토로 제작된 경질 암키와편이다. 배면은 마모가 심하고, 내면에는 포목흔이 압인되어 있다. 측면은 와도로 1/3가량 자르고 분할하였다. 표면은 흑갈색과 황갈색이나 속심은 적갈색을 띄고 있다. 殘存 길이는 23.4cm, 폭 8.9cm, 두께는 2.3cm이다.

●암키와 (사진 15)

東廡址 제II층에서 출토되었으며, 石英系 石粒이 함유된 정선된 태토로 제작된 경질 암키와편이다. 背面에는 마모가 심하나 내면에는 포목흔이 전체적으로 나타나 있다. 측면은 와도로 1/3가량 자르고 분할하였다. 표면은 흑갈색과 황갈색이나 속심은 적갈색을 띄고 있다. 殘存 길이는 17.7cm, 폭 13.5cm, 두께는 1.5~2.7cm이다.

● 암키와 (사진 16)

東廡址 제Ⅱ층에서 출토되었으며, 石英系 石粒이 함유된 정선된 태토로 제작된 경질
암키와편이다. 背面에는 마모가 심하나 내면에 포목흔이 잘 나타나 있다. 측면은 와도로
1/3가량 자르고 분할하였다. 표면은 흑갈색과 황갈색이나 속심은 적갈색을 띠고 있다. 殘
存 길이는 18.5cm, 폭 13.4cm, 두께는 1.6~2.2cm이다.

● 암키와 (사진 17)

東廡址 제Ⅱ층에서 출토되었으며, 石英系 石粒과 沙粒이 함유된 정선된 태토로 제작된
경질암키와편이다. 背面에는 마모가 심하나 내면에 포목흔이 전체적으로 잘 나타나 있고,
와통흔과 소지의 흔적이 보이며, 측면은 와도로 1/5 가량 자르고 분할하였다. 표면은 회청
색이고 속심도 회청색을 띠고 있다. 殘存 길이는 14.7cm, 폭 11.5cm, 두께는 1.8~2cm이다.

● 암키와 (사진 18)

東廡址 제Ⅱ층에서 출토되었으며, 石英系 石粒이 함유된 정선된 태토로 제작된 경질
암키와편이다. 背面에는 마모가 심하다. 내면에는 포목흔이 보이고, 측면은 와도로 2/3가
량 자르고 분할하였다. 표면은 흑갈색이나 속심은 명회색을 띠고 있다. 殘存 길이는
17.1cm, 폭 14cm, 두께는 1.6~2.6cm이다.

● 암키와 (사진 19)

東廡址 제Ⅱ층에서 출토되었으며, 石英系 石粒이 함유된 정선된 태토로 제작된 경질
암키와편이다. 기와의 중간 부분을 중심으로 표면의 색조에서 앞머리 부분은 황갈색, 뒷뿌
리 부분은 흑갈색으로 태토 성분에 있어서 각각 다른 양상을 나타낸다. 背面에는 횡으로 물
손질로 정면한 흔적이 확인된다. 내면에는 포목흔이 보인다. 殘存 길이는 17.9cm, 폭
17cm, 두께는 1.6~2.3cm이다.

② 전돌

● 전돌 (사진 20)

東廡址 제 Ⅱ층에서 출토되었으며, 沙粒이 함유된 태토로 제작된 경질이다. 4부분의
측면중 3면의 형태가 잔존한다. 세 부분의 측면에 도구를 사용하여 간단한 정면의 흔적이
확인된다. 표면은 흑갈색이나, 속심은 황갈색이다. 殘存 길이는 16.7cm, 폭 18.2cm, 두께는
6.4cm이다.

사진 4 동무지 출토 막새기와

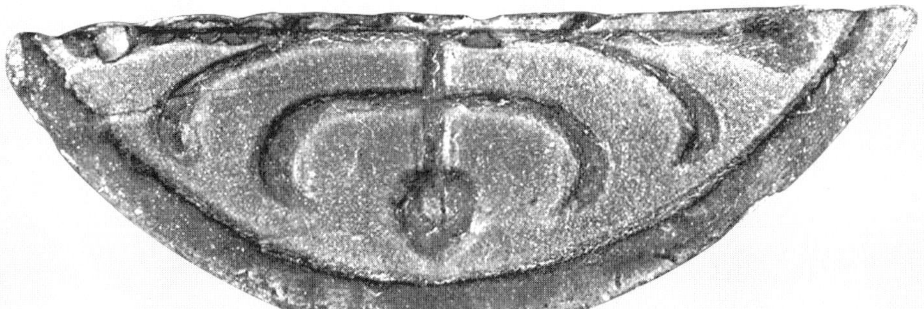

사진 5 동무지 출토 막새기와

사진 6　동무지 출토 수키와

사진 7　동무지 출토 수키와

사진 8 동무지 출토 수키와

사진 9 동무지 출토 수키와

사진 10 동무지 출토 수키와

사진 11 동무지 출토 수키와

사진 12 동무지 출토 암키와

사진 13 동무지 출토 암키와

사진 14 동무지 출토 암키와

사진 15 동무지 출토 암키와

사진 16　동무지 출토 암키와

사진 17　동무지 출토 암키와

사진 18 동무지 출토 암키와

사진 19 동무지 출토 암키와

사진 20 동무지 출토 전돌

2) 西廡址

(1) 遺構

西廡址에서 조사된 건물지도 동무지에서와 같이 1棟이다. 조사지역의 가장 동쪽에 해당하는 Tr4을 조사하면서부터 확인되었다. Tr4구역은 거의 경사가 없는 완만한 지형인데, 정확한 토층확인을 위해 除土를 하던 도중 地下 약 30cm 지점에 이르러, 지표에서부터 출토되는 사기·기와·塼片과 함께 건물지 方形 柱礎石의 상단부가 노출되면서 조사가 시작되었다. 노출된 5基의 초석은 화강암질의 암석을 정면하여 만든 것으로, 상단부는 治石이 정교하게 이루어진 편이나, 하부로 내려가며 생토층과 맞닿을수록 치석의 흔적이 없어진다. 초석은 생토층인 풍화암반층과 맞닿아 있으며, 판축이나 입사, 적심석의 설치 등 건물 초석 하부구조는 확인되지 않았다.

건물지의 초석은 평면이 방형이고, 모두 트렌치의 장축방향인 북-남 방향으로 정렬하여 약 2m의 간격으로 노출되었고, Tr4의 경우 가로 35~38cm이고, 세로31~54cm이며, 높이 22~34cm의 초석 4基가 2m 간격으로 노출되었고, 1基의 초석은 Tr4의 북-남방향 약 5m지점의 동면에서 다른 초석과는 불규칙한 방향으로 노출되자, Tr4의 동쪽 방향으로 확장하여 조사하였다.

　Tr5는 Tr4에서 서쪽방향으로 1.5m의 간격을 두고, 1.5×14m의 규모로 설정하였다. Tr5에서는 가로 32~44cm이고, 세로 34~50cm이며, 높이 19~43cm인 方形 柱礎石이 북-남방향으로 약 2m 간격으로 6基가 출토되었다. 이로 볼 때 건물지는 정면 5칸, 측면 1칸의 규모로 추정된다. 그러나 규칙적 배열에서 벗어난 초석 1基가 Tr4 북-남 방향 약 5m 지점의 東面에서 발견되어 동쪽으로 약 1.5×2m 규모로 조사구역을 확장하였다. Tr4와 Tr5에서 확인된 초석의 구체적인 규모는 다음 표2와 같다.

표 2　서무지 주초석　(단위 : cm)

구분	길이	폭	높이	出土址	구분	길이	폭	높이	出土址
1	43	45	27	Tr 4	6	47	60	19	Tr 5
2	38	40	24	Tr 4	7	47	42	27	Tr 5
3	38	36	22	Tr 4	8	40	36	21	Tr 5
4	38	34	34	Tr 4	9	39	36	26	Tr 5
5	41	37	27	Tr 4a	10	36	36	37	Tr 5
					11	40	41	43	Tr 5

※ 초석의 순서는 Tr4의 북-남 방향, Tr5의 북-남 방향이다.

　또한 확장과정에서 건물의 기단을 이루고 있었을 것으로 추정되는 장대 기단석이 확인되었는데, 기단석의 위치는 Tr4에서 비규칙적 간격으로 확인된 方形 柱礎石에서 동쪽으로 1m의 간격을 두고 노출되었다. 따라서 이 기단석을 노출시키기 위해 神道와 평행한 방향인 북-남방향으로 0.8×10m 규모의 트렌치를 연장하여 설정하였다. 조사결과 길이 62~116cm, 폭 20~44cm, 높이 17~27cm인 기단석 8基은가 확인되었고, 8基의 기단석 모두 神道와 평행한 방향으로 기단석 간에 간격없이 서로 맞닿아 정렬되어 있는 상태로 조사되었다. 확장된 트렌치에서 확인된 기단석의 구체적인 규모는 아래 표3과 같다.

표 3　기단석 규모　(단위 : cm)

구분	길이	폭	높이	出土址	구분	길이	폭	높이	出土址
1	80	20	17	Tr 4 확장트렌치	5	90	38	25	Tr 4 확장트렌치
2	82	20	17	Tr 4 확장트렌치	6	84	25	17	Tr 4 확장트렌치
3	72	20	25	Tr 4 확장트렌치	7	61	26	17	Tr 4 확장트렌치
4	116	25	25	Tr 4 확장트렌치	8	95	44	27	Tr 4 확장트렌치

※ 초석의 순서는 Tr4 확장 트렌치의 북-남 방향이나.

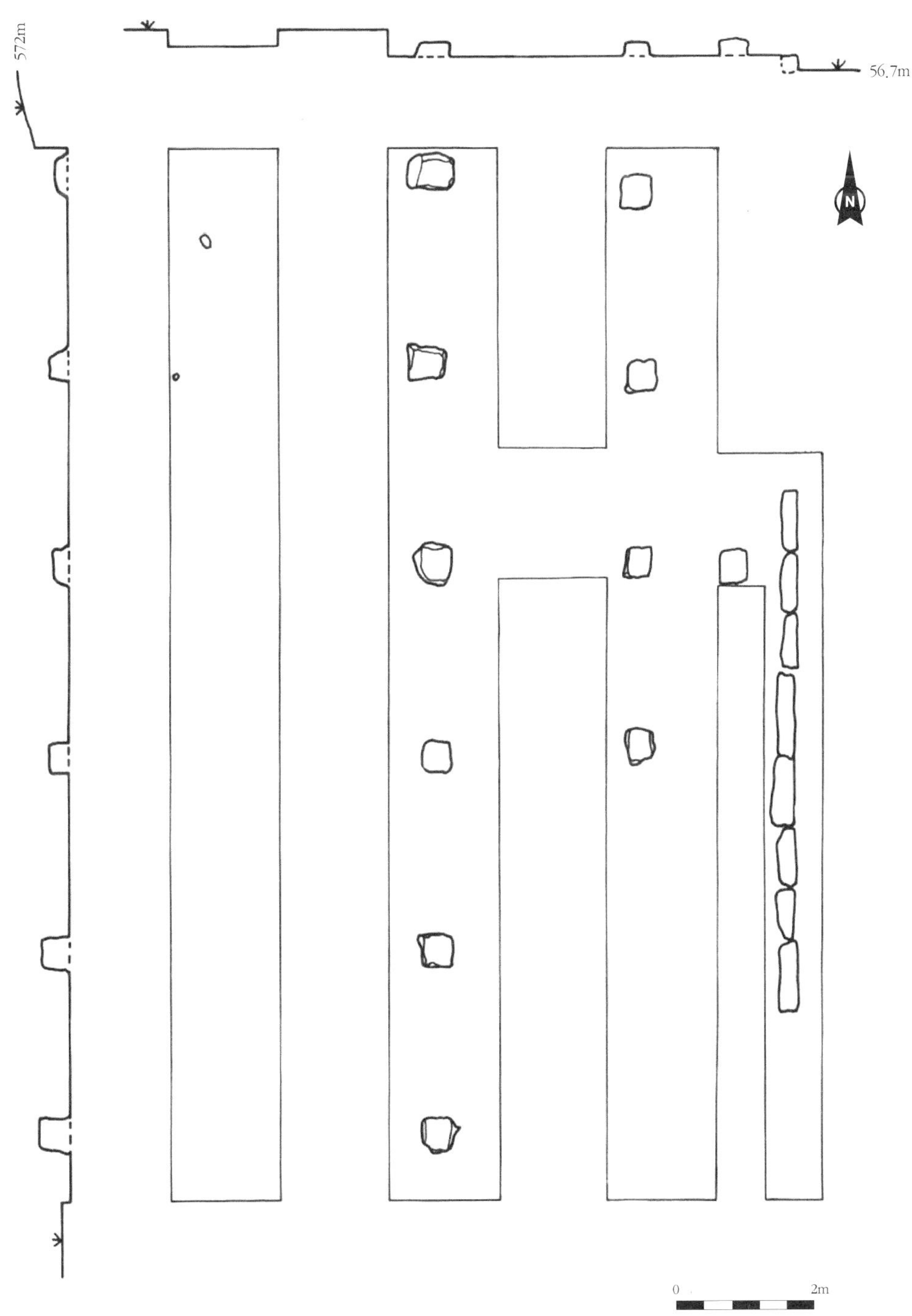

도면 3 서무지 유구 배치도

사진 21 서무지 조사후(북→남)

사진 22 기단석 노출모습(북→남)

(2) 出土遺物

西廡址에서 출토된 유물은 磁器類·기와류와 전돌등이 있다. 자기는 白磁鉢로 모두 저부편이다. 기와는 대부분 평기와로 대부분 조선시대의 기와편들이다. 조선시대의 전돌도 상당량이 출토되었다.

① 磁器類

● 白磁片 (사진 23~24)

西廡址 제 Ⅱ층에서 출토된 沙鉢 底部片이다. 圓角內底이며, 수직굽이다. 담청색의 釉藥이 施釉되어 표면은 담청색을 약간 띠고 있다. 氷裂은 나타나지 않으며, 發色狀態가 양호하며, 鎔融狀態나 燒成狀態도 양호한 편이다. 底部 밑면에 명문이 암각되어 있다. 殘存 높이는 2.7cm, 底徑은 7.2cm, 동체부두께는 0.4cm, 저부 두께는 0.3cm이다.

● 백자 (사진 25)

西廡址 제Ⅱ층에서 출토된 沙鉢 底部片이다. 굽은 수직굽이고, 釉藥의 施釉 상태는 양호하다. 표면에 氷裂이 나타나며, 發色狀態가 좋지 않다. 鎔融狀態나 燒成狀態은 양호한 편이다. 底部 밑면에 모래비짐이 확인된다. 殘存 높이는 2.4cm, 底徑은 5.6cm, 동체부두께는 0.4cm, 저부 두께는 0.55cm이다.

② 기와類

● 수키와 (사진 26)

西廡址 제Ⅱ층에서 출토되었으며, 石英系 石粒이 함유된 태토로 제작된 경질 수키와 편이다. 背面은 삿자리문 등의 복합문이 施文되었고, 내면은 사질흔이 전체적으로 나타나 있다. 측면은 와도로 2/3 가량 자르고 분할하였다. 표면은 흑갈색이나 속심은 황갈색을 띠고 있다. 殘存 길이는 12.4cm, 폭 10.9cm, 두께는 2.1cm이다.

● 수키와 (사진 27)

西廡址 제Ⅱ층에서 출토되었으며, 石英系 石粒이 함유된 태토로 제작된 경질 수키와 편이다. 背面은 파상문이 시문되었다. 내면에 포목흔이 보인다. 측면은 와도로 1/3 가량 자르고 분할하였다. 표면은 흑갈색이나 속심은 적갈색을 띠고 있다. 殘存 길이는 12.8cm, 폭 13.6cm, 두께는 2.2cm이다.

● 수키와 (사진 28)

西廡址 제Ⅱ층에서 출토되었으며, 石英系 石粒이 함유된 태토로 제작된 경질 수키와 편이다. 背面은 파상문등 복합문이 시문되었고, 내면은 포목흔이 보인다. 측면은 와도로

1/4 가량 자르고 분할하였다. 표면은 흑갈색이고 속심도 흑갈색을 띠고 있다. 殘存 길이는 12cm, 폭 6.6cm, 두께는 2.2cm이다.

●수키와 (사진 29)

西廡址 제Ⅱ층에서 출토되었으며, 石英系 石粒이 함유된 태토로 제작된 경질 수키와편이다. 背面은 파상문이 시문되었고, 내면은 포목흔이 보인다. 측면은 와도로 1/5 가량 자르고 분할하였다. 표면은 흑갈색이나 속심은 황갈색을 띠고 있다. 殘存 길이는 16.2cm, 폭 11.2cm, 두께는 2.5cm이다.

●수키와 (사진 30)

西廡址 제 Ⅱ층에서 출토되었으며, 石英系 石粒이 함유된 태토로 제작된 경질 수키와편이다. 背面은 파상문등 복합문이 시문되었고, 내면에 포목흔이 보이며, 측면은 와도로 1/3 가량 자르고 분할하였다. 표면은 흑갈색이나 속심은 황갈색을 띠고 있다. 殘存 길이는 14.1cm, 폭 10.4cm, 두께는 2.2cm이다.

●수키와 (사진 31)

西廡址 제Ⅱ층에서 출토되었으며, 沙粒이 함유된 정선된 태토로 제작된 경질 수키와편이다. 背面은 無紋이고, 측면은 와도로 1/4 가량 자르고 분할하였다. 표면은 흑갈색이나 속심은 회청색을 띠고 있다. 殘存 길이는 18.4cm, 폭 10.9cm, 두께는 1.8cm이다.

●수키와 (사진 32)

西廡址 제Ⅱ층에서 출토되었으며, 石英系 石粒이 함유된 태토로 제작된 경질 수키와편이다. 背面은 파상문등 복합문이 시문되었고, 내면에 포목흔이 보인다. 표면은 황갈색이나 속심은 흑갈색을 띠고 있다. 殘存 길이는 11.7cm, 폭 9.7cm, 두께는 1.9cm이다.

●암키와 (사진 33)

西廡址 제 Ⅱ층에서 출토되었으며, 石英系 石粒이 함유된 정선된 태토로 제작된 경질 암키와편이다. 背面에는 횡으로 물손질한 흔적과 파상문이 시문되어 있다. 측면은 와도로 1/2가량 자르고 분할하였다. 표면은 회청색이나 속심은 황갈색을 띠고 있다. 殘存 길이는 17.3cm, 폭 16.3cm, 두께는 상단부가 1.2cm이고 하단부는 3.0cm이다.

●암키와 (사진 34)

西廡址 제Ⅱ층에서 출토되었으며, 石英系 石粒이 함유된 정선된 태토로 제작된 경질 암키와편이다. 背面에는 횡으로 물손질한 흔적이 보인다. 측면은 와도로 1/2 가량 자르고 분할하였다. 표면은 회청색과 흑갈색이나 속심은 황갈색을 띠고 있다. 殘存 길이는 14.8cm, 폭 17.1cm, 두께는 하단부는 1.2cm이고 상단부는 2.0cm이다.

● 암키와 (사진 35)

西廡址 제II층에서 출토되었으며, 石英系 石粒이 함유된 정선된 태토로 제작된 경질 암키와편이다. 측면은 와도로 1/3 가량 자르고 분할하였다. 표면은 회청색이나 속심은 황갈색을 띠고 있다. 殘存 길이는 13.4cm, 폭 20.8cm, 두께는 2.2cm이다.

● 암키와 (사진 36)

西廡址 제II층에서 출토되었으며, 石英系 石粒이 함유된 정선된 태토로 제작된 경질 암키와편이다. 背面에는 횡으로 물손질한 흔적과 도구를 사용하여 정면한 흔적이 보인다. 내면에 포목흔이 보인다. 측면은 와도로 1/2 가량 자르고 분할하였다. 표면은 흑갈색이나 속심은 황갈색을 띠고 있다. 殘存 길이는 22.6cm, 폭 11.6cm, 두께는 2.2cm이다.

● 암키와 (사진 37)

西廡址 제II층에서 출토되었으며, 沙粒이 함유된 정선된 태토로 제작된 경질 암키와편이다. 背面에는 종으로 도구를 사용하여 정면한 흔적이 보인다. 내면에는 포목흔이 보인다. 측면은 와도로 1/50 가량 자르고 분할하였다. 표면은 회갈색이나 속심은 황갈색을 띠고 있다. 殘存 길이는 12.5cm, 폭 13.1cm, 두께는 1.6cm이다.

③ 전돌류

● 전돌 (사진 38)

西廡址 제II층에서 출토되었으며, 沙粒이 함유된 태토로 제작된 경질의 塼片이다. 표면은 황갈색이나, 속심은 적갈색이다. 殘存 길이는 11.2cm이고, 폭은 10.4cm이며, 두께는 6.1cm이다.

● 전돌 (사진 39)

西廡址 제II층에서 출토되었으며, 沙粒이 함유된 태토로 제작된 경질塼片이다. 표면은 흑갈색이나, 속심은 적갈색이다. 殘存 길이는 8.1cm이며, 폭 11.2cm이고, 두께는 4.5cm이다.

● 전돌 (사진 40)

西廡址 제II층에서 출토되었으며, 石英系 石粒이 함유된 정선된 태토로 제작된 경질 塼片이다. 표면은 흑갈색이나, 속심은 황갈색이다. 殘存 길이는 7.4cm이고, 폭 15.2cm이며, 두께는 4.2cm이다.

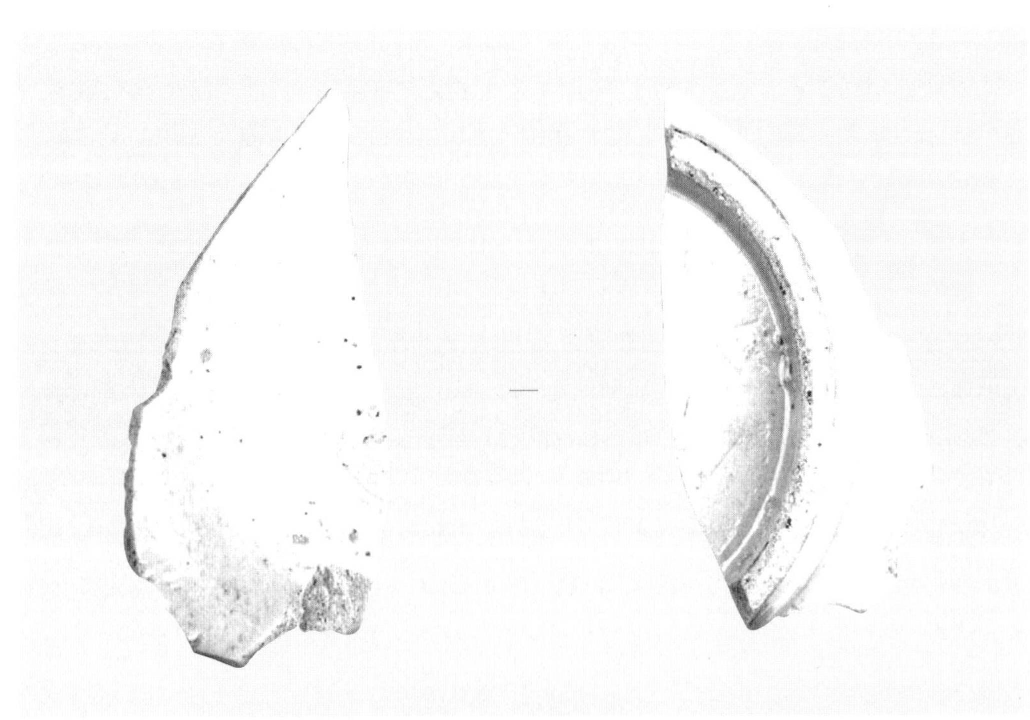

사진 23 서무지 출토 백자편

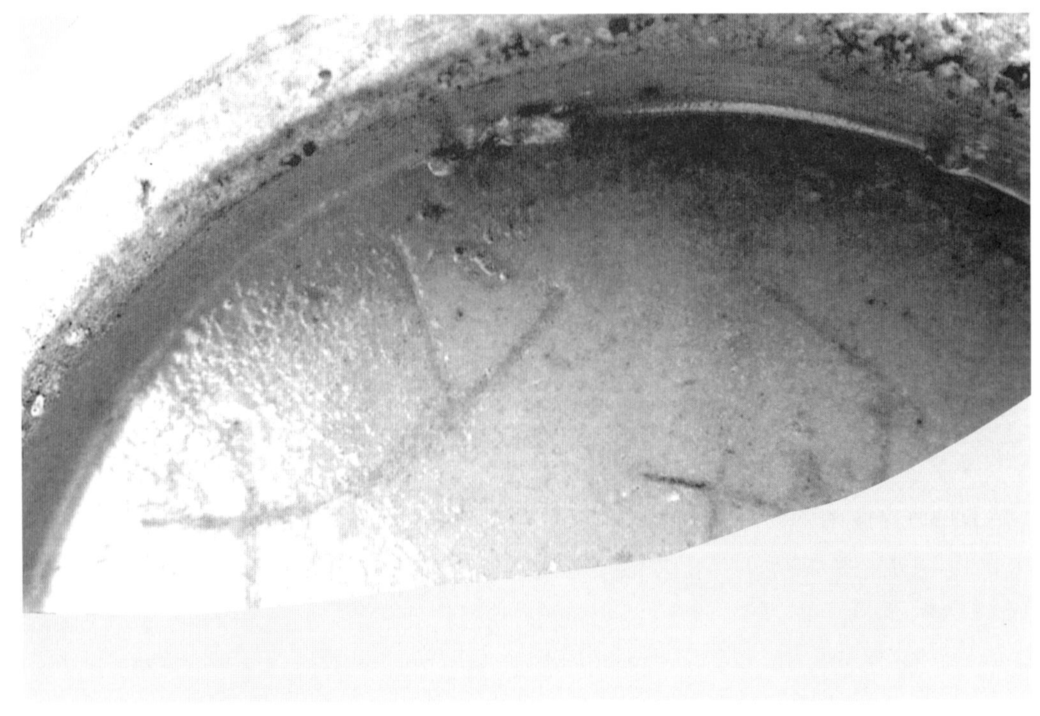

사진 24 서무지 출토 백자편 세부

사진 25 서무지 출토 백자편

사진 26 서무지 출토 수키와

사진 27 서무지 출토 수키와

사진 28 서무지 출토 수키와

사진 29   서무지 출토 수키와

사진 30   서무지 출토 수키와

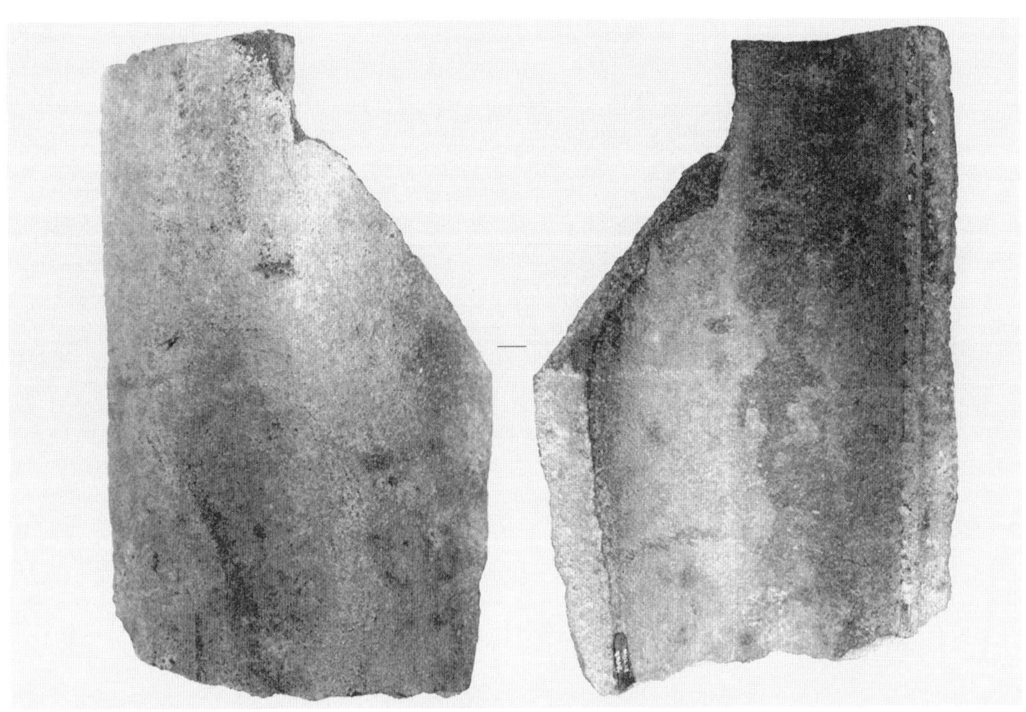

사진 31 서무지 출토 수키와

사진 32 서무지 출토 수키와

사진 33 서무지 출토 암키와

사진 34 서무지 출토 암키와

사진 35 서무지 출토 암키와

사진 36 서무지 출토 암키와

사진 37 서무지 출토 암키와

사진 38 서무지 출토 전돌

사진 39 서무지 출토 전돌

사진 40 서무지 출토 전돌

III. 鄕校 起源과 通津鄕校

1. 향교의 起源

우리나라의 교육제도로서 학교는 이미 삼국시대부터 있었는데, 고구려의 太學이나 扃堂 그리고 신라의 國學 등이 바로 그것이다. 그러나 이들 학교는 중앙에 설치된 官學으로 귀족의 자재를 교육시키던 일종의 관리 양성 기관의 성격을 가지고 있었다. 고구려의 '扃堂'에서는 서민의 자재들을 교육시켰던 것으로 보이지만 남아 있는 문헌 자료가 적어 그 구체적인 실상은 확인할 수 없다.

각 지방에 학교가 생긴 것은 과거제도가 시행되기 시작한 高麗時代부터라고 할 수 있다. 조선시대에 이르면 지방학교를 대표하는 鄕校와 사립인 書院이 있었다. 이들 향교와 서원은 설립주체나 配享人物, 또는 설립시기 등에서 차이를 보이지만 형태나 기능 면에서 많은 공통점을 가지고 있어 쉽게 비교 설명할 수 있다(표 4).

표 4 향교와 서원의 차이점

	설립주체	배향인물	설립시기	기능
향교	국가(官學)	공자, 4성, 10철, 72현, 송조6현, 동국(우리나라)18현등 - 일률적	고려	교육기관, 제향
서원	개인(私學)	이황, 이이, 송시열등 우리나라 명현 - 서원마다 다름	조선(16세기 이후)	교육기관, 제향

일반적으로 향교는 공자와 그 제자들의 제사를 지내면서 지방학교로서의 의미를 강하게 가지고 있었다. 향교는 공자가 출현하기 오래 전부터 사용하던 개념으로, 중국에서는 『春秋左傳』襄公 31년 (B.C. 542) 12월조에 "정나라 사람들은 향교에서 학문을 배우면서 정치하는 대신들을 비판했다."라는 기록이 나온다. 『增補文獻備考』에서 고려 태조 13년(930)에 왕이 西京(지금의 평양)에 행차하여 세웠다는 '學院'을 향교의 시초로 보고 있다. 그러나 향학을 향교의 전신으로 볼 수 있다는 것에 대한 문제는 아직 분명히 해결되지 않고 있다.

이와는 대조적으로 『高麗史』인종 20년 (1142) 2월조에 "시험에 응시하는 지방학생들은 界首官 향교의 都會(고려시대 매년여름 지방의 인재를 뽑았던 모임)에서 증명을 주도록 했다"는 기록에서 향교가 처음으로 나타나고 있다. 이미 인종 5년 (1127)에 전국의 州에 향학을 세우도록 조서를 내린 적이 있고, 각 군현에 학교가 설립되었다는 사례가 나타남을 고려할 때 이 시기를 향교의 설립시기로 보는 것이 타당하다.

이렇듯이 향교는 고려조에 설립되었으나 무신집권기와 몽고와 왜의 침입등으로 인해 제대로 운영되지 못하다가, 고려 말에 지방관과 유생들의 노력에 의해 점점 그 기능을 회복하고 숫자도 증가하였다. 그 뒤 조선이 건국되면서 향교는 전국적으로 확산되었다. 즉, 국가의 지도이념으로 채택된 성리학을 모든 백성에게 보급시키기 위한 ‘1邑 1校’의 원칙에 따라 전국의 모든 군현에 향교를 건립하게 된 것이다. 『世宗實錄地理志』는 당시 전국 329개 고을에 향교가 건립되었음을 보여주고 있다.

또한 향교들은 그 해당 군현과 운명을 같이 하였다. 즉 군현이 없어지면 향교도 폐교되었고, 새로운 군현이 생겨나면 향교도 세워졌다. 가장 최근에 세워진 향교는 충청남도 보령시 오천면에 있는 鰲川鄕校로 1901년에 세워진 것이다.

오늘날 우리가 볼 수 있는 향교는 대부분 임진왜란과 병자호란시기에 불타 없어진 것을 조선후기에 중건한 것이다. 현재까지 한반도에 남아 있는 향교는 남한에 231개소, 북한에도 1950년 이전까지 상당수가 남아 있었으나 이후 자세한 상황에 대해서는 알 수 없다.

2. 通津鄕校의 沿革

통진향교의 창건연대는 1127년(고려 인종 5)을 전해지고 있으나 확실치 않고, 조선말기에 몇 차례 重修되었다고 전해진다. 현재의 건물들에는 근대식 보수의 흔적이 많이 남아있다. 홍살문을 지나 안쪽으로 100m를 더 들어가면 향교의 외삼문 역할을 하는 풍화루가서있고, 풍화루와 西齋사이로 진입로가 마련되어 있다. 경내에는 솟을 삼문과 돌담장 안으로 大成殿이 있고, 그 앞 바깥쪽에는 명륜당과 서재가 나란히 서있다.

풍화루는 근래에 세워진 것으로 정면과 측면이 각각 3칸의 규모이다. 전면은 장초석을 이용해 2층 누각의 형태로 지어졌는데, 아래는 출입문으로 사용하고 있다. 대성전은 정면이 3칸이고, 측면도 3칸이며, 면적은 약 15평 정도의 규모이다. 맞배지붕의 韓式 기와집으로 전면은 장초석을 사용하였다. 명륜당은 1966년에 보수 공사를 실시하였는데, 정면 5칸에 측면이 2칸이며, 면적은 11평이고, 팔짝지붕의 한식 기와집이다. 내삼문은 솟을 삼문에 한식 기와를 얹었으며, 西齋는 정면이 5칸이고 측면이 2칸인데, 현재 관리인이 거주하고 있으며 지붕에는 함석을 얹었다.

通津鄕交는 경기지역 대부분의 향교와 마찬가지로 ‘前學後廟’ 형식의 건물배치를 채

택하고 있는 지방 향교로서 고려시대에는 통진이 김포보다 더 많은 호구수를 가지고 있었
다. 따라서 중앙에서 수령이 파견되는 등 규모와 영향력의 측면에서 주변지역을 이끌었던
고을을 대표하는 향교였다.

통진향교의 창건연대는 1127년(고려 인종 5)을 전해지고 있으나 확실치 않고, 조선말
기에 몇 차례 重修되었다고 한다. 현재의 건물들에는 근대식 보수의 흔적이 많이 남아 있
다. 홍살문을 지나 안쪽으로 100m를 더 들어가면 향교의 외삼문 역할을 하는 풍화루가 서
있고 풍화루와 西齋 사이로 진입로가 마련되어 있다. 경내에는 솟을 삼문과 돌담장 안으로
대성전이 있고, 그 앞 바깥쪽에는 명륜당과 서재가 나란히 서있다. 현재 경기도 문화재자료
제 30호로 지정되어 관리되고 있다.

대성전 앞에 동서로 마주보면 건립되었던 東廡와 西廡에 1.5×14m 규모의 트렌치를
각각 3개씩 설정하고 발굴조사를 실시하였다. 그 결과 東廡址의 트렌치 조사에서는 柱礎石
이 9기가 노출되었고, 西廡址에서는 11基의 柱礎石이 출토되었다. 그리고 西廡址에서는 神
道와 평행하게 基壇石이 680cm의 길이로 노출되었다. 따라서 東廡와 西廡는 각각 정면 5
칸 측면 1칸으로 축조되었으며, 瓦片·白磁片·전돌 같은 조선시대 후기에서 근세 초에 걸
치는 시기로 編年되는 유물들이 출토되었다. 따라서 출토된 유물의 시대적 編年을 고려하
면, 통진향교는 조선시대 후기에 현 위치로 移建되어 왔을 가능성이 있다.

IV. 結論

통진향교는 경기도 김포시 월곶면 군하리 220번지에 위치하고 있으며, 고고학적 조사
는 동진향교 안에 위치한 東廡와 西廡의 復元을 위한 기초적 자료를 확보하기 위해 실시되
었다. 조사는 明倫堂에서 大聖殿으로 진입하는 內三門을 기준으로 동쪽에 위치한 東廡址
와 서쪽에 위치한 西廡址로 나누어 트렌치를 설정하고 작업이 진행되었으며, 이러한 고고
학적 조사를 통하여 통진향교의 건축연대는 물론 東廡와 西廡의 구조적 성격을 파악할 수
있었다. 발굴조사를 통한 조사와 문헌자료의 검토 결과를 요약하면 다음과 같다.

첫째, 통진향교의 창건은 문헌조사에 대한 검토를 진행한 결과 고려 인종 5년인 1127
년에 처음 세워진 것으로 전해지고 있다. 그러나 구체적인 내용이 확실치 않고, 다만 조선
시대 말기에 들어와 몇 차례 重修되었던 것으로 밝혀졌다.

둘째, 東廡址와 西廡址의 기반 구조는 시굴조사 조사 전에 이미 상당부분이 훼손되어

있었다. 따라서 조사는 훼손되기 이전 文化層의 層序狀態와 잔존한 柱礎石의 보존 여부를 중점적으로 검토하였다. 따라서 트렌치 설정은 잔존한 柱礎石과 그에 따른 층위 상태를 확인할 수 있는 방향에서 설정하고 시굴조사를 작업을 진행하였다.

셋째, 트렌치는 東廡와 西廡에 1.5×14m 규모의 트렌치를 각각 3개씩 설정하였으며, 나중에 서무의 동쪽에서 기단석 등이 추가로 노출되자 이를 확인하기 위해 Tr1을 동쪽으로 확장하였다. 토층은 비교적 단순하여 표토층과 중간의 암갈색 퇴적층 그리고 주초석 바로 아래층의 풍화암반토로 構成되어 있었다.

넷째, 東廡址의 트렌치 조사에서는 柱礎石이 9기가 노출되었으나, 주초석 주변에서 비닐 등이 발견되는 것으로 보아, 공사과정에서 이들 주초석에 대한 移動이 있었던 것으로 밝혀졌다. 西廡址에서는 11基의 柱礎石이 노출되었고, 神道와 평행하게 기단석이 680cm의 길이로 노출되었다. 조사결과를 검토하면 東?와 西?는 각각 정면 5칸 측면 1칸으로 축조되었던 것으로 판단된다.

다섯째, 東廡址와 西廡址에서 출토된 遺物에는 瓦片·白磁片·전돌 등이 다수 출토되었다. 이곳에서 출토된 기와를 비롯한 유물들은 대체로 조선시대 후기에서 근세 초에 걸치는 시기로 編年되고 있다. 따라서 유물의 성격으로만 본다면, 현 위치의 통진향교는 조선시대 후기에 移建되어 왔을 가능성이 있다.

경기도 김포시 월곶면 군하리 220번지에 위치한 통진향교의 東廡址와 西廡址에 대한 고고학적 조사는 이들 건물지의 復元을 위한 기초적 자료를 확보하기 위한 것이다. 조사 결과 東廡址와 西廡址의 주초석이 각각 9기와 11기 씩 노출되었고, 이곳에서 조선시대 후기의 瓦片·白磁片·전돌 등이 다수 출토되었다. 그러나 조사가 이루어지기 전에 이미 상당부분의 문화층이 공사 등으로 인하여 교란되어 있었다. 土層은 3개의 층위로 노출되었으나 최하층은 풍화암반층 위에 柱礎石이 놓여 있어 東廡와 西廡의 규모와 문화적 성격은 자세히 파악되었다.

05

김포시 김포향교
東齋址와 西齋址의 조사연구

김미희

I. 序論

　김포향교의 東齋址와 西齋址의 조사는 경기도 김포시 북변동 371-1번지에 위치한 김포향교 명륜당 앞의 마당 遺址에 대하여 실시되었다. 김포시는 경기도 문화재자료 제29호로 지정된 김포향교의 동재와 서재를 복원하기 위한 계획의 일환으로 시굴조사를 실시하기로 결정하였다. 이러한 결정을 토대로 김포시에서는 경기대학교 박물관에 시굴조사를 의뢰하였고, 이에 경기대학교 박물관에서는 현지에 대한 자체적인 지표조사를 실시하여 시굴조사계획을 수립하게 되었다. 이러한 계획을 바탕으로 2004년 12월 27일부터 2005년 1월 3일까지 발굴조사를 실시하였다.

　東齋址와 西齋址의 遺址에 대한 조사 결과, 조사지역에서 담장의 일부이거나 步道施設로 추정되는 敷石遺構 1곳이 露出되었고, 또한 敷石遺構들 사이에서 陶器類, 磁器類, 기와類, 전돌, 그리고 鐵器類 등이 다수 출토되었다. 이들 遺構와 출토유물은 김포향교의 建築 年代와 규모를 밝히는데 중요한 자료를 제공하게 된다. 본 小考는 발굴조사 결과를 재검토하여 김포향교의 東齋址와 西齋址에 대한 규모와 건축 시기를 검토하고자 하였다.

II. 金浦鄕校의 位置와 背景

김포시는 서쪽에 좁은 강화 수로를 사이로 인천시 강화군을 마주보고 있고 동북쪽으로는 한강으로 둘러싸여 있는 반도지역이다. 한강과 임진강의 하류가 흐르며 군사 분계선이 설정되어있고, 동쪽에는 한강 너머로 경기도 파주시와 고양시가 마주하고 있으며, 동남쪽으로는 서울, 인천과 접하고 있다. 산지는 북서쪽이 높고 남동쪽이 낮은 형태인데, 높지 않은 낮은 산지가 대부분이다.

김포시의 면적은 276.54km², 인구는 19만 5857명(2003년 현재)이다. 지리적 위치는 동경 126°32′~126°48′, 북위 37°24′~37°46′에 위치하고 있다. 김포시는 북쪽과 동쪽으로 한강을 사이에 두고 각각 개풍군·파주군·고양시, 남쪽과 염하를 사이에 두고 서쪽으로 인천시, 그리고 동쪽으로 서울에 접한다. 김포시는 경인운하·김포고속화 도로사업 등 주요 국책사업이 활발히 추진되고 있는 서부수도권의 중심도시이다.

김포시의 지질은 주로 시생대의 화강편마암과 중생대 대동계의 혈암 및 사암으로 기반암을 구성하고 있다. 강화만 및 한강 하구부·염하 등이 3면을 둘러싸 반도 형태를 이루어 김포반도라 부른다. 서부에 文殊山(376m)·章陵山(150m)·遂安山(147m) 등의 낮은 산들이 낮은 丘陵群을 이루고 있으나, 전체적으로 준평원화되어 있다. 한강에 의한 토사의 운반·퇴적으로 이루어진 영등포에서 김포에 이르는 넓은 지역으로 농경에 적합한 김포평야를 형성한다. 한국 최초의 稻作農耕地인 농경문화의 근원지이기도 하다.

김포시는 해안에 위치하여 내륙인 서울보다 온화한 기후를 나타내지만, 같은 위도의 동해안에 비하면 겨울에 북서풍의 영향으로 훨씬 춥다. 연평균 기온 11.7℃, 1월 평균 0.1℃, 8월 평균 25.3℃이며, 강수량은 연평균 1,319mm로 비교적 많다.

금번 시굴조사 지역인 김포향교는 경기도 김포시 북변동 371-1번지에 위치하고 있으며, 김포시청에서 동북쪽으로 약 400m 떨어져 있다(지도 1). 김포향교는 원래 김포여자종합고등학교가 있는 산기슭에 있었으나, 元宗의 陵을 그곳에 모시어 章陵이라고 하였으며, 이때 김포읍 걸포리로 移建되었다가 다시 현 위치로 옮겨졌다고 한다. 김포향교는 1965년과 1972년 그리고 1988년 등 세 차례에 걸쳐 중수되었다.

김포향교는 북변리의 야산 기슭에 위치한 경사지에 자리잡고 있는데, 아래쪽 터에 明倫堂과 교직사가 있고 윗쪽 터에 大成殿이 위치하여 前學後廟의 전형적인 배치형식을 갖추었다. 내부에는 孔子와 4聖, 송나라와 우리나라 20賢의 위패가 봉안되어 있다. 대성전은 정면 3칸, 측면 3칸의 翼工系 맞배집으로 전면에는 개방된 퇴칸이 있으며 측면과 후면에는

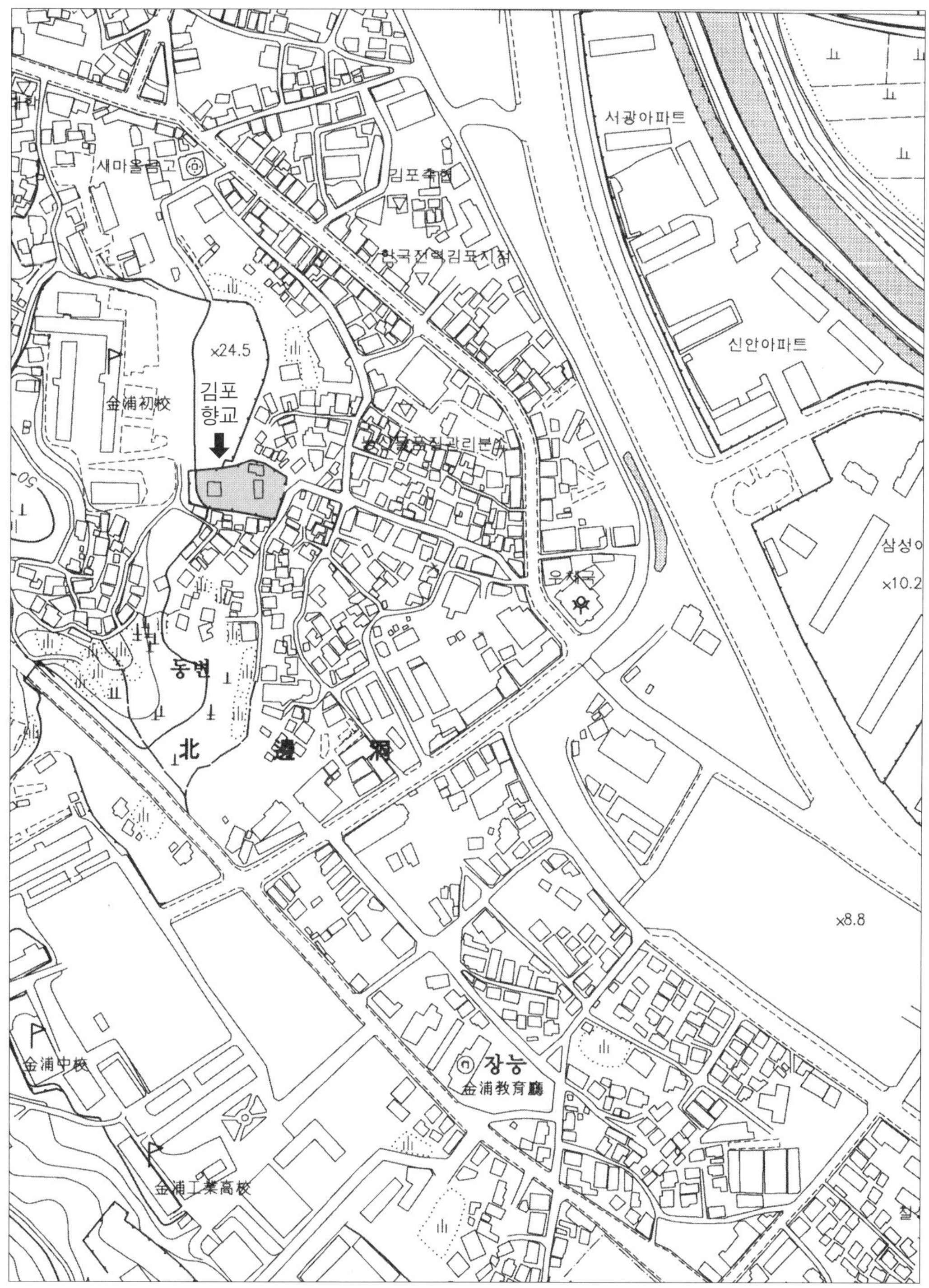

지도 1 김포향교 위치도

서광아파트
새마을금고
김포후면
신안아파트
한국전력김포지점
x24.5
김포초교
金浦初校
김포향교
동진관리분소
삼성
x10.2
우체국
동변
北
邊
제
x8.8
金浦中校
장능
金浦教育廳
金浦工業高校
철

방화벽이 설치되어 있다.

　　장대석 기단에 놓인 자연 초석 위에 민흘림 기둥으로 初翼工이 結構되었다. 익공의 형태와 架構方法으로 볼 때 18세기의 건물로 추정된다. 명륜당은 정면 5칸, 측면 2칸의 민도리 팔작집으로 내부 바닥은 우물마루로 되어있다. 따라서 김포향교는 대성전과 명륜당만을 갖춘 조선 후기의 소규모 향교 형식을 잘 보여주고 있다

III. 東齋·西齋의 考古學的 調査

1. 調査方法

　　본 試掘調査는 旣存에 조사된 김포향교에 관한 文獻資料를 종합 검토하고, 시굴조사와 지표조사를 병행하여 실시하였다. 문헌자료에서는 基本史料는 물론 기존에 출판된 試·發掘調査報告書를 검토하였고, 또한 조사지역의 역사·지리적 배경을 바탕으로 노출된 遺構의 성격을 규명하고자 하였다.

　　이러한 事前 調査를 바탕으로 본 조사구역의 試掘調査를 실시하였다. 試掘調査는 전체 조사면적의 지형적 조건을 고려하여 실시하였다. 조사지역의 지형은 주변의 지형보다 조금 높은 산지의 끝자락에 위치한 지역으로 서쪽으로는 明倫堂이 자리하고 있고, 나머지 부분은 담장으로 둘러싸여 있다.

　　조사지역은 남-북 방향으로 길게 자리하고 있다. 따라서 조사지역에는 동-서 방향으로 5개의 트렌치를 설정하였다. 트렌치는 남쪽에서 북쪽 방향으로 진행하면서 일련 번호를 부여하였다. 試掘調査의 트렌치는 기본적으로 遺構를 확인하기 위한 차원에서 실시되었고, 地表層에서부터 遺構가 확인되는 土層까지 제거하는 방식으로 진행하였다.

　　시굴조사가 마무리된 후에 평면도와 이와 관련된 제반 기록을 작성하였다. 그리고 遺物의 출토나 遺構의 노출에 관하여 다양한 형태의 사진촬영을 실시하였다.

사진 1 명륜당 전경

사진 2 조사지역(조사전 전경)

2. 調査內容

1) 트렌치

트렌치는 동-서 방향으로 모두 5개를 설정하였다. 트렌치의 크기는 모두 1.5×8m의 규모로 설정하였으며, 트렌치 사이의 간격은 모두 2m로 유지하였다. 그리고 Tr1 내부의 서쪽으로 1.5×1.5m의 test pit를 설정하여 조사지역의 토층을 파악할 수 있도록 하였다.

시굴 트렌치에 대한 除土를 진행하는 가운데 敷石遺構가 발견되었다. 따라서 이 부석유구를 확인하기 위해 대략 11~24cm정도 깊이까지 除土작업을 실시하였다. 부석유구는 서북쪽에서 동남쪽으로 이어지는 남쪽에서 집중적으로 노출되었다.

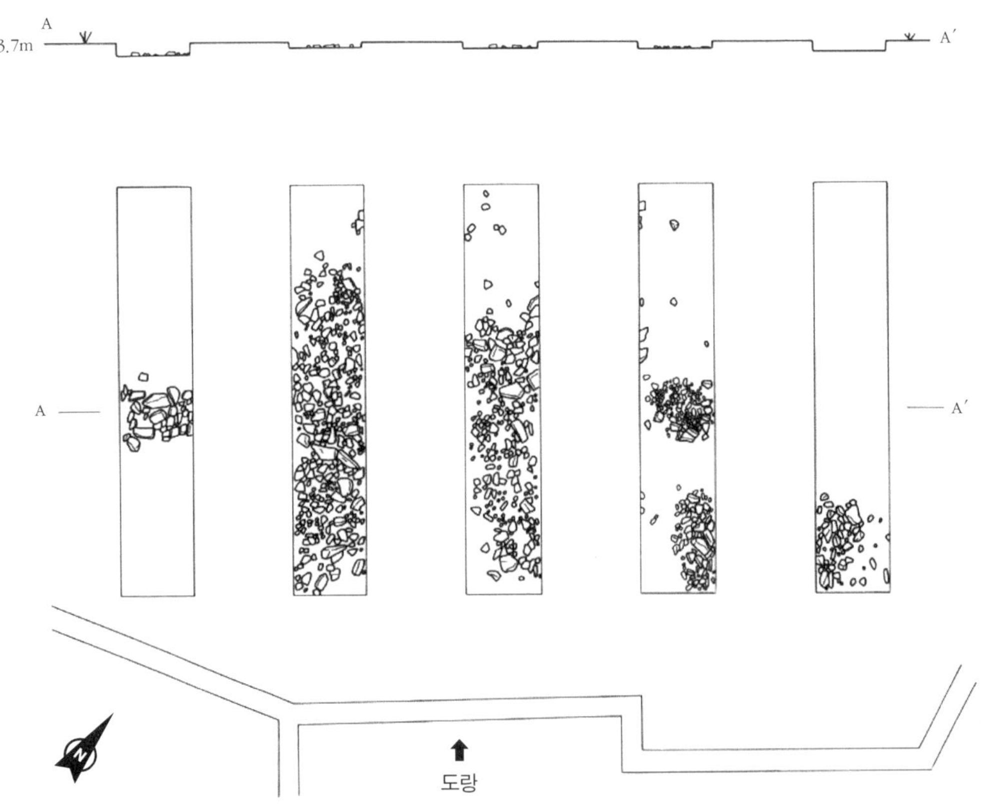

도면 1 조사유구 평면도

2) 調査遺構

금번 조사에서는 敷石遺構가 1기 확인되었다. 이를 구체적으로 살펴보면 다음과 같다. Tr1의 조사과정 중 地表下 11~24cm에서 敷石이 노출되어 遺構의 성격과 범위를 파악하고자 敷石의 바닥면을 기준으로 하여 조사를 시작하였다. Tr1에서는 트렌치 내부의 동쪽에서부터 3m지점에서 4m지점에 이르는 지점까지 遺構가 확인되었고, Tr2(사진 4)와 Tr3은 트렌치 내부의 동쪽 끝에서부터 약 6m지점에 이르는 지점까지 敷石遺構가 확인되었다. Tr4와 Tr5(사진 5)는 일부 지점에서 敷石이 확인되었으나 층이 교란되어 敷石遺構의 정확한 殘存 상태를 확인할 수 없었다.

조사결과 조사지역 전면에 걸친 敷石遺構 1기가 확인되었고, 이 敷石遺構의 조사과정에서 陶器類, 磁器類, 기와類, 전돌, 그리고 鐵器類 등의 유물이 출토되었다.

사진 3 조사지역(작업완료 후)

사진 4 Tr.2 세부

사진 5 Tr.5 세부

3) 出土遺物

(1) 陶器片

① 도기 구연부편(사진 6-①)

Tr3에서 확인된 敷石遺構에서 출토된 회갈색 도기 구연부편이다. 태토는 가는 운모와 사립이 일부 함유된 泥質이다. 구연은 내만하는 경부에서 수직에 가깝게 외반하고 있으며, 외반하는 부분은 둥글게 처리하였다. 토기 외면에는 검게 불에 그을린 흔적이 있다. 도기의 복원구경은 31.2cm이며, 殘存 높이는 1.8cm이고, 두께는 0.6~1.0cm이다.

② 도기 구연부편(사진 6-②)

Tr3의 敷石遺構에서 출토된 회갈색 도기 구연부편이다. 태토는 가는 운모와 사립이 일부 함유된 니질이다. 구연은 경부에서 수직에 가깝게 외반하고 있으며, 외반하는 부분은 둥글게 처리하였다. 동체부나 경부가 파손된 상태로 구연부만 잔존한다. 도기의 복원구경은 35.0cm이며, 殘存 높이는 1.6cm이고, 두께는 0.6~0.8cm이다.

③ 도기 구연부편(사진 6-④)

Tr4의 부석유구에서 출토된 회갈색 도기 구연부편이다. 태토는 가는 운모와 사립이 일부 함유된 니질이다. 구연은 경부에서 내만하다 다시 둥글게 외반 처리하였다. 도기 내 · 외면에는 물손질흔이 확인된다. 구연부 두께는 1.6cm이며, 殘存 높이는 1.9cm이고, 頸部 두께는 0.7cm이다.

④ 도기 구연부편(사진 6-③)

Tr4에서 출토된 회갈색 陶器 구연부편이다. 가는 운모와 사립이 일부 함유된 泥質 胎土이다. 토기 내 · 외면에는 물손질흔이 확인되며, 내면에는 指頭壓痕이 보인다. 구연부 두께는 1.0cm이며, 殘存 높이는 3.6cm이고, 동체부 두께는 0.4~0.6cm이다.

⑤ 도기 구연부편(사진 6-⑤)

Tr3 조사 중 부석유구에서 출토된 회갈색 도기 구연부편이다. 태토는 가는 운모와 사립이 일부 함유된 니질이다. 구연부는 수직으로 되어있고, 도기 내 · 외면에는 물손질흔이 확인된다. 殘存 길이는 5.3cm이며, 殘高는 3.8cm이고, 두께는 1.3cm이다.

(2) 磁器類

① 백자 접시(사진 7-①)

Tr4에서 출토된 백자 사발의 구연부편이다. 정선된 백토로 만들었으며, 담청색의 색조를 띠고 있다. 구연부은 동체부에서 곧은 상태로 외반하며, 저부로 가면서 두께가 급격히 두꺼워진다. 표면에 기포가 많다. 釉藥의 施釉상태나 熔融狀態 등은 비교적 양호하다. 복원구경은 13.7cm이며, 殘高는 4.5cm이고, 두께는 0.3~0.8cm이다.

② 백자 접시(사진 7-②)

Tr4에서 출토된 백자 구연부편이다. 잔존 상태로 보아 대접으로 판단된다. 정선된 백토로 만들었으며, 담청색의 색조를 띠고 있다. 표면에 環形의 띠가 2중으로 그려져 있다. 釉藥의 施釉상태나 熔融狀態 등은 양호하다. 복원구경은 17.3cm이며, 殘高는 5.7cm이고, 두께는 0.4~0.6cm이다.

③ 백자 저부편(사진 8-①)

Tr4를 조사하던 도중 출토된 백자 저부편이다. 정선된 백토로 만들었으며, 담청색의 색조를 띠고 있다. 백자 굽에는 모래받침 흔적이 있다. 굽은 오목굽이다. 釉藥의 施釉상태나 熔融狀態 등은 비교적 양호하다. 저경은 6.8cm이며, 殘存 높이는 4.9cm이고, 두께는 0.4~1.3cm이다.

④ 백자 저부편(사진 8-②)

Tr4를 조사하던 도중 출토된 백자 底部片이다. 정선된 백토로 만들었으며, 담청색의 색조를 띠고 있다. 백자 내면에는 모래받침 흔적이 있으며, 굽에도 모래가 붙어있다. 굽은 오목굽이며, 釉藥의 施釉상태나 熔融狀態 등은 비교적 양호하다. 底徑은 6.7cm이며, 殘存 높이는 3.3cm이고, 두께는 0.7~0.9cm이다.

⑤ 백자 저부편(사진 8-③)

Tr4에 대한 조사를 진행하던 도중 출토된 백자 저부편이다. 정선된 백토로 만들었으며, 담청색의 색조를 띠고 있다. 표면에 氷裂이 있으며, 굽은 모래받침으로 수직굽이다. 백자 內底에 포갠 흔적이 있다. 釉藥의 施釉상태나 熔融狀態 등은 비교적 양호하다. 저경은 8.4cm이며, 殘存 높이는 2.7m이고, 두께는 0.8~1.2cm이다.

⑥ 백자 저부편(사진 9-①)

Tr3 조사 중 출토된 백자 저부편이다. 정선된 백토로 만들었으며, 담청색의 색조를 띠고 있다. 백자 내면과 외면에 기포 자국이 많이 있고, 표면의 施釉상태가 고르지 못하다. 저경은 11.1cm이며, 殘存 높이는 4.0cm이고, 동체부 두께는 0.78cm이고, 저부 두께는 1.4cm이다.

⑦ 백자 저부편(사진 9-③)

Tr3의 부석유구에서 출토된 백자 底部片이다. 정선된 백토로 만들었으며, 회갈색의 색조를 띠고 있다. 표면에 氷裂이 있다. 백자는 포개어 구웠으며 모래받침 흔적이 있다. 굽은 오목굽이며, 釉藥의 施釉상태나 熔融狀態 등은 비교적 양호하다. 底徑은 6.1m이며, 殘存 높이는 3.0cm이고, 두께는 1.1cm이다.

⑧ 백자 저부편(사진 9-②)

Tr4에 대한 조사를 진행하던 도중 부석유구에서 출토된 백자 종지이다. 정선된 백토로 만들었으며, 엷은 회갈색의 색조를 띠고 있다. 백자 내저에 포개 구운 흔적이 있다. 굽은 오목굽이며, 釉藥의 施釉상태나 熔融狀態 등은 비교적 양호하다. 저경은 4.0cm이며, 殘存 높이는 3.8cm이고, 동체부 두께는 0.2~0.4cm이고, 저부 두께는 0.5cm이다.

(3) 기와

① 수키와(사진 10-①)

Tr3에 대한 除土作業 도중 부석유구에서 출토된 기와편이다. 회흑색의 색조를 띠고 있다. 태토는 가는 운모와 굵은 석영계 석립이 약간 함유되었다. 배면에는 파상문이 施文되어 있고, 내면에 포목흔이 약하게 나타난다. 소성강도는 양호하여 매우 단단하다. 殘存 길이는 12.4cm이며, 잔존 폭은 10.8cm이고, 두께는 2.3cm이다.

② 수키와(사진 10-②)

Tr4를 조사하던 도중 출토된 회흑색 기와편이다. 태토는 가는 운모와 굵은 석영계 석립이 약간 함유되었다. 배면은 복합문이며, 내면에는 포목흔이 확인된다. 소성강도는 양호하여 매우 단단하다. 殘存 길이는 18.9cm이며, 잔존 폭은 8.7cm이고, 두께는 2.7cm이다.

③ 수키와(사진 11-①)

Tr3의 부석유구에서 출토된 회흑색 기와편이다. 태토는 가는 운모와 굵은 석영계 석립이 약간 함유되었다. 배면에 파상문이 시문되어 있고, 내면에는 포목흔이 약하게 나타난다. 소성강도는 양호하여 매우 단단하다. 殘存 길이는 12.5cm이며, 잔존 폭은 11.8cm이고, 두께는 2.2cm이다.

④ 수키와(사진 11-②)

Tr4의 부석유구에서 출토된 기와편이다. 배면은 암갈색의 색조를 띠고 있으며, 내면은 회갈색의 색조를 띠고 있다. 태토는 가는 운모와 굵은 석영계 석립이 약간 함유되었다. 배면은 無文樣이며, 내면에는 포목흔이 약하게 나타난다. 소성강도는 양호하여 매우 단단하다. 殘存 길이는 6.2cm이며, 폭은 8.6cm이고, 두께는 2.1~2.8cm이다.

⑤ 암키와(사진 11-③)

Tr4의 부석유구에서 출토된 기와편이다. 전체적으로는 회갈색의 색조를 띠고 있으나,

한쪽 측면은 붉은 색조를 띠고 있다. 배면에는 대칼로 표면을 깎은 후 물손질로 지운 흔적이 있으며, 내면에는 포목흔이 약하게 나타난다. 측면은 瓦刀로 1/3정도 자른 후 분리하였다. 소성강도는 양호하여 매우 단단하다. 殘存 길이는 7.2cm이며, 잔존 폭은 9.8cm이고, 두께는 1.5~1.8cm이다.

(4) 전돌

① 전돌(사진 12)

시굴 트렌치의 제토과정에서 전돌은 敷石遺構 사이에서 노출되었다. 전돌은 총 1점이 출토되었는데, 표면은 회갈색을 띠고 있고, 속심은 적갈색을 띠고 있다. 胎土에는 운모와 석영계 석립이 다수 포함되어 있다. 길이는 9.9cm이고, 폭은 18.1cm, 두께는 5.5cm이다.

(5) 鐵器類

① 鐵釘(사진 13-①)

Tr3의 敷石遺構에서 출토되었다. 중간에 'ㄱ'자 형태로 굽어져 있으며, 부식상태가 심하나 전체적인 형태는 확인할 수 있다. 단면은 방형이며, 頭部에서 尖部로 갈수록 좁아드는 형태이다. 길이는 8.5cm이고, 頭部의 두께는 0.7cm이며, 尖部의 두께는 0.2~0.6cm이다.

② 鐵釘(사진 13-③)

Tr3의 敷石遺構에서 출토되었다. 부식상태가 심하나 전체적인 형태는 확인할 수 있다. 단면은 원형이나 尖部는 방형이다. 頭部는 압정의 머리 같이 둥근 형태이며, 尖部로 갈수록 몸체가 좁아든다. 길이는 9.7cm이고, 頭部의 직경은 1.0cm이며, 尖部의 두께는 0.1~0.5cm이다.

③ 鐵釘(사진 13-②)

Tr4의 敷石遺構 노출과정에서 출토되었다. 표면의 부식상태가 심하다. 몸체 단면은 원형이며, 다른 鐵釘에 비하여 길이가 짧다. 頭部의 형태는 압정과 비슷한 형태이다. 길이는 5.2cm이고, 頭部의 직경은 1.0cm, 尖部의 두께는 0.3~0.6cm이다.

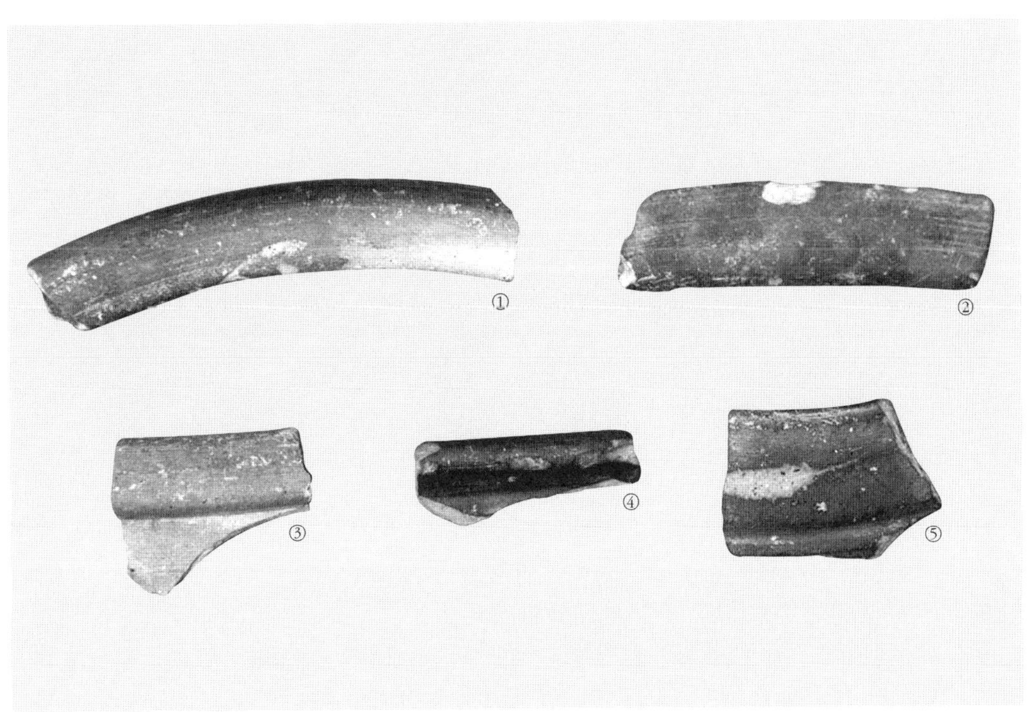

사진 6 도기편

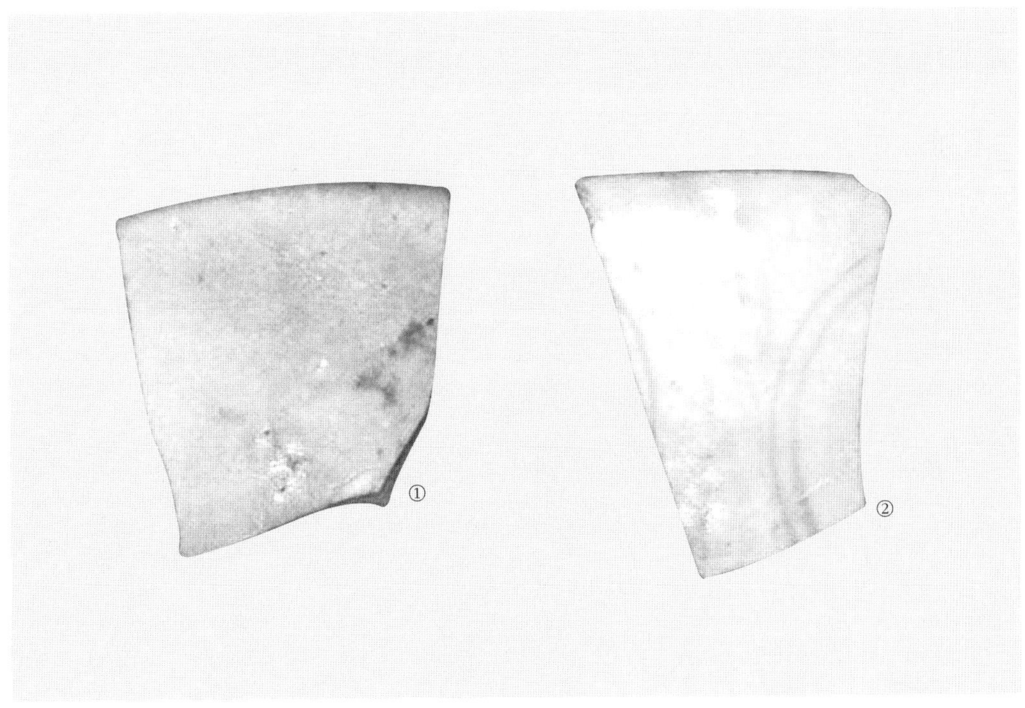

사진 7 백자편

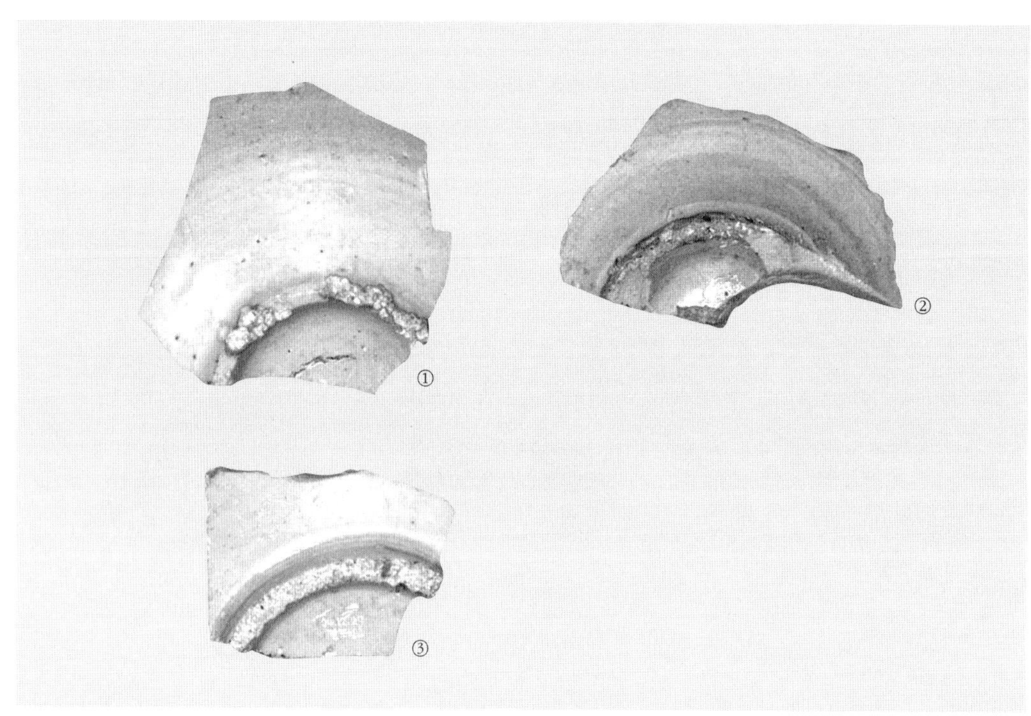

사진 8 백자편

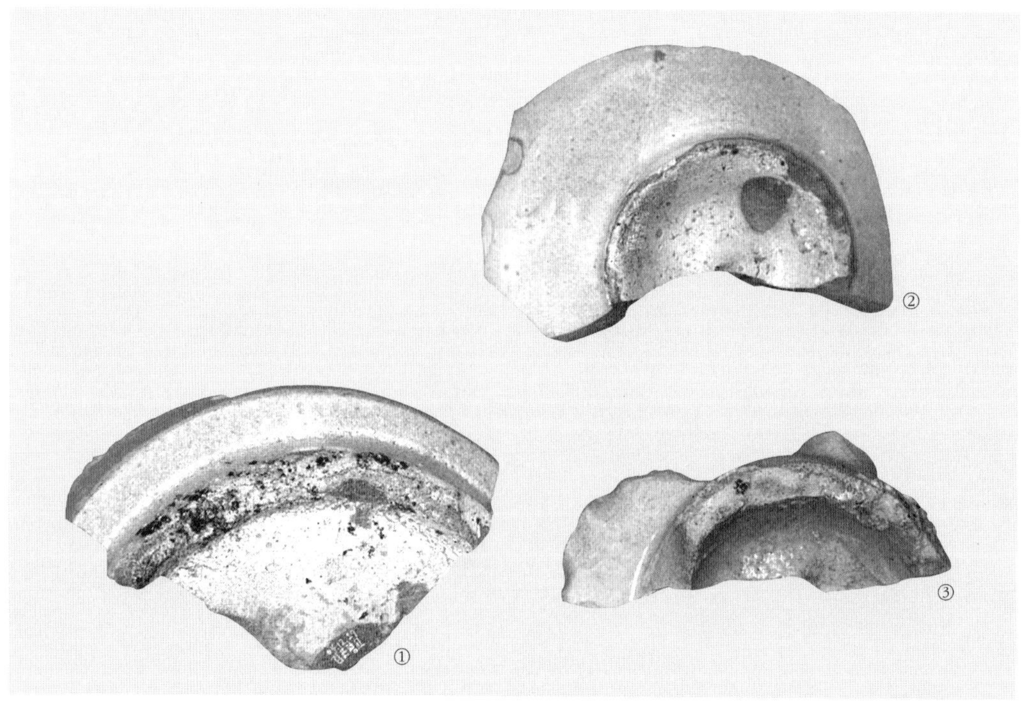

사진 9 백자편

사진 10 기와류

사진 11 기와류

사진 12 전돌

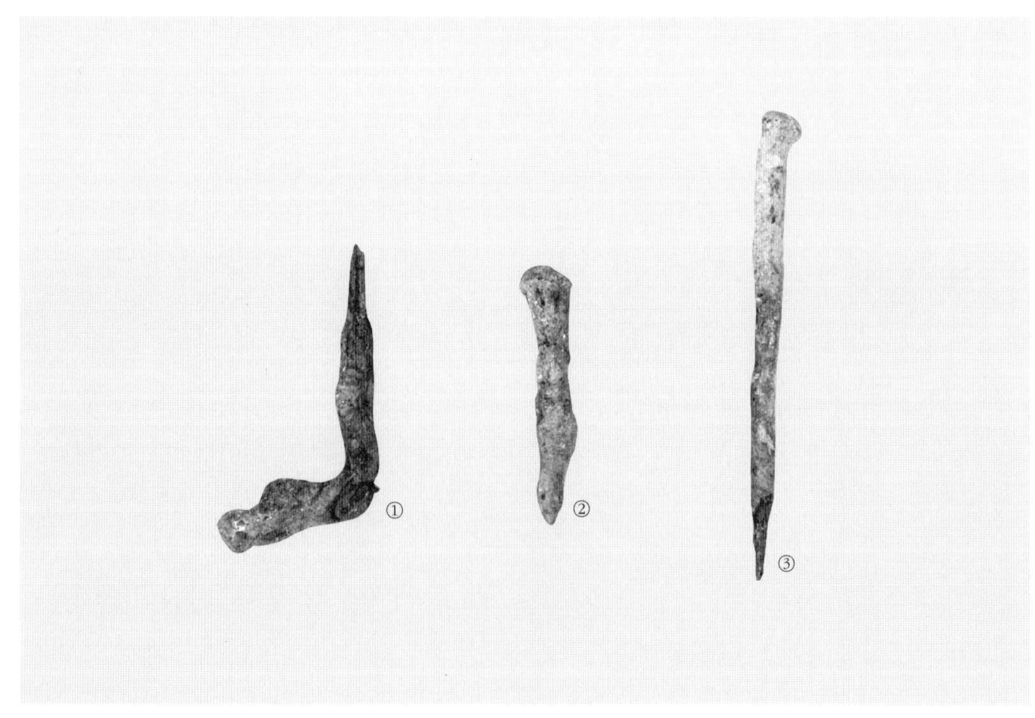

사진 13 철기류

IV. 結論

　　김포향교는 경기도 김포시 북변동 371-1번지에 위치하고 있으며, 경기도 문화재자료 제29호로 지정되어 있다. 김포시에서는 김포향교가 차지하는 지역 문화유산의 중요성을 감안하여 東齋와 西齋를 복원하기 위해 이들 敷地에 대한 시굴조사를 경기대학교 박물관에 의뢰하였고, 경기대학교 박물관에서는 2004년 12월 27일부터 2005년 1월 3일까지 발굴조사를 실시하였다.

　　東齋와 西齋의 부지에 대한 시굴조사 결과, 조사부지에 담장의 일부이거나 步道施設로 추정되는 敷石遺構가 트렌치 조사과정 중에 地表下 11~24cm에서 노출되었다. 부석유구는 Tr1에서는 트렌치 내부의 동쪽에서부터 3m지점에서 4m지점에 이르는 지점까지 확인되었으며, Tr2와 Tr3은 트렌치 내부의 동쪽 끝에서부터 약 6m지점에 이르는 지점까지 敷石遺構가 확인되었다. 그리고 Tr4와 Tr5는 일부 지점에서 敷石이 확인되었으나 층이 교란되어 정확한 敷石遺構의 잔존상태를 확인할 수 없었다.

　　조사지역에 대한 작업 도중 敷石들 사이에서 陶器類 9점, 磁器類 18점, 기와類 5점, 전돌 1점, 그리고 鐵器類 3점 등이 출토되었다. 이들 出土品의 시대는 주로 조선시대 후기로 編年되는 유물들이다. 따라서 이들 유물들을 감안하면, 김포향교가 英祖 4년(1771년)에 이곳으로 移建되었다는 문헌기록을 입증해주는 것으로 판단된다.

06

오산 원동
근대 건물지의 一考

김동영

Ⅰ. 서론

오산시는 한반도의 중서부 경기만 연안에 위치하고 있으며, 지형적으로는 광주산맥에서 갈라져 나온 支脈의 최말단부에 위치하고 있어 西高東低 지형에 낮은 평야의 구릉지대로 형성되어 있다.

오산시는 지리적으로 중요한 역할을 담당하고 있는데, 이는 한반도의 서울-부산, 또는 서울-목포선을 중계하는 통과적 위치에 놓여 있기 때문이다. 즉, 경부선 철도가 오산역을 남북으로 통과하고 있고, 수도권 서남부 주변의 육상교통과의 연계성에서도 중요한 위치를 차지하고 있다.

오산시 지역은 한강하류의 서남부지역에 위치하고 있다. 따라서 오산시 일대에서도

---

1) 烏山市史編纂委員會, 1998, 『烏山市史』, 上 ; 우장문, 2004, 『화성시의 선사문화』.

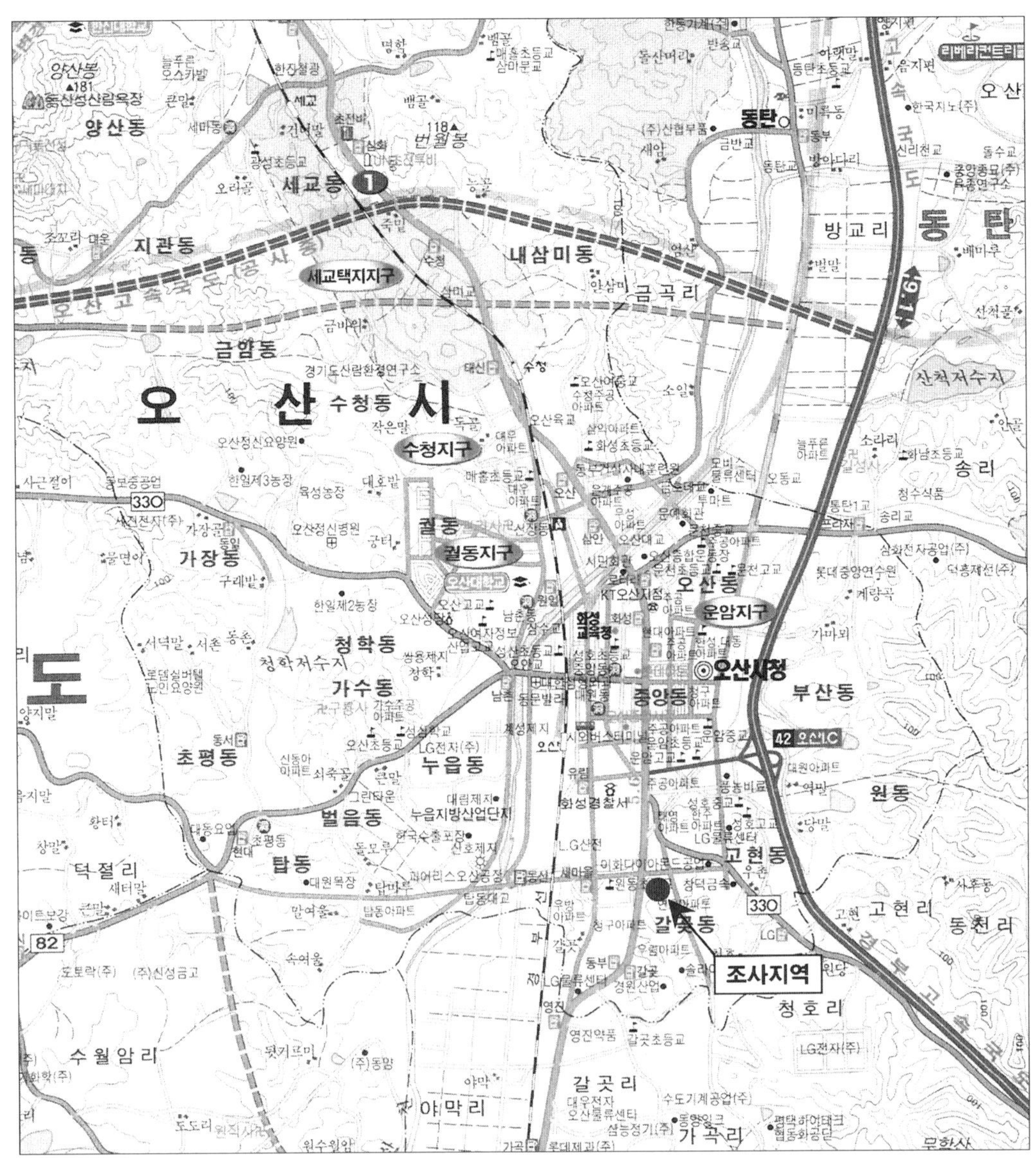

지도 1 오산 원동유적 위치도

많은 문화유적이 분포할 가능성이 많으며, 실제로도 여러 곳에서 청동기시대의 支石墓[1]와
삼국시대의 禿山城[2] 등이 학계에 일찍부터 보고된 바 가 있다. 이번 조사는 오산시의 이러
한 지리적 중요성을 감안하여 기존에 考古學的 調査가 이루어진 유물 자료는 물론 문헌조
사를 정밀하게 검토하고 조사에 착수하였다.

조사지역은 경기도 오산시 원동 481-4번지 일대의 그린파크빌 신축부지이며, 이곳은
경기대학교 박물관에 의해 2004년 8월에 문화유적 지표조사가 실시되었고, 조사 결과 적갈
색 토기편 · 陶器片 · 白磁片 등의 유물이 收拾되어 시굴조사 의견을 제시하였다. 이러한
조사 결과를 토대로 (주)이제이 건설에서는 한국국방문화재연구원에 시굴조사를 의뢰하였
으며, 이에 2007년 11월 5일부터 9일까지 한국국방문화재연구원에 의해 시굴조사가 실시
되었다.

II. 조사지역의 배경

1. 조사지역의 위치와 환경

오산시는 경기도 서남부에 위치하며 북쪽은 화성시 태안읍과, 남쪽은 평택시 진위
면 · 서탄면과, 서쪽은 화성시 정남면과, 동쪽은 화성시 동탄면과 접하고 있다. 따라서 화성
시가 오산시의 3면을 삼태기 모양으로 북쪽에서 감싸고 있다. 바다와의 접경지역은 없으며
4면이 육지와 접한다. 오산시의 經緯度는 동서 7°14′이고, 남북 2°48′에 위치하고 있다. 면
적은 42.75km²로 경기도 전체면적의 0.4%를 차지한다. 조사지역인 경기도 오산시 청호동
8번지 LG 자이 아파트 건축부지는 오산시의 동남부 끝부분에 위치하고 있으며, 동쪽의 경
부고속도로를 지나 평택시 진위면과 인접한다.

오산시는 한반도의 서울-부산, 서울-목포선의 중심에 있어 통과적 위치를 갖고 있다.
또 경부선 철도가 남북으로 오산역을 기점으로 통과, 철도 및 육상교통 모두 주변 시 · 군과
의 교통 연계성이 뛰어나다. 오산시는 주변 지역과의 교통수단이 발달해 교통공간이 확대

---

2) 기전문화재연구원, 2001, 『오산 독산성 · 세마대지 시굴조사 보고서』 ; 한신대학교 박물관, 1999, 『독성산성 지
　표조사 보고서』.

되는 와중에서 한 교통결절점에 위치, 통과교통 및 종점교통이 혼재한다고 볼 수 있다.

오산시 지역은 강원도 북부에서 남남서로 달리는 廣州山脈의 말단부에 해당되는 곳으로 서해안에 인접한 2백m 미만의 얕은 구릉들로 이뤄진 老年期의 최후단계에 해당된다.

오산시는 용인시 북부에서 「ㅅ」자 모양으로 남쪽으로 뻗어내린 두 개의 단층대, 즉 원천-황구지천축과 오산천축을 따라서 주변에 하성퇴적평야지가 발달됐고, 그 사이의 花崗片麻岩과 斑狀變晶片麻岩이 산재하는 지역은 차별침식에 의해 구릉으로 남아있다. 광주산맥 분지맥의 말단부에 위치한 오산시는 대체로 서부-고지, 동부-저지의 西高東低 지형을 나타낸다.

오산시 지역내에는 서부의 노적봉을 주봉으로 해 북서방향으로 놓여있는 산계와 동부의 필봉을 주봉으로 하여 남북으로 놓여있는 산계, 북부지역의 반월봉·양산봉·여계산·독산 등을 주봉으로 하는 동서산계, 남동부의 해발 1백 50m내의 주봉을 남북으로 잇는 산계가 있다. 오산의 중심 시가지를 이루고 있는 남동부를 제외하고 대체로 각기 분산된 방사상의 소능선과 구릉들이 발달돼 있다. 구릉은 대부분 2백m 미만의 저산지성인데 禿山(2백8m)만이 2백m를 넘고 평야지대에서 조망하기 좋은 가파른 산지를 이뤄 일찍부터 군사적 요새지로 이용돼 왔다.

오산시는 북부지역은 삼미천과 화성시 동탄면의 盤松川에, 서부지역은 황구지천에, 동부지역은 오산천에 의해 마치 삼태기 모양으로 둘러싸여 있다. 오산시의 지천들은 대부분 蛇行川이며 저평한 구름 사이의 산지를 흘러내리면서 부분적으로 농경지의 관개 역할을 하고 있다. 오산천과 황구지천은 북북동의 지질구조 지배를 받아 남서향으로 흐른다. 오산천은 동서 양쪽에서 유입되는 지천들에 의해 일부 格子狀 수계망을 형성하기도 한다. 오산지역을 흐르는 하천에선 깊은 심곡이나 급류의 현상은 거의 발견할 수 없으며 대체로 완만한 흐름을 보인다.

오산시 지역은 한반도 중서부 경기만 연안에 위치하여 낮은 평야 구릉지대를 이루고 있으며 일반적으로 한반도를 지배하고 있는 기압배치에 따라 계절적 특색이 그대로 반영되는 곳이다. 겨울에는 대륙기단인 시베리아 기단의 영향을 받아 한랭건조하며 여름철엔 해양기단인 북태평양기단(오가사와라기단)의 영향으로 고온다습하다. 오산시의 연평균 기온은 영상 11~12도이고 1년 중 최고기온은 17.2도, 평균 최저기온은 7도로 연교차가 10도 정도로 나타났다. 연평균 강수량은 해에 따라 그 변동이 심한 편이나 대략 1천2백40mm 내외를 기록한다.

2. 역사 · 고고학적 배경

현재까지 오산시 일대에서 구석기 시대의 유물이 출토되거나 발견된 사례가 없다. 따라서 이 지역에 사람들이 언제부터 살기 시작했는지 자세히 알 수 없다.

그러나 최근 경기대학교 박물관에서 발굴조사된 화성시 동탄면 감배산 일대에서 다량의 구석기 유물이 출토된 바 있고,[3] 이외에도 화성시 향남면 구문천리 · 비봉면 구포리 · 팔탄면 매곡리 · 매송면 원리,[4] 수원시 파장동,[5] 군포시 대야미동,[6] 평택시 포승면 홍원리[7] 등지에서도 타제석기들이 발견되었다. 따라서 선사시대에 오산시 일대를 관통하는 황구지천과 오산천 주변을 중심으로 인간의 거주가 시작되었을 것이다.

오산시에서 본격적으로 사람들이 살기 시작한 시기는 대체로 청동기시대로 추정할 수 있다. 이는 청동기시대의 대표적인 유적으로 간주되는 支石墓가 오산지역에 많이 분포하고 있기 때문이다. 예를 들어, 외삼미동에 2기, 수청동에 2기, 그리고 금암동에서 9기가 조사되는 등 모두 13기의 지석묘가 오산시 관내에서 조사되었다. 특히, 금암동 支石墓群은 경기도 기념물 제112호로 지정되었는데, 마을을 중심으로 蓋石式 支石墓 9기가 분포하고 있으며, 금암동지석묘가 위치한 마을은 '비단 같은 바위가 있는 마을' 이라 불리고 있다. 따라서 금암동 지석묘는 현지 주민들의 일상생활에서 매우 중요한 역할을 했었음을 알 수 있다.

오산시 향토유적 제1호인 외삼미동 지석묘는 강화도 부근리 지석묘와 비교될 정도로 웅장하고 규모가 있는 지석묘로 매우 중요한 유적이다. 외삼미동 고인돌은 저수지가 내려다보이는 낮은 구릉 위에 2기가 같이 축조되어 있다. 탁자식과 蓋石式의 형식이 서로 다른 지석묘가 같은 자리에 위치하고 있으며, 탁자식 지석묘의 덮개돌에는 15개의 性穴이 파여 있고, 개석식 지석묘의 덮개돌에도 3개의 성혈이 조사되었다. 이는 인근에 위치한 수청동

---

3) 경기대학교 박물관, 2004, 『화성 감배산 유적』.

4) 윤내현 · 한창균 외, 1995, 「구석기 유적 조사 보고」, 『서해안 고속도로 건설구간(안산~안중간) 유적 발굴조사 보고』, 458~485쪽.

5) 이융조 · 하문식, 1987, 『板橋~九里, 新葛~半月間 高速道路 文化遺蹟 地表調査 報告書』, 17~18쪽 ; 崔完基 · 朴喜顯 · 李康根, 1988, 『水原 芭長洞遺蹟 發掘調査 報告書』, 471~491쪽.

6) 이융조 · 하문식, 1987, 『板橋~九里, 新葛~半月間 高速道路 文化遺蹟 地表調査 報告書』, 25~26쪽 ; 이융조 · 우종윤 · 윤용현, 1988, 「華城 大夜味里遺蹟 發掘調査 報告」, 『板橋~九里, 新葛~半月間 高速道路 文化遺蹟 發掘調査 報告』, 충북대학교 박물관, 573~690쪽.

7) 윤내현 · 한창균 외, 1995, 「구석기 유적 조사 보고」, 『서해안 고속도로 건설구간(안산~안중간) 유적 발굴조사 보고』, 464쪽.

지석묘의 덮개돌 상면에도 성혈이 13개가 조사된 바 있는데, 이는 지석묘 사회에서의 다산이나 풍요를 위한 의례활동과 같은 맥락에서 이해될 수 있을 것이다.

이 밖에 오산시 인근 지역에서 조사된 청동기시대의 대표적인 유적으로는 수원시의 팔달산 지석묘[8]와 화성시의 병점리·송산리·수기리·망월리·귀래리·제기리·문학리 지석묘 유적이 있다.[9] 유물로는 수원시 서둔동 여기산 집자리에서 많은 無文土器가 발굴된 바 있고,[10] 화성시 남양면과 평택시 고덕면[11]에서는 청동 제품이 발견됐다.

오산은 三韓 가운데 대체로 馬韓지역에 속하였다. 李丙燾는 『삼국지』위지 동이전에 나오는 마한 58개국 가운데 牟水國을 인근 수원지역에 비정한 바 있고,[12] 爰襄國은 화성시 남양면 일대에 비정하였으며, 桑外國은 화성시 장안면과 우정면 일대에 각각 비정하였다. 그러나 천관우는 상외국이나 원양국을 파주·연천군 쪽에 비정하고 있고, 모수국은 양주군 일대로 비정하고 있어, 이병도와는 다른 견해를 제시하고 있다.[13]

고고학적인 자료로 볼 때, 마한시대의 유적이 오산에서 직접 조사되거나 발굴된 적은 없다. 그러나 오산시 서북쪽의 감배산 일대에서 초기철기시대와 삼국시대 전기의 주거지 유적이 경기대학교 박물관에 의해서 발굴되었고, 수원시 서둔동 여기산에서 청동기시대 말기에서 초기철기시대에 해당하는 주거지가 발굴되었으며, 화성시 동탄 택지개발 지구의 동학산 일대에서 세형동검 용범을 포함한 초기철기시대의 유물들이 다량 출토된 바 있다. 따라서 오산시 일대에도 청동기시대와 초기철기시대에 많은 사람이 살았을 것으로 생각된다.

삼국시대의 오산은 한강의 지배권에 따라 지배국이 여러번 바뀌었다. 우선 이 지역 일대에서 일찍부터 발달한 백제가 지배권을 행사하다 고구려 장수왕의 남하정책으로 고구려의 지배하에 들어갔다. 그 후 백제와 신라의 협공으로 백제가 성왕 때 일시적으로 다시 지배권을 되찾았으나 신라에 이 지역을 빼앗기면서 그 후 오랫동안 신라의 지배를 받았다.

백제시대에 유일한 유적이라고 할 수 있는 것은 독산성이다. 독산성에 대해서는 『삼국사기』백제 온조왕 11년조에 "禿山과 拘川에 柵을 세웠다"는 기록과, 근초고왕 28년에 "독산 성주가 3백명을 거느리고 신라로 도망하였다"는 기록이 있다. 이 禿山이 지금의 독산성

---

8) 수원시사편찬위원회, 1996, 『水原市史』上, 162~163쪽.

9) 한성대학교 박물관, 1995, 『華城市 埋葬文化財 地表調査 報告書』.

10) 임병태, 1986, 「수원 서둔동 주거지 발굴」, 『박물관 신문』 126.

11) 韓國考古學研究會, 1984, 『韓國考古學地圖』, 90쪽.

12) 李丙燾, 1981, 『韓國古代史研究』, 262~263쪽.

13) 千寬宇, 1989, 『古朝鮮史·三韓史研究』, 一潮閣, 416쪽.

이라고 단정할 수는 없으나 백제 때 만들어진 것으로 보이는 승석문 경질토기가 독산성 주변에서 발굴되었고, 백제 시대의 토성으로 추정하고 있는 길성리 토성과 태봉산성이 모두 근처에 있어 기록상으로 보이는 독산이 독산성일 가능성이 큰 것으로 추정하고 있다. 독산성으로부터 태봉산성은 불과 서쪽으로 4.5km 지점에 위치하고, 원삼국 시대부터 백제 초기(3~4세기)의 토기가 많이 출토되는 길성리 토성 역시 독산성으로부터 서남 8km 지점에 위치하는 등 가까운 거리에 있다는 것은 당시에 상호 연결되었던 것으로 볼 수 있다. 특히 태봉산성 주변에는 백제의 고분 수천기가 분포하고 수많은 토기들이 출토되고 있는 것으로 보아[14] 백제의 중요한 중심지 중의 한곳으로 추정하고 있는데, 그러한 태봉산성과 지리적으로 가까운 곳에 독산성이 있는 것으로 보아 오산도 백제 시대에 중요한 역할을 한 지역이었을 것이라고 볼 수 있다.

고구려는 장수왕의 남하정책으로 오산지역을 점령한 이후 76년 간 이 지역을 唐城郡과 釜山縣의 일부 지역으로 지배하였다. 장수왕대에 고구려의 영토가 남으로 천안~남양~아산선에 이르게 된다는 것은 오산이 고구려의 지배를 받았다는 근거다. 고구려가 오산 지역을 지배한 기간은 장수왕 18년(475)부터 양원왕 7년(551)까지의 비교적 짧은 기간인 76년 정도다. 따라서 오산이나 가까운 인근 지역에서 고구려 유적이라고 생각되는 곳이 없다. 다만 오산에서 비교적 먼 거리인 화성시 서신면 상안리 구봉산에 고구려 · 백제 · 신라의 축성 방법이 복합적으로 이용된 산성인 唐城이 있을 따름이다. 고구려 때 이 지역이 唐城郡으로 명명되었던 것으로 미뤄 이 당성이 고구려 때 만들어진 것일 수도 있다.

고대 사회에서 오산 지역을 마지막으로, 그러면서도 비교적 오랫동안 지배했던 나라는 신라다. 신라가 대외적으로 비약적인 발전을 보이는 것은 眞興王 (540~576)때다. 진흥왕은 한강 하류 확보에 노력했는데, 한강 하류 확보는 중국과 직접 通交할 수 있는 교통로를 열어 줄 뿐만 아니라 한강유역이 갖는 인적 · 물적 자원을 확보해 주기 때문이었다. 진흥왕은 백제와의 연합관계를 버리고, 백제가 551년 고구려로부터 탈환했던 한강 하류 지역의 6군(수원 · 용인 · 진위 · 이천 · 평택 · 안성)을 고구려와 손잡고 553년 백제로부터 빼앗아 新州를 설치했다.[15] 이때 오산 지역도 신라의 지배 하에 들어가게 되었다. 이후 신라는 고구려의 한강 유역 재점령을 위한 노력을 모두 물리치고 삼국통일을 위한 중요한 발판을 마

---

14) 정인숙, 1997, 「수원 지방의 성지」, 『경기향토사학』 제2집, 102~114쪽.
15) 文定昌, 1988, 『百濟史』, 인간사.

련하였다. 문무왕 16년(676)에는 당과의 싸움에서 크게 승리하고 비록 불완전하나마 대동
강 이남 지역을 확보하고 3국 통일을 이룩하게 되었다.

신라는 당을 물리치면서 전국을 9주 5소경으로 나누어 통치하였다. 당시 오산은 漢山
州의 일부가 되었다. 漢山州는 경덕왕 16년(757) 州郡의 호칭을 중국식으로 바꾸면서 漢州
로 개명됐다. 漢州의 屬郡縣이었던 오산시와 화성시를 포함한 고구려 때의 唐城郡은 唐恩
郡으로, 지금의 오산 일부와 진위 지역에 해당하는 고구려 때의 釜山縣은 振威縣으로 개명
됐다.

오산시 내에서는 신라와 통일 신라 시대의 유물·유적이 구체적으로 나타나지는 않는
다. 다만 오산 인근 양감면의 소근산성 등에서 신라의 고배뚜껑조각이 발견된 정도다. 그
리고 화성시 내에 백제나 고구려 지배 때 만든 많은 시설들을 신라에서도 그대로 사용하였
을 것이다. 대표적인 곳은 당과의 무역 중심지였던 唐項城을 꼽을 수 있다. 오산 인근의 화
성시 내에는 삼국시대나 통일 신라 시대에 만들어졌다고 전하는 남양면의 鳳林寺, 우정면
普德寺, 태안읍 葛陽寺(현재 용주사터), 동탄면 萬儀寺 등이 있어 당시 불교가 매우 융성했
음을 알 수 있다.[16]

오산이나 화성시 등을 지배하면서 발전하던 신라도 왕위 쟁탈전의 격화로 국가 전체
가 혼란에 빠지면서 후삼국 시대를 거쳐 고려 시대로 이어지게 된다.

『高麗史』에는 지금의 오산 지역과 관계된 자료가 극히 드물게 나오지만, 고려사 지리
지에는 고려 초기 오산 지역의 모습을 전해 주는 기록이 있어 주목된다. 즉 고려사 지리지
에는「水州本高句麗買忽郡 新羅景德王改爲水城郡 太祖南征 郡人金七 崔承珪等 二百餘人
歸順 效力以功 陞爲水州」(수주는 원래 고구려의 매홀군인데 신라 경덕왕이 수성군으로 고
쳤다. 고려 태조가 남방을 정벌할 때 수원·오산 지역 사람인 김칠·최승규 등이 2백여 명
과 함께 태조에게 귀순하여 협력하였으므로 그 공로로 하여 수주로 승격시켰다)라는 기록
이 보인다.[17] 즉 고려 태조 왕건이 개경을 근거로 하여 고려 건국 직후 남쪽을 정벌하러 갈
때 수원·오산 지역의 호족세력인 김칠·최승규 등이 자신들의 휘하 군사 2백여명과 함께
왕건에게 귀순했다는 것이다. 그리고 그 공로로 인해 통일신라 경덕왕 때에 水城郡으로 편
제되었던 오산 지역을 고려 태조 때에 州로 승격시켜 水州로 명명하였다는 것이다. 이 자료

---

16) 華城郡史編纂委員會, 1990, 『華城郡史』, 74쪽.
17) 『高麗史』 권56 地理志 楊廣道 水州條.

를 통해 이들 김칠과 최승규가 나말여초의 시기에 수원·오산 지역에 토착적 기반을 배경으로 한 호족 세력임을 알 수 있다.

고려 전기의 수원·오산 지역은 중국과 교역이 활발한 남양만을 아우르며 개경 및 남경(지금의 서울지역)에서 남쪽으로 향하는 교통의 요충지로서 지주군사를 외관으로 하는 체제로 편성되었다.

오늘날의 오산 일부 지역과 관련이 있는 수주의 속현은 진위현이다. 진위현은 본래 고구려의 부산현으로 신라 경덕왕이 지금 이름으로 고쳐 수성군의 領縣으로 삼았다. 진위현은 고려에 이르러서도 그대로 존속됐는데 명종 2년(1172)에 監務를 두어 지방관을 파견하고 후에는 올려서 縣令官으로 하였는데, 이로 미뤄 보아 진위현은 수원의 남로에 위치한 교통의 요로로서 비교적 중시된 곳으로 여겨진다. 그리고 또한 수주에 속한 지방의 지명으로서 고려사에 보이는 廷谷村도 수원·오산 지역과 밀접한 지역의 명칭으로 여겨진다.

현종 9년에 知州事로 편제된 수원·오산 지역은 이후 五道兩界체제 아래에서 고려사 지리지의 편제대로 楊廣道에 속해 水州知事가 지방관으로 파견되는 요충지였다. 양광도는 때로는 충청도로 칭하기도 하였는데, 수원·오산지역인 수주도 충청도로 분류되기도 하였다. 문종 23년인 1069년에는 양광도에 속한 한양·교하·해주·양천·금주를 비롯, 남양과 수원 등의 주현을 경기에 속하게 했는데 이때의 경기는 道制의 성격으로 경기에 편제됐다기 보다는 수도인 開京府와 관련하면서 중앙기관의 성격과 지방행정부서의 성격을 교차하면서 편제된 것이다. 이후 몇 차례의 변경과정을 거친 후 드디어 고려 최말기인 공양왕 2년 1390년에 경기를 좌·우도로 나누었다. 좌도에는 남양을 포함한 25개의 현을 예속시키고 우도에는 19개의 현을 예속시켰다. 그리고 좌·우도에 각각 都觀察黜陟使를 두었으니, 이때에 비로소 경기는 일반 지방 행정구역으로서의 道 체제를 갖춘 것이다. 도관찰출척사는 조선시대의 관찰사와 같은 기능을 갖고 중앙정부의 정령을 전달·집행하였다. 이처럼 고려 후·말기의 수원·오산 지역인 수주는 충청도로 지칭되기도 하는 양광도에 편제되어 있으면서 또한 경기에 속해 파견된 常駐 외관인 지주사의 행정통제를 받았으며, 공양왕 2년에서야 비로소 경기좌도에 편제돼 조선시대에 이르게 된다.

조선이 건국되자 태조 3년(1394)에는 수도를 개경에서 한양으로 천도하면서 양광도에 속해 있던 수원부를 경기도로 편입하였다. 그 뒤 태종 13년(1413)에 전국을 8道로 나누고 지방제도를 개혁할 때 수원도호부로 승격되었으며 중종 21년(1526)에 수원군으로 강등되었다가 임진왜란 직후인 선조 35년(1602) 防禦使를 겸하게 하여 국방상 요충지로 삼았다.

그러나 조선실록에 의하면 태종 3년(1394) 癸未에 왕이 『수원부 오산에 머물렀다』는 기록이 있으며 세종 6년(1425) 乙巳에는 『대가가 수원부 烏山院들에 이르니 부사 조극관이 와서 뵈었다』라는 기록도 보인다. 이런 기록으로 보아 조선시대 초기부터는 오산 지역이 어느 정도 행정구역의 면모를 갖추었던 것으로 보인다(지도2).

임진왜란 시기 오산시 지역을 포괄하는 수원지방은 수도 한성의 남쪽 관문에 해장하는 지역으로 애국적인 유생과 농민들이 참여한 의병 활동이 두드러진 고장이었다. 이 시기 오산시 지역 일대도 왜군에게 점령된 곳이었으나, 왜란 전기 육전에서의 3대 승첩 중 하나인 행주대첩의 서막을 이루는 독산성 승첩 등 수 차례의 전투가 치러졌다. 선조 25년 12월 수원 남쪽 오산시 지역의 독성과 화성시 봉담면 지역의 삼천병마골 전투는 관군과 의병의 긴밀한 연계하에 이룩한 승첩으로, 행주대첩과 함께 서울 수복을 위한 육전에서의 전승이었다.

조선 중기 영조시대에는 사도세자가 온양으로 가던 중 독산성에 올랐다는 기록이 있으며 정조 13년(1789)에 정조가 양주 배봉산에 있던 父王 思悼世子의 묘를 현재의 화성시 태안읍 송산리의 花山으로 이장하면서 당시까지 화산 일대에 있던 수원부 읍치를 수원의 팔달산 기슭으로 옮겼는데 이때에는 오늘날의 오산 행정구역이며 옛 오산이라 할 수 있는 5개 면이 있었다. 1789년(정조 13년)에 발간된 『水原府邑志』에 의하면 현재의 오산 지역은 청호면·시봉면·삼미면·산성면·초평면의 5개 면이 있었다고 한다.

조선 후기 고종 32년(1895)에는 지방 제도를 23부로 개정할 때 수원과 남양부는 인천부에 속하게 되고 광무 3년(1899)에는 4개 면으로 청호면, 문시면, 산성면 초평면 등이었다.

이후 일제강점기인 1914년에는 경기도 소재 면 명칭과 일부 구역이 바뀔 때 오산은 산성·문시·청호·초평 등의 4개 면과 어탄면 일부를 통합하여 성호면으로 수원군에 속했다. 1915년 조선총독부의 관보 제757호의 조선총독부 경기도 고시 제4호 수원군 면내 동리의 명칭 변경 구역 통보에서 성호면 편을 보면 비로소 里의 명칭이기는 해도 행정 구역의 명칭으로 오산리가 처음 등장한다. 그리고는 일제 말기인 1941년 조산총독부 관보 제4427호 지방청 공문 조산총독부 경기도령 제26호에 의하여 성호면이 오산면으로 개정되었다. 이어 1949년에는 수원읍이 시로 승격되면서 오산은 수원군 오산면에서 화성군 오산면으로 되었으며, 1960년에는 오산면이 오산읍으로 승격되었다. 그리고 1989년 1월 1일부로 오산시로 승격되어 오늘에 이르고 있다.

III. 조사내용

1. 조사방법

본 아파트 신축부지에 대한 시굴조사는 기존에 조사된 문헌자료와 그동안 오산시 일대에서 진행된 여러 문화유적에 대한 시·발굴조사의 성과를 참조하였으며, 특히 2004년 8월에 경기대학교 박물관에서 실시한 지표조사 결과를 조사구역의 트렌치 설정에 활용하였다. 본 조사지역에 대한 시굴조사는 지표조사에서 구획한 III지구의 유물산포지를 중심으로 지형에 따라 동서방향의 A구역과 B구역으로 나누어 실시하였다.

먼저 A구역은 시굴조사 지역의 서쪽에 위치하고 있으며, 낮은 야산의 능선 서쪽 끝자락에 해당하며, B구역은 A구역과 비슷한 지형조건을 나타내고 있으나, A구역 보다는 지형상 해발고도가 약 3.5m 정도 높고 동쪽으로 야산에 이어지며, A구역과는 달리 2단의 구릉지로 형성되었는데, 예전에 밭으로 개간하면서 2단의 지형으로 변모되었던 것으로 보인다.

금번 시굴조사는 기본적으로 트렌치의 제토에 따른 문화층의 확인과 그에 따른 遺構의 존재를 확인하기 위한 차원에서 실시되었고, 따라서 경작지 등으로 이용되었던 현재의 表土層에서 최하의 生土層까지 腐植土를 모두 제거하는 방식으로 진행되었다.

2. 조사결과

1) 트렌치

조사지역의 트렌치는 기본적으로 조사구역의 면적이 좁고 평평한 관계로 등고선 방향으로 설정하였다. 트렌치는 A구역(Tr1~Tr3)과 B구역(Tr4~Tr6)에 걸쳐 모두 6개를 설정하였다. 트렌치의 규모는 3×22m이고, 트렌치의 간격은 A구역은 5m이며, B구역은 3m이다.

조사지역의 土層은 기본적으로 2개의 土層으로 구성되었다. 제1층은 암갈색의 表土層으로 경작층으로 이용된 腐植土層이며, 제2층은 황갈색이나 적갈색의 풍화암반 生土層이다. 유구는 A구역에서 최근 건물지 1동과 竪穴 3곳이 확인되었고, 유물은 백자편·와편 등과 함께 최근의 식당용 道具들이 출토되었다. 그리고 A구역의 Tr1과 B구역의 Tr1~Tr2에서는 갈비탕에 사용한 듯한 갈비뼈 토막 등이 매몰된 쓰레기 구덩이가 5곳이 확인되었다.

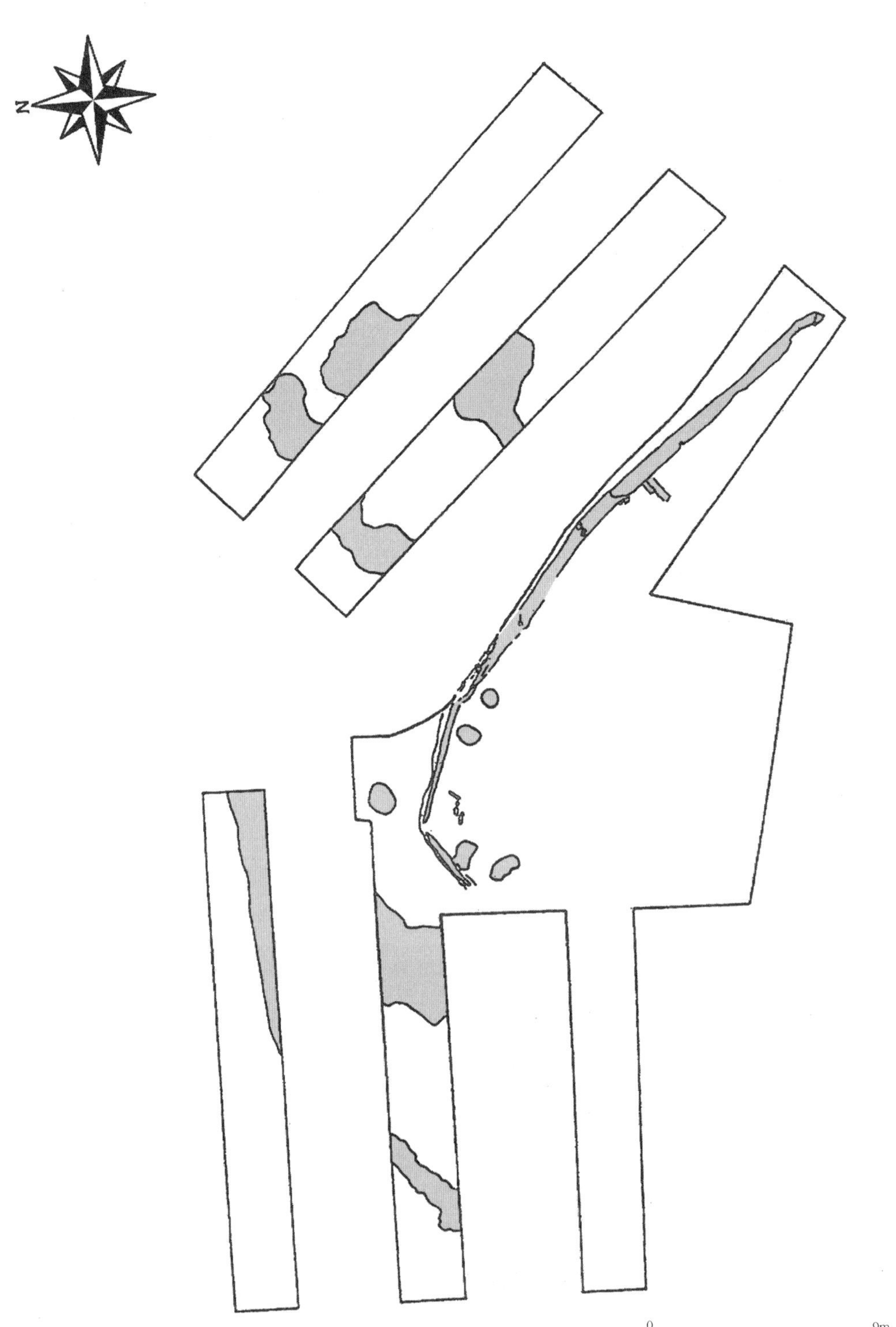

도면 1 조사유구 배치도

사진 1 조사지역 원경(동 → 서)

사진 2 조사지역 전경(남 ← 북)

2) 조사내용

(1) 근대 건물지

A구역의 Tr2를 除土하던 과정 중에 동북쪽에서 건물지의 시멘트 북벽 기단부가 露出되었다. 이 건물지는 Tr2의 동북쪽 부분에서 동남쪽 Tr6 방향으로 조사되었다. 따라서 건물지의 정확한 성격을 파악하기 위해 A구역 Tr2에서 B구역 Tr3 사이의 뚝(balk)을 제거하고 건물지 전체 평면을 노출시켰다. 건물지의 평면은 북쪽을 제외한 남쪽 대부분이 半破상태이나 잔존상태로 보아 장방형으로 판단되며, 서북쪽에 타원형의 측 칸 시설을 덧붙인 형태인 것으로 판단된다. 북벽 기단부는 풍화 암반층을 '凵' 형으로 63cm 폭으로 굴착하고, 그 안에 시멘트를 소형 자갈과 함께 배합하여 부은 다음 19×9×6cm 크기의 시멘트 블록을 장축이 벽면과 직교방향으로 배치하고, 수평을 맞추면서 얹는 방식으로 축조하였다.

건물지 북벽의 전체 잔존 길이는 1,050m이며, 북벽의 중간에 남쪽으로 이어지는 접합면이 노출되었는데, 아마 이 지점을 중심으로 실내의 칸이 나누어진 듯 하다. 그럴 경우 서쪽 칸은 서쪽의 側室까지 장축 120m 규모의 실내를 조성하였던 것으로 보인다. 그러나 남쪽 벽면은 완전히 유실되어 최근 건물지의 전체 규모를 알 수 없다.

다만 최근 건물지의 특징은 내부에 온돌시설이나 난방시설 등이 전혀 확인되지 않았다는 점이다. 서북쪽 측실에서 2곳의 수혈과 2곳의 적석유구가 노출되었으며, 동남쪽 부근에서 고무호스로 연결된 시설 등이 노출되었다. 따라서 조사상황으로 본다면, 이 건물지는 주거시설은 아닌 것으로 보이며, 식당이나 창고 등의 시설로 판단된다. 주변 사람들의 傳言에 의하면, 이곳에는 원래 식당이 있었다고 하는데, 그렇다면 노출된 건물지는 식당 건물의 일부였던 것으로 생각된다.

(2) 수혈 유구

1호 수혈유구는 A구역의 건물지 서북쪽 밖에서 Tr2의 동쪽면에 접하여 윤곽선이 노출되었다. 따라서 Tr1의 동쪽으로 트렌치를 2m 확장하여 전체 규모를 노출시켰다. 1호 수혈유구의 평면형태는 동서방향으로 타원형이며, 上面 장축 직경은 140cm이고, 단축은 113cm이며, 바닥의 직경은 70cm이다. 원형유구의 바닥형태는 圓底이며, 깊이는 43cm이다. 이곳에서 특별히 출토된 유물은 없다.

2호 수혈유구는 B구역의 Tr6에 대하 제토작업을 실시하던 도중 건물지 안쪽에서 노출되었다. 이 수혈유구는 건물지 내의 서쪽 측실로 판단되는 부분의 황갈색 풍화암반층을 굴착하고 조성하였다. 2호 수혈유구의 평면형태는 남북 방향으로 장타원형이며, 장축의 길이는 100cm이고, 단축은 70cm이며, 깊이는 약 42cm이다. 바닥은 圓底 형대이며, 바닥 직경

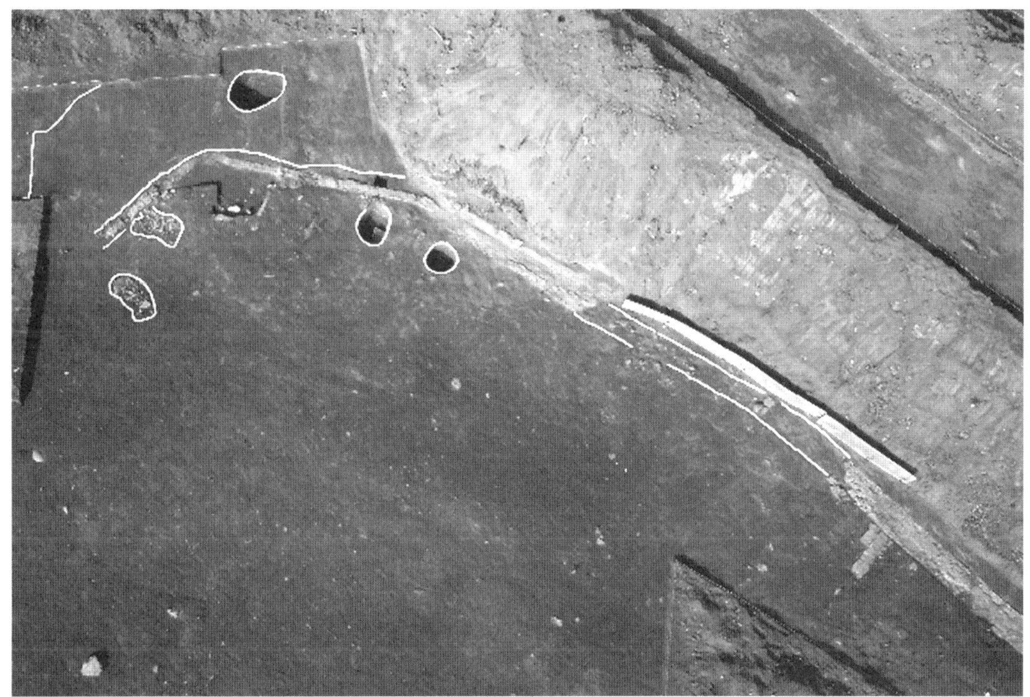

사진 3 근대 건물지 노출 전경(남 → 북)

사진 4 근대 건물지 북벽 노출 모습(서 → 동)

사진 5 근대 건물지 서쪽 측실 부분

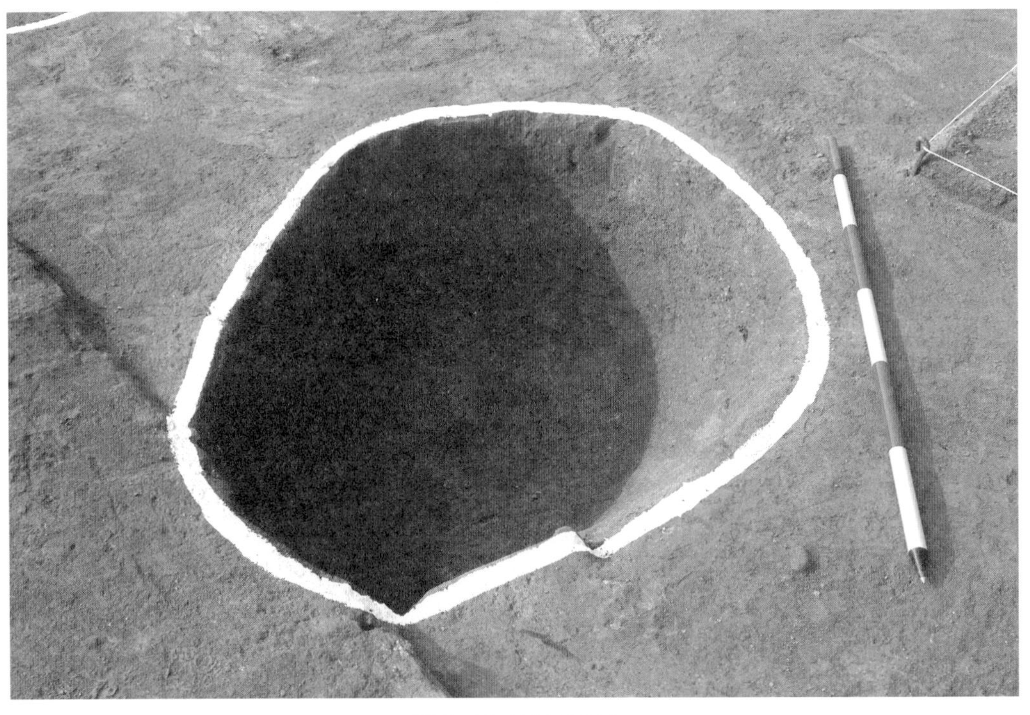

사진 6 1호 수혈 노출 모습

은 50cm이고, 內部 동쪽 면에 35×28×5 크기의 시멘트 파편이 세워져 있었다. 그리고 내부에서 '瑞寧陶藝'라는 명문이 찍힌 식기류 세트가 다수 출토되었다.

3호 수혈유구는 2호 수혈유구에서 약 117cm의 동남쪽에 떨어진 곳에서 역시 건물지 조사과정 중에 노출되었으며, 황갈색의 풍화암반층을 굴착하고 조성하였다. 3호 수혈유구의 평면은 圓形이며 바닥은 '凵' 자형의 平底이다. 유구 上面의 직경은 64cm이고, 底部 40cm이이며, 깊이는 약 62cm이다. 다른 수혈유구와 달리 이곳에서는 식당용 그릇과 燒酒盞 그리고 재떨이 등이 다수 출토되었다.

⑶ 北壁 담장

북벽 담장은 A구역과 B구역 사이에 축조된 담장이며, A구역과 B구역의 해발고도 차이가 약 2.6~3.5m 정도 되므로 북쪽에서 암반이 무너지는 것을 보완하고자 건물지의 북쪽 벽체에 바로 잇대어 담장시설을 한 것으로 추정된다. 담장의 殘存 길이는 약 470cm이며, 잔존 높이는 26cm이다. 담장은 하단부의 풍화암반층을 평탄하게 작업하고, 그 위에 38×26×14cm 크기의 시멘트 블록을 측면으로 세워서 축조하였다. 담장의 안쪽 내부에서 불에 타다 남은 비닐과 갈비탕으로 사용되었던 뼈 조각 그리고 병이나 식기류 편들이 다수 출토되었다.

⑷ 출토유물

시굴조사 과정에서 출토된 유물은 食器類, 鐵製類, 白磁片, 유리병類, 그리고 瓦片 등이 있다. 이들 유물들은 트렌치의 除土 작업 과정 중에 출토되었거나, 쓰레기 구덩이 등에서 노출된 것들이다. 다만 식기류 가운데 저부에 '瑞寧陶藝'라는 명문이 있는 그릇은 2호 수혈유구 안에서 출토되었다.

그리고 지형상 해발고도가 높은 곳에 자리잡은 B구역은 최근 건물지의 뒤편에 해당하며, 이곳에 대한 트렌치를 설정하고 제토작업을 진행하자 갈비뼈와 음료수 유리병들이 무더기로 노출되었다. 특히 음료수병은 콜라병·환타병·사이다병의 출토량이 제일 많고, 이외에도 박카스와 소주병 등이 간간이 출토되었다. 이러한 유물의 출토사례로 보아, A지구에서 노출된 최근 건물지의 성격은 음식점에 해당하고, 음식점의 종류도 갈비탕과 관련된 품목을 취급하던 식당이었을 것으로 추정케 한다.

사진 7 북벽 담장(남→북)

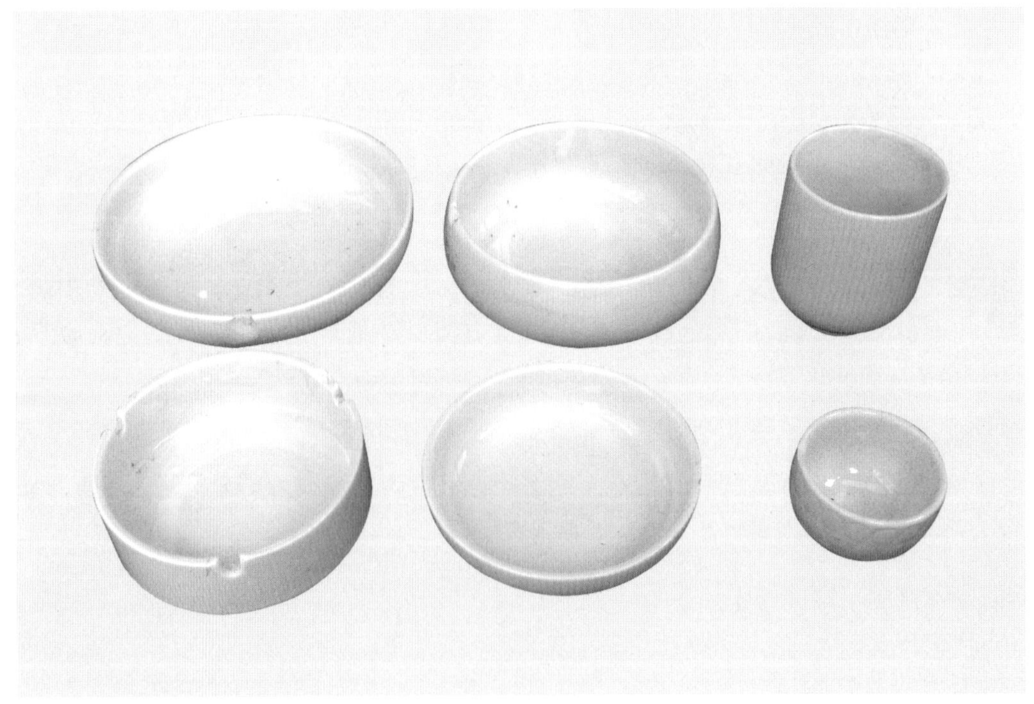

사진 8 각종 식기류

사진 9 각종 병류

Ⅳ. 결어

오산 원동 그린파크빌 신축부지에 대한 시굴조사는 경기도 오산시 원동 481-4번지 일대에 위치하고 있으며, 조사결과 건물지 1基와 수혈유구 3基가 확인되었고, 백자편·와편 등과 함께 식당용 그릇, 코카콜라병·소주병·박카스병 등과 같은 각종 병류, 그리고 맥주컵 등의 유물이 출토되었다. 조사결과를 검토하여 요약하면 다음과 같다.

A구역의 동북쪽에서 건물지의 시멘트 북벽 기단부 일부가 露出되었는데, 건물지의 평면은 북쪽을 제외한 남쪽 대부분이 교란되었으나 잔존상태로 보아 장방형으로 판단되며, 서북쪽에 타원형의 측 칸 시설을 덧붙인 시설이 확인되었다. 북벽 기단부는 풍화 암반층을 'ㄴ' 형으로 굴착하고, 그 안에 시멘트를 소형 자갈과 함께 배합하여 평탄하게 조성하고, 그 위에 시멘트 블록을 장축이 벽면과 직교방향으로 수평을 맞추면서 얹는 방식으로 축조하였다.

건물지의 특징은 내부에 온돌시설이나 난방시설 등이 전혀 확인되지 않았다는 점이다. 서북쪽 측면에서 수혈유구 2기가 노출되었으며, 동남쪽 부근에서 고무호스로 연결된 시설 등이 노출되었다. 따라서 조사상황으로 본다면, 이 건물지는 주거시설은 아닌 것으로 보이며, 식당이나 창고 등의 시설로 판단되는데, 주변 사람들의 傳言에 의하면, 이곳에는 원래 식당이 있었다고 한다.

수혈유구는 3基가 조사되었는데, 1호는 A구역의 건물지 서북쪽 밖에서 노출되었으며, 2호와 3호는 B구역의 건물지 안쪽 측실 사이에서 조사되었다. 이들 수혈유구는 황갈색 풍화암반층을 굴착하고 조성하였으며, 내부에서 특별히 출토된 유물이 없어 정확한 성격은 파악할 수 없다.

이상으로 오산 원동 그린파크빌 신축부지에 대한 시굴조사에서 근대 건물지 1동이 확인되었고, 백자편과 음료수병 등 최근의 식당용 도구 이외에는 특별히 출토된 유물이 없다. 따라서 시굴조사에서는 조사된 최근 건축지는 주거지 시설이 아닌 상업용 건물지로 보이며, 이러한 조사를 통하여 상업용 건물지가 폐기된 이후의 양상을 고고학적으로 검토할 수 있는 기회를 가졌다는 점에서 의의를 찾을 수 있을 것으로 생각된다.

●참고문헌●

江原文化財研究所

　2004, 『철원 와수리 신벌 경지정리사업지구내 유적 시굴조사 약보고서』

　2006, 『정선 아우라지 유적-2차 발굴조사 1차 지도위원회 자료』

京畿大學校 博物館

　2004a, 『양평 남부지역 문화유적』, 도서출판 주류성

　2004b, 『화성 감배산 유적』 도서출판 주류성

　2005a, 『안성 마정리 유적』

　2005b, 『오산 청호동 朝鮮時代 竪穴住居址』

　2006a, 『楊平 貢稅里 遺蹟』, 도서출판 주류성

　2006b, 『수원시 고색동 유적』, 도서출판 주류성

경기도 박물관

　2004, 『포천 자작리 유적』I,

　2007, 『경기도 고인돌』, (주)씨티파트너

경남고고학연구소

　2003, 『勒島貝塚-A地區·住居群』

국립광주박물관

　2008, 『나주 동강면 수문패총 발굴조사 현장설명회 자료』

국립중앙박물관

　1992, 『固城貝塚』

畿甸文化財研究院

　2002, 『水原 九雲洞 中世住居遺蹟』

　2003a, 『안성 공도 택지개발지구 시·발굴조사 지도위원회자료』

　2003b, 『龍仁 舊葛里 遺蹟』

　2004a, 『안성 공도 택지개발지구 발굴조사 1차 지도위원회자료(5·6지점)』

　2004b, 『화성 동탄지구(20지점) 반송리 행장골유적 발굴조사』

　2004c, 『수원 율전동 유적』

　2004d, 『수원 구운동 중세 주거유적』

　2004e, 『수원 동탄지구내 반송리유적(15지점) 발굴조사 지도위원회자료집』

　2005a, 『용인 보정리 소실遺蹟 시·발굴조사보고서』

　2005b, 『龍仁 麻北里 百濟土壙墓』

　2006a, 『坡州 金蠅里·德隱里 遺蹟』

2006b, 『華城 台安(3)地區宅地開發事業敷地內 遺蹟發掘調査 1·2次 指導委員會 資料集』

2006c, 『抱川 吉明里 黑釉瓷窯址』

2006d, 『안성 신소현동 유적』

2006e, 『평택 궁리 유적』

2007, 『화성 반월리 속반달이유적』

김동일

2002, 「마산리유적의 청동기시대 집자리에 대하여」, 『마산리, 반궁리, 표대유적 발굴보고』

김성태·이병훈

2004, 『고고학』3권 2호, 서울경기고고학회

김용간·석광준

1984, 『남경유적에 관한 연구』, 과학백과사전출판사

김원룡

1966, 「수석리 선사시대 취락주거지 조사보고」, 『美術資料』11

노미선

1998, 「금강유역 점토대토기의 연구」, 전북대학교 대학원 석사논문

노혁진·최은주

1982, 「중도 지석묘 발굴보고」, 『중도 발굴조사 보고서』

단국대학교 중앙박물관

2004, 『안성시의 역사와 문화유적』

文定昌

1988, 『百濟史』, 인간사

동아대학교 박물관

2001, 『晉州 內村里 遺蹟』,

朴淳發

2004, 「遼寧 粘土帶土器文化의 韓半島 定着過程」, 『錦江考古』창간호

朴辰一

2001, 「嶺南地方 粘土帶土器文化 試論」, 『韓國上古史學報』35號

박태식

2006, 「화성 감배산유적 출토 곡물분석」, 『華城 甘杯山 遺蹟』

朴漢宰

2007, 「조선시대 경기지방의 수혈주거지」, 상명대학교 대학원 석사논문

부산대학교 박물관

1989, 『勒島住居址』

1998,『金海大成洞燒成遺構』

서울대학교 박물관

 2001,『오이도 추가단지내 주거 밀집지역 발굴조사』

 2002,『華城 古琴山遺蹟』

수원시사편찬위원회

 1996,『水原市史』上,

순천내학교 박물관

 2001,『順天 龍堂洞 望北 遺蹟』

 2002,『麗水 禾長洞 遺蹟』II

始興郡誌編纂委員會

 1988,『始興郡誌』上

아주대학교 박물관

 1997,「평택 원정리 유적발굴 조사개보」,『科技考古研究』2

安城郡誌 編纂委員會

 1990,『安城郡誌』

영남문화재연구원

 2001,『慶州 舍羅里遺蹟 II-木棺墓・住居址』

吳江原

 2003,『琵琶形銅劍文化의 成立과 展開過程 研究』, 韓國精神文化研究院 博士論文,

 2004,「遼寧省 建昌縣 東大杖子 積石木棺槨墓群 出土 琵琶形銅劍과 土器」,『北方史論叢』1

吳焌赫

 2008,『朝鮮時代 竪穴住居址에 대한 檢討』, 공주대학교 대학원 석사논문

울산문화재연구원

 2006,『울산 달천 철장유적 발굴조사 현장설명회 자료집』

兪泰勇

 2004,『화성 동탄면 풍성주택 신미주아파트 건축부지 문화유적 발굴조사 현장설명회 자료』

 2007,「양평 공세리 청동기시대 주거지의 연구」,『白山學報』78

유태용・강아리

 2005,『安城 馬井里 遺蹟』, 경기대학교 박물관

육군사관학교 화랑대연구소

 2006a,『연천 청산-백의간 도로확・포장 공사구간 내 발굴조사 보고서』

 2006b,『양주 은동-회암 간 도로공사 구간내 유적발굴조사 보고서』

윤내현・한창균 외

1995,「구석기 유적 조사 보고」,『서해안 고속도로 건설구간(안산~안중간) 유적 발굴조사 보고』

李白圭

　1974,「京畿道 無文土器・磨製石器」,『考古學』3집

李丙燾

　1981,『韓國古代史研究』, 박영사

이융조・우종윤・윤용현

　1988,「華城 大夜味里遺蹟 發掘調査 報告」,『板橋 - 九里, 新葛 - 半月間 高速道路 文化遺蹟 發掘調査 報告』

이융조・하문식

　1987,『板橋~九里, 新葛~半月間 高速道路 文化遺蹟 地表調査 報告書』

李殷昌

　1972,「대전 괴정동 청동기문화의 연구」,『아세아연구』XI

이재현

　2004,「영남지역 三角形粘土帶土器의 성격」,『신라문화』23

李淸圭

　2000,「요녕 본계현 상보촌 출토 동검과 토기에 대하여」,『考古歷史學誌』16

임병태

　1986,「수원 서둔동 주거지 발굴」,『박물관 신문』126

任世權

　1977,「춘천시 온의동 무문토기유적」,『史叢』21

임영호・정여선

　2007,「조선시대 수혈주거지 대한 연구」,『야외고고학』3호

전북대학교 박물관

　1989,『細田里』, 圖面・圖版 I

　1990,『細田里』, 圖面・圖版 II

정인숙

　1997,「수원 지방의 성지」,『경기향토사학』제2집

정찬영

　1974,「북창 대평리유적 발굴보고」,『고고학 자료집』4

중앙문화재연구원

　2006a,『오산 한솔지역 주택조합 아파트 신축부지내 오산 갈곳동유적』

　2006b,『안성-음성간 고속도로 건설공사 구간내 안성 갈전리유적』

千寬宇

　1989,『古朝鮮史・三韓史研究』

최몽룡

　2003,「漢城時代의 百濟와 馬韓」,『文化財』36호

최성락

　1987,『海南郡谷里貝塚』

崔完基·朴喜顯·李康根

　1988,『水原 芭長洞遺蹟 發掘調査 報告書』

충남발전연구원

　2003,『公州 長善里 土室遺蹟』I

韓相仁

　1981,「粘土帶土器文化의 一考察」, 서울대 大學院 碩士論文

중앙문화재연구원

　2003,『안성-음성간 고속도로(5공구) 반제리 지역 외 3지역 시굴조사 현장설명회 자료집』

　2004,『화성 발안 지방산업단지 조성지역내 화성 구문천리유적』

중원문화재연구원

　2004,『안성 반제리 유적 발굴조사』

　2006,『평택 지산동 유적』

한국국방문화재연구원

　2008,『이천 이치리 피엘디덕평 이차유한회사 물류창고 부지내 유적발굴 현장설명회 자료』

한국문화재보호재단

　2000,『양주 산북리유적 발굴조사보고서』

　2005,『용인 동백리·중리 유적 I』

한국선사문화연구소

　1992,『일산 새도시 개발지역 학술조사보고』1

한림대학교 박물관

　2003,『경춘선 복선전철 제6공구 가평역사부지내 문화유적발굴조사 지도위원회 자료집』

한국고고미술연구소

　1998,『광주 신창동유적 발굴조사 개요』

韓國考古學研究會

　1984,『韓國考古學地圖』

한남대학교 중앙박물관

　1997,『大田 九城洞 遺蹟』

　2004,『대전 신대동 유적』

翰林大學校 博物館

1996,『漆田洞 粘土帶土器 遺蹟 發掘報告書』

2003,『춘천 신매대교부지 문화유적 발굴조사 보고서』

한병삼·김종철

1974,「양평군 상자포리 지석묘(석관묘)발굴보고」,『팔당·소양댐 수몰지구 유적발굴 종합조사보고』, 문화
공보부 문화재관리국

한성대학교 박물관

1995,『華城市 埋葬文化財 地表調査 報告書』

한신대학교 박물관

2004a,『龍仁 星福洞 統一新羅窯址』

2004b,『화성 팔탄북부 우회도로 구간내 가재리유적 발굴조사 약보고서』

2004c,『盤松里 II 遺蹟 發掘調査報告書』

2006,『華城 泉川里 靑銅器時代 聚落』

한양대학교 박물관

1999,『晉州 內村里 住居址 및 舊石器遺蹟』

2000,『부천 고강동 선사유적 제4차 발굴조사 보고서』

華城郡史編纂委員會

1990,『華城郡史』

(中語)

傅宗德·陳莉

1988,「遼寧喀左縣出土戰國文物」,『考古』1988-2

周向永

1996,「遼寧鐵嶺市邱台遺址試掘簡報」,『考古』1996-2

安志敏·鄭乃武

1989,「沈陽肇工街和鄭家窪子遺址的發掘」,『考古』1989-10

魏海波·梁志龍

1998,「遼寧本溪縣上堡靑銅短劍墓」,『文物』1998-6

(日語)

橫山將三郎

1930,「京城府外鷹峯遺蹟報告」,『史前學雜誌』2卷5號 史前學會

감배산 유적 114, 115, 118, 125, 128

개군면 앙넉리 11

高麗史 252, 301, 330

고색동 유적 74

고색동 주거지 93

孔列土器 11, 16, 20, 21, 23, 39, 42, 43, 48

九城洞遺蹟 122, 129

掘立柱 住居址 18, 20, 22, 30, 92, 93, 101, 103, 105, 108

김포향교 305, 306

內村里遺蹟 122, 129

ㄷ

爐址施設 255

勒島遺蹟 93

短頸壺 178

달도끼 21

東大杖子 積石木棺槨墓 54, 64

東廡址 271, 274, 275, 276

東齋址 305

豆形土器 64, 80, 87, 92, 94, 95, 97, 100

瑪瑙 115

磨製石鎌 23

磨製石斧 9, 23, 43, 48, 50

磨製石鏃 16, 21, 23

磨製石鑿 20, 23

磨製石槍 16, 23

望北遺蹟 122, 129

無施設式 爐址 21, 24

ㅂ

반송리 유적 74

半竪穴 住居址 92, 151, 175

半月形石刀 21, 23, 30, 54, 57, 58, 62, 71

鉢形土器 179, 218

紡錘車 175, 218

壁溝施設 107, 117, 122, 123, 124, 126, 129

ㅅ

三角鋸齒文 124

三角形粘土帶土器 64, 73, 74, 80, 94, 95, 97, 100, 101

三國志 128

西廡址 285, 289, 290, 291

西齋址 305

洗骨葬 9

細田里 遺蹟 122, 129

世宗實錄地理志 165, 302

細形銅劍 53

小玉 16, 23

수원시 고색동 219

竪穴住居址 37, 39, 50, 83, 101, 103, 105, 107, 111, 114, 131, 134, 136, 139, 145, 147, 149, 151, 152, 166, 167, 219, 224, 242, 243, 255, 259

시흥시 정왕동　100

新垈洞遺蹟　122, 129

ㅇ

野外爐址　30

양서면 신원리　11

양평 공세리　11

漁網錐　16, 23, 30

五洞 유적　49

오이도 패총　74, 97, 100, 102

溫突 施設　80, 259

온돌 주거지　224

甕形土器　179, 181

원정리 유적　74

圓形粘土帶土器　57, 58, 61, 64, 100, 117, 125

圍石式 爐址　16, 24, 25, 39

이치리 유적　74, 97

ㅈ

長楕圓形 竪穴住居址　105, 115, 117, 128

積石遺構　58

粘土帶土器　53, 56, 61, 62, 64, 65, 69, 70, 71, 73, 78, 80, 94

鄭家窪子 유적　65

周溝施設　149

柱礎石 住居址　22, 139, 166

지석묘　11

ㅊ

鐵鎌　85, 94, 95

鐵刀子　115, 218

凸자형 주거지　171

鐵鏃　115

鐵錐　115

청호동 수혈주거지　259, 260

춘궁동 수혈주거지　242

ㅌ

打捺文土器　87, 94, 118, 119, 127, 129, 218

土室　114, 128, 220, 243, 260

土宇　243, 260

土穴　220

通津鄕校　267, 269, 302, 303

ㅍ

평양시 남경유적　64

ㅎ

호곡동 유적　49

紅陶　9, 16, 20, 21, 23, 42, 43, 49, 50, 64, 100

禾長洞 遺蹟　122, 129

環狀列石　58

黑陶長頸壺　53, 54, 61, 62, 64, 65, 69, 71, 100

黑色磨硏土器　57, 58, 62, 108, 115, 125

● 집필자(집필순)

유태용 _ 俞泰勇

한양대학교 문화인류학과 졸업
미국 Wichita주립대학교 대학원 문학석사
한양대학교 대학원 문학박사(청동기시대, 지석묘)
경기대학교 박물관 연구교수
서해문화재연구원 원장(현)

강아리 _ 姜아리

경기대학교 사학과 졸업
단국대학교 대학원 문학석사(역사고고학, 백제가마)
경기대학교 박물관 연구원
한백문화재연구원 연구원(현)

방민규 _ 方玟奎

동국대학교 사학과 졸업
한양대학교 대학원 문학석사
국립Moscow대학교 인류학박사(구석기시대, 고인골)
한양대학교 박물관 연구원
서해문화재연구원 책임연구원(현)

박영재 _ 朴永宰

강원대학교 졸업
경기대학교 대학원 문학석사
세종대학교 대학원 박사과정(청자, 가마)
경기대학교 박물관 연구원
서해문화재연구원 연구원(현)

양진호 _ 梁眞豪

경기대학교 사학과 졸업
단국대학교 대학원 석사수료(구석기시대)
경기대학교 박물관 연구원
서해문화재연구원 연구원(현)

김도훈 _ 金度勳

선문대학교 역사학과 졸업
성균관대학교 대학원 석사수료(역사고고학, 백제성곽)
국립문화재연구소 유적조사실 연구원
기호문화재연구원 연구원
서해문화재연구원 연구원(현)

김미희 _ 金美姬

한양대학교 문화인류학과 졸업
경기대학교 대학원 문학석사(백자, 문양)
한양대학교 민족학연구소 연구원
경기대학교 박물관 연구원
서해문화재연구원 연구원(현)

김동영 _ 金東永

한양대학교 문화인류학과 졸업
충북대학교 대학원 석사수료(구석기시대, 고인골)
충북대학교 박물관 연구원
서해문화재연구원 연구원(현)

경기지역 주거지유적의 연구(Ⅰ)

京畿地域 住居址遺蹟의 研究(Ⅰ)

초판인쇄일	2009년 10월 23일
초판발행일	2009년 10월 26일
지 은 이	유태용, 방민규 외
발 행 인	김선경
발 행 처	도서출판 서경문화사
	주소 : 서울 종로구 동숭동 199 - 15(105호)
	전화 : 743 - 8203, 8205 / 팩스 : 743 - 8210
	메일 : sk8203@chollian.net
등 록 번 호	제 1 - 1664호

ISBN 978-89-6062-047-6   93900

* 파본은 본사나 구입처에서 교환하여 드립니다.

정가 30,000원